유럽 한국어 교육의 동향과 보고

Report on
Korean Language Education
in Europe and Current Trends

유럽 한국어 교육의 동향과 보고
(제7회 유럽한국어교육자협회 워크숍 논문집)

초판 1쇄 발행   2018년 9월 27일

엮은이   김정영

펴낸이   박민우
기획팀   송인성, 김선명, 박종인
편집팀   박우진, 김영주, 김정아, 최미라, 전혜련
관리팀   임선희, 정철호, 김성언, 권주련, 이지율
펴낸곳   ㈜도서출판 하우

주소   서울시 중랑구 망우로 68길 48
전화   (02)922-7090
팩스   (02)922-7092
홈페이지   http://www.hawoo.co.kr
e-mail   hawoo@hawoo.co.kr
등록번호   제475호

값 17,000원
ISBN 979-11-88568-35-2 93710

유럽
한국어

Report on
Korean Language Education
in Europe and Current Trends

교육의 동향과 보고

엮은이 | **김정영**

제 7 회 **유럽한국어교육자협회** 워크숍 논문집

도서
출판 夏雨

머리말

유럽 한국어 교육자 협회(European Association for Korean Language Education: EAKLE)가 2007년 폴란드 바르샤바 대학교에서 첫 모임을 가진 후 그 이듬해부터 격년으로 개최되어 어느덧 일곱 번째 모임에 이르렀다. 터키의 앙카라 대학교, 영국의 런던 대학교 SOAS, 체코의 찰스 대학교, 이탈리아의 카포스카리 대학교, 덴마크의 코펜하겐 대학교 등에서 주최를 했으며 횟수를 거듭하며 참가자 수뿐 아니라 논문 발표자 수도 크게 증가하여 핀란드 헬싱키 대학교에서 개최된 EAKLE 2018에는 90여 명이 참가한 가운데 45개의 논문이 발표되었다.

이번 논문집은 런던 대학교에서 모인 제3차 EAKLE의 결실로 출간된 '유럽 한국어 교육의 현황과 쟁점' 이후, 두 번째로 도서 형태로 시중에 나오는 것이다. 첫 번째 논문집과 마찬가지로 유럽 한국어 교육자들의 현실을 가감 없이 반영하기 위해 '엄정한' 심사과정을 거치지 않았음에도 불구하고 모든 발표 논문이 수록되지는 못했다. 출판의 적절성과 관련해 부득이 간단한 선별 작업을 거쳐야 했다. 또한 공교롭게도 EAKLE 학회가 끝난 후에 논문집 출판이 계획되는 절차상의 문제로 인해 다수의 논문이 다른 저널에 우선적으로 기고되어 본 도서에 실리지 못하기도 했다. 그러나 학회에서 발표된 논문의 대부분이 blogs.helsinki.fi/eakle-7/programme에 국문 또는 영문으로 올려져 있으므로 참고가 되길 바란다.

첫 번 EAKLE 논문집과는 달리 이번 논문집은 국문으로 쓰여진 논문만 수록하였다. 그 이유는 유럽 한국어 교육자 협회의 공용어가 한국어라는 점, 국내에서 출판된다는 점, 다양한 유럽 언어들 중 특정 언어 하나 혹은 몇 개만 예외로 정하기 곤란하다는 점, 그리고 본 도서가 겨냥하고 있는 독자층이 한국어에 능통할 것이라는 점 등을 고려했기 때문이다.

유럽 내 많은 한국어 교육자들이 과중한 강의시간으로 말미암아 연구에 집중할 수 없는 열악한 여건에 처해 있음에도 불구하고 틈틈이 논문을 준비해 지난 10여 년간 EAKLE에서 발표해 왔다. EAKLE은 한국어 교육현장에서 얻은 서로의 경험과 정보를 공유하고 교환하는 만남의 장이기도 하지만 한국어 교육 분야의 어학, 문학, 문화 등 다양한 주제의 심도있는 연구도 활발히 지향하는 모임으로서 그 역할을 감당해 왔다. 이러한 EAKLE의 모습이 소박하나마 본 논문집에 잘 담겨졌길 바란다. 이번 논문집 출간은 제7차 EAKLE이 성취한 바를 한국어 교육계에 기여한다기보다 부족하나마 앞으로 유럽의 한국어 교육이 연구에 기반하여 더욱 발전해 나가길 바라는 소망을 엮어 본 것이다. 이러한 소망에 부응하여 이번 논문집에 특별기고를 해 주신 국립 국어원의 정희원 실장님께 고마운 마음을 전하고 싶다.

EAKLE이 첫 발걸음을 뗀 후 지금까지 발전을 거듭해 오며 자리를 잡을 수 있었던 데에는 국제교류재단의 적극적인 지원이 있었다. 그러나 이번 제7차 EAKLE은 한국학 중앙 연구원의 아낌없는 지원 덕분에 성황리에 진행되었고 그 결과 본 논문집도 출판할 수 있게 되었다. 따라서 한국학 중앙 연구원의 지대한 성원과 관심에 머리를 조아려 깊은 감사를 드린다. 또한 제7차 EAKLE에 도서협찬을 해 주시고 논문집 출판 계획을 실행으로 옮길 수 있도록 협조해 주신 도서출판 하우의 박민우 대표님과 편집 및 교정을 위해 수고해 주신 하우 편집팀에게 진심어린 감사의 말씀을 올리며 이만 물러가고자 한다.

2018년 9월

엮은이 김정영

헬싱키대학교 한국어학과 교수
유럽 한국어 교육자 협회 회장

차례

Part I. 문법 교육

Part II. 음성 및 음운론적 관점

Part Ⅲ. 교과 과정 및 교수법

Part Ⅳ. 문학 및 문화 교육

Part Ⅴ. 기타

Part I

문법 교육

제1장

주 수 영

프랑스 액스-마르세유 대학교
Aix-Marseille University

놀이 활동을 통한 문법 학습:
프랑스어권 초급 학습자 대상

1. 들어가는 말

본고는 프랑스어권 초급 학습자를 대상으로 한 문법교육의 일환으로 놀이 활동을 통한 학습자들의 내적 동기와 흥미 유발, 그리고 의사소통 능력을 키우는 것에 목표를 두고 있다. 일반적으로 문법 교육에서는 적확하고 올바른 문장 생성을 중점적으로 다루는 수업방식이 보편적이다. 놀이를 통한 수업 방식은 주입, 전달식의 기존의 문법 학습 방법과는 달리 학습자들이 특정하게 주어진 상황 속에서 적절한 언어 표현을 선택, 사용하여 주어진 과제를 성공적으로 수행해 내는 것에 목적이 있다.

이에 프랑스어권 초급 학습자들을 대상으로 하는 문법교육 및 학습과 말하기 학습을 함께 실시하는 한국어 수업에서 실제 실행된 두 가지 놀이 수업 사례를 통해 앞서 제시한 목적에 접근하는 방식을 소개해 보고자 한다.

첫째, 보편적인 놀이 수업 이론을 한국어 놀이 활동 방식에 필요한 방식(도입, 제시, 연습, 활용)으로 어떻게 적용 할 수 있는지 생각해 볼 것 이다.

둘째, 한국어를 교양선택으로 배우는 학습자들과 전공으로 배우는 학습자들의 한국어 수업에서 같은 놀이가 실행되었을 때, 학습자들의 한국어 학습 효율성과 성취 효과를 비교해 볼 것이다.

본인 역시 놀이 활동을 통한 문법 교육 방식에 대해 여러 다른 교수, 연구자들이 필자와 비슷한 방식의 교수법을 고민하고 제안한 사례들을 다수 접하였다. 그러나 본말에서 필자는 그와는 다소 다른 방식을 제시함으로써 같은 고민을 안고 살아가는 이들과 함께 숙고하는 기회를 마련하고자 한다.

본말에 들어가기 앞서 필자는 한국어를 배우는 각 지역과 상황에 그리고 구성원의 연령대와 문화적 차이에 따라서 한국어 수업 내에서 같은 놀이가 실행되었을 때, 학습자들의 조건과 학습 환경에 따라 학습자들의 한국어 학습 효율성과 성취 효과가 달라질 수 있음을 우선 밝히고자 한다.

2. 문법 교육에서 의사소통의 중요성

일상의 대화 안에서 언어 사용을 살펴보면 문법적 지식을 통해 모든 상황을 설명해 낼 수는 없다. 그렇다고 문법적 약속없이 언어 소통의 원활함을 기대 한다면 그건 모순이다. 한국어 학습자들이 처음 한국어를 접하고 의사소통단계로 나아가는 과정들을 살펴보면 문법적 정확성보다는 과제 해결 능력을 중요시하는 경향이 있지만 결국 문법적 능력없이 정확한 의사소통을 할 수 없는 경우를 자주 목격하곤 한다.

또한 한국어 학습자가 학습 과정에서 직면하게 되는 오류들을 교정하지 않고 방치하게 될 경우, 오류 표현들이 화석화나 정체화되어 의사소통 안에서 정확한 표현의 어려움을 가져오게 되고 시기를 놓친 오류 교정은 쉽게 수정하기 어렵다.

이처럼 언어 교육에서 문법이 중요한 부분을 차지하고 있는 것은 간과할 수 없는 사실이다. 그러므로 '한국어 교육에서 문법 교육의 적확성이 학습자들의 의사소통 틀 안에서 어떻게 실현되고 활용될 수 있는 가'에 대한 문제는 한국어 교육 안에서 매우 중요하다고 할 수 있겠다.

그렇다고 해서 한국어 수업을 문법위주의 교육으로 진행한다면 교수법은 경직 되고, 학생들은 수동적으로 언어를 습득할 우려가 있어 수업을 따분하게 생각하고 학습의욕을 잃게 되는 경우가 생길 수도 있다. 또한 말하기, 듣기 교육이 소홀해져 구어 능력을 배양하는데 어려움이 따를 수도 있다.

교실 수업 안에서 문법 요소의 대한 이해, 그리고 기술적 습득 등은 학습자들이 쉽게 수행할 수 있으나 화자와 청자의 상호작용을 통해 실생활에서 이루어지는 다양한 대화에 대한 대처에는 미숙하다. 실제 일상 대화에서의 문법 사용을 살펴보면 한국어를 외국어로 배운 학습자들은 학습자 자신이 배운 문법 형태소를 벗어날 경우 의사소통의 어려움을 겪는 경우가 많았다.

따라서 학습자들의 성공적인 의사소통을 위한 문법 교육을 위해서는 언어사용 상황에서 담화와 맥락 간의 관계, 사회 문화적 배경에 대한 이해가 수반되어야 하는 것은 필수 불가결한 일이라고 할 수 있겠다. 일반적으로 한국어 문법 교육은 교실 수업 안에서 이루어지는 것이 대부분이다. 교실 안에서 문법 교육이 단지 선생님의 설명으로 전달되는 언어 지식차원에서 머무는 것이 아니라 다른 언어기능과 연계된 의사소통 중심의 수단으로 이루어져 나가야 하는 것이 마땅할 것이다. 이에 교수자들은 한국어 문법 교육의 유용성을 의사소통의 수단으로 사용하여 수업을 진행해야 하는 것이 좋은 방법이라고 생각한다. 한국어 문법이 한국어를 외국어로 학습하는 사람들에게 한국어 구조를 이해하고 한국어로 의사소통을 할 수 있도록 돕는 규칙체계로서 인식 되어지고 교육되어 질 때 학습자들은 좀 더 정확하고 유창한 언어로 의사소통을 할 수 있을 것이다.

3. 놀이가 주는 (의사소통) 학습 효과

초급 학습자들을 대상으로 하는 문법 교육 '교실현장에서의 과제 유형으로서의 놀이'란 학습자들이 문법학습을 재미있고, 편안하게 배울 수 있도록 도와주는 다양한 교수 및 학습 방법의 하나로, 학습자의 수업 참여를 적극적으로 유도하여 학습의 성취 효과를 높일 수 있는 방식 중에 하나이다. 교실 안에서 학습자들이 문법설명을 듣고 연습문제를 기계적으로 풀어 문법을 하나의 언어 문법 공식으로 이해하는 것이 아니라 놀이를 통해 학습들이 직접 참여하고, 말하기나 쓰기 혹은 읽기, 듣기 등의 의사소통 과정에서도 자신이 배운 문법으로 자연스럽게 참여 하는 것이다.

놀이는 학습자들이 문법 형태를 이해하여 문법 표현이 어떤 상황에서 어떻게 사용되는 가에 대한 이해를 돕고, 구체적으로 문법 표현의 화용적 용법을 익히는 데도 도움을 줄 수 있을 것이다.

언어 놀이 학습 방법에는 여러 가지가 있다. 본고에서 필자는 특별히 '수수께끼', '스무고개', '제비뽑기' 등을 활용한 놀이 수업방식을 실례로 제시하고자 한다. 그 이유로는 수수께끼 놀이를 할 때 학습자들은 추측을 통하여 과제를 해결해야 하고, 스무고개라는 놀이를 통해서는 습득한 문법의 형태소들을 활용하여 놀이에 참여해야 하기 때문이다.

과학적으로도 수수께끼, 스무고개 등의 추측이 필요한 놀이는 학습자들의 호기심을 자극하여 배우고자 하는 학습내용을 더 잘 기억하게 하는 것으로 밝혀졌다.

이에 문법 추측 놀이는 현 교육 제도의 특성상 교실에서만 이루어지는 학습 환경에 특별한 변화없이 간단한 넛지(Nudge)효과를 통해 문법 학습만의 지루함과 언어 학습의 불안감을 해소시켜줄 좋은 학습 도구가 될 수 있음을 경험을 통해 확인하게 되었다.

놀이와 함께 하는 문법교육을 통해 함께 배우는 학습자들이 상호적 의사소통을 자연스럽게 나눌 수 있다면 놀이에 참여한 학습자들은 의사소통 안에서 문법교육이 반드시 필요하다는 사실을 알게 될 것이다. 더 나아가 교실 밖에서의 자신이 배운 문법을 사용하여 자신있게 발화하게 될 것이다.

따라서 위에서 언급한 놀이를 통한 수업 방식은 문법교육을 독립된 장으로서가 아니라 통합된 언어영역, 즉 말하기, 듣기, 쓰기, 읽기의 다른 언어영역과의 연계를 통한 유기체적인 학습 방식 중에 하나로 간주되어야 할 것이다. 이러한 학습방식을 통하여, 학습자들은 한국어의 문법구조를 보다 쉽게 이해할 수 있으며, 특정한 유형을 쉽게 접함으로써 단일한 문법의 형태소 교육방식의 단조로움을 탈피할 수 있을 것이다.

4. 수업의 실제

아래에 소개될 놀이는 프랑스 액스-마르세유 대학교에서 교양으로 한국어를 배우는 학습자들과 전공으로 배우는 학습자들에게 실행하고 있는 활동이다. 교양이든 전공이든 초급에서는 프랑스어권 초급 학습자를 위한 한국어 교재 'Cours de coréen. Niveau débutant'을 사용하고 있는데, 특히 주당 3시간으로 배당된 '교양한국어'에서는 교재를 기본으로, 문법, 말하기, 듣기, 읽기, 쓰기의 통합 수업과정을 마친 후 놀이를 진행한다. 또한 '전공한국어'수업에서는 주당 3시간의 '문법'수업과 3시간의 '활용'수업으로 나뉘어져 있어 놀이활동은 '활용'수업시간에 실시된다. 놀이를 통한 활동은 교재와는 별개의 수업이 아니라 교재를 통해 학습된 사항들을 토대로 학습자들의 학습의욕을 촉진시키는 것을 목적으로 행해지는 것이다.

지금부터는 문법을 활용하여 진행되는 말하기 놀이 수업을 '도입, 제시, 연습, 활용, 정리'의 수업진행 단계와 더불어 제시해 보도록 하겠다.

우선, 목표 문법을 제시한 뒤 문법을 연습한 후 '활용' 단계에서 이 두 놀이를 실행한다. 3시간의 교양 한국어 수업시간동안 문법 교육과 다른 영역의 통합 교육 후에 아래의 목표 문법을 활용하여 놀이를 진행하는데 이때 유의할 점은, 교수자는 교실 환경과 학생 인원 수, 학생들의 학습 태도와 수준, 시간을 확인하면서 유연하게 '제시'와 '연습'단계를 조절하며 놀이를 진행하여야 한다는 점이다.

1) 친구 찾기 [이 사람은 누구예요?]

학습 목표	1. 학습자들이 시간 관련 어휘를 배운다. 2. 학습자들이 과거 사실 표현의 '-았/었어요'을 사용하여 과거 사실에 대해 묻고 대답할 수 있다.
문법	-았/었어요
어휘	시간 관련 어휘
준비물	그림 사진(식당, 도서관), 과거 동사 카드, 시간 관련 어휘 카드, A4용지, 활동지, 바구니, 상자

학습 단계	학습 내용	학습지도 내용 및 활동	주의사항 및 유의점 (자료)
도입		인사 **[목표 문법 사용 상황으로 도입]** - 선생님의 주말 활동에 대한 이야기를 하면서 동사 과거형 사용을 들려준다. 예) "선생님은 주말에 친구들을 만났어요. 친구들과 영화를 봤어요. 그리고…"	*새 표현이 있으면 칠판에 제시.
제시		**[목표 문법의 도입 : 그림카드를 사용해서 과거형 제시]** <u>우리는 동사를 배웠어요.</u> [만나요]를 어제는 [만났어요] (그림 카드*를 보여주며 선생님이 그림 안에 일들을 과거형으로 설명한다.) 예) "이 그림에서 이 사람은 친구랑 밥을 먹었어요. 같이 노래했어요." **[목표 문법 형태 정보 제시]** <table><tr><td>ㅏ, ㅗ (o) → -았어요</td><td>ㅏ, ㅗ (X) → -었어요</td><td>하다 → 했어요</td></tr><tr><td>가다 → 갔어요</td><td>먹다 → 먹었어요</td><td>공부하다 → 공부했어요</td></tr><tr><td>보다 → 봤어요</td><td>쉬다 → 쉬었어요</td><td>쇼핑하다 → 쇼핑했어요</td></tr></table> *불규칙 동사까지 설명	*그림카드는 3~4개 정도의 동사 이상이 들어간 활동 사진 *판서시 동사 변화를 다른색으로 표시. *더 많은 동사 제시.
연습		**[형태 변형 연습 : 평서문]** 교수자가 그림과 함께 연습문장을 제시하면서 동사 현재형을 제시하고 학생들이 과거형으로 바꿔서 말한다. **[형태 변형 연습 : 의문문]** 과거형 의문문 만드는 연습을 실시한다.	*과거의 의미를 가진 시간표현 어휘제시: 예) 어제, 그제, 지난 주, 주말 등

		[형태 연습: 짝활동] 교수자가 학생들에게 시간 관련 어휘*를 제시하고 짝에게 질문하고 답하게 한다. **[형태 연습: 짝 활동 확인]** 선생님이 학생들의 짝이 무엇을 하였는지 질문하고 확인한다.	
활용	과제 부여	**1. 친구 찾기 (추측하며 스무고개식으로 인터뷰하며)** **[과거형 문장을 사용하여 답하기 : 이 사람은 누구예요?]** (A4 용지를 주고 선생님이 준 질문의 답을 쓰게 한다.) T: 여기 질문에 답을 쓰세요. 이름은 쓰지 마세요. 1. 어제 무엇을 했어요? 2. 지난 주말에 한국어를 공부했어요? 3. 어제 무엇을 먹었어요? 4. 그저께 어디에 갔어요? 5. 작년에 어디에 있었어요? 답을 썼으면 이제 종이를 2번 접으세요. (시범) 선생님에게 주세요. (선생님은 상자나 바구니를 준비하여 종이들을 섞는다.*)	A4 용지
	과제 수행	**[친구에게 질문하면서 친구 찾기/ 종이 주인 찾기]** <u>(제비 뽑기) 한 명 씩 종이를 고르세요</u> <u>만약, 모르간 씨가 모르간 씨 종이를 뽑으면 안 돼요*.</u> <u>선생님: 그럼, 이제 그 종이의 주인을 찾으세요</u> 　　　　 친구들에게 5개 질문 하세요. 시작 하세요 !! <u>학생1: 모르간 씨, 어제 무엇을 먹었어요? S2: 저는 비빔밥을 먹었어요.</u> <u>학생2: 아, 그래요? 작년에 어디에 있었어요?</u> <u>학생 1: 작년에 서울에 있었어요</u> (학습자들이 모든 질문을 종이의 주인을 찾는다. 다른 학생들에게 반복적으로 질문함으로써 목표 문법을 자연스럽게 익히게 된다.)	*제비 뽑기 (상자나 바구니) *학습자가 자신의 종 이를 뽑을 경우 다시 뽑게 한다.
	과제 정리	선생님은 학생들이 종이의 주인을 다 찾았는지 확인하고 찾지 못하는 학습자를 돕는다. **[학습자들이 찾은 종이의 주인을 선생님 앞에서 확인]** 선생님은 다시 학습자에게 종이의 주인의 답을 질문으로 확인한다. 선생님은 학습자의 인원과 상황에 따라 누가 무엇을 하였는지 다시 전체적으로 질문하고 학생들이 답하게 하면서 문법 표현을 다시 한번 명확히 반복 학습한다.	
정리		주요 문법 표현과 시간 관련 표현을 판서한다. 활동을 정리하고 학습 목표와 주요 표현을 확인한다. 학생들이 범한 중요한 문법적 오류가 있다면 다시 한 번 고쳐준다.	

2) 인물 찾기 [나는 누구예요?]

두 번째 놀이로는 《인물 찾기 [나는 누구예요?]》이다. 이 놀이는 프랑스 학습자들이 친구들과 함께 모여 자주하는 놀이로 프랑스 학습자들에게는 이미 익숙한 놀이의 하나로서 수업을 진행하는 데 크게 어려움이 없다.

학습 목표	1. 학습자들이 어떤 일을 할 수 있는 능력을 [-을 수 있다/ 없다]을 사용하여 말할 수 있다. 2. 학습자들이 [-을 수 있다/ 없다]를 사용하여 서로의 능력을 묻고 답할 수 있다. 3. 학습자들이 [-을 수 있다/ 없다]를 사용하여 어떤 상황의 가능성, 허락을 표현할 수 있다.
문법	-을 수 있다/없다
어휘	일상생활 관련 어휘 및 표현(동사)
준비물	유명배우나 가수, 히어로 사진, 포스트 잇, A4 활동지

학습 단계	학습 내용	학습지도 내용 및 활동	주의사항 및 유의점 (자료)
도입		인사 **[목표 문법 사용 상황으로 도입]** - 선생님의 능력을 보여준다. (예를 들어 언어 능력) "선생님은 프랑스어로 말해요. 한국어로 말해요. 영어로 말해요. 하지만 중국어로 말 안 해요. 선생님은 영어로 말할 수 있어요. 프랑스어로 말할 수 있어요. 한국어로 말할 수 있어요. 하지만 중국어로 말할 수 없어요." (자연 스럽게 목표 문법 노출)	*새표현이 있으면 칠판에 제시
제시		**[목표 문법의 도입 : 선생님의 능력을 예로 들어]** 선생님: (이미 판서된 칠판을 보며) [-을 수 있다/ 없다]는 여러분의 능력을 말할 때 사용해요. (가수 사진을 보여주며 대화한다.)* 선생님: 이 사람이 누구예요? 학생: ...... 마이클 잭슨이에요. 선생님: 이 사람이 뭐 해요? 학생: .... 노래해요. 춤을 춰요. (학생들이 말한 동사를 판서한다.) 선생님: 네, 맞아요. 여러분, 마이클 잭슨은 노래해요. 춤을 춰요. 이 사람은 노래를 할 수 있어요. 춤을 출 수 있어요. (판서) (위에 문장을 지우면서 [-을 수 있다/ 없다] 문형으로 바꾼다.) 다른 유명 배우나 가수, 히어로 사진을 준비해 제시한다.	*여러 사람 사진을 준 비해도 좋다. 예) 수퍼맨, 유명배 우, 가수 등 *판서시 동사 변화를 다른색으로 표시.

		[목표 문법 형태 정보 제시]*		*더 많은 동사제시.
		V-을 수 있다/없다		
		받침 O +을 수 있다/없다	받침 X +ㄹ 수 있다/없다	
		먹다: 먹을 수 있다/없다.	가다: 갈 수 있다/없다	

불규칙 동사 제시와 설명- 듣다. 돕다. 만들다. 살다. 등등..
*연습과 활용단계에서 쓸 어휘 위주로 기본 동사를 제시한다.

연습	[형태 변형 연습: 빈칸 채우기]*			*활동지

동사	-을 수 있다	-을 수 없다
가다		
먹다		
수영하다		
보다		
공부하다		
타다		
만나다		

[형태 변형 연습: 불규칙 동사]

듣다		
돕다		
만들다		

- 불규칙 동사 제시와 설명
오류 수정, 반복 발화
학생들이 한 판서를 보고 오류 수정을 상황에 따라 단체 수정/ 개인 수정을 실시한다.

[형태 연습: 스무 고개로 인물 맞추기]
이 사람은 누구일까요?
교수자는 유명 인물의 사진을 준비하고 학생들에게 보여주지 않는다.
학생들은 스무고개 방식으로 질문하여 유추하여 인물을 찾는다.
한 학생당 한 질문씩 하게 한다.
* 마지막 학생까지 질문을 할 동안 메모하고 유추해갈 수 있게 한다. 이때 질문이 목표 문법 표현이 아니더라도 괜찮다. 하지만 목표 문법 표현을 사용할 수 있도록 제시한다. 마지막에 정답이 나오지 않더라도 답을 찾아 가는 과정 속에서 목표 문법 표현을 배우게 하는 것이 중요하다.

★ 목표 문법 사용을 최대한 사용할 수 있는 인물을 선택하고 제시하는 것이 가장 중요하다. 교사는 학습자들에게서 나올 수 있는 답을 미리 생각해보 고 정하는 것이 좋다.

*유명인의 사진을 여러 장 준비하여 이 연습 활동을 반 복 연습한다.

활용	과제 부여	**1. 친구 찾기 (추측하며 스무고개식으로)** **[나는 누구예요?]** 포스트잇에 자신이 좋아하는 한국 스타를 쓰고 제비 뽑기를 통해 다른 친구들 이 쓴 스타를 맞춘다. 이때 학습자 당사자가 포스트잇에 쓰인 인물을 보지 않아야 한다.	포스트잇
	과제 수행	선생님: 여러분, 지금 게임할 거예요. 선생님이 포스트잇을 나눠 줄 거예요. 거기에 여러분이 좋아하는 한국 스타를 쓰세요. 다른 사람에게 보여주지 마세요. 2번 접어서 선생님에게 주세요. (제비뽑기) 한 명씩 뽑아요. 보지 마세요. 그 종이를 들고 있어요. 그 종이를 옆친구가 이마에 붙여 주세요. 여러분은 보면 안 돼요. (학습자 자신은 보지 않고 친구가 이마에 포스트잇을 붙여 준다.) **[목표 문법 표현을 사용하여 질문하기]** 학습자 자신은 목표 문법을 사용하여 질문하고 다른 학습자들은 목표 문법을 사용하여 답한다. 학생 1: 저는 김치를 먹을 수 있어요? 학생 2,3,4: 네, 먹을 수 있어요. / 아니요. 먹을 수 없어요. 학습자는 한번에 한가지만의 질문이 가능하다. 답을 말하고 포스트잇에 쓰인 자신이 누구인지 알게 되면 바로 정답을 말하게 한다. 	*제비뽑기 (상자나 바구니) *학습자가 자신의 종이를 뽑을 경우 다시 뽑게 한다.
	과제 정리	★ 학생들은 둥글게 앉아 서로에게 질문하며 자기가 누구인지 맞춘다. 이때 시간을 보면서 2바퀴에서 5바퀴로 교사가 정해준다. 교사는 각 그룹을 돌아다니며 진행을 돕는다.	

		[활동을 통해 배운 목표 문법 표현 발표] 답을 찾은 학생을 다른 학생들 앞에서 발표시키고 교수자는 중요 어휘를 판서한다.	
정리		주요 문법 표현과 새로운 어휘를 판서한다. 활동을 정리하고 학습 목표와 주요 표현을 확인한다 학생들이 범한 중요한 문법적 오류가 있다면 다시 한 번 고쳐준다.	

이 두 놀이에서 학습자들이 활동하는 동안 교수자는 학습자들의 의사소통을 돕는 역할을 해야 한다. 교실을 돌아다니며 각각 학습자들이 과제를 잘 하고 있는지, 문법을 오류 없이 사용하고 있는지 확인해야 할 것이다. 학습자들이 도움을 요청 할 시 적극적으로 응대하고 소극적으로 활동하는 학습자에게는 용기를 주어 놀이에 적극적으로 참여할 수 있게 도와주어야 할 것이다.

5. 교양 수업과 전공 수업 비교

위에서 소개된 한국어 문법 교육의 추측 놀이는 한국어를 교양 선택으로 배우는 학습자들과 전공으로 배우는 학습자들의 한국어 수업에서 같은 놀이가 실행 되었는데 교실환경이나 학생들의 인원수에 따라 위에서 소개된 놀이의 시간이나 진행 방식이 달라질 수밖에 없었다.

친구 찾기 [이 사람은 누구예요?]와 인물 찾기 [나는 누구예요?], 놀이에 대한 학습자들의 참여가 아주 적극적이었다. 교재를 통해 배운 목표 문법을 학습자들이 놀이를 통해 발화하고 상호적 의사소통을 한다는 것에 학습자들의 흥미를 자극했고 이것은 의욕적으로 놀이에 참여하게 만들었다. 또한 자기 반 친구들과 친밀도가 높아져 협력 학습 효과도 볼 수 있었다.

개별적으로 참여하기에는 활동 시간이 부족하기 때문에 본인은 10명-15명씩 그룹을 지어 진행한다. 이때 진행 방식을 약간 변경하여 그룹에서 1명의 대표를 선발하고, 그들에게 놀이를 설명하여 진행하게 한다. 이런 방식은 인원이 많을 시 유용 할 수 는 있으나 각각의 학생들의 문법 오류를 확인 수정하는 데에는 어려움이 있다. 또한 과제 정리 과정에서 교수자가 학생을 찾아 확인하는 과정을 할 수 없기 때문에 개별적 과제수행 확인 대신 시간을 정해 두고 마무리를 한다거나 전체 학습자들을 대상으로 질문을 통해 과제를 정리 하는 방식을 취하기도 한다.

놀이 수업 방식은 교양수업에서보다 전공수업에서 좀 더 수월하게 진행될 수 있다. 적절한 학생 인원수와 학생들이 배운 어휘, 표현이 교양수업 학습자들보다 다양하여 새로운 표현을 배우고 오류 수정을 즉각 실행하는 것이 더 수월한데 이것은 학습자들의 집중력과 참여도가 높아 원활하게 놀이를 진행할 수 있기 때문이다. 또한 선생님에게 자신이 찾은 짝을 모든 학습자들이 개별적으로 확인받을 수 있다. 이 때 교수자가 학습자 그룹의 수준에 따라 과제를 부여하고 해결시간과 수업시간을 조절하는 것이 아주 중요하다.

6. 나오는 말

본고에서는 문법교육과 통합교육의 상호 조합을 통해 한국어를 배워 말하고자 하는 이들의 언어소통을 원활하게 하고 한국어를 학문으로 접근하고자 하는 이들의 학구열을 돕는 학습 방법의 일환으로 문법 놀이 도구를 제시하였다.

놀이는 언제나 누구에게나 즐겁다. 이 즐거움이 문법을 만나면, 딱딱하고 지루한 문법을 신나고 재미있게 변화시켜 줄 수 있을 것이라 생각한다. 또한 문법을 놀이화시키면 손쉽게 문법을 배우고 교실 밖에서 좀 더 편안하게 응용할 수 있을 것이다. 이러한 생각들이 오늘의 연구를 오늘의 연구를 가능케 했고, 오늘의 부족한 본고로서 드러난 것이 아닌가 생각해 본다. 물론 아직 문법과 놀이를 필자가 원하는 수준 즉 대화를 원활하게 만들고, 대화 안에서 자유롭게 구사되는 문법을 편안하게 익히는 방법으로서 완성시키지는 못했지만 점차적으로 우리가 끊임없이 노력해야 할 어려운 일에 부족한 첫발을 내딛은 것만으로도 만족한다.

본고를 준비하면서 이미 필자에 앞서 많은 연구를 거듭한 선배들의 고귀한 연구 성과를 살펴볼 수 있었다. 그들의 노력을 발판으로 지금의 연구를 생각해 낼 수 있었고, 아울러 한국어 교수법을 고민하는 교수자들에게 필자의 논고가 작은 보탬이 되기를 바란다.

앞으로 이 놀이가 학습자들의 한국어 향상에 구체적으로 어떤 결과를 가져 왔는가에 대한 연구가 더 필요할 것이다. 이 결과를 정확히 분석하여 더 적합한 한국어 교육이 이루어지길 바란다.

참고 문헌

강현화(2006), "한국어 문법 교수학습 방법의 새로운 방향" 국어교육연구 18, 서울대학교 국어교육연구소.

김재욱(2001), "범주확장망 모형을 통한 한국어 문법 교육", 한국어 교육 제12권 1호. 국제한국어교육학회.

민현식(2006), "한국어교육을 위한 문법 기반 언어 기능의 통합 교육과정 구조화 방법론 연구", 국어교육연구 제22집.

박미선(2011), 놀이를 활용한 아동 대상 한국어 교육 방안 연구, 한국어 외국어 대학교 교육 대학원.

박석준, 윤지영(2014), "한국어 문법 교육에서 담화 문법적 접근의 필요성에 대한 고찰", 언어와 문화 vol.10, 한국언어문화교육학회.

백봉자(2002), 외국어로서의 한국어 문법 사전. 연세대학교 출판부.

심영숙(2009), 영어 읽기 협력학습에 나타난 학습자 상호작용 분석, 영어학연구 28.

BOHLER, S. (2014), 《Les devinettes stimulent l'apprentissage》, in *Cognition, Pour la science*, 2014.10.27.

제2장

송 문 의 · 김 은 아

독일 튀빙겐 대학교

Eberhard Karls University of Tuebingen

독일어권 한국어 학습자를 위한
초급 문법 연습 교재 개발

1. 교재 개발의 배경

오늘날 의사소통 중심의 외국어 수업에서 문법은 그 자체로서 목표가 아니라 학습자의 의사소통 능력을 향상시키는 데 도움을 주는 도구의 기능을 한다. 이와 같은 문법에 대한 관점 변화와 더불어, 외국어 수업이 수요자 중심적인 성격을 띠면서 학습자 집단의 특성을 고려하고 학습자의 목표에 부합하는 문법 교재 개발에 대한 관심이 높아졌다.

이에 따라 독일어권에서도 지난 몇 년간 독일어권 한국어 학습자를 위한 다수의 한국어 문법서와 문법 연습서가 개발되어 왔다. 학습자의 모국어를 고려한 한국어 문법 교재는 모국어와 한국어 간 문법 구조의 차이를 체계적으로 분석하고 설명하여 학습자의 이해를 돕는다는 장점이 있다. 그러나 이러한 교재들은 대개 문법의 의미와 형태에 대한 설명에 치중하여 예문과 번역, 기본적인 형태 연습 정도만 제공하고 있을 뿐, 학습자가 문법의 의미와 기능을 익혀 문법을 정확하게 사용하도록 돕는 연습과 과제는 부족한 편이다.

또한 기존에 독일어권에서 개발된 문법 교재들은 튀빙겐대학교 한국학과의 한국어 교육과정이나 수업 상황에도 적합하지 않은 면이 있었다. 현재 튀빙겐 한국학과의 한국어 교육과정은 총 3학기에 걸쳐서 초급 I, II 단계를 이수하도록 설계되어 있으며 각 학기 언어 수업은 문법 과목인 'Basis'와 말하기/듣기를 다루는 'Aktiv', 읽기/쓰기를 익히는 'Tutorium' 세 과목으로 구성된다. 먼저 Basis 수업에서는 언어 사용의 토대가 되는 어휘와 문법을 익히고, 이어 Aktiv 수업에서는 학습한 어휘와 문법을 바탕으로 특정 주제에 관한 말하기/듣기 활동을 통해 구어 능력 개발을 도모하며, 끝으로 Tutorium 수업에서는 읽고 쓰기 활동을 통해 문어 능력을 향상시키는 데 중점을 둔다. 따라서 주당 4시간의 문법 수업에서 문법의 의미와 기능에 대한 정확한 이해와 체계적인 연습이 이루어지지 않으면 이어지는 언어기능별 수업에서 교수·학습과정이 지체될 수밖에 없으므로 학습자의 실제 의사소통능력이 개발되도록 체계적인 연습을 제공하는 초급 문법 교재가 절실히 필요하게 되었다.

이러한 상황과 필요에 따라 튀빙겐대학교 한국학과에서는 문법 교재 개발과 관련하여 지금까지 학계에 축적된 연구 자료 및 실제 교육 현장에서 얻은 경험을 토대로 독일어권 한국어 학습자를 위한 문법 연습용 교재를 개발하게 되었다. 본고에서는 현재 독일 튀빙겐대학교 한국학과에서 개발 중인 '독일어권 한국어 학습자를 위한 초급 문법 연습 교재'의 기초 연구 작업 과정과 교재의 내용 및 구성상의 특징을 소개하고, 교재 개발에 따른 기대 효과와 한계에 대해서 논의하고자 한다.

2. 교재 개발을 위한 기초 연구

교재의 전체적인 틀을 마련하기에 앞서 다음과 같은 두 가지 측면에서 기초 연구 작업이 이루어졌다.

2.1. 기 출판된 문법 연습 교재 검토

먼저 기존의 문법 지침서와 연습서를 비판적으로 검토, 분석함으로써 문법 기술과 제시, 연습 방식과 관련하여 각 교재의 장단점, 활용할 만한 점, 개선이 필요한 사항 등을 파악하였다. 본고에서는 검토된 문법 연습서들 중에서 독일에서 출판된 문법 연습서, 영어권 학습자를 위한 문법 연습서, 한국 대학의 주요 한국어 교육기관에서 개발한 워크북, 이렇게 세 가지를 대표적으로 언급하고자 한다.

개발하고자 하는 문법 연습 교재가 독일어권 한국어 학습자를 대상으로 하므로 지난 몇 년간 독일어권에서 출판된 한국어 문법서와 문법 연습서가 가장 우선적으로 검토되었다. 그중

2013년 Buske 출판사에서 나온《Grammatikübungsbuch》의 경우 책의 제목에서부터 '문법 연습서'를 표방하고 있기에, 보다 면밀한 검토가 이루어졌다. 이 교재의 장점은 무엇보다도 문법 항목의 의미와 형태 정보가 독일어로 충실히 설명되어 있다는 것이다. 그러나 특정 언어권 학습자를 위한 연습서임에도 독일어와 한국어의 비교, 대조를 통해 부정적 전이 현상을 최소화하도록 돕는 설명이나 독일어권 학습자를 위해 차별화된 학습 내용을 적극적으로 모색하는 시도는 부족한 편이다. 연습 문제도 양적으로 충분하지 않을 뿐 아니라 문제 유형에 있어서도 문장 완성형 형태 연습이나 해당 문법을 사용하여 독일어를 한국어로 번역하는 문제만을 다루고 있다.

다음으로 영어권 학습자를 위한 독학용 문법 연습서로 많이 활용되고 있는, 다락원에서 출판된《Korean Grammar in Use》(2010)를 검토하였다. 각 단원의 구조를 살펴보면 먼저 그림과 함께 예문과 번역이 제시되고 문법 설명에 이어 연습 문제가 주어진다. 이 교재는 유사 문법 간의 비교가 잘 되어 있다는 장점이 있으나 연습 문제의 유형이 문장 완성 혹은 대화 완성형으로 매우 제한적이고 문법 항목당 연습 문항의 수도 1-2개에 불과하다. 또한 영어권 학습자를 위한 교재이므로 독일어의 부정적 전이로 인해 발생할 수 있는 오류를 방지하도록 하는 설명이나 연습이 없어 독일어 모국어 학습자들을 위한 맞춤형 문법 연습서로서는 한계가 있다.

마지막으로 한국의 각 대학 한국어교육기관에서 사용되는 주교재를 보조하는 성격을 지닌 워크북을 검토하였다. 각 기관의 워크북은 대개 어휘에서부터 문법, 언어 기능의 연습에 이르기까지 주교재의 학습 내용을 단계적으로 익힐 수 있도록 구성되어 있다. 앞서 살펴본 두 가지 문법 연습서와 달리, 부교재인 워크북은 주교재의 어휘 학습 순서에 따라 학습자가 알고 있는 어휘를 중심으로 예문이 제시되고, 연습 문제가 구성되어 있다는 장점이 있다. 그러나 워크북에서는 문법 연습뿐 아니라 어휘와 발음, 언어 기능의 연습까지 다루어져야 하는 데다 보통 한 단원에서 제시하는 문법 항목의 수도 2~4개로 많아 문법 항목 하나당 연습 문제는 대개 형태 연습과 의미 연습 두 유형 정도로 역시 다양하지 않은 편이다.

2.2. 교수·학습 상황 및 학습자 요구 분석

교수·학습 상황에 맞는 문법 연습서를 개발하기 위해서는 학습자의 학습 상황을 면밀히 관찰하고 학습자의 요구를 파악할 필요가 있다. 앞서 언급했듯이 튀빙겐대학교 한국학과의 한국어 교육 과정은 문법, 듣기/말하기, 읽기/쓰기 세 과목의 어학 수업이 순차적으로 진행되도록 설계되어 있다. 따라서 문법 수업이라고 해서 문법의 의미와 형태, 결합 규칙을 익히는 정도로 그쳐서는 안되고 듣기와 말하기, 읽기와 쓰기 수업의 준비 단계로서 종합적인 의사소통 능력을 개발하는 데 도움이 되도록 구성되어야 한다.

한편, 수업 환경도 고려할 필요가 있다. 가령 30여 명의 학생들이 한 교실에서 수업을 받을 경우 같은 단계의 학습자 간에도 언어 수준의 차이가 나타날 수 있다. 이런 상황에서 문법 연습 교재에 한 문법 항목당 4-6개 유형의 연습 문제가 쉬운 유형부터 어려운 유형의 순서로 순차적으로 배열되어 있으면, 성취도가 높은 학생은 쉬운 유형의 연습을 빨리 마친 뒤 난이 도가 더 높은 다음 유형의 연습을 먼저 시작할 수 있다는 장점이 있다. 또한 특정 연습 유형을 숙제로 미리 지정해 두면 성취도가 높은 소수의 학생들은 수업 시간에 숙제까지 마치게 된다. 다시 말해 문법 연습 교재 자체가 성취도가 높은 학생과 낮은 학생이 각자의 수준에 맞춰 연습할 수 있도록 구성됨에 따라 수업에서 내부적 차별화(internal differentiation)가 이루어지도록 하는 효과가 있다.

마지막으로 여러 학기에 걸쳐 학습자의 문법 교수·학습과 관련한 요구를 분석하여 그중 문법 연습 교재에 반영할 만한 내용을 선별하는 작업이 이루어졌다. 먼저 독일어권 한국어 학습자가 특히 어려워하는 문법 항목과 특정 항목을 가르칠 때 나타나는 오류와 오류의 원인을 파악하여 축적하였다. 나아가 매 학기 학습자들의 수업과 수업 자료에 대한 평가가 이루어지는데 이때 문법 연습 문제의 유형에 대한 학습자들의 요구를 확인할 수 있었다. 문법 익히기에 효과적인 연습 문제 유형이 거론되기도 하고 추가되었으면 하는 연습 문제에 대한 요구도 있었다. 이와 같은 학습자의 피드백에 따라 기존의 문제 유형을 수정하기도 하고 새로운 유형의 연습 문제를 개발하기도 하며 학습자들이 의사소통을 위해 필요로 하는 추가 문법 항목이 있을 경우 이를 검토하고 필요에 따라 보완하는 작업이 지속적으로 이루어졌다.

3. 교재 내용과 구성상의 특징

3.1. 내용상의 특징

독일어권 한국어 학습자를 위한 문법 연습용 교재는 내용면에서 다음과 같은 네 가지 면을 고려하여 개발하고자 한다.

첫째, 학습자의 모국어인 독일어와 목표 언어인 한국어 간의 대조언어학적 연구 성과를 반영할 것이다. 독일어권 한국어 학습자의 오류를 수집한 자료를 분석하여 오류의 양상과 오류 발생의 원인을 찾고, 이를 통해 독일어권 한국어 학습자에게 전형적으로 나타나는 오류를 방지하는 적절한 교육 방안을 모색하고자 한다.

둘째, 국립국어원의 한국어교육 문법·표현 내용 개발 연구 자료를 비롯해 초급 한국어 문법 사전과 문법 연습서의 문법 목록을 검토하고 주요 한국어교육기관의 초급 교재를 참고하여 최종적으로 문법 항목을 선정한다. 초급 한국어 문법을 조사, 연결어미, 선어말어미, 종결형어미, 전성어미 등으로 분류하고 표현 내용과 의미에 따라 문법 항목을 세분하여 다루고자 한다.

셋째, 각 문법에 적합한 다양한 연습 유형을 개발하고 제시함으로써 학습자의 흥미를 유발하고, 학습자가 배운 내용을 자연스럽게 내재화(internalize)하고 사용할 수 있도록 한다. 나아가 유사한 형태와 기능을 지닌 문법 항목들을 대조, 비교하는 복합적인 연습을 제시하여 문법 학습이 체계적으로 이루어질 수 있도록 한다.

넷째, 튀빙겐대 한국학과의 한국어 교육과정과 학습 목표, 교수·학습 상황에 적합한 내용을 담고자 한다. 이 교재가 일차적으로는 한국학과 문법 수업에서의 사용을 위한 것이므로 문법 항목의 선정과 배열, 연습과 과제의 내용과 구성은 교수 학습 상황을 우선적으로 고려하고 실제 수업의 진행 절차가 교재에 반영되도록 한다.

3.2. 단원 구성의 특징

한 단원이 하나의 문법 항목을 다룬다고 할 때, 한 단원은 도입, 제시, 연습, 추가 정보를 제시하는 순서로 구성된다.

1) 도입

그림과 말풍선 속 대화를 통해 의사소통 상황을 재연함으로써 우선 시각적으로 목표 문법 항목의 의사 소통기능을 부각시킨다. 이를 통해 학습자가 목표 문법의 의미와 기능에 대해 추측해 볼 수 있도록 한다.

2) 제시

제시 단계에서는 먼저 목표 문법의 의미가 독일어로 설명된다. 이때 언어학 전문 용어를 가능하면 피하고 학습자 수준에 적합한 일상 문법 용어를 사용해 쉽게 이해할 수 있도록 기술하는 데 중점을 둔다. 또한 실제 의사소통 상황에서 문법을 올바르게 응용할 수 있도록 시제, 인칭, 후행절의 조건 등 제약 정보가 간략하게 언급된다. 이때 학습자가 기억하기 용이하도록 글씨체나 색상 등 시각적인 도구들이 적절히 사용된다.

의미 제시에 이어 목표 문법의 기본적인 결합 규칙이 간단한 표의 형식으로 제시된다. 또한 문장 이해를 돕기 위해 목표 문법이 사용된 예문이 번역과 함께 주어진다. 이때 예문은 일상생활에 사용 빈도가 높은 것으로 하고 초급 수준의 어휘와 문법만이 포함되도록 한다.

3) 연습

다양하고 체계적인 연습 문제 유형이 난이도에 따라 차례대로 제시된다. 연습 유형으로는 크게 형태 연습, 의미연습, 심화연습, 번역연습이 있다.

① 형태 연습

형태 연습에서는 보통 문법의 성격에 따라 10~15개의 단어가 선별되는데, 이때 동사, 형용사, 규칙/불규칙 용언이 고루 다루어지도록 구성한다. 형태 오류가 많이 발생하는 문법의 경우 학습자의 주의를 요구하는 형태 연습이 추가되며 문법에 따라서는, 기본형을 주지 않고 비격식체에서 기본형을 찾아내어 형태를 만드는 연습이 주어질 수도 있다.

② 의미 연습

다양한 연습 유형이 가능하나 대표적인 유형을 살펴보면 다음과 같다.

· 그림 보고 문장 완성하기: 대화에서 목표 문법을 활용하여 질문 또는 대답을 완성하는 과제이다. 문장을 완전히 이해하지 못해도 과제를 수행할 수 있으며 완전 초급 단계에서는 그림에 맞는 단어가 주어지기도 한다.

· 문장 연결하기: 주어진 두 문장을 목표 문법을 활용하여 연결하도록 하는 과제이다. 형태 연습과 유사하지만, 앞 문장과 뒷 문장을 문맥에 맞게 연결하도록 하는 연습 유형은 문장 이해를 요구하므로 난이도가 약간 높다.

· 대화 완성하기: 그림의 도움이 없이 필요한 단어를 문맥을 통해 찾아 대화를 완성하게 하는 과제이다. 보통은 현재형 시제를 사용하고 규칙/불규칙 동사나 형용(동)사를 균형 있게 배치한다. 문법 연습과 문장 이해 연습을 겸한다.

· 시제나 경어에 주의하여 대화 완성하기: 주어진 정보나 문맥을 통해 시제와 경어 사용에 주의하여 대화를 완성하는 과제이다. 좀 더 다각적인 문법 능력을 연마할 수 있도록 한다. 역시 문법 연습과 문장 이해 연습을 겸한다.

· 문장 쓰기: 주어진 질문에 맞게 목표 문법을 사용해서 답하거나 짧은 글을 쓰는 과제이

다. 질문 이해와 쓰기 연습이 병행되도록 한다. 목표 문법에 따라 간단한 글을 작문하는 과제를 줄 수도 있다. 글쓰기는 시간을 많이 요하는 과제이기 때문에 숙제로 지정하여 자습하도록 할 수도 있다.

③ 번역 연습

독일어를 모국어로 하는 학습자를 위한 문법 연습 유형이다. 모국어와 목표어 사이의 관계를 이해해야 한다는 점에서 문장 쓰기보다 난이도가 높다고 할 수 있다. 적절한 어휘를 찾아 정확한 문법을 사용해 문장을 완성해야 하는 번역 과제는 다른 유형의 문제에 비해 많은 시간이 요구되는 편이다. 따라서 간단한 번역 문제를 제외하고는 숙제로 지정하는 것이 적합하다. 학습한 문법 항목이 많아질수록 문장의 구조와 길이를 달리하여 난이도를 조절할 수 있다.

④ 심화 연습

형태 연습과 의미 연습 후에는 목표 문법의 성격에 따라 이미 학습한 문법 중에서 목표 문법과 형태가 같으나 의미가 다른 문법 항목과의 비교, 목표 문법과 의미가 유사한 다른 문법 항목으로 바꿔 쓰기, 문법적으로 옳거나 틀린 문장 고르기, 비문법적인 문장을 바르게 고치기 등의 연습 문제가 주어진다. 각 문법 상호간의 관계를 넘나드는 고난이도의 연습 문제 유형이라고 할 수 있다.

4) 추가 정보

독일어와 한국어 문법 간의 의미적, 형태적, 화용적 불일치로 인해 오류가 발생하는 경우가 많다. 이러한 독일어의 간섭으로 인한 오류를 사전에 통제하기 위해 유의할 점을 명기해 주거나 목표 문법 항목과 관련된 다른 문법 항목에 대한 정보가 추가적으로 주어진다. 이때 관련 문법 항목이 실린 쪽 번호가 참조 표시와 함께 제시된다.

4. 맺는말

독일어권 한국어 학습자를 위한 초급 문법 연습 교재는 국내외 연구 자료와 교육 현장에서 축적된 경험을 바탕으로, 대조언어학적 연구 성과를 반영하고 학습자 집단의 교수·학습상황을 고려하여 개발되는 교재라는 점에서 의의가 있다. 교재 집필팀은 기존에 개발된 독일어권 학습자를 위한 문법서와 문법 연습서의 한계를 보완하여 다양하고 풍부한 연습 문제를 제공함으로써 의사소통능력 능력의 정교하고 체계적인 향상을 도모하는 문법 연습용 교재를 개발할 수 있도록 최선을 다하고자 한다.

교재 개발은 이제 막 기존 교재 검토와 요구 조사, 문법 항목 선정과 배열, 예시 단원 확정을 마친 초기 단계로, 2020-21년 출판을 목표로 집필 작업이 한창 진행 중이다. 집필 이후에도 원어민의 번역 감수, 편집과 출판에 이르기까지 아직 지난한 작업이 남아 있다. 독일어권 학습자를 위한 초급 문법 연습 교재 집필 작업과 출판이 순조롭게 진행되어 독일어권 한국어 문법 교육에 일조할 수 있기를 기대한다.

제3장

김 훈 태

루마니아 바베쉬-보여이대학교
University of Babes-Bolyai

루마니아어 모어 화자 한국어 학습자를 대상으로 한 조사 '-이/가', '-은/는'의 교육 방안
-루마니아어의 활용가능성을 중심으로-

1. 머리말

교착어적 특성을 가진 한국어는 명사 뒤에는 그 문장의 격이나 의미를 지시하는 조사를 붙여야 하고 서술어 뒤에는 연결 어미나 종결 어미, 부사형 어미, 관형사 여미 등을 붙여야 한다. 이러한 교착어적 특성에 익숙하지 않은 한국어 학습자의 경우 한국어의 조사와 어미 학습에 많은 어려움을 겪게 되고 그것을 사용하는 데에 많은 오류를 일으키게 된다. 이러한 상황은 루마니아어 모어 화자 한국어 학습자의 경우에도 별반 다르지 않은 상황이다.

한국어의 여러 조사 중에서 '-이/가', '-은/는'은 한국어의 기본 구조를 형성하는 기초적이면서 중요한 의미기능을 가진 조사라고 할 수 있다. 이에 본고에서는 주어를 표시하는 자리에 오는 조사 '-이/가', '-은/는'을 중심으로, 루마니아어를 모국어로 사용하는 한국어 학습자를 대상으로 한 구체적이고 실제적인 교육 방안을 논의해 보고자 한다.

'-이/가'와 '-은/는'은 한국어에서 주어를 표시하는 자리에 오는 문법형태소이다. 이들은 조사의 분류상 각각 주격조사와 보조사로 분류되지만, 그 의미 기능의 차이에 대해서는 오랫동안 국어학자간에도 많은 연구와 논의가 있어 왔다. 이들 조사의 정확한 사용에 있어서는 모국어 화자에게도 어렵게 여겨지고 있는 상황이다.

주지하다시피 외국어 학습에 있어서 새로운 언어 체계를 가진 목표어의 문법구조를 이해하고 그 형태와 의미기능을 올바로 파악하고 사용하기 위해서는 학습자의 인위적인 노력이 필요하다. 즉, 외국어 학습에 있어서 이러한 문법적인 지식의 습득은 필수적인 것이다.

본고의 연구대상인 '-이/가', '-은/는' 역시 한국어의 기초적인 문법적인 지식에 해당되는 것이므로 이를 습득하려는 학습자의 노력은 당연하다고 하겠다. 그러나 교육자의 입장에서 학습자의 노력에만 전적으로 의존할 수는 없는 일이다. 특히 해외에서 한국어를 공부하는 학습자들이 가지고 있는 환경적인 제약을 고려한다면, 교육자는 학습자의 노력을 이끌어 내는 것 이외에도 교실 안에서 학습자가 좀 더 효율적인 학습을 이어갈 수 있도록 구체적이고 다양한 교육 방안을 적극적으로 개발할 필요성이 크다고 하겠다. 이러한 교육 방안을 마련하기 위한 작업 중의 하나는 학습자의 모국어에 대한 지식을 활용하는 것이다. 즉, 학습자의 모국어와 한국어의 차이점과 유사점을 살펴보고 이를 한국어 학습에 적극적으로 반영하는 것이다. 루마니아어의 경우에는 명사의 어형 변화를 통한 격 표지 실현이라는 특징을 가지고 있는데,[1] 이것은 한국어 조사의 의미기능과 어느 정도 일맥상통하는 점이라고 할 수 있다.

본고에서는 이러한 루마니아어의 특징을 적극적으로 활용하여 루마니아어 모어 화자 한국어 학습자에게 한국어를 표지하는 조사의 교육을 위한 구체적인 방안을 모색해 보고자 한다.

2. 연구방법

외국어 학습자 중에서 성인 학습자의 경우에는 외국어 문법 체계를 모국어의 문법 체계와 비교하여 이해하는 경향이 강한데 이때 소위 '전이'현상이 나타나게 된다. '전이'는 이전의 지식이나 경험이 이후의 학습에 옮겨지는 것을 말하는 것으로, 이에는 '긍정적인 전이'와 '부

---

1) 루마니아어의 명사 어형 변화를 통한 격 표지 실현을 '격어미'나 '곡용어미'라고 한다. 루마니아어는 라틴어의 격변화를 상실한 다른 대부분의 로망스어와는 다르게 '주격/목적격', '속격/여격'의 2격 체제를 유지하고 있다고 보고 있다. 엄밀히 말하면 주격, 목적격, 속격, 여격, 호격으로 5개나 남아 있는데 호격은 거의 사멸되었고 주격/목적격, 속격/여격의 변화형이 같아져서 형태론적으로는 2개만 남은 셈이다. 이것은 루마니아어가 로망스어 중에는 유일하게 동로망스어군에 속하면서 서로망스어군에 속한 주요 로망스어(프랑스어, 스페인어, 이탈리아어 등)과는 이질적인 특징을 보이는 것이라고 할 수 있다.

정적인 전이'로 구분할 수 있다. 후자의 경우는 이전의 지식이 이후의 과제 수행에 방해가 되는 것으로 일반적으로 '간섭'으로 불리어 지고 있다. 이러한 학습자 모국어의 간섭은 목표어를 습득하는 과정에서 오류를 일으키는 주요 원인으로 여겨지기 때문에 외국어 교육에 있어서 간과할 수 없는 현상이기도 하다. 지금까지 한국어 학습에 있어서 학습자 모국어의 활용여부는 '간섭'에 의한 '오류'에 집중되어 있다고 할 수 있다. 즉, 한국어를 학습하는 과정 중에 나타날 수 있는 오류의 유형과 방향을 예측하는 데에 있어서 학습자의 모국어에 대한 지식을 활용하였다는 것이다.

반면에, 한국어 교육 방안과 관련하여 학습자 모국어의 '긍정적인 전이'에 대한 관심은 지금까지 상대적으로 적었다고 할 수 있다. 이것에 대해서는 여러 가지 이유가 있겠지만 그 중의 하나는, 학습자 모국어와 한국어 간에 일부 문법적으로 유사한 항목이 있어 학습 초기 단계에서는 학습자의 모국어의 활용이 한국어 학습에 도움이 되는 경우라도 학습 단계가 올라갈수록 그러한 모국어의 지식이 오히려 학습자가 목표어를 내재화하는 과정에 방해가 될 가능성이 크다고 보기 때문일 것이다. 이러한 점을 고려한다면 학습자 모국어의 활용에는 신중한 접근이 필요한 것도 사실이다.

앞서 언급한 대로 루마니아어 역시 인도·유럽어족의 하나인 로망스어군에 속하는 언어로 분류되지만 라틴어의 격변화를 상실한 다른 대부분의 로망스어와는 다르게 '주격/목적격', '속격/여격'의 2격 체제를 유지하고 있다. 이러한 루마니아어의 특징을 고려할 때 다른 언어권 사용자들보다는 루마니아어 모어 화자 한국어 학습자들이 상대적으로 한국어의 격 표지 실현에 대해 낯설어 하지 않을 뿐만 아니라 이의 실현에 좀 더 쉽게 접근할 수 있을 것이라는 예상을 할 수 있다.

본고에서는 이러한 루마니아어의 격 표지 실현과 관련된 문법 지식을 적극적으로 활용하여 한국어 조사 '-이/가'와 '-은/는'에 대한 교육 방안에 적극적으로 반영해 보고자 한 것이다. 한국어의 여러 조사 중에서 특히 '-이/가'와 '-은/는'의 오류는 초급이나 중급 단계에서 뿐만 아니라 실제로 고급 단계의 학습자에게서도 빈번하게 나타나는 현상이다. 이러한 상황을 고려할 때 '-이/가'와 '-은/는'에 대한 교육은 기본적으로 초급 단계에서부터 단계적이고 집중적으로 이루어져야 할 것이다. 본고에서는 이를 위해 단순히 서술적인 설명에 치우치기 보다는 종합적인 방법을 모색해 보고자 하였다. 본고의 단계별 교육 과정을 간략히 제시하면 다음과 같다.

첫 번째는 인지단계이다. 이 단계는 본고에서 가장 중점을 둔 과정으로 학생들에게 한국어에서 주어 자리에 오는 조사는 '-이/가'와 '-은/는'이 와야 한다는 것을 인지시키는 것에 초점을 두었다. 이를 위해 루마니아어에서 격 표지를 위해 사용되는 명사 어형 변화형을 적극적으로 활용하고자 하였다. 특히, 이 과정을 통해 학생들이 한국어에서 '-이/가'와 '-은/는'은 그 의미 기능에 따라 구별하여 사용되어야 하는 문법 지식이라는 것을 분명하게 인식할 수 있도록 하는 것에 목표를 두었다.

두 번째는 학습단계이다. 이 단계에서는 '-이/가', '-은/는'을 문법 항목으로 인식한 학생들이 이를 구체적으로 습득해 갈 수 있도록 하는 데에 초점을 두고자 하였다. 이를 위해 '-이/가', '-은/는'이 사용되는 환경이 학생들에게 좀 더 구체적으로 다가갈 수 있도록 하기 위하여 이들이 사용되는 환경을 먼저 그림으로 도식화하여 제시하고, 이를 다시 구체적인 예문을 통해 확인해 갈 수 있도록 하였다.

세 번째는 활용단계이다. 이 단계에서는 학생들 개개인의 오류의 유형별 비중을 파악하여 그에 맞는 피드백을 제공하는 것에 초점을 두고자 하였다. 즉, 학생별로 비중 있게 나타나는 오류의 유형을 파악하여 그에 맞는 교육을 제공하는 것이다. 이러한 과정을 통해 학생들이 범하기 쉬운 오류의 빈도를 최소화 하는 데에 목적을 두었다.

3. 조사 '-이/가'와 '-은/는'의 교육방안

3.1. 인지단계를 위한 교육과정

기존에 한국어 조사와 관련된 연구 중에서 논의가 가장 많이 이루어진 것 중의 하나는 '-이/가'와 '-은/는'에 대한 것이라고 할 수 있다. 그것은 주격 조사인 '-이/가'와 보조사인 '-은/는'이 선행하는 명사에 주어의 자격을 부여할 뿐만 아니라 그 결합여부에 따라 미묘한 의미 차이를 가져 오기 때문이다. 이것은 한국어 학습자를 대상으로 한 '-이/가'와 '-은/는'에 대한 교육에 있어서는 두 가지 측면에서 접근해야 한다는 것을 의미한다.

루마니아어 모어 화자 학습자의 경우에는 먼저 루마니아어의 주어 자리에서 실현되는 명사 변이형과의 비교를 통해 한국어의 '-이/가'와 '-은/는'이 가진 문법적 기능을 좀 더 분명히 인식할 수 있을 것이다. 이에 대한 구체적인 예들을 제시하면 다음과 같다.

〈표 1〉 한국어와 루마니아어의 주격형 비교

유형	루마니아어		한국어	
	명사	변이형	명사	주격형
제1유형	stea/perdeasaltea/ carte/universitate/ femeie	stea**ua**/perdea**ua**/ carte**a**/universitate**a**/ femeie**a**	별/커튼/책/대학/ 여자	별이(은)/커튼이(은)/책이 (은)/대학이(은)/여자가(는
제2유형	codru/ardei/cadou/ bunic/unchi/profesor/ scriitor	codru**l**/ardei**ul**/cadou**l** /bunic**ul**/unchi**ul**/ profesor**ul**/scriitor**ul**	숲/고추/선물/할 아버지/삼촌/교수 /예술가/닭	숲이(은)/사자가(는)/고추가 (는)/선물이(은)/할아버지가 (는)/삼촌이(은)/교수가(는)/ 예술가(는)
제3유형	frate/câine/peşte/ perete/castravete/ iepure/munte	frate**le**/câine**le**/peste**le** /perete**le**/castravete**le**/ iepure**le**/munte**le**	형/개/물고기/벽/ 오이/토끼/산	형이(은)/개가(는)/물고기가 (는)/벽이(은)/오이가(는)/토 끼가(는)/산이(은)

위 <표 1>에 제시된 예들은 루마니아어의 명사가 주어 자리에 올 경우에 나타나는 변이형과 이에 대응하는 한국어의 주격형을 비교한 것이다. 루마니아어에서 주어의 자리에 나타나는 명사의 변이형을 세 가지 유형으로 나눌 수 있다. 명사의 단수형을 기준으로 한다면, 제1유형은 명사의 끝음절이 '-ea', '-a', '-e'로 끝나는 경우에 '-(u)a'가 첨가되어 사용되는 것이다. 제2유형은 명사의 기본형이 모음 '-u'나 '-i'로 끝나는 경우와 자음 'r', '-c', '-m', '-o'로 끝나는 경우에 '-(u)l'이 첨가되는 경우에 해당된다. 제3유형은 명사 중에 남성형으로 분류되는 것 중에 '-e'로 끝나는 것에 '-le'이 첨가되어 실현되는 경우이다.

이러한 세 가지 유형, 즉 제1유형의 '-(u)a', 제2유형의 '-(u)l', 제3유형의 '-le'은 한국어의 조사 '-이/가', '-은/는'과 마찬가지로 명사에 첨가되어 주어임을 표시한다는 것을 알 수 있다. 이러한 내용은 다음과 같이 정리할 수 있을 것이다.

〈표 2〉 주격형이 실현된 문장의 비교

	루마니아어	한국어
주격형	N+((u)a/-(u)l/-le)	N+(-이/가 or -은/는)
예문	Stea**ua** străluceşte	별이(은) 빛나다
	Carte**a** este interesantă	책이(은) 재미있다
	Codru**l** este des	숲이(은) 울창하다
	Profeso**rul** este faimoasă	교수가(는) 유명하다.
	Frate**le** meu este inteligent	형이(은) 똑똑하다

위 <표 2>의 내용은 앞서 논의한 내용을 학습자들이 좀 더 잘 이해할 수 있도록 루마니아어의 문장과 한국어의 문장을 비교하여 제시한 것이다. 이를 통해 학생들은 루마니아어의 명사 단수형이 주어 자리에 오는 경우에 명사에 '-(u)a, -(u)l, -le'이 결합하는 형태가 한국어에서는 조사 '-이/가'나 '-은/는'과 결합한 형태에 대응될 수 있음을 확인할 수 있을 것이다. 이러한 과정을 통해서 학생들은 한국어의 주격 표지는 기본적으로 '-이/가'나 '-은/는'이 결합되어 실현되어야 하고, 루마니아어에서 선행 명사가 남성형이나 여성형에 따라 변이형이 달라지는 것과 유사하게 한국어에서는 모음으로 끝나는 경우에는 '-가'나 '-는'이, 자음으로 끝나는 경우에는 '-이'나 '-은'이 와야 한다는 것을 인지하게 될 것이다.

실제로 '-이/가'와 '-은/는'의 교육에 있어서 가장 중요한 부분은 '-이/가'와 '-은/는'을 어떤 상황에서 사용해야 하는 가에 있다고 할 수 있다. 앞서 언급한 대로 '-이/가'와 '-은/는'에서 나타나는 오류 현상은 초급이나 중급단계는 물론이고 고급 단계에 있는 학습자에게서도 쉽게 발견되는 상황이다. 이것은 '-이/가'와 '-은/는'에 대한 교육을 위해서 교수자가 초급 단계에서부터 체계적이고 집중적인 교육을 시킬 필요가 있다는 것을 말해 주는 것이라고 할 수 있다.

최근까지 '-이/가'와 '-은/는'의 의미 기능에 대한 연구는 다양하게 이루어져 온 반면에 상대적으로 한국어 학습자를 대상으로 한 교육 방안은 단편적인 특징 제시나 그 의미 차이의 제시에 그치는 것이 대부분이었다고 할 수 있다. 특히 해외 한국어 교육현장을 대상으로 이루어진 연구 성과는 아직까지는 많지 않은 상황이라고 할 수 있다. 이에 본고에서는 기존의 '-이/가'와 '-은/는'의 의미 기능에 대한 연구 성과를 토대로 하여 루마니아어 모어 화자 학습자에게 좀 더 효율적인 교육과정을 제시해 보고자 한다.

지금까지 '-이/가'와 '-은/는'의 의미 기능에 대해서는 개별적으로 논의된 것과 양자를 비교 분석한 것으로 나누어 볼 수 있는데, 양자를 비교 분석하여 제시된 의미기능을 종합적으로 정리하면 다음과 같다.

먼저, '-이/가'는 주어 자리에 오는 경우에 어떤 상황이나 동작의 '주체'와 관련되어 있으며 기존에 없던 새로운 정보를 선택하거나 지정하는 의미로 사용된다. 또한 어떤 주어진 상황 속에서 그 성질이 유일하여 특정하거나 외부의 자극(소리, 질문)에 자발적으로 반응을 하는 의미 기능을 나타낸다는 것이다. 이러한 내용을 '주체', '신정보', '특정성', '자발성'의 용어로 정리할 수 있을 것이다. 반면에, '-은/는'이 주어 자리에 사용되는 경우에는 '주제'와 연관되어 있으며 이미 알고 있는 정보를 내포하고 있다. 아울러 사실이나 진리의 내용과 함께 쓰이거나 다른 요소와 구별되는 의미로 사용된다는 것이다. 이러한 내용을 '주제', '구정보',

'사실이나 진리', '대조'의 용어로 정리할 수 있을 것이다.

따라서 학습자들이 한국어의 '-이/가'와 '-은/는'의 의미 차이를 인식할 수 있도록 하기 위해서는 이들의 의미 차이가 드러나는 상황을 구체적으로 제시하고 이것을 설명하는 문장을 같이 보여주면서 교육하는 것이 좀 더 효율적이라고 할 수 있다. 이때 -'이/가'와 '-은/는'이 사용된 한국어 문장에 대응할 수 있는 루마니아어 표현이나 문맥을 활용하는 것이다.

앞서 정리한 '-이/가'와 '-은/는'이 가진 모든 의미 기능을 그대로 루마니아어로 표현할 수는 없지만, 일부 의미 기능에 대해서는 루마니아어 문장으로 설명이 가능하다고 본다. 이에 대해서는 다음의 예문들을 통해 구체적으로 확인할 수 있다.

〈표 3〉 '-이/가'가 사용된 한국어 문장과 루마니아어 문장 비교

한국어	루마니아어
1) 오늘 저녁은 <u>나는</u> 낸다. 　오늘 저녁은 <u>내가</u> 낸다.	La întâlnirea din seara asta <u>eu</u> o să plătesc La întâlnirea din seara asta <u>chair eu</u> o să plătesc
2) <u>알렉산드라는</u> 집에 가요. 　<u>알렉산드라가</u> 집에 가요.	<u>Alexandra</u> merge acasa <u>Chair Alexandra</u> merge acasa
3) <u>레비는</u> 똑똑하다 　(학생들 중에서) <u>레비가</u> 똑똑하다.	<u>levi</u> e destept (Dintre studenti) <u>levi</u> e destept
4) <u>사과는</u> 싸다 　(과일 중에서) <u>사과가</u> 싸다.	<u>mar</u> e ieftin (Dintre fructe) <u>mar</u> e ieftin

위 〈표 3〉은 '-이/가'의 여러 의미 중에서 '자발성'과 '특정성'의 의미를 가진 한국어 문장에 대응할 수 있는 루마니아어 표현을 제시해 본 것이다. 예문 중 1)과 2)의 한국어 문장에 사용된 '-이/가'는 주어의 '자발성'의 의미를, 3)과 4)의 한국어 문장에 사용된 '-이/가'는 상대적으로 '특정성'의 의미를 나타내는 것으로 볼 수 있다. 한국어 문장에 대응하는 루마니아 문장에서 사용된 'chiar'는 기본적으로 '강조'나 '확인'을, 'dintre'는 '-중에'의 의미를 가진다. 그러나 전체 문맥을 통해 'chiar'와 'dintre'가 사용된 문장이 '이/가'가 사용된 한국어 문장의 의미에 대응시킬 수 있다고 본 것이다.

<표 4> '-은/는'이 사용된 한국어 문장과 루마니아어 문장 비교

한국어	루마니아어
1) <u>도시의 생활은</u> 복잡하지만 <u>시골의 생활은</u> 단순하다.	Viaţa în oraş este complicată, însă Viaţa la ţară este liniştită
2) 마리아의 <u>머리는</u> 금발이지만 미루나의 <u>머리는</u> 검다.	Maria are părul blond, însă Miruna are părul negru.
3) <u>엄마는</u> 자상하지만 <u>아빠는</u> 엄격하다.	Mama e grijulie, însă tata e strict/sever.
4) 서울의 <u>인구는</u> 많지만 <u>부쿠레슈티의 인구는</u> 적다.	Populaţia Seulului este mare, însă populaţia Bucureştiului este mică.

위의 <표 4>에서 제시된 한국어 문장에 사용된 '-은/는'은 '대조'의 의미를 나타내고 있다. 아울러 이들 문장에 대응할 수 있는 루마니아어 표현을 함께 제시하였다. 루마니아어 'însă'는 '그렇지만', '한편으로'의 의미를 가진 접속사에 해당된다. 물론 1)의 한국어 문장을 '도시의 생활이 복잡하지만 시골의 생활이 단순하다'로, 2)의 한국어 문장은 '마리아의 머리가 금발이지만 미루나의 머리가 검다'로, 3)과 4)의 문장은 각각 '엄마가 자상하지만 아빠가 엄격하다', '서울의 인구가 많지만 부쿠레슈티의 인구가 적다'와 같이 '-은/는' 대신에 '-이/가'를 사용한다고 해서 비문이라고 할 수는 없지만, 두 문장을 비교하고 그 차이에 중점을 두는 상황이라면 한국어 모어 화자에게는 '은/는'이 더 자연스럽게 여겨질 것이다.

이와 같이 '-이/가'와 '-은/는'이 가진 모든 의미 차이를 그대로 루마니아어로 표현할 수는 없지만, 일부 의미 차이를 루마니아어를 통해서도 표현할 수 있다면 루마니아어 모어 화자 학습자들이 '-이/가'와 '-은/는'은 구별해서 사용해야 할 문법 항목이라는 것을 좀 더 쉽게 인지할 수 있게 될 것이다.

3.2. 학습단계를 위한 교육과정

앞서 인지단계를 위한 교육과정을 통해 학습자들은 한국어에서는 '-이/가'와 '-은/는'이 주어를 표지하는 문법 항목이라는 지식을 습득하였다. 아울러 '-이/가'와 '-은/는'은 그것이 가진 의미 기능에 따라 구별되어 사용되어야 한다는 것도 알게 되었다.

학습단계를 위한 교육과정은 '-이/가'와 '-은/는'에 대한 실질적인 교육단계이며 전체 교육과정 중에서 핵심적인 단계라고 볼 수 있다. 이를 위한 준비 과정 중의 하나는 '-이/가'와 '-은/는'의 사용에서 나타나는 오류의 유형을 파악하는 것이다. 기존의 연구에서는 물론이고 연구자의 수업을 통해 파악된 '-이/가'와 '-은/는'과 관련된 오류의 유형은 크게 세 가지로 나눌 수 있다.

‘첨가’, ‘생략’, ‘대치’가 그것이다. 이 중에서 ‘대치’의 오류 비중이 가장 크며 다음으로는 ‘생략’, 마지막으로는 ‘첨가’이다. ‘대치’ 중에서도 ‘-이/가’를 ‘-은/는’으로, ‘-은/는’을 ‘-이/가’로 사용하는 경우와 목적격 조사 ‘-을/를’로 사용하는 경우가 대부분을 차지하고 있다. 따라서 ‘대치’로 나타나는 오류의 비중을 낮추는 데에 교육과정을 맞출 필요가 있다고 할 수 있다. 이를 위한 구체적인 교육과정을 제시하면 다음과 같다.

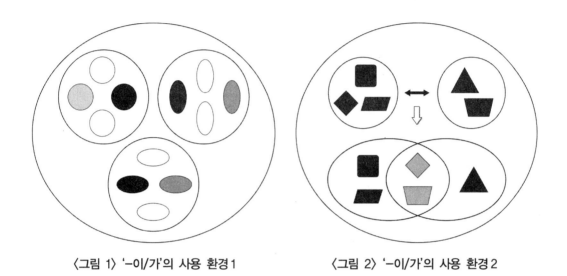

〈그림 1〉 ‘-이/가’의 사용 환경 1   〈그림 2〉 ‘-이/가’의 사용 환경 2

위 〈그림 1〉과 〈그림 2〉는 앞서 언급한 ‘-이/가’의 의미 기능을 설명하기 위해 제시된 일종의 ‘가상의 환경이거나 상황’이다. 이것은 학습자들에게 ‘-이/가’가 사용되는 환경을 단순히 서술하는 것만으로는 한계가 있다고 보고 시각적인 방법을 함께 고려한 것이다. 앞서의 논의에서 ‘-이/가’가 가진 의미 기능은 ‘주체’, ‘신정보’, ‘특정성’, ‘자발성’의 네 가지로 정리하였다.

〈그림 1〉에 제시된 커다란 원은 가상으로 설정된 일정한 상황을 의미하는 것이고, 그 안에 존재하는 세 개의 원들은 각각 이러한 상황을 기반으로 하여 이루어진 모임이다. 각각의 모임 안에는 모임의 목적을 공유하는 일정한 모양의 원들이 존재한다. 이들 원들 중에서 검은색을 띤 원은 특정한 존재로, 회색을 띤 원은 주체적이고 자발적인 존재로 설정하였다. 한편, 〈그림 2〉에 제시된 커다란 원 역시 일정한 환경으로 설정된 것이다. 그 안에 제시된 원형은 각각 자신의 정보를 가지고 있는 독립된 존재이다. 이들은 각각 자신만의 정보를 가지고 있으며, 이러한 상황은 검은색을 띤 여러 도형으로 표시하였다. 즉, 검은색을 띤 도형은 상대방에게는 새로운 정보를 의미하는 것이다. 이들이 각자의 정보를 교환하면서 점차 상대방의 정보를 함께 공유하게 되면 기존의 정보는 새로운 정보로서의 가치를 상실하게 된다.

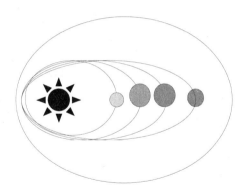

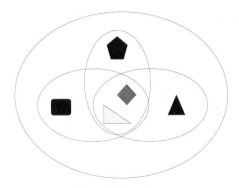

〈그림 3〉 '-은/는'의 사용 환경1　　　　　〈그림 4〉 '-은/는'의 사용 환경2

위 〈그림 3〉과 〈그림 4〉는 앞서 논의한 '-이/가'의 경우와 마찬가지로 '-은/는'의 의미 기능을 설명하기 위해 일정한 '환경'이나 '상황'을 제시한 것이다. 다만, 〈그림 3〉은 '-이/가'의 경우와는 다르게 가상의 환경이나 상황이 아닌 실제의 사실이나 환경을 제시한 것이다. 한편, 〈그림 4〉는 〈그림 2〉에서 제시한 두 사람의 대화를 통해 알게 된 정보가 또 다른 한 사람에게도 전해지는 상황을 설정한 것이다. 이것은 앞서의 논의에서 정리한 '-은/는'이 가진 의미 기능인 '주제', '구정보', '사실이나 진리', '대조'을 구체적으로 설명하기 위한 방안 중의 하나이다.

〈그림 3〉은 태양을 중심으로 태양계의 일부를 그림으로 제시한 것이다. 즉, 커다란 원은 태양계를 의미하고, 태양계의 일부를 '태양 → 수성 → 금성 → 지구 → 화성'의 순서대로 표시한 것이다. 이것은 '-은/는'이 가진 의미 기능 중 '주제'와 '사실이나 진리'를 설명하기 위한 것이다. 반면에 〈그림 4〉는 '구정보'와 '대조'의 의미 기능을 학생들에게 이해시키기 위해 설정한 것이다.

3.3. 활용단계를 위한 교육과정

앞서 '-이/가'와 '-은/는'에 대한 인지단계와 학습단계를 위한 교육과정을 통해 학습자들은 '-이/가'와 '-은/는'이 한국어에서 주어를 표지하는 문법적인 기능을 한다는 것을 인지할 뿐만 아니라 그 의미 기능의 차이에 따라 구분하여 사용해야 한다는 것을 문법적인 지식으로 습득하였다. 마지막 과정인 활용단계를 위한 교육과정에서는 학습자들이 이러한 지식을 올바로 사용할 수 있도록 하는 데에 초점을 맞추고자 한다.

이 교육과정을 위한 기본적인 준비 작업 중의 하나는 학생들이 한국어로 쓴 작문을 분석하는 것이다. 이것은 학습자가 실제로 쓰기 과정에서 범하는 '-이/가'와 '-은/는'의 오류를 분석하고 이에 맞는 피드백을 제공하기 위한 준비 과정이다. 즉, 학생들의 오류를 지속적인 피드백을 통해 개선해 나가고자 하는 것이다. 이러한 과정을 다음과 같은 그림을 통해 제시할 수 있다.

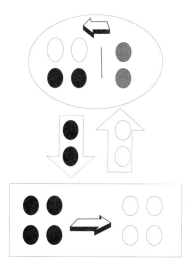

〈그림 5〉 '-이/가'와 '-은/는'의 오류에 대한 피드백 과정

위 <그림 5>의 커다란 원은 한국어 작문을 제출한 학생을 의미하며 그 안에 존재하는 검은색의 작은 원은 '-이/가'와 '-은/는'이 잘못 사용된 문장을 의미한다. 반면에 하얀색의 작은 원은 정확히 사용된 문장을 의미하고 회색의 작은 원은 피드백을 통해 수정된 작문을 표시한다. 한편, 직사각형은 피드백을 제공하는 교수자를 의미한다. 학생의 오류가 교수자에 의해 수정되어 학생에게 전달되는 과정은 화살표를 통해 보여주고 있다. 이때 피드백 과정을 거쳐 학생에게 전달된 내용은 학생 스스로 오류의 원인을 인식하게 되면 회색의 원이 하얀색의 원으로 바뀌는 것으로 표시하였다. <그림 5>의 내용을 구체적인 예문을 통해 제시하면 다음과 같다.

〈표 5〉 피드백 과정의 구체적인 예문

	학생들의 작문에서 나타나는 '-이/가'와 '-은/는' 오류의 양상의 예	피드백 내용의 예
제1유형	"**아빠가** 돈을 벌지만 **엄마가** 집에 있어요", "**내가** 콘스탄차에서 왔어요"	"**아빠는** 돈을 벌지만 **엄마는** 집에 있어요"(대조), "**나는** 콘스탄차에서 왔어요"(주제)
제2유형	"한국 음식 중에서 **잡채는** 제일 좋아요", "여러 계절 중에서 **겨울은 나는** 제일 좋아하는 계절이에요"	"한국 음식 중에서 **잡채가** 제일 좋아요"(특정), "여러 계절 중에서 **겨울이 내가** 제일 좋아하는 계절이에요"(특정/주체)
제3유형	"불국사와 **석굴암이** 구경하고 싶어요", 음악이 못 들으면 **스트레스는** 받고 힘들다"	"불국사와 **석굴암을** 구경하고 싶어요", **음악을** 못 들으면 **스트레스를** 받고 힘들다"

위 <표 5>에서는 앞서 <그림 5>에서 도식화한 '-이/가'와 '-은/는'의 오류에 대한 피드백 과정을 학생들이 제출한 작문에서 발췌한 예문을 통해 구체적으로 보여주고 있다. 제1유형과 제2유형에서 제시된 예문은 '-이/가'와 '-은/는'의 의미 기능에 따라 제대로 사용되지 못한 것들이다. 즉, 제1유형은 주어 자리에 '-은/는'이 사용되어야 하지만 '-이/가'가 사용된 경우이고, 제2유형은 주어 자리에 '-이/가'가 사용되는 것이 적절하지만 '-은/는'이 사용된 경우이다. 반면에, 제3유형은 목적격 조사 '-을/를'이 사용되어야 할 자리에 '-이/가'나 '-은/는'이 사용된 경우에 해당되는 것이다.

<표 5>에서 제시한 예문은 대부분의 학생들이 가장 많이 범하는 오류의 유형이라고 할 수 있다. 특히 '-이/가'가 가지는 여러 의미 기능 중에서 '특정성'과 '-은/는'이 가지는 '대조성'의 의미 기능은 양자를 구별하는 가장 두드러진 의미 차이라는 점에서 학생들의 오류 발생 빈도를 줄여야 할 필요성이 크다고 하겠다.

4. 맺음말

지금까지 루마니아에서 한국어를 공부하는 학습자들을 대상으로 하여 한국어에서 주격을 표지하는 '-이/가'와 '-은/는'에 대한 교육 방안을 구체적으로 논의해 보았다.

여러 한국어 교육 분야에서 특히 '-이/가'와 '-은/는'에 대한 효과적인 교육과 학습은 매우 어려운 분야 중의 하나라고 할 수 있다. 이러한 상황은 한국어 수준이 고급 단계에 있는 학습자에게서도 '-이/가'와 '-은/는'의 사용과 관련된 오류가 빈번하게 나타나고 있다는 기존의 연구결과를 통해서도 확인할 수 있다.

본고는 '-이/가'와 '-은/는'에 대한 교육 방안의 하나로 루마니아어에서 명사의 어형변화로 실현되는 주격표지에 대한 지식을 활용하고자 하였다. 즉, 루마니아어의 주격의 실현형과 한국어의 주격의 실현형을 비교 제시하고, 이들이 실현되는 구체적인 예문을 통해 학습자들이 한국어에서 차지하는 '-이/가'와 '-은/는', 의 문법적인 지위와 기능을 충분히 인지하도록 하였다. 이러한 인식단계를 기초로 하여 구체적인 학습단계와 활용단계에 대한 교육과정을 진행하였다.

'-이/가'와 '-은/는'에 대한 구체적인 학습단계에 들어가기 전에 먼저 '-이/가'의 의미기능으로는 '주체', '신정보', '특정성', '자발성'을, '-은/는'의 의미기능으로는 '주제', '구정보', '사실이나 진리', '대조'를 제시하였다. 이것은 학습자들이 한국어의 주격을 표지하는 '-이/가'와 '-은/는'은 그 의미 기능에 따라 구분하여 사용하여야 한다는 것을 우선적으로 인식하여야 한다는 것을 전제로 한 것이다. 이에 대한 효율적인 교육을 위해 '-이/가'와 '-은/는'의 의미 기능에 대해서 단순한 서술적인 설명보다는 각 의미기능에 따라 사용될 수 있는 환경을 설정하여 이를 먼저 그림으로 도식화하여 제시하였다.

활용단계를 위한 교육과정은 학습자들이 직접 작성한 작문을 토대로 하여 교수자의 피드백을 중심으로 이루어졌다. 이러한 피드백 과정이 효율적으로 이루어지도록 하기 위해 학습자들의 작문에서 나타나는 오류의 유형을 파악하였다. '-이/가'와 '-은/는'에서 나타나는 오류의 경우에는 '대치'가 대부분을 차지하고 있음을 확인하였다. 이러한 오류 분석을 중심으로 한 피드백 과정이 학습자 개개인에게 실질적인 도움이 될 수 있도록 하였다.

본고는 해외에서 이루어지는 한국어 교육현장에서는 현지의 교육 환경에 맞는 교육 방안이 강구되어야 하며 그 방안 중의 하나는 현지어의 지식을 활용하는 것이라는 것에서 출발한 것이다. 이것은 교육 분야에 따라 현지어를 활용한 교육과정이 한국어 학습자에게 도움이 될 수 있다는 것을 전제로 한 것이다. 앞으로 해외 현지사정에 맞는 다양한 한국어 교육 방안이 강구되기를 기대해 본다.

참고 문헌

김호정·강남욱(2010), 「한국어 학습자의 문법 습득 양상 연구(II)-조사 {이/가}와 {은/는}의 사용 양상을 중심으로-」, 『국어국문학』 156, 국어국문학회, 5-41쪽.

백수진(2011), 「중국인 학습자를 위한 한국어 조사 '이/가', '은/는'의 교육: 중국어와의 대응을 중심으로」, 『언어와 문화』 7-1, 한국언어문화교육학회, 149-168쪽.

이다미(2005), 「부정적 피드백이 한국어 학습자의 주격과 목적격 조사 습득에 미치는 영향」, 『한국어 교육』 16-2, 국제한국어교육학회, 153-173쪽.

오현정(2011), 「보조사 {은/는}과 주격조사 {이/가}의 교수, 학습 방법 연구 -한국어 고급 단계 외국인 학습자를 대상으로-」, 『한국어 의미학』 35, 한국어의미학회, 189-213쪽.

유현경 외(2007), 「영어권 중,고급 학습자를 위한 조사 "가"와 "는"의 교수 방안 연구 -한영 병렬 말뭉치를 이용하여-」, 『이중언어학』 34, 이중언어학회, 271-298쪽.

박선희(2013), 「영어권 한국어 학습자의 격조사 습득 연구 -격 표지 결합, 중첩, 탈락 현상을 중심으로-」, 『국제한국어교육학회 춘계학술발표논문집』, 국제한국어교육학회, 65-81쪽.

박호관(2007), 「들춤표지 '은/는'의 유형과 문맥적 의미 기능」, 『어문학』 96, 한국어문학회, 87-109쪽.

허남영(2010), 「독일어권 한국어 학습자를 위한 문법교육 -한국어의 주격조사 "-이/가"와 보조사 "-은/는"의 독일어 대응을 중심으로」, 『독일어문학』 49, 한국독일어문학회, 283-304쪽.

제4장

Anna Borowiak

폴란드 아담 미츠키에비츠 대학교
Adam Mickiewicz University

폴란드어권 한국어 학습자들의
관형어 사용 양상 및 교육 방안 연구

1. 머리말

학습자의 모국어에 따라 습득하기 어려운 외국어에 차이를 보인다. 2016년에 미국 Foreign Service Institute(FSI)에서는 학습 난이도에 따라 외국어를 5개 등급으로 나누어 제시하였는데 한국어는 중국어, 일본어 및 아랍어와 같이 영어권 학습자들이 습득하기 가장 어려운 언어로 분류되었다. 폴란드어는 영어와 비록 어군은 다르지만 같은 인도유럽어족에 속하기 때문에 한국어는 폴란드어권 학습자들에게도 배우기 가장 어려운 언어라는 것을 쉽게 예측할 수 있다. 그 이유로 한국어는 폴란드어와 언어 유형론적으로 차이점이 많고, 다른 언어에서 찾아보기 힘든 음절 구조, 의미적 유사성을 띠는 많은 문법 항목들, 높임법의 발달 등과 같은 한국어만의 특성 때문이라 할 수 있다.

또한 학습자들이 초급 단계부터 고급 단계까지 한국어를 습득하는 데에 어려움을 겪는 문법 요소 중 하나는 관형사형 어미임이 연구되었다. 약 16만 어절의 말뭉치를 대상으로 한 한송화(2015)의 연구에 따르면 유럽어권 학습자들이 일본어권과 중국어권 학습자들에 비해 관형사형 어미를 가장 적게 사용하고 있으며, 한국어 숙달도가 높아짐에도 불구하고 유럽어권 학습자들에게서 관형절을 포함한 문장 구성의 정확도가 가장 미흡한 것으로 조사되었는데, 이러한 조사 결과의 이유를 시제상적 인식의 부재로 설명하였다. 이 연구로 감안해 볼 때 폴란드인 학습자들도 관형어(attribute)의 사용에 오류가 많다는 것을 쉽게 짐작할 수 있다.

　실제로 폴란드인 학습자들이 한국어를 배우면서 어려워하는 부분 중의 하나는 다름이 아니라 관형어의 올바른 사용이다. 폴란드어와 한국어에서는 각각 관형어의 개념이 존재하고, 이는 의미적·통사적 자질을 공유함에도 불구하고 관형어의 구실을 담당할 요소(단어, 구, 절), 문장에서 관형어의 위치, 관형어의 중첩 사용 시 순서의 제약, 용언의 관형사형 등 문법적 제약에는 서로 차이가 있다. 이로 인해 폴란드인 학습자들은 관형어 사용에 있어서 초급 단계부터 고급 단계까지 여러 형태의 오류를 범한다. 따라서 이의 적확한 사용 여부는 한국어 능력의 척도가 되므로 초급 단계부터 적절한 교수가 중요하며 필수적이다. 학습자들이 한국어 관형어의 명확한 문법적 차이점을 인지하게 되면 모국어의 간섭 현상을 최소화 할 수 있고, 더 나아가 성공적인 의사소통을 이룰 수 있을 것이다.

　본고의 목적은 폴란드인 학습자들의 관형어 사용 양상을 알아보고, 이들이 범하는 오류를 범주화하여 분석한 다음 관형어 교육 방안을 모색하고 제시하는 데에 있다. 학습자들이 틀리는 관형어가 무엇인지 지난 1월 말에 포즈난 아담 미츠키에비츠 대학교 한국학과 학사과정생 33명을 대상으로 실시한 설문 조사의 분석을 통해서 오류 발생의 원인을 파악한 후에 관형어 사용 중에 자주 범하는 오류를 최소화하고 한국어 사용 능력을 향상시키기 위한 효과적인 교육 방안을 제시하고자 한다.

　올해로 폴란드에서 최초의 한국학과가 개설된 지 35년이 되었음에도 폴란드어권의 한국어 학습자를 대상으로 한 교육 방안 연구가 부족한 실정임을 감안한다면 현장에서 한국어를 교육하는 전문교사들이 보다 효과적인 교수 방법을 연구하는 데에 박차를 가해야 할 것이다. 앞서 언급한 바와 같이, 학습자의 모국어 어족이 한국어 어족과 먼 어족일수록 한국어를 습득하는 데 어려움을 겪는다. 학습자들은 한국어가 모국어인 화자가 갖는 직관이 부족하므로 교육 과정에서 문법의 정확한 이해와 연습뿐만 아니라 복습도 중요한 역할을 한다. 이러한 학습 과정을 통해서 의사소통의 기반이 되는 문법의 올바른 용법과 제약을 습득하여 사용상의 오류를 최소화할 수 있다. 따라서 학습자의 의사소통 능력 신장을 위한 문법 교육이 필수적이라고 할 수 있다.

2. 폴란드어와 한국어 관형어의 개괄적인 특성

폴란드어와 한국어에서는 다양한 문장 성분으로 사용될 수 있는 명사 등의 수식어로서의 관형어가 개별적인 문장 성분으로 분류되어 왔고 대체로 수의적으로 사용되는 부속 성분에 속하며, 피수식어의 뜻을 한정하면서 구체화시키는 구실을 담당한다.[1] 바꿔 말하면, 관형어는 피수식어의 범위를 축소하면서 그 의미를 특수화시키는 역할을 한다. 그러나 두 언어에서는 그 특성이 완전히 일치하지 않으므로 한국어 학습자들이 많은 어려움을 겪는다.[2]

폴란드어에서는 관형어의 의미와 구조 및 길이에 따라 수식을 받는 대상의 앞이나 뒤에 위치한다는 특성을 보이며, 한국어는 좌분지 언어(left-branching language)로서 단어의 정형적인 배열 방식에 따라 수식어가 수식을 받는 피수식어의 왼쪽에 위치한다. 그런 측면에서 볼 때 폴란드어권 화자에게 한국어 관형어의 올바른 용법을 습득하는 것이 쉽다고 추측할 수도 있다. 그러나 조사 결과부터 말하자면 그렇지는 않다. 왜냐하면 한국어는 관형어의 역할을 하는 용언(또는 절)의 시제와 상, 서법과 긴밀한 관계를 맺으며, 관형어를 통해서도 높임법이 반영되어 있기 때문에 이에 대한 올바른 인식 없이는 혼동을 최소화할 수 없기 때문이다.

두 언어에서 모두 관형어가 다양한 형식으로 나타나며, 이를 다음과 같이 삼분할 수 있다. 첫째, 폴란드어와 한국어에서 관형어의 구실을 수행할 수 있는 말의 단위가 있는데 이를 품사별로 명사, 대명사, 형용사, 동사(폴란드어에서는 분사인데 한국어에서는 관형사형임) 그리고 수사로 나눌 수 있다. 이 외에 관형구 및 관형절도 같은 구실을 수행할 수 있다. 둘째, 폴란드어에 존재하지 않아서 오직 한국어에서만 관형어의 구실을 담당할 수 있는 품사가 있는

---

1) 그러나 관형어는 대체로 수의적 문장 성분임에도 불구하고 양쪽 언어에서 필수적으로 사용되어야 하는 경우가 있다는 공통점도 있다. 그런 현상은 한국어의 경우에는 '분, 것, 데, 때, 수' 등과 같은 의존 명사가 사용될 때 나타나지만 아래서 제시된 예문이 보여 주듯이 폴란드어에서와 같이 자립 명사가 사용될 때도 나타난다. 관형어가 빠지면 의미가 불분명해지기 때문에 의미적인 명확성의 측면에서 각각 '녹색, 긴, 훌륭한'을 사용하는 것이 필수적이다. 폴란드어에서는 필수적 관형어가 핵심부인 대상과 맺는 의미 관계에 의해 결정되며, 즉 대상의 어떠한 고유의 특성을 나타날 때 꼭 등장해야 한다. 또한 적어도 3개의 요소로 된 구에서 나타나야 하는 경향이 있어 보인다. 그 예로 (ㄱ) dziewczyna o zielonych oczach/ a girl with green eyes/ 녹색 눈의 소녀, (ㄴ) kobieta z długimi włosami/ a woman with long hair/ 머리가 긴 여자, (ㄷ) człowiek wielkiego serca/ a man of great heart/ 위대한 마음을 가진 사람 등을 들 수 있다. 한국어에서는 필수적으로 나타나는 관형어에 대한 논의를 리의도(1982: 130-1), 남기심·고영근(2006: 256) 등, 폴란드어에서는 필수적 관형어 용법에 관한 논의를 Frankowska(1982) 및 Grzegorczykowa(1988: 24) 등 참조할 것. 관형어의 수의적 특성에 있어서 나찬연(2007: 261)에서 나와 있듯이 한국어에서는 관형어가 부사보다 부속 성분으로서의 의존성이 더 강해서 이로부터 수식을 받는 중심어 없이 단독으로 쓰일 수 없다. 그런데 폴란드어에서는 '어떤 드레스 샀어요?'란 질문에 '빨간 샀어요.'란 답은 자연스러운 데 반해 한국어에서는 그런 답이 성립하지 않는다는 차이점을 발견할 수 있다.

2) 한국어와 폴란드어 관형어의 대조 비교는 Borowiak(2016) 참조할 것.

데 관형사가 그것이다. 그리고 셋째, 전치사구는 한국어에는 없고, 폴란드어에서만 관형어의 구실을 수행할 수 있다.

따라서 앞서 살펴봤듯이 양 언어에서는 서로 다른 말의 단위보다 같은 단위가 관형어의 구실을 수행할 수 있다는 것이 더 많다. 그런데 품사가 같더라도 이의 특성에는 차이가 있으므로 관형어의 올바른 사용을 방해한다. 그 대표적인 예로 형용사를 들 수 있다. 두 언어에서 형용사가 나타내는 의미적인 특성과 특질은 공통적이지만 문장 속에서 일차적으로 행하는 구실은 서로 다르다. 왜냐하면 폴란드어에서는 형용사의 일차적인 구실은 대상을 수식하면서 대체로 명사가 갖는 고유의 성(性)을 따르며, 대상이 취하는 격과 수를 반영해야 하기 때문이다. 즉, 수식어가 피수식어와 호응 관계를 이뤄야 한다. 지정사와 결합하면 이차적으로 서술어의 구실을 행할 수 있는데 단독으로는 그렇지 못하다.

반면에 한국어 형용사의 주된 기능은 주어를 서술하는 것이므로 형용사의 성격이 명사보다 동사에 더 가깝다고 할 수 있다. 따라서 한국어에서는 형용사 어간이 동사 어간과 마찬가지로 어미를 취하며, 이를 통해 시제, 높임 등과 같은 다양한 문법 범주를 나타낼 수 있다. 형용사는 이차적으로 대상을 수식하는 관형어로서 사용될 수도 있는데, 그렇게 하기 위해 관형사형 어미와 결합해야 한다. 또한 체언이 관형어의 구실을 담당하기 위해 대체로 관형격 조사인 '-의'와 결합한다. 두 언어에서는 관형사구가 존재하지만 그 구조가 다르다는 것을 쉽게 관찰할 수 있다. 한국어에서는 '<u>아주 새</u> 옷'에서의 '아주 새'는 부사와 관형사로 구성된 관형사구인데 이를 폴란드어로 번역하면 '<u>bardzo nowe</u> ubranie'가 된다. 관형사가 없는 폴란드어에서는 '새'를 의미하는 형용사로 표시된다. 즉, 폴란드어에서 '옷'을 수식하는 구(attributive phrase)가 부사와 형용사로 구성된다. 그런데 한국어에서는 형용사가 활용어이므로 이로 인한 단위는 관형절이다.

위와 관련하여 성격에 따른 관형어가 나타난 문장을 해석하는 데에도 차이점을 관측할 수 있다. 왜냐하면 폴란드에서는 동사의 형태 중 하나인 분사가 대상을 수식하는 기능을 할 시에 이를 단어로 인정하므로 전체 문장을 단문으로 보지만 한국어에서는 동사나 형용사들이 관형어의 구실을 수행하기 위해 반드시 취해야 하는 관형사형 전성 어미와 결합하면 관형절을 구성하며, 관형절이 안긴문장으로서 안은문장에 들어가므로 관형절이 들어간 문장은 복문으로 해석된다.

또한 폴란드어에서는 같은 대상을 수식하는 관형어가 둘 이상이면 피수식어의 문법 범주에 따라 성(性), 수, 격을 일치시키고, 쉼표를 사용해서 이를 나란히 나열하는 것이 정상적인 방법인데, 같은 식으로 한국어의 관형어를 나열하면 부자연스러운 표현이나 비문이 될 것이다.

그 예로 '키가 큰, 잘생긴 남자'를 들 수 있다.

3. 폴란드인 학습자들의 한국어 관형어의 사용 양상 및 오류 분석

폴란드인 학습자들이 한국어 관형어를 쓰는 데에 어떤 어려움을 겪는지 좀 더 구체적으로 알아보기 위해 지난 1월 말에 한국학과 학사과정 3학년생 33명을 대상으로 설문조사를 실시하였다. 대학생들의 수준은 중급I/II 정도이며 질문은 총 85개였다. 설문조사의 목적은 폴란드인 학습자들의 한국어 관형어 사용 실태를 알아보고, 오류를 관찰하는 데에 있었다. 설문지를 4개 부분으로 나누었는데, 각 부분에서 좀 더 다른 사용 양상을 알아보았다. 제1부에서는 4원적 체계 관형사형 어미, 즉 '-던, -(으)ㄴ, -는, (으)ㄹ'의 사용 양상을, 제2부에서 본용언과 보조 용언이 함께 관형어를 구성할 때 어미의 결합 양상을 확인하였고, 제3부에서는 각각의 단어와 구, 관형사형보다 그 형태가 더 복합한 절의 구성 양상을 관찰하였는데, 이때 관형사형 어미뿐만 아니라 관형격 조사의 용법도 같이 조사하였다. 마지막 제4부에서는 관형어의 중복 현상, 즉 머리 명사를 수식할 수 있는 둘 이상의 관형어를 구성하는 방법을 확인하였다.

설문지의 문제가 많았으므로 부담을 덜어주기 위해 각 문제에 아래 <보기>처럼 빈칸을 두었고, 문장 옆에 빈칸에 들어갈 어휘의 원형을 괄호 안에 제시하였다. 아래에 각 부별 질문을 예시하였다.

<보기>
(ㄱ) 우리는 생물체라서 매일 ____마실____ 물이 필요해요. (마시다)
(ㄴ) 그 사실을 __밝혀내고 싶지 않은__ 정치인이 없을 것 같다. (밝히다, 내다, 않다, 싶다)
(ㄷ) 나는 __수미 씨가 만든 귀여운 귀고리__ 를 끼고 있어요. (만들다, 수미 씨, 귀고리, 귀엽다)
(ㄹ) __활짝 웃는 예쁜__ 아이가 참 귀였다. (웃다, 예쁘다, 활짝)

관형어가 쓰인 경우에 이의 특성에 따라 오류를 일으키는 경우와 그렇지 않은 것으로 양분할 수 있다. 이에 앞서, 학습자들이 범하는 오류를 분석하기 전에 오류의 개념 및 발생 원인과 분류에 대해 알아보고자 한다. '오류'란 것은 정확한 규칙에 대한 지식의 결핍으로 인하여 초래되는 학습자 언어의 일탈(deviation)이며 실수(mistake)와는 대조된다(Corder, 1967). 오류는 외국어 습득과 학습에서 자연스럽게 발생하는 필연적인 것이라고 할 수도 있다. 오류 분석 가설(Error Analysis Hypothesis)에 따르면 오류를 예방하고, 없애야 하는 것으로 보지 않는다.

Brown(2007: 263)에서는 오류를 원인에 따라 다음과 같이 4가지로 구분하였는데, 여기서 학습자의 모국어 간섭에 의한 언어간 전이(interlingual transfer), 목표어 자체의 구조에 의해 발생하는 언어내 전이(intralingual transfer), 학습 맥락(환경/ 상황)(context of learning) 및 의사소통 전략(communication strategy)을 말한다. 이정희(2005: 84)에서는 오류를 분류할 때 각 원인에 따른 분류와 결과 판정에 따른 분류로 양분해서 논의하였다. 전자에 해당하는 오류에 첫째, 모국어의 영향에 의한 오류(부정적 전이), 둘째, 목표어 영향에 의한 오류(과잉 적용, 불완전 적용) 및 셋째, 교육 과정에 의한 오류(각 교육 자료와 교수 방법에 의한 오류)가 속한다. 결과의 판정에 따른 오류에 첫째, 범주별 오류 (발음, 문법[3], 어휘 및 기타 오류[4]), 둘째, 현상에 따른 오류 (대치, 누락, 첨가), 그리고 셋째, 정도에 따른 오류 (전체적 오류, 부분적 오류)가 속한다. 전체적 오류는 의사소통 전반을 방해하는 오류인데 부분적 오류는 의사소통이 가능한 오류를 뜻한다.

학자에 따라 오류 분류 방법이 다른데 Dulay 외(1982: 154-163)에서는 형식에 따른 분류로 누락(omission), 첨가(addition), 잘못된 변경(misformation) 및 잘못된 어순(misordering)을 제시하였다. 이진경(2006)에서는 Dulay 외(1982)를 참조해서 한국어 학습자들이 범하는 오류를 유형화하여 이를 6가지로 나누어 누락 오류(omission errors), 대치 오류(replacement errors), 환언 오류(paraphrase errors), 형태 오류(morphological errors), 첨가 오류(addition errors) 및 기타 오류(other errors) 하위 구분한다.

본고에서는 이진경(2006)에서 제시한 6가지의 오류 유형 중에서 폴란드인 한국어 학습자들이 관형어 사용 시에 범하는 오류에 대해 알아보고, 이를 범주화하여 분석하고자 한다.

3.1. 폴란드인 학습자들이 상대적으로 쉽게 익히는 관형어

폴란드인 한국어 학습자들이 관형어를 사용할 때마다 오류를 범하는 것은 아니다. 하나의 관형어가 사용될 경우와 하나 이상이 사용되거나 형태적으로 더 복잡한 절이 사용되어도 폴란드어 관형어의 어순과 일치하면 학습자들이 이를 올바르게 사용하는 데에 별 문제가 없어 보인다. 그 예로 각각 아래 (1)과 (2)를 들 수 있다.

---

3) 이정희(2005: 109-120)에서는 문법 오류 중에 조사의 오류, 어미의 오류, 높임 및 시제를 언급하였다.
4) 기타 오류 중에 맞춤법 어순 등에 의한 오류를 언급하였다(이정희 2005: 84).

(1) (ㄱ) 새 집 - <u>nowy</u> dom,

　　(ㄴ) <u>귀여운</u> 아이 - <u>urocze</u> dziecko,

　　(ㄷ) <u>내</u> 장갑 - <u>moja</u> rękawiczka,

　　(ㄹ) <u>그런</u> 사람 - <u>taki</u> człowiek,

(2) (ㄱ) <u>우리의 큰</u> 집 - <u>nasz duży</u> dom,

　　(ㄴ) <u>이 새</u> 구두 - <u>te nowe</u> buty,

　　(ㄷ) <u>이 두</u> 책 - <u>te dwie</u> książki,[5]

　　(ㄹ) <u>어느 옛</u> 영화 - <u>pewien stary</u> film,

　　(ㅁ) <u>무슨 다른 좋은</u> 방법 - <u>jakiś inny dobry</u> sposób/ metoda,

　　(ㅂ) <u>잘 알려진</u> 배우 - <u>dobrze znany</u> aktor,[6]

　　(ㅅ) <u>아주 빨리 날아가는</u> 비행기 - <u>bardzo szybko lecący</u> samolot,

위 (1)과 (2)에서 보여 주듯이 대체로 문제가 되지 않는 경우는 관형사가 관형어로 사용될 때이다. 폴란드어와 한국어에서는 품사 분류상의 차이점이 있음에도 불구하고 말이다. 왜냐 하면 '이, 그' 등과 같은 지시 관형사는 폴란드어에서는 지시 대명사이며, '새, 옛' 등과 같은 성상 관형사는 형용사임에도 불구하고 의미적인 유사성 및 어순의 일치 덕분에 폴란드인 학 습자들이 그 용법을 혼란스러워 하지 않고 사용의 오류를 범하지 않는다.

또한 양 언어에서는 관형어의 앞뒤 어순이 달라도 폴란드인 한국어 학습자들이 문제없이 사용하는 관형어도 있다. 그것은 아래 (3)에서 각각 예로 든 관계 관형(사)절/ 관계절(relative clause)과 동격 관형(사)절/ 보문절(補文節, appositive clause)이다.

(3) (ㄱ) <u>사라 씨가 만든</u> 케이크가 참 맛있었다.

　　Tort, <u>który przygotowała Sara</u> był naprawdę smaczny.

　　(ㄴ) 그는 <u>우리가 일찍 출발한</u> 사실을 몰랐다.

　　On nie wiedział o tym, <u>że wcześniej wyruszyliśmy</u>.

또한 구조상으로 약간 달라도 올바른 사용상의 큰 문제가 되지 않는 것도 있다. 그 예로

---

5) 'dwie te książki'도 가능하다는 것을 지적할 만하다. 그러나 그런 경우에 몇 권의 책이 필요하냐는 질문에 대한 답으로 쓸 수 있는 표현이다. 그래서 두 표현에서는 어순에 따른 의미적인 차이가 있다. 즉, 이를 통해서 어순이 구, 절 등의 의미를 변경시키는 역할도 하고 있음을 확인할 수 있다.

6) 폴란드어에서는 관형어가 길수록 이로부터 수식을 받는 대상에 후행하는 경향이 있으므로 각 (ㅂ)과 (ㅅ) 에서 예로 든 명사구를 다음과 같이 관계 관형사절로 바꿔 쓸 수 있다. 따라서 (ㅂ)에서 제시한 '<u>dobrze znany</u> aktor/ a <u>very well-known</u> actor'을 'aktor, <u>który jest dobrze znany</u>/ an actor, <u>who is very well-known</u>'으로, (ㅅ)에서 나온 '<u>bardzo szybko lecący</u> samolot/ a <u>very fast flying</u> plane'을 'samolot, <u>który bardzo szybko leci</u>/ a plane, <u>which flies quickly</u>'로 바꿔 쓸 수 있다.

아래 ⑷를 들 수 있다. 폴란드어에서는 가산성에 따른 명사의 구별이 존재하므로 단수와 복수가 격 변화를 통해서 표시된다. 즉, (ㄱ)에서처럼 '한'의 뜻을 나타내는 어휘를 따로 쓰지 않아도 머리 명사의 형태를 바탕으로 그 수를 알 수 있다. 그런데 특히 초급 학습자들이 '<u>어느 한</u> 사람' 대신에 '어느 사람'만 쓰는 경향이 있다. 왜냐하면 폴란드어 명사구에서는 수사가 없어도 되기에 한국어 표현에서도 이른바 수 관형사가 없어도 된다고 인식하기 때문이다. 게다가 아래 (ㄴ)에서 제시된 구를 말 그대로 폴란드어로 번역해서 쓸 수 있지만 그보다 더 자연스러운 표현은 '두 다른 친구'이다. 그런데 한국어에서는 이른바 휴지(#) 없이 관형어의 어순이 바뀌게 된 명사구 전체가 비문법적인 표현으로 돼 버린다.

⑷ (ㄱ) <u>어느 한</u> 사람 - <u>pewien</u> człowiek,
　(ㄴ) <u>다른</u> 두 친구 - <u>innych</u> dwóch przyjaciół,

중급 학습자들의 관형어 사용 양상에 있어서 Dulay 외(1982), 이진경(2006) 등에서 제시된 첨가 오류가 관찰되지 않았다. 그런 오류는 초급 학습자에게 상대적으로 나타나며, 보통 관형격 조사가 이에 해당한다. 그 예로 '외국의 친구', '미국의 자동차' 등 들 수 있는데, '-의'가 국적을 나타내는 명사와 결합하지 않다는 것을 설명하면 학생들이 그런 오류를 범하지 않는다. '-의'를 이른바 관형 명사의 경우에도 사용하지 않는다는 특성을 언급할 만한데 중급 학습자들이 관형 명사의 개념을 몰라도 '*국제의 관계' 등을 구성하지 않는다는 것을 확인할 수 있다.

3.2. 폴란드인 학습자들이 오류를 범하는 관형어[7]

㈎ 누락 오류

용언 어간의 품사를 혼동하여, 올바른 관형사형 어미를 취하지 못하므로 이를 의도적으로 사용하지 않는 현상을 말한다. 즉, 관형사형 어미를 누락해 버리는 전략을 사용하는 것인데, 이러한 오류는 중급 학습자들에게서는 거의 일어나지 않는다. 그리고 일부 용언의 경우에만 두드러지게 나타나는 경향을 보이는데, 그것은 시제에 대한 혼동이나 용언의 품사 분류상의 특성, 즉 그것이 동사인지 형용사인지에 대한 지식이 부족하기 때문에 발생하는 오류이다. 따라서 관형사형 어미의 연습과 복습 시에 용언의 품사를 알려 주는 것이 매우 중요하다는 사

---

7) 학사과정 2학년 학생들이 기술 문법 시간에 문장 성분, 그 중에서 관형어에 대해 배우고, 3학년 과정에서 문장의 확장에 대해 학습한다. 안은문장은 3학년 2학기 과정에서 다루는데, 아직 학습하지 않았다. 따라서 설문지를 작성할 때 한국어 수업 시간에 배운, 머릿속에 있는 지식만을 사용할 수밖에 없었을 것이다. 또한 같은 시간에 학생들이 두 가지의 설문지를 작성한 것도 그 결과에 영향을 끼치는 요인이 되었을 것이다.

실을 확인해 준다. 누락 오류는 가장 낮은 빈도를 차지한 오류 유형인데, 어미 외에 관형격 조사의 누락 현상도 발생한다는 것을 관찰할 수 있다. 그 예로 아래 (5)를 참조할 것.

(5) (ㄱ) 내가 *결혼하 (√ 결혼할) 사람은 착해야 한다는 사람이 많다. {오답: 1명}
  (ㄴ) 춤을 *위하 (√ 위한) 노래도 있고 부르기 위하 (√ 위한) 노래도 있단다. {오답: 2명}
  (ㄷ) 싼 가격과 좋은 *품질 (√ 품질의) 제품을 사는 게 좋다. {오답: 4명}
  (ㄹ) *우리는 슬퍼하는 그 분 (√ 우리를 슬프게 한 그 분의) 사망이 정말 안타깝다. {오답: 10명}
  (ㅁ) 어제 도서관에서 *이순신 장군 (√ 이순신 장군의) 거북선에 관한 책을 빌렸어요.
    {오답: 12명}
  (ㅂ) 저 살찐 네 *마리 (√ 마리의) 쥐가 자동차 앞으로 지나가는 것을 봤어요? {오답: 12명}

(나) 대치 오류

관형어를 구성할 때 범하게 되는 대치 오류는 사용해야 할 관형사형 전성 어미 대신에 다른 관형사형 어미를 쓰는 현상을 말한다. 관형사형 어미는 초급 단계부터 교수·학습되는 문법 요소임에도 불구하고 그 형태를 정확하게 쓰는 데에 어려움을 겪는다. 이러한 현상은 시제에 대한 혼동, 용언의 품사에 따른 인식이 부족하여, 상태 시제 개념 및 이른바 덩어리 표현, 동사의 상적 특징에 대한 이해 부족으로 생긴 오류인데, 아래 (6)에서 제시한 예문을 통해서 확인할 수 있듯이 중급 학습자들이 자주 범하는 오류 중 하나다.

(6) (ㄱ) 친구를 만나서 열심히 *공부하는 (√ 공부할) 계획이에요. {오답: 10명}
  (ㄴ) 동생이 대학을 *졸업하는 (√ 졸업할) 날을 손꼽아 기다리고 있어요. {오답: 11명}
  (ㄷ) 운동선수가 *된/ *될 (√ 되는) 것은 과연 쉬운 일이 아니다. {오답: 14명}
  (ㄹ) 옛날에 커피를 *만든 (√ 만드는) 일을 했어요. {오답: 17명}
  (ㅁ) 친구와 같이 코트를 *입히는 (√ 입힌) 눈사람을 만들었어요. {오답: 17명}
  (ㅂ) 부모님이 오셨을 때 *잔 (√ 자는) 척 했어요. {오답: 19명}
  (ㅅ) 몽골 친구를 사귀는 게 몽골 문화를 *배우는 (√ 배울) 좋은 기회이다. {오답: 21명}
  (ㅇ) 학교에 다닐 때 많이 *먹은/ *먹었던 (√먹던) 음식은 만두였다. {오답: 21명}
  (ㅈ) 우리는 생물체라서 매일 *마시는 (√ 마실) 물이 필요해요. {오답: 22명}
  (ㅊ) 어제 집에 *돌아온/ *돌아왔던 (√ 돌아오는) 길에 고등학교 친구를 만났어요. {오답: 22명}
  (ㅋ) 어제 지나가는 차에 *부딪친 (√ 부딪칠) 뻔 했어요. {오답: 26명}
  (ㅌ) *유명한 (√ 유명하던) 배우를 지금은 아무도 알아보지 못한다. {오답: 29명}
  (ㅍ) 아까 *말한 (√ 말했던) 그 사람이 전화를 했어요. {오답: 33명}

이 외에 폴란드인 학습자들이 내포문의 관형절을 구성하는 데에 어려움을 겪는다는 것을 확인할 수 있다. 여기에 동격 관형절로서 대상을 수식하는 관형절을 잘못 구성하는 오류도 포함된다. 따라서 간접 화법 축약형인 '-다는', '(이)라는' 등을 사용해야 하는 자리에서 다른 관형사형 어미를 쓰는 경우를 말한다.

    (7) (ㄱ) 그가 *범인인 (√ 범인이라는) 소문이 났다. {오답: 31명}

        (ㄴ) 어제 떠나지 *마는/ *말 (√ 말라는) 부탁을 받았다. {오답: 31명}

㈐ 환언 오류

관형사형 어미를 사용하는 대신에 다른 어미(예: 연결 어미)를 사용하는 경우를 말한다. 환언 오류도 누락 오류와 마찬가지로 거의 발생하지 않는, 즉 빈도가 낮은 오류이다. 그럼에도 불구하고 아예 범하지 않는 오류는 아니므로 이를 아래 (8)에서 제시하고자 한다.

    (8) (ㄱ) 아직도 문이 *열려 있어서 (√ 열려 있는) 가게가 하나 있을 것 같다. {오답: 5명}

        (ㄴ) 춤을 *위해서 (√ 위한) 노래도 있고 그냥 부르기 *위해서 (√ 위한) 노래도 있다. {오답: 5명}

        (ㄷ) 치아가 *많이 아파서 (√ 많이 아프신) 사장님께 약을 드렸어요. {오답: 6명}

        (ㄹ) *필립 씨가 짓고 아주 감동적인 (√ 필립 씨가 지은 아주 감동적인) 시를 읽어 봤어요. {오답: 6명}

        (ㅁ) *수미 씨가 만들고 귀여운 (√ 수미 씨가 만든 귀여운) 귀고리를 끼고 있다. {오답: 7명}

        (ㅂ) *나무로 만들고 든든하고 하얀색 (√ 나무로 만든 든든한 하얀색의) 의자를 사고 싶어요. {오답: 12명}

        (ㅅ) *동생 낡고 빨간 (√ 동생의 낡은 빨간) 바지를 버리고 싶어요. {오답: 16명}

㈑ 형태 오류

학습자들이 관형사형을 써야 한다는 것을 인지해서 그런 어미를 사용하기는 하지만 그 형태가 실제로 문법에 맞지 않는 어미이기 때문에 오류가 발생한다. 오류의 원인으로 첫째, 품사의 혼동, 즉 용언이 동사인지 형용사인지에 대한 지식 부족으로 생긴 오류이다. 품사 분류상의 문제는 폴란드어 품사 분류법과 관련이 될 수도 있다. 다시 말해, 폴란드어에서 동사인 어휘를 한국어에서도 동사라고 생각해서 생기는 오류이다. 그 예로 '필요하다, 아프다' 등 들 수 있다.[8] 혹은 한국어에서는 동사이지만 폴란드어에서는 형용사로 번역하는 '잘생기다, 닮

---

8) 폴란드어에서는 '필요하다'의 뜻을 동사인 'potrzebować/ to need' 혹은 과거분사(past participle)와 지정사로 된 'być potrzebnym/ to be needed'으로 번역하며, '아프다'의 뜻을 동사인 'boleć/ to ache [hurt]' 혹은 능동 분사(active participle)와 지정사로 된 'być bolącym/ to be sore[aching]'으로 번역할 수 있으나, 폴란드인들이 위 동사를 더 일반적으로 쓰는 경향이 있기 때문에 학습자들이 이를 더 자주 동사로 여긴다.

다' 등이 있다. 특히 자주 헷갈리는 경우는 형용사와 동사의 이중성격을 갖고 있는 경우, 즉 품사의 통용인 경우이다. 그것은 본용언과 보조 용언의 사용에 각각 해당한다. 전자의 예로 '늦다, 크다, 붉다' 등, 후자의 예로 이른바 중립적 보조 용언인 '-지 않다'와 '-지 못하다'를 들 수 있다. 용언이 동사인지 형용사인지 문맥을 통해서 추측할 수 있지만 학습자들에게 이를 구별하는 것은 어려워 보인다. 또한 후자에서 나타나는 오류는 보조 동사와 보조 형용사 각각의 용법에도 해당하고 있음을 확인할 수 있다. 보조 용언이 하나 이상 사용될 때 그 헷갈림이 더욱 더 두드러지게 나타남을 관찰할 수 있다.

(9) ㄱ 치아가 많이 *아프시는 (√ 아프신) 사장님께 약을 드렸어요. {오답: 2명}
　　ㄴ 신랑이 *멋지는 (√ 멋진) 정장을 입었지만 신부의 드레스는 별로였다. {오답: 2명}
　　ㄷ *이상하는 (√ 이상한) 사람보다 *친절하는 (√ 친절한) 사람이 더 많다. {오답: 5명; 4명}
　　ㄹ 직장에서 *멀지 않는 (√ 멀지 않은) 집을 구하고 싶어요. {오답: 5명}
　　ㅁ 할머니께서 *읽고 계신 (√ 읽고 계시는) 책을 빌리고 싶어요. {오답: 5명}
　　ㅂ 부자들은 가난한 사람을 *불쌍하는 (√ 불쌍한) 사람으로 여긴다. {오답: 6명}
　　ㅅ 매일 *늦은 (√ 늦는) 오빠 때문에 스트레스를 받아요. {오답: 15명}
　　ㅇ 시골{의} 생활을 *그리워한 (√ 그리워하는) 몇 명의 어르신을 만났다. {오답: 15명}
　　ㅈ 그 사실을 *밝혀내고 싶지 않는 (√ 밝혀내고 싶지 않은) 정치인이 없을 것 같다.
　　　 {오답: 19명}
　　ㅊ 부모님은 아이가 *큰 (√ 크는/ √ 커지는) 모습을 보면서 행복을 느낀다. {오답: 27명}
　　ㅋ 날이 *밝은 (√ 밝는) 대로 길을 떠납시다. {오답: 27명}

앞서 언급한 오류 외에 품사를 잘 구별해도 불규칙 활용형을 제대로 습득하지 못해서 오류를 범한 경우도 있다. 그것은 'ㄹ, ㅅ, ㅂ' 받침 용언에 해당한다. 그런 오류가 드문 편임에도 불구하고 소수의 학습자들이 '놀다, 떠들다, 만들다'의 과거형은 각각 '*놀은, *떠들은, *만들은'으로, '짓다'와 '곱다'의 현재형을 각각 '*지는'과 '*곱는'으로 표시하였다.

㈁ 기타 오류

위에서 분류한 것 이 외에도 다양한 오류가 있다. 피수식어를 수식하는 관형어가 둘 이상일 때 나타나는 어순의 오류, 주어가 높임의 대상임에도 불구하고 관형어에 높임을 사용하지 않는 오류(특수 어휘 및 용언 어간에 '-(으)시'의 첨가를 말함), 관형절이 관형어를 구성할 때 조사를 잘못 쓰는 오류 및 용언의 어간에 첨가하는 어미는 맞지만 관형절 구조와 맞지 않는 오류도 있다. 그 예로 아래 ⑩을 참조할 것.

(10) (ㄱ) *<u>가격이 싼 질이 좋은</u> (√ 가격이 싸면서 질이 좋은/ √ 가격이 싸고 질이 좋은/ √ 가격이 싸며 질이 좋은) 제품을 사는 게 좋다. {오답: 10명}

(ㄴ) *<u>아버지에</u>/ *<u>아버지가</u> <u>아버지의 닮은</u> (√ 아버지와/ √ 아버지를 닮은) 아이를 보면 '피는 못 속인다'라고 할 수 있다. {오답: 10명}

(ㄷ) *<u>서울에</u>/ *<u>서울에서 눈 오는</u> (√ 서울의 눈 오는) 거리가 그림 같아요. {오답: 14명}

(ㄹ) 치아가 많이 *<u>아픈</u> (√ 아프신) 사장님께 약을 드렸어요. {오답: 22명}

(ㅁ) 어머니, 할아버지께 생신에 *<u>주실</u>/ *<u>줄</u> (√ 드릴) 선물을 미리 사 두었으니까 걱정 마세요. {오답: 23명}

폴란드어에서는 관형어가 나란히 겹쳐지는 경우가 많으나, 폴란드인 한국어 학습자들에게 관형어가 둘 이상 사용될 때 그들 간의 결합 순서 및 연결 방법이 어려워 보인다. 관형어에 따라 그 위치가 바뀌면 기본 뜻도 바뀌는데, 그 뜻이 통하는 경우도 있지만 그렇지 않은 경우도 있다. 전자의 예로 (11)을, 후자의 예로 (12)를 들 수 있다.

(11) (ㄱ) <u>먹으면서 노는/ 놀면서 먹는</u> 아이가 참 귀엽다.

(ㄴ) <u>맑고 찬/ 차고 맑은</u> 물이 사방에서 흐르고 있어요.

(ㄷ) <u>자동차의 새/ 새 자동차의</u> 주인을 만났다.

(ㄹ) <u>나무로 만든 하얀색의/ 하얀 # 나무로 만든</u> 의자를 샀다.

(12) (ㄱ) *<u>실시한 최근 한 연구</u> (√ 최근에 실시한 한 연구의) 결과를 따르면 젊은 사람들이 가정생활보다 직장생활을 더 우선시한다고 한다. {오답: 10명}

(ㄴ) *<u>저 네 마리 살 찐</u> (√ 저 살 찐 네 마리의) 쥐가 자동차 앞으로 지나가는 것을 봤어요? {오답: 10명}

(ㄷ) *<u>나무로 만든 하얀색 튼튼한</u>/ *<u>하얀색 나무로 만들고 튼튼한</u>) (√ 나무로 만든 튼튼한 하얀색의/ √ 나무로 튼튼하게 만든 하얀색의) 의자를 사고 싶어요. {오답: 20명}

(ㄹ) *<u>그 아까 말한</u> (√ 아까 말했던 그) 사람이 전화를 했어요. {오답: 22명}

(ㅁ) *<u>어떤 다른</u> (√ 다른 어떤) 정보를 찾아야 한다. {오답: 24명}

(ㅂ) *<u>필립 씨의 지은 아주 감동적인</u>/ *<u>필립 씨가 짓고 아주 감동적인</u> (√ 필립 씨가 지은 아주 감동적인) 시를 읽었어요. {오답: 24명}

(ㅅ) *<u>예쁜 활짝 웃는</u> (√ 활짝 웃는 예쁜/ √ 활짝 예쁘게 웃는/ √ 예쁘게 활짝 웃는) 아이가 참 귀엽다. {오답: 24명}[9]

---

9) 박양구(200:134-5)에서는 관형사가 둘이 겹쳐 쓰이는 경우가 있으나, 형용사의 관형형은 둘이 겹쳐 쓰이는 일이 없다고 강조한다. 만약에 이어서 쓰려면 그 앞의 것을 접속형으로 고쳐서 쓰는 것이 보통이라고 덧붙인다. 그러나 '요새는 형용사의 관형사형을 둘씩 또는 여러 개씩 겹쳐 쓰기도 한다.'고 지적하면서 그 예로 '밝은, 고요한 집', '진정한, 위대한 지도자의 나타남' 등을 든다. 이와 같이 형용사의 관형사형을 겹쳐 사용할 때는 휴지를 두어야 자연스럽다. 염선모(1972: 12)에 의하면 관형어가 직접적으로 뒤의 체언을 수식하는 경우 외에 관형어가 체언일 때에 뒤의 관형어는 앞의 관형어의 수식을 받고 다시 뒤의 체언을 수식하는 경우가 있다고

(ㅇ) 어제 노인 대학에서는 *몇 명 시골 생활을 그리워하는/ *시골 생활 몇 명 그리워하는 (√ 시골 생활을 그리워하는 몇 명의) 어르신을 만났다. {오답: 26명}

(ㅈ) *낡은 동생의 빨간/ *낡으며 빨간 동생의/ *동생의 낡고 빨간 (√ 동생의 낡은 빨간) 바지를 버리고 싶어요. {오답: 27명}

4. 교육 방안

제3장에서 폴란드인 한국어 학습자들의 관형어 사용 양상을 알아봤는데, 설문조사의 분석 결과로 보아 학습자들이 관형어의 올바른 사용을 어려워하며 혼란스러워한다는 것을 알 수 있었다. 교사들이 한국어 수업 시간에 관형사형 어미와 조사의 정확한 사용 방법을 반복적으로 설명함에도 불구하고 사용 오류가 반복해서 나타난다. 시상에 따른 관형사형 어미를 잘못 쓰는 이유는 첫째, 폴란드어에서는 한국어에서와 달리 형용사로 실현되는 관형어가 시제 범주를 표시하지 않고, 둘째, 한국어 시제 표현이 외국인 학습자들에게 어려워서 사건시와 발화시의 개념을 제대로 이해하지 못하며, 그리고 셋째, 무표적인 어순, 그 중에서도 수식어가 피수식어에 선행한다는 특성을 알고 있으면서도 둘 사이의 결합 순서와 연결 방법을 모른다는 것을 꼽을 수 있다. 올바른 사용을 위해 충분한 연습과 복습은 물론이고, 언어 지식도 그만큼 중요하다고 본다.

따라서 이 장에서는 지적한 문제점을 바탕으로 하여 관형어의 교육 방안을 제시하고자 한다. 그런데 관형어 교육은 전체적으로 볼 때 상당히 넓은 주제이므로 본고에서는 이에 해당하는 몇 가지만 언급하고자 한다. 여기서 첫째 관형사형 전성 어미, 둘째 높임법, 셋째 관형격 조사, 넷째 어순을 말한다. 따라서 본 연구는 좀 더 구체적이고, 세밀한 연구의 도입으로 볼 수 있다고 생각한다.

학습자의 모국어의 어족이 목표어의 어족과 멀수록 문법 교육의 중요성이 더욱 더 두드러지게 나타난다. 그 이유로 각 문법 항목을 얼마나 잘 이해하느냐에 따라 그 성과, 즉 의사소통의 효과가 다르기 때문이다.

문법 교수 방법은 몇 가지가 있는데 학자에 따라 문법 교수·학습 단계의 과정이 다르다는 것을 쉽게 관측할 수 있다. 그 예로 문법 교수 단계를 각각 3단계와 5단계로 제시한 연구를 들고자 한다. Thornbury(1999: 128-129)에서는 언어 수업 모형을 이른바 상향식 PPP 모형: 제시(Presentation) → 연습(Practice) → 생산(Production)과 하향식 TTT 모형: 과제1(Task 1) → 교수(Teach) → 과제2(Task 2)로 양분된 바 있고, 김서형 외(2010)에서는 '제시·설명

제시한다.

단계, 연습 단계, 사용 단계'를 제시하고 있다. 그러나 김정숙(1998: 105), 강현화(2005: 133), 백봉자(2013: 52) 등이 언어 수업 모형을 제시할 때 5단계를 언급하고 있다. 좀 더 자세하게 한다면, 김정숙 및 강현화의 연구에서는 '도입 → 제시 → 연습 → 사용 → 마무리/정리'[10], 백봉자 연구에서는 '도입 → 제시 → 설명 → 확인 → 연습'이란 단계가 제시되어 있다.

TTT 모형은 의사소통적 언어 교수법에서 나온 과제 중심 교수법의 교육 모형인데도 PPP 모형은 문법 사용의 정확성을 통한 용법의 유창성을 강조한 것이므로 '관형사형 어미'는 초·중급 단계에서 습득하는 어미이기에 이를 교수할 때 주로 고급 단계에서 많이 활용하는 TTT 모형보다 PPP 모형을 쓰는 것이 더 적절하다고 본다. 교사가 제시 단계에서 해당 문법을 설명한 다음 연습 단계에서 학습자들이 이를 연습하고, 마지막 생산 과정에서 배운 문법을 사용해서 표현을 구성한다. 본고에서는 보편적으로 쓰이는 김정숙(1998)의 5단계 수업 모형에 따라서 폴란드어권 학습자들을 위한 관형형 어미 교수 모형을 제시하고자 한다.

관형사형 어미를 지도할 때 귀납적 설명 방법보다 연역적 설명 방법이 더 효과적일 것이라고 생각한다.[11] 각 문법 항목의 음운, 형태, 의미 및 화용적 기능을 설명하는 단계가 폴란드어처럼 한국어와 어족이 먼 학습자의 경우에는 특히 중요해 보인다.

4.1. 관형사형 전성 어미

폴란드인 한국어 학습자들이 한국어에서 자립성에 따른 명사의 구별이 있다는 것과 머리 명사가 의존 명사인 경우에는 관형어의 수식이 필수적임을 알고 있는데도 관형어가 취하는 어미의 시제에 있어서는 혼동을 겪고 있음을 확인할 수 있다. 주절의 시제가 과거나 현재인 경우에 관형사형 어미가 나타내는 시제도 이에 맞춰 쓰는 경향이 있어 보인다. 그 이유는 한

---

10) 강현화(2005: 133)를 참조할 것.

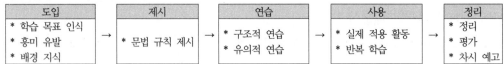

11) 연역적 접근법은 '규칙 제시→ 문법 설명→ 예문 확인'을 따르지만 귀납적 접근법은 '예문 제시→ 규칙 유추→ 문법 설명'을 따르는 것이다. 문법 교수 시에 귀납적 방법이나 연역적 방법으로 설명할 수 있으나, 김재욱(2005: 188-191)에서 논의되어 있듯이 둘 다 일장일단이 있는데, 필자의 생각으로는 어족이 멀고 학습자의 한국어 숙달도가 낮을수록 연역적 설명 방법이 중요하다고 본다. 백봉자(2013: 53-4)에 따르면 연역적 접근법은 특히 동사의 활용형, 간접 인용문, 종결 어미, 피동과 사동 등을 설명할 때 효과적이라고 지적한다. 앞서 언급한 두 가지의 교수법 이 외에 이 두 방법을 절충한 절충식 접근법도 있는데 이는 수업 시간에 귀납적 접근법은 연역적 접근법과 절충해야 효과를 볼 수 있다고 지적한다.

국어에서는 관형사형 어미들이 오직 시제만 나타내는 것이 아니라 상과 양태도 나타내기 때문이다. 그러므로 '-(으)ㄴ'과 '-던', '-았던'의 차이, 상대 시제와 절대 시제로서의 기능, 동사의 상적 특성을 소개하고 이해시키는 것이 필수적이다.[12)]

우선 **도입 단계**에서는 새로운 관형사형 어미를 지도하기 전에 이미 배웠지만 학습할 어미와 기능상으로 비슷한 어미를 복습함으로써 학습해 온 내용을 심화시키고 학습 과정에서 학생들의 부담을 줄이면서 새로운 어미를 보다 쉽게 습득하도록 도움을 줄 것이다.[13)]

제시 단계에서는 학습자들이 아직 배우지 않은 어미의 특성 및 용법을 설명할 때 이의 기본적인 의미뿐만 아니라 규칙성 및 받침 형태에 따른 활용형을 제시하는 것이 오류를 줄이는 데에 효과가 있다.[14)] 활용형을 연습·복습할 때 폴란드어와 한국어 간의 품사 범주로 인한 오류를 최소화하기 위해서는 각 용언의 품사 범주도 같이 제시하는 것이 좋은데, 그것을 알려주는 것만으로는 충분하지 않다. 왜냐하면 학습자들이 본용언뿐만 아니라 보조 용언의 품사를 구별하는 데에도 어려움을 겪기 때문이다. 따라서 각 보조 동사와 보조 형용사 및 이른바 중립적 보조 용언을 같이 학습하는 것이 구사 능력을 향상시키면서 오류 발생을 줄이는 데 도움이 될 것이다. 또한 한국어의 품사 통용 현상을 재고하여 '크다'와 '밝다'를 그 예로 들어 활용형을 언급하는 것이 바람직하다.

제한된 분량의 관계로 본고에서는 모든 관형사형 어미의 특성을 제시하는 대신에 '-는'을

---

12) 그런데 한국어와 폴란드어에서 같은 뜻을 나타내기 위해 서로 다른 시제를 쓰는 경우가 있음을 명심할 필요가 있다. 왜냐하면 한국어에서는 과거형을 취하는 '잘생긴, 닮은, 고장 난, 화가 난, 감기에 걸린' 등을 폴란드어에서는 형용사의 서술적 용법으로 번역하는데, 이 때 현재 시제의 지정사와 같이 쓰이기 때문이다.

13) 여기서 4원적 체계의 한 요소인 '-던'을 지도할 때 복습으로 나머지 '-(으)ㄴ ―는/-(으)ㄴ'과 '-(으)ㄹ'의 언급을 예로 들 수 있다. 여러 면에서 보이는 차이점과 공통점을 대조·비교하는 것은 교수하는 과정에서 도움이 된다고 본다.

14) 대부분의 학습자들이 용언의 어간에 관형사형 전성 어미를 붙이는 데에 큰 어려움을 겪지 않는다는 측면에서 본다면 활용형 복습이 필요 없다고 할 수 있겠다. 그러나 이를 통해서 일부 학습자들이 범하는 오류를 최소화한다면 가치가 있을 것이다. 그러나 활용형을 제시할 때 용언을 지칭하는 방법과 관련된 의문이 생길 수 있다. 여기서 '상태 동사' 혹은 '형용사'라는 용어 선택의 문제를 말한다. 염선모(1972)에서는 형용사를 'descriptive verb'으로 번역하나, 대부분의 연구에서는 'descriptive verb'를 '상태 동사'로 번역한 바 있다. 하지만 필자의 입장에서는 상태 동사 대신에 형용사란 용어를 쓰는 것이 더 바람직한 것으로 본다. 왜냐하면 폴란드어와 한국어 사이에서 나타나는 상태 동사의 개념 차이로 인한 또 다른 의문이 생길 수도 있기 때문이다. 폴란드어에서는 상태 동사가 '생각하다, 사랑하다' 등과 같이 움직임이 없는 비동작 동사를 의미하며, 두 언어에서는 형용사의 주된 구실이 다르기 때문에 상태 동사와 동작 동사의 구별이 용이하도록 형용사란 용어를 쓰는 것이 더 바람직하다. 다만 한국어 형용사의 뜻을 지도할 때 폴란드어 형용사에 지정사가 동반된 구조로 설명해야 한국어 형용사의 서술적 용법을 효과적으로 교육할 수 있을 것이다. 그렇게 하면 더 쉽게 이해시킬 수 있으며, 학습자들이 부담을 덜 받게 될 것이다.

대표로 제시하고자 한다. 다만 도입 단계에서 복습으로 쓸 수 있는 활용형이나 이른바 덩어리 표현을 제시할 때 다른 관형사형 어미도 같이 제시하고자 한다. 따라서 '-는'의 기본적인 특성은 다음과 같이 설명할 수 있다. 아래 ⑬을 참조할 것.

⑬ **'-는'의 기본적인 특성**[15]

◎ 기능: 동사나 '있다, 없다, 계시다'를 관형사형으로 바꿔 명사를 수식하게 하며, 동작이나 행위가 현재에 일어나고 있음을 나타낸다.

◎ 형태: 앞서 언급한 어간은 끝음절의 받침 유무와 상관없이 같은 형태의 어미, 즉 '-는'을 취한다. (관형사형에 따른 용언 활용표 <표 1>를 참조할 것[16], 활용을 설명할 때 불규칙 활용형을 다른 색으로 표시해 주면 학습자들이 이를 더욱 더 쉽게 외울 것이다.)

◎ 의미기능:

  (ㄱ) 현재를 나타내는 시제 기능 (진행 중인 행동, 즉 현재 진행형임)

    예 지금 백화점에 <u>가는</u> 중이다.

  (ㄴ) 현재의 상태나 느낌, 또는 사물의 속성이나 사람의 성격을 나타내는 기능 (성격, 속성)

    예 그는 <u>오해를 쉽게 푸는</u> 성격이다.

  (ㄷ) 현재에 습관적으로 계속되거나 반복되는 행위를 나타내는 기능 (직업, 취미, 습관)

    예 그 사람은 <u>몽골어를 한국어로 번역하는</u> 번역가이다.
    동생의 취미는 <u>음악을 듣는</u> 것이다.
    나는 <u>일찍 자고 일찍 일어나는</u> 습관이 있다.

  (ㄹ) 일반적인 사실이나 변하지 않는 사실을 나타내는 기능 (속담, 진리, 규범, 사실)

    예 한국 속담 중에서 '<u>피는 못 속인다.</u>'는 속담이 있어요.

  (ㅁ) 과거 일이라도 습관적으로 반복되는 경우

---

15) 김제열(2003), 이상숙 (2010: 57), 양명희 외(2016: 129-131), 강현화 외(2016: 629-30)를 참조할 것.

16) <표 1> 관형형 어미에 따른 용언 활용표

용언 / 시제		과거 A/V-았/었/였던	과거 A/V-던	과거 V-(으)ㄴ	현재 V-는 A-(으)ㄴ	미래 A/V-(으)ㄹ
[-받침]		가다	갔던	가던	간	가는	갈
		예쁘다	예뻤던	예쁘던	-	예쁜	예쁠
[+받침]	ㄱ	먹다	먹었던	먹던	먹은	먹는	먹을
	ㄷ	깨닫다	깨달았던	깨닫던	깨달은	깨닫는	깨달을
	ㄹ	만들다	만들었던	만들던	만든	만드는	만들
		길다	길었던	길던	-	긴	길
	ㅂ	굽다	구웠던	굽던	구운	굽는	구울
		무덥다	무더웠던	무덥던	-	무더운	무더울
	ㅅ	짓다	지었던	짓던	지은	짓는	지을
		낫다 (형)	나았던	낫던	-	나은	나을
	ㅎ	놓다	놓았던	놓던	놓은	놓는	놓을
		빨갛다	빨갰던	빨갛던	-	빨간	빨갈

예 지난주까지 <u>커피를 만드는</u> 일을 했어요.

⊙ 기타 특성:

(ㄱ) '입다, 쓰다, 신다, 벗다'와 같은 어휘는 현재라 할지라도 과거형인 '-(으)ㄴ'을 사용함. 만약 '-는'을 사용하면 습관적인 반복의 의미가 됨.

예 저기 빨간 바지를 <u>입은</u> 사람이 누구지? [빨간 바지를 입고 있는 사람을 의미함]

저기 빨간 바지를 자주 <u>입는</u> 사람이 누구지? [빨간 바지를 습관적으로 입는 사람을 의미함]

(ㄴ) '-는' 시제 개념뿐만 아니라 상적 특성도 나타낸다.[17] 즉, 발화를 하는 시점이 아니라 사건이 일어나는 시점을 기준으로 한다.

예 터키에서 <u>돌아오는</u> 비행기에서 친구를 만났다.

한국어에서는 시간 표현이 시제 뿐만 아니라 양상도 같이 나타낸다. 시제는 발화시를 중심으로 사건시를 언급할 때 쓰는 것이며, 양상은 행위의 완료 혹은 미완료/ 진행/ 지속 등을 나타낸다. 그래서 품사에 따른 관형사형 어미를 연습·복습할 때 자연 시제에 따라 '과거-현재-미래'뿐만 아니라 양상도 언급하는 것이 바람직하다.

앞서 언급했듯이 '-는'을 제시할 때 본 용언 이 외에 보조 용언도 같이 언급하는 것이 좋다. 물론 '-는'은 '-고 있다, -아/어/여 주다' 등과 같은 보조 동사와 '-지 않다' 및 '-지 못하다'처럼 중립적 보조 용언과만 결합하기 때문에 여기서 그런 보조 용언만 언급하겠지만 나머지 관형사형 전성 어미를 설명할 때 보조 형용사의 활용형도 교수하는 것이 좋다.

또한 이미 언급한 바와 같이 일부 용언들은 동사와 형용사의 이중성을 갖고 있어서 문맥에 따라 동사나 혹은 형용사로 사용되어 어간에 어미를 취한다. 이러한 이중성을 인지하지 못한 폴란드인 학습자들이 어휘를 보고 '크다'처럼 형용사로 더 자주 사용될 경우에 이를 형용사처럼만 활용하고, '못하다'를 동사로만 인정해서 동사처럼만 활용하는 오류를 범한다. 그래서 다양한 상황 제시를 통해서 품사 통용 현상을 설명하는 것이 필요하다. 따라서 의미적 특성을 설명한 다음 그 활용형을 표로 작성해서 제시하는 것이 좋다.[18] 여기서 동사화된 형용사의 예로 '크다'만 들고자 한다.

⒁ 크다[19]

㈎ 형용사

⊙ 의미: (ㄱ) 사람이나 사물의 외형적 길이, 넓이, 높이, 부피 따위가 보통 정도를 넘다.

---

17) 사건시(상대 시제)와 발화시(절대 시제)의 개념을 이용하면서 이에 대한 인식을 높이는 전제가 된다.

18) 학습자들이 통용 현상에 대해서 전혀 모르기 때문에 각 종결 어미와 관형사형 어미 등을 교수할 때 그 활용형을 제시하는 것이 좋다(아래 <표 2> ~ <표 4>를 참조할 것.

(ㄴ) 신, 옷 따위가 맞아야 할 치수 이상으로 되어 있다.

(ㄷ) 일의 규모, 범위, 정도, 힘 따위가 대단하거나 강하다.

◉ 어미: 형용사로서 취하는 종결형 어미 및 관형사형 어미

(나) 동사:

◉ 의미: (ㄱ) 동식물이 몸의 길이가 자라다.

(ㄴ) 사람이 자라서 어른이 되다.

(ㄷ) 수준이나 지위 따위가 높은 상태가 되다.

◉ 어미: 동사로서 취하는 종결형 어미 및 관형사형 어미

연습 단계는 교육의 효과를 높이기 위한 가장 중요한 단계라고 할 수 있다. 이 단계의 목적은 강현화(2005: 133)에서 나와 있듯이 제시 단계에서 이루어진 단기 기억을 장기 기억으로 옮겨서 실생활에서 사용할 수 있도록 하는 것이다. 관형어를 교수할 때 다양한 형태의 연습 문제, 즉 다양한 전략을 통해서 학습자들이 관형사형 어미의 활용형뿐만 아니라 시제와 상의 개념을 제대로 이해했는지, 이중성격을 가진 이른바 '특수 용언'의 의미와 특성을 충분히 파악했는지 확인하는 단계로도 볼 수 있다. 앞서 말한 전략 중에 다음과 같은 것들이 있다.

<표 2> 품사에 따른 종결형 중심으로 한 '크다' 활용형의 대조비교

품사	어미의 종류 시제	평서형	의문형	청유형	명령형	감탄형
형용사	과거	컸다	컸습니까?	-	-	컸군요!
	현재	크다	큽니까?	-	-	크군요!
	미래 / 추측	크겠다	크겠습니까?	-	-	크겠군요!
동사	과거	컸다	컸습니까?	-	-	컸군요!
	현재	큰다	큽니까?	큽시다	커라	크는군요!
	미래	크겠다	크겠습니까?	-	-	크겠군요!

<표 3> 품사에 따른 관형형 중심으로 한 '크다' 활용형의 대조비교

품사 \ 시제	과거			현재 (진행/ 지속)	미래 (추측)
	-었던 (회상)	-던 (회상)	(으)ㄴ (과거/ 완료)		
형용사	컸던/ 크셨던	크던/ 크시던	- / -	큰/ 크신	클/ 크실
동사	컸던/ 크셨던	크던/ 크시던	큰/ 크신	크는/ 크시는	클/ 크실

<표 4> 품사에 따른 관형형의 축약형 중심으로 한 '크다' 활용형의 대조비교

품사	어미의 종류 시제	평서형	의문형	청유형	명령형	감탄형
형용사	과거	컸다는	컸느냐는	-	-	컸다는
	현재	크다는	크냐는	-	-	크다는
	미래	크겠다는	크겠느냐는	-	-	크겠다는
동사	과거	컸다는	컸느냐는	-	-	컸다는
	현재	큰다는	크느냐는	크자는	크라는	큰다는
	미래	크겠다는	크겠느냐는	-	-	크겠다는

19) '크다'의 의미 설명을 온라인으로 제공하는 국립국어원 표준국어대사전에서 인용하였음.

전략: (1) 제시된 용언을 관형형으로 바꿔 빈칸 채우기[20)]

(2) 관형사형 어미를 사용해서 질문에 답하기,

(3) 제시된 단어를 사용해서 관형어 구성하기,

(4) 두 개의 단문을 관형절을 사용한 안은문장으로 바꿔 쓰기,

(5) 제시된 관형어를 사용해서 문장을 구성하기,

(6) 그림을 보고 알맞다고 생각하는 관형어로 빈칸 채우기,

(7) 하나 이상의 관형어가 같은 대상을 수식할 때 관형어의 어순 맞게 바꿔 쓰기,

(8) 제시된 문장에서 틀린 부분을 찾아서 고치기,

(9) 관형어를 사용해서 자유 문장을 쓰기,

(10) 제시된 주제나 학습자가 고른 주제를 가지고 관형어를 사용해서 자유 작문 쓰기,

(11) 제시된 사진에 등장한 인물의 특성 묘사하기,

(12) 친구나 가족 구성원 혹은 자신의 특징과 습관적으로 하는 일에 대해 이야기하기,

(13) 학습자 한 명이 인물이 되어 나머지 학생들이 관형어를 사용해서 그 사람이 누구인지 알게 될 때까지 질문하기 (상황을 파악하여 필요 시에 암시 제공),

(14) 그룹별로 인물을 정해서 그 특성과 장단점을 다른 학생에게 소개하기 등.

중요한 것은 제시된 단어를 사용하는 한정된 연습과 복습부터 시작해서 학습자들이 관형어 구조에 익숙해지고, 이를 사용하는 데에 자신감이 생기면 문장을 생성하는 자유 형식의 연습으로 유도하는 것이 좋다. 어떻게 보면 연습이나 복습 문제가 많다는 것은 학습자의 흥미를 잃게 하고 지루함만 준다고 생각할 수 있지만, 특히 한국어와 모국어의 어족이 먼 학습자들은 오히려 연습 문제를 많이 풀어야 자유 작문을 구성하거나 의사소통을 할 때 범하는 오류를 줄일 수 있다. 더 나아가 작문을 쓰는 데에 자신감을 고취시키도록 교수하면 결국에는 학습자들이 글쓰기 연습을 더욱 더 즐겨 할 것이다. 그래서 연습과 복습을 할 때 흥미를 유발하는 과제, 즉 재미있는 사진이나 상황을 제시하는 것이 학습자의 관심을 이끌어 내는 방법이 될 수 있다. 제시 단계부터 연습 단계를 통해서 사용과 생성 단계로 체계적으로 교수하는 것은 오류 발생을 최소화하는 효과가 있다.

아래 ①~④에서 앞서 언급한 몇 개의 전략을 사용하는 연습 문제를 제시하고자 한다. ①에

---

20) 학습자들이 과거를 언급할 때 과거형, 현재를 언급할 때 현재형, 미래(추측과 의지)를 언급할 때 미래형을 배웠기 때문에 과거에 대해 이야기할 때 현재형이나 미래형도 쓸 수 있다는 것을 이해하는 데에 어려움을 겪는다. 관형사형 어미의 시제를 주절의 시제와 자동적으로 일치시키지 않도록 하기 위해서 상대 시제와 절대 시제의 개념을 소개하고 이해시키는 것이 매우 중요하다. 학습자가 주절의 시제를 결정하면 관형사형으로 나타내는 행위가 완료상이나 진행상을 나타내는지 결정할 필요가 있다. 따라서 앞서 언급했듯이 어미를 교수할 때 시제뿐만 아니라 상의 개념도 지도하는 것이 효과적이다. 다만 '-(으)ㄴ, -는/(으)ㄴ, -(으)ㄹ'의 관형사형 어미의 절대 시제 사용법을 익히게 한 다음 이른바 상대 시제를 나타내는 예문도 제시하여 연습하도록 하는 것이 좋다.

서 관형절로 변경시키는 연습 문제를 통해서 학습자들이 관형사형 어미 간 차이를 이해했는지, 보조 용언의 품사를 잘 아는지를 확인할 수 있고, ②에서는 주절의 시제와 관형사형 시제의 서로 다른 경우를 제시하면 절대 시제 개념과 상대 시제 개념의 정립 여부를 검토할 수 있다. ③에서 단문을 관형절로 바꿔 보라는 연습과 ④에서 나온 내포에 의한 복문 연습은 자유 문장을 쓰기 위한 준비 단계로 볼 수 있다. 내포문의 구조는 어느 절을 안은문장, 즉 상위절로, 어느 절을 안긴문장, 즉 하위절로 할 것인지에 따라 다를 수 있으므로 연습과 복습할 때 가능하면 두 가지의 문장을 각각 쓰게 하는 것이 더욱 더 효과적일 것이다.

① 알맞은 관형형 어미로 빈칸을 채우세요.
  (ㄱ) 어제 __본__ 영화가 참 재미있었어요. (보다)
  (ㄴ) __가고 싶은__ 곳은 극장이다. (가다/ 싶다)
  (ㄷ) 내일 __입을__ 옷을 준비해야 해요. (입다)

② 알맞은 관형형 어미로 빈칸을 채우세요.
  (ㄱ) TV에서 흘러나오는 음악을 들으면서 아침을 먹고 있었다. [관형형 시제: 현재; 주절의 시제: 과거]
  (ㄴ) 방학에 우리와 같이 일본에 갈 학생을 찾고 있어요. [관형형 시제: 미래; 주절의 시제: 현재]
  (ㄷ) 어제 간 백화점에 쇼핑하는 사람이 많았다. [관형형 시제: 과거, 현재; 주절의 시제: 과거]

③ 아래서 제시된 예문을 관형절로 바꿔 쓰세요.
  (ㄱ) 바지의 허리 치수가 커요. → 허리 치수가 큰 바지
  (ㄴ) 날씨가 건조하면 나무가 크지 못해요. → 날씨가 건조하면 크지 못하는 나무
  (ㄷ) 올해 여름에 비가 억수로 쏟아져서 물로 인한 피해가 컸다.
     → 올해 여름에 억수로 쏟아진 비로 인한 큰 피해

④ 아래서 제시된 단문을 관형절을 안은문장(관형절로 안긴문장)으로 바꿔 쓰세요.
  (ㄱ) 승건 씨가 부산에서 태어났다. 부산은 항구 도시이다.
     → 승건 씨가 태어난 부산은 항구 도시이다. [관계 관형절 (짧은형)]
     → 승건 씨가 항구 도시인 부산에서 태어났다. [관계 관형절 (짧은형)]
  (ㄴ) 수미가 집에 왔다. 내가 그 소식을 들었다.
     → 나는 수미가 집에 왔다는 소식을 들었다. [동격 관형절 (긴형)]

사용 단계에서 학생들이 배운 어미를 활용하여 제시된 그림이나 상황 등을 보고, 친구와 이야기하거나 자유 문장 쓰기 등의 활동이 이루어진다.

마지막 단계인 **정리 단계**에서 일정한 관형사형 어미를 배운 다음, 복습으로 관형사형 어미와 함께 덩어리 표현이 되는 구조를 제시하는 것이 좋다. 이때는 학습자들이 이미 배운 형태

만 다룬다. 아래 <표 1>에서와 같은 어미 제약에 따른 머리 명사의 목록을 만드는 것이 학습자들에게 관형사형을 습득하는 과정에서 도움을 주며, 상대 시제와 절대 시제의 개념을 이해하는 데에도 일조할 것이다. 이러한 과정을 통해 관형절의 시제는 주절의 시제와 항상 일치시켜야 하는 것이 아니라 주절의 서술어가 과거여도 관형사형이 서술하는 사건은 당시의 진행, 즉 현재일 수도 있다는 것을 더욱 더 쉽게 파악할 것이다. 이로써 학습자들이 교사에 의해 제공된 정보 및 연습을 통해 일정한 머리 명사와 사용하는 어미를 더욱 더 쉽게 기억하고 이전과 같이 많은 오류를 범하지 않을 것이다.

〈표 1〉 덩어리 표현의 일부분으로서의 관형사형 전성 어미[21]

관형형 어미	덩어리 표현의 예
과거형 V-(으)ㄴ	V-(으)ㄴ 후에, V-(으)ㄴ 다음(에), V-(으)ㄴ 결과, V(으)ㄴ 끝에, V-ㄴ/A(으)ㄴ 나머지, V-(으)ㄴ 채(로) 등
현재형 V-는, A(으)ㄴ	V-는 동안, V-는 도중에, V-는 중에, V-는 한편, V-는 길에, V-는 바람에, V-는/A-(으)ㄴ 편이다, V-는 한, V-는 사이에, V-는/A-(으)ㄴ 법이다 등
미래형 V-(으)ㄹ	V-(으)ㄹ 수 있다/ 없다, V-(으)ㄹ 때[22], V-(으)ㄹ 계획/ 생각/ 일정이다, V-(으)ㄹ 필요가 있다/없다, V-(으)ㄹ 데, V-(으)ㄹ 자리, V-(으)ㄹ 겸, V-(으)ㄹ 바에, V-(으)ㄹ 정도로, V-(으)ㄹ 뻔 등

동격 관형절은 관계 관형절과 달리 특수 명사와만 결합하기 때문에 이를 중급II나 고급 학습자들에게 제시하면 관형형 어미를 습득하는 데에 도움이 될 것으로 본다.[23] 즉, 짧은 동격 관형절과 긴 동격 관형절을 이루는 각각의 머리 명사를 소개할 필요가 있다. 전자는 '생각,

---

21) 국립국어원(2011) 『국제 통용 한국어 교육 표준 모형 2단계』를 참조하였음.

22) '-(으)ㄹ 때'와 '-았/었/였을 때'를 지도할 때 시상도 언급할 필요가 있다. 왜냐하면 전자는 비완료상 혹은 진행상을, 후자는 완료상을 의미하기 때문이다. 의미 차이를 쉽게 파악하기 위해 이동 동사나 '먹다' 등을 그 예로 드는 게 좋다. 예) '집에 올 때 {진행상} 친구를 만났어요.' 및 '집에 왔을 때 {완료상} 아무도 없었다.' 유승섭(2010: 93)에서 지적한 바와 같이 '살다, 일하다, 보다' 등의 경우에 별 의미 차이 없이 각 '-았/었/였을 때'나 '-(으)ㄹ 때'를 사용해도 된다는 특성도 설명하는 것이 학습자들에게 도움이 된다고 본다.

23) 동격 관형절의 경우에는 관계 관형절의 경우와 달리 동일 명사(구)의 삭제의 현상이 없고, 관형절과 피수식 체언의 의미상 동격 관계가 있다. 즉, 관계 관형절 내부에 존재하는 동일한 피수식 명사(구)가 생략되는 현상이 일어난다는 것은 관계 관형절의 특징인데 동격 관형절은 한 문장의 주성분을 갖추고 있으므로 그 자체로 독립된 문장이 될 수 있다는 특징이 있다. 관계 관형절에서 수식을 받는 명사는 관계 명사이며, 동격 관형절에서 수식을 받는 명사는 보문 명사이다. 오형식(2012: 327-8)에서는 동격 관형절의 피수식 명사의 아주 중요한 특성을 언급하였는데, 관형절의 관형사형 어미와 선택 제약의 관계가 성립된다고 하였다. 그 예로 '-(으)ㄴ'과만 호응하는 '기억'과 '-(으)ㄹ'과만 어울리는 '계획'을 들면서 그 제약은 피수식 명사의 어휘적인 의미와 관련되는 것으로 해석된다고 지적하였다.

믿음, 기대, 예상, 가정, 소문, 말, 소식, 질문, 보고, 명령, 요청' 등과 같은 인지 명사와 의사 표현 관련 명사이며, 후자는 '일, 사건, 경험, 행운, 지적' 등과 같은 사건과 관련된 명사이다.24)

4.2. 높임법

한국어의 큰 특징으로 높임법의 발달을 꼽을 수 있는데, 이것은 외국인들이 한국어를 습득하는 과정에서 어려움을 겪는 것 중의 하나이다. 왜냐하면 격식체에 따른 구별이 있는 데다가 등급도 많고, 청자가 누구냐에 따라, 대화의 공식성 등에 따른 다양한 조건을 고려해야만 화자가 오류를 피할 수 있기 때문이다. 높임법은 문법적으로뿐만 아니라 어휘적으로도 표현되므로 격식을 차려야 할 경우에 높임을 나타내는 관형어를 사용하는 것이 좋다. 그런데 학습자들이 높임법을 사용할 때 관형어에서도 높임을 나타내는 어휘나 조사가 있어야 한다는 것을 기억하지 못하므로 학습자들의 한국어 능력을 향상시키기 위해 이에 대한 교육도 필수적이라고 본다. 이것은 특히 주체에 대한 직·간접적 높임법을 일컫는다. 즉, 높여야 할 주체가 주어와 밀접한 관련을 맺는 대상, 즉 그분의 신체 일부분이나, 소유물이나 그분과 관계 있는 사람을 높이는 것을 통해서 주체를 간접적으로 높인다.25) 따라서 다음과 같은 예문을 제시함으로써 관형어를 통해서 표현되는 높임법을 쉽게 설명할 수 있을 것이다.

⒂ (ㄱ) <u>교수님께서 하신</u> 말씀을 못 들었습니다./ 들었어요.
　　(ㄴ) <u>교수님이 하신</u> 말씀을 못 들었습니다./ 들었어요.
　　(ㄷ) <u>교수님이 한</u> 말을 못 들었습니다./ 들었어요./ <u>수미가 한</u> 말을 못 들었습니다.
　　(ㄹ) <u>?교수님께서 한</u> 말을 못 들었습니다./ 들었어요.
　　(ㅁ) <u>?교수님께서 한/ ?교수님이 한</u> 말씀을 못 들었습니다./ 들었어요.

이 외에 일부 학습자들이 특수 어휘와 높임 어미에 의한 용언을 구별해서 사용하는 것을 혼동할 때가 있다. 그 예로 '주다 - 주시다/ 드리다', '아프다 - 아프시다, 편찮다/ 편찮으시다' 등을 들 수 있다. 관형어의 형태가 화자 및 청자와의 관계에 달려 있지만, 피수식 명사의 특수성에 달려 있기도 하다. 왜냐하면 '진지, 댁, 연세' 등이 존재하지만 모든 명사가 높임을 나타내는 특수 어휘가 있는 것은 아니기 때문이다. 그 예로 '손, 눈' 등을 들 수 있다. 따라서 높임법을 반영하는 관형어의 제약을 교수하는 것도 오류를 최소화하는 데에 필수적이다. 그

---

24) 이진경(2005: 88)에서 재인용하였음.
25) 관형어로 등장하는 사람에 관한 높임법은 한길(1997)을 참조할 것.

이유는 한길(1997:26)에서 나와 있듯이 관형어로 사람이 등장하는 경우에 이로부터 꾸밈을 받는 문장 성분에 영향을 미치기도 하고, 서술어에 영향을 주기도 하기 때문이다.26) 따라서 다음과 같은 예문을 통해서 각 특수 어휘와 높임 어미에 의한 관형어 용법을 쉽게 설명할 수 있을 것이다.

(16) (ㄱ) 어제 저녁에 <u>작년부터 많이 편찮으신</u> 사장님을 만났어요.
　　(ㄴ) 어제 저녁에 <u>작년부터 많이 편찮은</u> 사장님을 만났어요.
　　(ㄷ) *어제 저녁에 <u>작년부터 많이 아프신</u>/ 아픈 사장님을 만났어요.

(17) (ㄱ) <u>목이 많이 아프신</u> 할머니께 약을 사 드렸어요.
　　(ㄴ) *<u>목이 많이 아픈</u> 할머니께 약을 사 드렸어요.
　　(ㄷ) *<u>목이 많이 편찮으신</u>/ *<u>목이 많이 편찮은</u> 할머니께 약을 사 드렸어요.

(18) (ㄱ) <u>나이가 많은</u> 친구를 만났어요.
　　(ㄴ) <u>연세가 많으신</u> 교수님을 뵈었어요.
　　(ㄷ) *<u>연세가 많은</u> 교수님을 뵈었어요.
　　(ㄹ) *<u>나이가 많으신</u> 친구를 만났어요.

4.3. 관형격 조사

위에서 제시한 관형어 이 외에 폴란드인 학습자들이 관형격 조사의 사용에도 어려움을 보인다. 그러나 그것은 초급 단계에서 배운 '-의'에 해당하는 것이 아니라 고급 단계로 올라가도 관형격 조사의 출현 유무, 즉 생략 가능성, 다른 조사와의 결합 등에서 비롯된 어려움을 말한다. '-의'의 출현 유무에 있어서 사용해야 할 경우에 사용하지 않거나 사용하면 표현이 어색해지는 경우를 말한다. 전자는 아래 (20)에서 나와 있듯이 비율이나 비유의 뜻을 나타내는 표현 (그것은 특히 추상 명사에 해당함)을 구성할 때나 'N+Q+Cl'의 구조를 갖는 수량사구가 사용될 경우, 또는 관형격 조사와 수식 받는 대상 사이에 다른 관형어가 들어갈 경우, 고유 명사의 소유를 나타낼 때와 '-의'조사는 다른 조사와 결합할 경우를 말한다.27) 후자는 출현이

---

26) 그 예로 (ㄱ) '<u>교수님 댁에 가시는 분</u>' 및 '<u>친구 집에 가는 사람</u>', (ㄴ) '<u>할아버지께 드릴 선물</u>' 및 '<u>친구에게 줄 선물</u>', (ㄷ) '<u>교수님께서 저에게 주신 선물</u>' 및 '<u>친구가 나에게 준 선물</u>' 등 들 수 있다.

27) 관형격 조사의 생략에 있어서 남기심 외(2006: 269)에 따르면 어떤 경우에 '-의'가 생략되어도 좋은지 그 조건을 확실히 알 수 없다고 주장했는데, 국립국어원(2005: 822-3)에서 앞말과 뒷말이 전체와 부분의 관계를 나타낼 때는 '-의'를 생략할 수 있으나, 앞말이 뒷말에 대한 비유의 대상임을 나타낼 때는 생략이 불가능하다고 제시한 바 있다. 김기복(1997)에서는 명사를 관형화하는 '-의'를 언급하면서 그 의미가 문맥 속에서 정해진다는 특성을 제시하였다. '-의'는 본질적인 의미라기보다는 두 명사 사이의 소유, 출처, 전체-부분, 친족 관계, 소속, 원인, 동격 등 관계를 의미하거나 기저 구조에 상정되는 동사에 따라 다양하게 나타나기 때문이다. 이어서 김기복

불가능할 경우를 말하며, ⑵에서 나와 있듯이 이른바 관형 명사에 해당한다.[28] 따라서 관형격 조사의 지도 방안도 따로 모색할 필요가 있는데, 본고에서는 '-의' 사용과 관련된 네 가지의 경우를 보이는 예만 제시하는 것으로 제한하고자 한다. 여기서 각각 생략이 가능한 경우와 그렇지 않은 경우, 사용이 불가능한 경우 및 '-의' 겹침을 말한다. 중·고급 학습자들한테 아래서 예로 든 예문을 제시함으로써 관형격 조사의 용법에 대한 이해력을 높이면서 오류의 빈도를 최소화할 수 있을 것이다.

⑲ 생략이 가능한 경우
   (ㄱ) 오빠{의} 친구
   (ㄴ) 부산{의} 야경
   (ㄷ) 아버지{의} 손
   (ㄹ) 한국{의} 사람[29]

⑳ 생략이 불가능한 경우
   (ㄱ) 어린이는 나라의 보배다./ 죽음의 도시
   (ㄴ) 우유 한 잔의 기적/ 여러 대의 새 자전거
   (ㄷ) 경주의 눈 오는 거리/ 부산의 아름다운 야경[30]
   (ㄹ) 이순신의 거북선
   (ㅁ) 미국과의 관계/ 불행으로부터의 탈출

한국어에서는 가산성에 따른 명사의 구별이 없어서 대상을 셀 때 분류사나 단위성 의존 명

(1997: 68)은 김광해(1981: 40-1)을 인용하면서 '현실 세계에 이미 존재하는 관계가 있으면', 즉 '소유주-소유물, 전체-부분, 친족 관계'일 때 '-의'가 생략이 가능하다고 설명하며, 관형격 조사의 출현이 필수적인 경우를 '-의'에 의한 강제된 연결로 지칭한다. 김선효(2011: 153-9)에서는 'NP1의 NP2'의 구성의 유형을 연구하면서 이를 연결 유형 구성과 비연결 유형 구성으로 양분한다. 후자는 전자와 달리 선행 명사와 후행 명사 간 의미적 상관성이 희박하여 '-의'가 필수적이라고 설명한다. 전자는 앞서 언급한 김기복(1997) 등에서 제시한 '소유주-소유물, 전체-부분, 친족 관계'를 나타내면 이들 명사구는 어휘화 과정을 거쳐서 합성어가 될 수 있다고 한다. 또한 김기혁(1995: 263)에서는 '-의'의 가장 기본적인 구실은 두 명사를 이어주는 것이고, 그 중에서 하나는 주 구성 성분이 되며, 또 다른 하나는 종 구성 성분이 된다고 언급한 바 있는데, 두 명사 사이에 이른바 '주종' 관계가 쉽게 파악되는 경우에 '-의' 생략이 가능하며, 그렇지 못한 경우에 불가능하다고 설명한다.

28) 김선효(2011: 115)에 의하면 관형 명사는 관형사와 명사의 중간 범주적 성격을 갖지만 통사적으로는 관형사에 더 가깝다. 또한 조사와 결합하지 않고 홀로 관형사의 수식을 받지 못하며, 후행 명사를 수식하는 기능은 명사적 기능보다 관형사적 기능이 더 많다. 관형 명사에 대한 자세한 논의는 김선효(2011: 115-121)을 참조할 것.

29) 관형격 조사의 생략이 지명을 나타내는 말과 결합할 때도 가능하다. 김창섭(1996)에서 조사 출현 여부에 따른 의미적인 차이점이 설명된 바 있다. 따라서 관형격 조사 없는 명사구는 '한국 국적을 가진 사람' 혹은 '한국 혈통을 가진 사람'을 뜻하며, 조사가 삽입된 명사구는 '한국 국적을 가진 사람' 이 외에 '한국에 체류하는 모든 사람'을 의미할 수 있다고 설명한다.

30) 김기복(1997: 74)에서는 이를 '확장된 NP 류와 결합되는 경우'로 지칭한다.

사 등으로 불리는 단어를 써야 한다. 그런데 비분류사 언어인 폴란드어에서는 가산성에 따른 명사의 구별이 존재하는데, 대체로 셀 수 없는 불가산 명사를 셀 때만 분류사가 사용된다. 그래서 위 ⑳(ㄴ)에서 예로 든 'N+Q+Cl'의 구조를 가진 수량사구가 수식어로서의 구실을 담당할 때 '-의'가 반드시 출현해야 한다는 제약을 언급하는 것도 좋다. '-의'와 결합이 불가능한 관형 명사도 역시 마찬가지일 것이다. 아래 ㉑을 참조 할 것.

(21) '-의' 사용이 불가능한 경우
　(ㄱ) *국제<u>의</u> 관계
　(ㄴ) *개별<u>의</u> 행동

이 외에 관형어의 용법을 교수할 때 관형격 조사가 하나 이상 사용된 경우도 있다는 특성 및 앞서 제시한 특성을 바탕으로 '-의'의 생략 가능성도 같이 설명하는 것이 효과적이라고 본다. 관형격 조사의 겹침을 보여주는 예가 아래 ㉒에서 나와 있다.

(22) '-의' 겹침
　(ㄱ) 나<u>의</u>/ 내 친구<u>의</u> 자동차[31]
　(ㄴ) 휴대폰{<u>의</u>} 배터리<u>의</u> 충전
　(ㄷ) 고향<u>의</u> 봄<u>의</u> 추억<u>의</u> 거리
　(ㄹ) 그<u>의</u> 친구<u>의</u> 어머니<u>의</u> 집

그런데 학습 단계가 높아질수록 관형격 조사가 다른 조사와 결합해서 대상을 수식하는 특성도 가르칠 필요가 있다. 왜냐하면 김기복(1997: 71)에서 나와 있듯이 '-의'가 아닌 다른 조사만을 취하는 명사로는 후행하는 명사를 수식할 수 없기 때문이다. 즉, 관형격 조사의 결합이 필수적이므로 경우에 따라 아래 ㉓에서와 같이 각각 부사격 조사, 접속 조사, 보조사 등과 결합해서 이와 함께 피수식어를 꾸민다는 특성도 교수하면 오류를 최소화할 수 있다. 여기서 말하는 오류는 누락 오류이다.

(23) (ㄱ) 외국어로서<u>의</u> 힌디어
　(ㄴ) 그 사람과<u>의</u> 관계
　(ㄷ) 우리만<u>의</u> 비밀

---

31) 박영순(1987: 150)에 의하면 최후의 명사가 중심부(head)로 기능하며, 그 앞에 오는 모든 명사들이 수식부 혹은 종속부를 형성하면서 수식 기능을 한다. 따라서 각각 '자동차, 충전, 거리' 및 '집'이 중심부가 되는데, 그 앞에 오는 관형어가 이의 종속부가 될 것이다.

4.4. 어순

한국어에서는 폴란드어에서와 달리 관형어가 항상 피수식어에 선행하므로 이의 올바른 사용법을 습득하는 것은 폴란드인 한국어 학습자들에게 쉬운 것으로 보이지만 사실은 그 정반대이다. 같은 대상을 수식하는 관형어가 둘 이상이거나 저절로 실현되는 관형어가 겹칠 경우에 학습자들이 이의 무표적인 어순을 모르거나 연결하는 방법을 제대로 습득하지 못해서 오류를 자주 범하게 되다 보니 오류를 최소화하기 위해 이에 대한 교육도 필수적인 것으로 보인다. 물론 한꺼번에 관형어의 종류에 따른 어순을 교수하는 것은 오히려 학습자들에게 부담을 줄 수 있어서 폴란드인 한국어 학습자를 대상으로 겹침 관형어의 구체적인 교육 방안도 따로 모색할 필요가 있다.

한국어 관형어는 여럿이 겹쳐 쓰이는 현상을 다루는 대부분의 연구들이 대체로 관형사가 둘 이상 사용될 경우에 집중한다. 여기서 각각 '지시·수·성상 관형사'의 순으로 나타나는 관형어를 말한다. 이수미(2009)가 관형사의 결합 양상을 논의하면서 성상 관형사를 통하여 본질적인 속성이 정의되고, '수'와 '지시'가 차례로 수식되면서 피수식어의 속성은 좀 더 구체화한다고 한다. 더불어 관형사 간의 결합 관계에 있어서 성상 관형사가 지시 관형사나 수 관형사보다 선행할 수 없고, 이들과 겹쳐서 나타날 경우에 후행 체언과 가장 가까운 쪽에 위치한다고 지적한다(이수미 2009: 106쪽 참조). 즉, 대상의 특성을 나타내는 관형사는 다른 두 종류의 관형사에 비해 피수식어에 가장 가까이 위치하는 특성상 초급 단계에서 학습자들이 범하는 오류 수를 쉽게 줄일 수 있을 것이다.[32]

그런데 위에서 서술한 바와 같이 관형사만 관형어의 구실을 담당하는 것은 아니다. 그보다 학습자들이 더 어려워하는 경우는 관형사와 관형구 및 관형절이 겹치는 경우이다. 그래서 중·고급 학습자들한테 구조적으로 다양한 관형어를 제시함으로써 관형어 겹침 현상을 설명하는 데에 도움이 될 것이다.[33] 그 예로 아래 ⑳를 참조할 것.

---

32) 또한 '새, 온, 무슨' 등과 같은 관형사를 교수할 때 이로부터 수식을 받을 수 있는 명사의 범주를 같이 제시하는 것이 좋다. 왜냐하면 '새 것'은 가능하지만 '온 것'이나 '무슨 것'은 불가능하기 때문이다. 즉, 의존 명사인 '것' 결합이 가능한 것이 있는가 하면 그렇지 못한 경우도 있으므로 이에 대한 정보도 제공하면 학습자들이 더 잘 배울 것이다. 관형사 간의 결합 양상 및 후행 체언의 결합 양상 등에 관한 논의는 이수미(2009)를, 한국어 교육의 측면에서의 관형사의 제약 및 사용 양상은 임유종(2007)을 참조할 것.

33) 염선모(1972)에서는 두 개의 관형어가 같은 대상을 수식할 때 출현하는 순서를 구조화하였는데 첫째는 동사나 형용사의 관형형 및 N(의)이고, 둘째는 동사나 형용사의 관형형이나 N(의) 혹은 N(의) N(의)의 구조이다. 여기에 제시된 두 가지의 구조를 사용하여 관형어의 어순을 설명하는 것도 효과적일 것이다.

(24) ㄱ 그 모든 착한 유치원생 [지시 관형사 + 수 관형사 + 관형절]

ㄴ 어제 아주 크고 비싼 빨간 책상을 샀어요. [모양 + 특성 + 색깔]34)

ㄷ 이 집이 그 어떤 집보다 크다. [지시 관형사 + 지시 관형사]

ㄹ 우리가 가지고 있는 건강에 좋은 습관이 많지 않다. [관형절 + 관형절]

ㅁ 수미가 빌린 그 가전거가 고장 났어요. [관형절 + 지시 관형사]

또한 '-의'에 의한 관형어 및 관형사형이 같은 대상을 수식할 때 이의 어순이 상대적으로 자유로워서 자신의 자리를 바꿀 수 있는데 어순 도치가 의미적인 차이를 초래한다는 것도 지적할 필요가 있다.35) 그 예로 아래 (25)를 참조할 것.

(25) ㄱ 친구의 아주 좋은 우산 [관형구 + 관형절]

ㄱ' 아주 좋은 친구의 우산 [관형절 + 관형구]

ㄴ 그 수미의 착한 동생 [지시 관형사+ 관형구 + 관형절]

ㄴ' 착한 수미의 그 동생 [관형절 + 관형구 + 지시 관형사]

ㄷ 고향에 가신 저희/우리{의} 할아버지 [관형절 + 관형구]

ㄷ' 우리/저희{의} 고향에 가신 할아버지 [관형구 + 관형절]

관형어의 수가 많아지며 그 구조가 다양해질수록 어순을 교수하는 것이 어려워지고, 학습자들에게 부담이 되기 마련이다. 그래서 김봉모(1978/1992: 156-96)에서 제시된 예를 들면서 겹침의 어순과 수식 구조를 설명하는 것이 학습하는 데에 도움이 될 수 있다.

(26) N의 - 동작동사 - 상태 동사 - 지시 - 수량 - 성상 - N∅ - (중심어)
[우리의 [이사할 [아담한 [저 [두 [새 [괴정동 [집]]]]]]]

위 (26)이 보여 주듯이 관형격을 취하는 대명사 (혹은 명사) 뒤에 각 동사와 형용사의 관형사형이 나타나며 지시, 수량, 성상 관형사가 사용되면 관형사형에 후행하는 것이다. 물론 그렇게 많은 관형어들이 한꺼번에 쓰이는 경우가 그리 많지는 않지만 이로써 학습자들이 동사보다 형용사가 피수식어와 더 밀접한 관계가 있다는 특성을 파악할 수 있고 명사나 대명사가

---

34) 우형식(2012: 304)에 따르면 관형어가 겹쳐 쓰일 때 대개 지시 관형어 다음에 모양이나 상태를 나타내는 관형어의 순으로 쓰인다고 한다. Kim 외(2010)에서는 관형어를 연구하면서 이를 크게 'lexical determinants'(관형사)와 'phrasal prenominal expressions'(형용사의 관형사형, 관계 관형절 및 체언과 결합한 관형격 조사)로 양분한 다음 어순의 자유로움을 관찰했다. 이에 따르면 지시 관형사는 관형사형에 선행하거나 후행할 수 있다고 하면서 '그 착한 학생' 및 '착한 그 학생'을 그 예로 들었다.

35) 관형어 어순에 대한 논의는 Kim 외(2010)를 참조할 것.

관형사와 함께 수식어로서의 구실을 담당할 시 기본 어순에서는 관형사를 선행한다는 것도 알게 된다.

기본 어순이 도치될 경우에는 문장의 자연스러움을 얻기 위해 중간에 휴지(#)의 사용이 필수적이다.[36] 그러나 휴지만 두면 어순을 바꿔도 된다고 설명해 버리면 학생들이 성립되지 않는 어순으로 관형어를 배열할 가능성이 높아서 무표적인 어순만 제시하는 것이 더 좋다고 본다. 따라서 어순 도치는 중급보다 고급 학습자들에게 지도하는 것이 더 효과적이라고 생각한다. 왜냐하면 관형어의 기본 어순을 먼저 습득해야만 어순 도치를 더욱 더 잘 배울 수 있기 때문이다.

아래 (27)에서 지시하듯이 지시 관형사는 관형사형과 같이 대상을 수식할 때 이에 선행하고, 연결형으로나 관형사형으로 나열된 두 개의 용언 등도 사용될 수 있다. 용언의 관형사형이 관형어로 사용될 때, 이를 연결하는 방법, 즉 어미에 대한 설명도 필요하다.

(27) (ㄱ) 저 달리는 말/ 의 아름다운 장미꽃/ 그 신문기자인 친구
　　 (ㄴ) 밥을 먹고/ 먹으며/ 먹으면서 노는 동생
　　 (ㄷ) 활짝 웃는 귀여운 아이
　　 (ㄹ) 저녁마다 운동하는 많은 어르신

5. 결론

관형어는 수의적인 문장 성분으로 체언을 수식하는데, 명사구의 일부가 되거나 관형절을 만들어 문장의 풍부한 표현을 돕기 때문에 이의 올바른 사용은 학습자의 한국어 구사 능력을 보여 준다. 그래서 관형어에 대한 교육은 한국어 실력과 의사소통 능력을 향상시킬 수 있는 방법 중 하나가 될 수 있다고 본다. 중·고급 학습자일수록 더욱 더 그렇다.

본 연구의 대상을 폴란드인 한국어 중급 학습자로 한정하였지만 관형어의 오용은 초급 단계부터 고급 단계에 이르기까지 발생하므로 각 단계마다 관형어 지도의 필요성이 있고 이의 교수 내용을 꾸준히 강화할 필요가 있다.

폴란드인 학습자들이 보이는 관형어 사용의 오류는 용언의 품사를 제대로 구별하지 못 해서 발생하는 오류, 관형사형 어미의 시제와 상에 대한 잘못된 인식으로 인한 오류, 관형사형 어미의 형태와 기능의 미인식으로 인한 오류 혹은 관형어를 통해서도 높임이 표현된다는 사

---

36) (ㄱ) 우리의 저# 새로 이사할 아담한 새 집, (ㄴ) 새로 이사할 아담한 # 우리의 새 집, (ㄷ) 저# 새로 이사할 아담한 #우리의 새 집 등(김선호 2011: 164-5).

실을 기억하지 못해서 발생하는 오류 등이다.

따라서 중급 학습자들에게 관형사형 전성 어미를 교수할 때 그들이 이미 배운 어미가 있으면 이를 복습하도록 하는 것은 새롭게 학습하는 어미의 사용법에 관한 이해력을 높이면서도 오류를 줄이는 데에 도움이 될 것이다. 즉, 학습뿐만 아니라 재학습도 학습 효과를 높이고, 학습자들에게 성취감도 줄 수 있다는 측면에서 그 중요성을 파악할 수 있다.

한국어 관형어의 올바른 용법은 그 역할을 행하는 언어 단위와 품사에 달려 있는 것으로 보이지만, 폴란드인 학습자들은 특히 두 개 이상의 관형어가 겹쳐 사용될 경우에 자주 오류를 범한다. 그 이유는 관형어의 어순이나 관형어를 연결하는 방법을 제대로 인식하지 못했기 때문이라고 할 수 있다. 그래서 한국어를 습득하는 과정에서 관형어를 잘 교육시키는 것이 필수적이다. 여기에는 관형어의 의미 기능뿐만 아니라 유형 혹은 구조에 따른 결합 순서, 관형어를 연결하는 방법 등이 포함되어야 할 것이다. 또한 한국어에서는 비교적 자유로운 어순의 도치가 존재하지만 중급 폴란드어권 학습자들에게 관형어 사이에 휴지만 두면 어순의 도치가 가능하다는 것을 알려 주게 되면, 관형어 어순에 더욱 더 큰 혼동을 유발할 가능성이 높다. 그래서 도치 현상은 고급 학습자들에게 설명하는 것이 더 바람직한 것으로 보인다.

중급 단계부터 학습자들이 습득해야 할 어미와 문형이 많아지므로 이로 인해 발생하는 형태 간의 혼란을 최소화하는 것이 중요하다. 그래서 이에 대한 자세한 설명은 물론이고, 자주 대치되는 어미들은 반복적인 문형 교육을 통해 습관적으로 사용할 수 있어야 한다고 본다. '-을'과 결합되는 '생각/ 계획이다' 등과 '-는'과 결합하는 '동안(에)/ 길에' 등을 말한다.

본 연구는 폴란드인 한국어 학습자를 대상으로 관형어 교육 방안을 부분적으로 다루었는데 전체적이고, 포괄적으로 제시하지 못한 한계점이 있다. 그럼에도 불구하고 폴란드인 한국어 학습자를 가르치는 데에 있어서 관형어 지도에 더 많은 관심을 가질 필요가 있음을 확인하였다. 따라서 학습자들이 자주 혼동하는 관형어 및 이와 관련된 문제점을 하나씩 연구할 필요가 있다. 이에 관형격 조사인 '-의' 사용 양상과 교육 방안, 관형어에서 나타나는 높임법의 지도 방법, 관형절 중심의 문장 확장에 대한 교육 방안 등 연구해야 할 주제를 차기 연구로 미룬다.

참고 문헌

강현화(2005), 「한국어문법 교육론」, 『외국어로서의 한국어교육학』, 한국방송통신대학교출판부, 113 -141
　　　쪽.

강현화 · 이현정 외(2016), 『한국어교육 문법 (자료편)』, 한글파크.

국립국어원(2005), 『외국인을 위한 한국어 문법』, 한국어교육자료 총서 2, 커뮤니케이션북스.

김기복(1997), 「관형격 조사 '-의'의 연구」, 『어문연구』, 제29집, 1-15쪽.

김기혁(1995), 『국어 문법 연구 -형태 · 통어론-』, 도서출판 박이정.

김서형 · 홍종선(2010), 「한국어 학습자를 위한 확대문 교육 방안 -관형절 중심으로-」, 『문법교육』, 제13집,
　　　115-136쪽.

김선효(2011), 『한국어 관형어 연구』, 역락.

김재욱(2005), 「문법 교육 방법론」, 『한국어교육론 2』, 국제한국어교육학회, 한국문화사, 181-93쪽.

김제열(2003), 「한국어 교육에서 시간 표현 요소의 문법적 기술 방법 연구」, 『한국어교육』 제14권 제1호,
　　　국제한국어교육학회, 51-75쪽.

김정숙(1989), 「과제 수행을 중심으로 한 한국어 교육 방법론」, 『언어학교육』 제9권 제1호, 95-112쪽.

박양구(2002), 「한국의 관형어」, 『한성 어문학』 제21권, 133-146쪽.

백봉자(2013), 『한국어 수업을 어떻게 하는가?』, 도서출판 하우.

나찬연(2007), 『국어문법의 이해』, 제이앤씨.

남기심·고영근(2006), 『표준국어문법론』, 탑출판사.

리의도(1982), 「매김말의 기능 - 매김 받는 임자말과의 관계를 중심으로 -」, 『국제어문』 제3권, 국제어문학
　　　회, 123-141쪽.

서울대학교 국어교육연구소(2014), 『한국어 교육학 사전』, 도서출판 박이정.

염선모(1972), 「관형어의 구조와 변경에 대하여」, 『국어교육연구』 제4권, 1-24쪽.

오형식(2012), 『학습 활동을 겸한 한국어 문법론』, 부산외국어대학교 출판부.

이상숙(2010), 「한국어 학습자를 위한 관형사형 어미 교육 방안」, 『한국언어문학』 제72권, 한국언어문학,
　　　63-66쪽.

이수미(2009), 「관형사의 결합 양상에 대한 연구」, 『형태론』, 제 11권 제1호, 99-118쪽.

이정희(2005), 『한국어 학습자의 오류 연구』, 도서출판 박이정, 초판 제2쇄.

이진경(2006), 「한국어 학습자들의 관형사형 어미 연구」, 연세대학교 교육대학원, 석사학위논문.

임유종(2007), 「관형사의 사용 양상과 한국어 교육」, 『한국언어문화』, 제34권 제34호, 381-407쪽.

한길(1997), 「매김말로 등장하는 사람에 관한 높임법」, 『인문과한 연구』, 제5권, 5-27쪽.

한송화(2015), 「한국어 학습자의 관형사형 어미의 사용 양상 연구 - 언어권과 숙달도에 따른 차이를 중심
　　　으로」, 『국어교육학연구』, 제50집 제4호, 497-525쪽.

Borowiak Anna (2016), 'Korean and Polish Attributes in contrastive perspective', 4th International

Conference on Korean Humanities and Social Sciences, Inha University, Center for Korean Studies.

Borowiak Anna (2017), 'A Draft Classification of Attributes in Korea and Polish Languages', International Journal of Korean Humanities and Social Sciences, Vol. 3, pp. 11-50.

Brown H. Douglas (2007), 'Teaching by Principles - An Introduction to Language Pedagogy-', NY: Longman, 5th Edition.

Corder, Stephen Pit (1967), 'The significance of learners' errors', IRAL, Vol. 5, pp. 161-170.

Dulay Heidi, Burt Marina, Krashen Stephen (1982), 'Language Two', NY: Oxford University Press.

Frankowska Maria (1982), 'Grupy imienne z determinatorem koniecznym w języku polskim'. Prace Wydziału Filologiczno-Filozoficznego, Vol 28. No. 3, Warszawa: PWN.

Grzegorczykowa Renata (1998), 'Wykłady z polskiej składni'. Warszawa: PWN, pp. 78-86.

http://stdweb2.korean.go.kr/search/List_dic.jsp

Kim Jong-Bok, Lee Nam-Guen, Lee Yae-shiek (2010), 'Word Order and NP Structure in Korean: A Constraint Based Approach', PACLIC 24, pp. 183-192.

Thornbury Scott (1999), How to Teach Grammar. Harlow: Longman.

제5장

김 정 아

프랑스 파리 디드로 대학교
Paris Diderot University

프랑스 학습자들의 쓰기 과제에서 나타난 '이다'와 '있다'의 오류 양상

Ⅰ. 서론

1.1. 연구 목적

프랑스 학습자들에게 빈번히 나타난 '이다'와 '있다'의 오류가 발생되는 이유가 무엇인지 원인을 찾아보고자 하였다. 목정수(2003)의 논문에서도 언급했듯이 프랑스어는 존재동사를 소유동사로 보는 대표적인 언어라는 주장이 본 연구를 통해 뒷받침되었다. 본 연구는 이러한 주장을 뒷받침하는 자료들을 분석해보고자 한다. 본 연구자도 '이다'와 '있다'의 오류가 빈번하게 발생하는 것을 보고 쓰기 자료를 분석해보면 흥미로운 결과가 나올 것이라 생각하여 연구를 시작하였다. 추준수(2007)에서도 서술격 조사 '이다'의 오류를 '이다'를 써야 할 자리에 '있다'를 대치하여 쓰는 경우가 다수 발견되고 있다고 제시하였다.

쓰기 과제에서의 '이다', '있다'를 분석하는데 있어 근거 자료 될 수 있는 학습자 오류 구문을 수집하여 분석을 시도하고 그 양상을 분석해 보았다. 이를 통해 실제 한국어 학습자들이 '이다'구문과 '있다'구문에 대하여 어떤 오류를 범하고 있는지를 확인하였다.

1.2. 연구 대상 및 방법

이러한 목적이 부합한 연구를 진행하기 위해 실제 한국어 학습자들에게 어떠한 문제점이 나타나고 있는지 알아볼 필요가 있다. 학습자들이 직접 작성한 쓰기 자료를 바탕으로 결과물에서 나타나고 있는 '이다'와 '있다' 오류 구문을 수집하여 조사해 보는 것은 본 연구 목적에 부합하는 효과적인 연구 방법이 될 것이다. '있다'는 '존재'와 '소유'의 의미를 모두 나타낼 수 있는 용언이다. 그런데 '있다'가 '존재'의 의미를 나타낼 때와 '소유'의 의미를 나타낼 때의 통사구조가 서로 다르게 나타난다.

이에 본 연구는 2017년 2월부터 5월까지 파리 디드로 대학교(Unveristé Paris Diderot) 1학년 학생을 대상으로 이들이 작성한 쓰기[1]자료를 대상으로 분석을 시도하였다. 특히 여러 가지 주제들 중 몇 가지 주제들[2]에서 유독 많은 오류가 발생하였기에 특정 주제만을 분석 자료에 포함시켰다.

Ⅱ. 본론

1. '이다'와 '있다'의 구문 양상

1.1. '이다' 구문의 의미

모국어 화자를 위한 국어 문법 교육의 개념과 외국인 대상의 한국어 표현 문법 교육에 있어 그 접근 방법은 다를 수밖에 없는데 대표적인 사례가 바로 '서술격 조사'에 대한 부분이다. 즉, 학교 문법의 규정에서는 '이다'를 서술격 조사로 분류하여 그 내용을 전달하고 있지만 한국어 교육에서는 활용의 측면에 무게를 두고 용언의 일부로 다루고 있다는 것이다. '이다'가 문장 속에서 활용을 한다는 점은 한국어 화자라면 누구나 인정을 할 수밖에 없는 현상이다. 이러한 사례를 근거로 '이다'를 용언의 일부로 취급하여 전달한다는 것은 교육적인 면에서 효과적일 것이고 내용적인 면에서도 더 영향력이 있다고 볼 수 있다. 따라서 국어 문법과

---

1) 본 연구의 주된 자료는 한 학기(2017년 2월부터 5월) 동안 수업 시간에 작성된 과제물과 쓰기 답안지로 구성되었다. 학습자들은 6개월 정도 한국어를 학습한 학생들이다.
2) 신체에 관련된 주제로만 분석을 하였다.

비교하여 한국어 교육에서 바라보는 관점은 분명하게 다르다는 것을 알 수 있는데 국립국어원(2005)의 차례를 보면 그 내용을 단번에 확인할 수 있다.3)

* 국립국어원(2005), 외국인을 위한 한국어 문법1 차례

- 제4부 -
/제15장/ 단어의 갈래
1. 동사 · 형용사 · 이다
1.1. 동사
1.2. 형용사
1.3. 이다

1.2. '있다' 구문의 의미

'있다'의 기본 의미가 '존재(存在)'냐 '소재(所在)'냐 혹은 '있다'의 기본 문형이 무엇인가에 대한 논쟁이 있었다. 그러나 대부분의 논의가 이러한 문제를 해결함에 있어 학자의 직관에 전적으로 기대고 있기 때문에 보다 설득력 있는 근거를 마련하는 것이 필요하다.

사전에서는 '있다'구문의 다양한 구성을 어떻게 처리하고 있는지 살펴보겠다.4)

『표준국어대사전』
있다1
가. 동사: ① 사람이나 동물이 어느 곳에서 떠나거나 벗어나지 아니하고 머물다.
② 사람이 어떤 직장에 계속 다니다.
…
나.형용사: ① 사람, 동물, 물체 따위가 실제로 존재하는 상태이다.
② 어떤 사실이나 현상이 현실로 존재하는 상태이다.
…
있다2
가. 부사: '이따'의 잘못.

『고려대한국어대사전』
있다1
가. 형용사: ① (어디에 어떤 대상이) 자리나 공간을 차지한 상태이다.

---

3) '이다'에 대한 전체적인 내용은 국립국어원(2005: 346-350) 참고.

4) 이상희(2017, '있다' 동사 구문의 통사와 의미 : 33)

1.2.1. '소유'의 개념

'있다'는 소유 의미를 중심 의미로 하는 동사이다. 프랑스어의 소유동사 'avoir'에 대응한
다는 점을 첫 번째 근거로 꼽을 수 있다. 두 번째로는 소유 의미 이외의 다른 명시적인 의미
를 읽어내기 어렵다는 점이다. Heine(1997)은 범언어적으로 나타나는 소유의 유형을 7가지
로 제시하였다.5) 대체로 제시한 7가지 유형의 소유를 모두 표현할 수 있다. 즉 '있다'의 중심
의미를 소유로 보는 데 무리가 없다는 것이다. 주어로 나타나는 소유주는 인간인 경우가 가
장 많고 무정물인 경우는 전체-부분인 경우에만 제한적으로 나타난다.

(1) 가. [나/언니/친구]는 돈이 있다.　　　　　　　[인간 주어]
　　나. [지갑/서랍/가방]은 돈이 있다.　　　　　　[무정물 주어]

1.2.2. 소유동사 '있다'와 존재동사 '있다'의 의미 비교

소유동사인 '있다2'로 표현되는 소유의 사태는 존재동사 '있다1'구문에서도 읽힐 수 있
다.6) 이러한 이유 때문에 '있다1'구문 중에서 'NP에/에게 NP가 있다'의 형태를 띠는 구문과
'있다2'구문이 통사적으로도 서로 유관하다는 관점에서 함께 다루어지기도 하였다.

---

5) 가. 물리적 소유: 나 이 문서 작성하고 싶어. 너 펜 있어?
　나. 임시적 소유: 나는 사무실에 갈 때 이용하는 차가 있는데 그 차는 철수 거다.
　다. 영구적 소유: Judy는 차가 있는데 그 차는 내가 항상 이용한다.
　라. 양도불가능한 소유: 나는 언니가 있다.
　마. 추상적 소유: 나는 시간이 있다.
　바. 무정물소유주양도불가능한 소유: 내 서재는 창문이 세 개 있다.
　사. 무정물소유주양도가능한 소유: 내 서재는 쓸모없는 책이 많이 있다.
6) 이상희(2017)에서는 소유동사를 '있다2', 존재동사를 '있다1'로 나누었다.

2. 프랑스어 동사 구문

2.1. Avoir 동사의 의미[7]

		계사, 존재 (이다)	소유문 (있다)
Avoir	Elle a 2 enfants.	-	+
Obtenir	Où est-ce qu'on peut avoir un permis?	-	+
Trouver	Ici, Vous avez la cuisine.	-	+
Éprouver (sensation)	J'ai un drôle de pressen timent.	-	+
Âge	J'avais 10 ans quand je l'ai rencontré.	-	+

2.2. Être 동사의 의미[8]

		계사, 존재 (이다)	소유문(있다)
État description	Il est instituteur.	+	-
Appartenance	Ce livre est à Paul.	+	-
Origine	Il est de nôtres.	+	-

프랑스어 계사 être는 이론의 여지 없이 명백한 자립적 단어로서 동사로 범주화된다.

3. 오류 분석

특히 존재와 소유는 의미적으로 매우 밀접하기 때문에 종종 존재동사를 통해 소유의 의미를 나타내거나 소유동사를 통해 존재의 의미를 표현하는 경우가 여러 언어에서 나타난다.[9]

프랑스 학습자에게서 발견되는 '이다'와 '있다'의 오류는 다른 언어권 학습자들에게서도 나타나는 현상으로 프랑스 학습자들만의 특이한 오류라고는 할 수 없다. 하지만 초급 학습자들에게는 목표어 영향에 의한 오류보다는 모국어 영향에 의한 오류에 더 많은 양상을 보였다. 아래의 도표를 보면 왜 이러한 유형의 오류들이 많이 발생하는지 알 수 있다. 유형론적으로

---

7) Collins French Dictionary (www.collinsdictionary.com)

8) Collins French Dictionary (www.collinsdictionary.com)

9) 목정수(2017)에 따르면 여러 언어에서 소유동사가 존재문에 쓰이는 현상이 나타나는데, 이는 소유동사와 존재동사의 상관성을 보여준다고 하였다. 프랑스어, 브라질어, 포르투갈어 등이 존재문에 소유동사가 쓰이는 대표적인 예이고 자세한 내용은 목정수(2017:113-114)의 각주 5를 참고하면 된다.

관찰하여도 소유동사와 계사/존재사가 구분된 언어와 하나로 표현되는 언어의 두 부류가 있는데, 한국어는 오히려 계사가 '이다'라는 형태로 존재하고, 소유동사와 존재사가 '있다'라는 형태로 나타나는 점을 지적하면서 '있다'와 '이다'는 상관성이 있다고 하였다.[10)]

총 68명의 학생들의 쓰기 자료를 분석해 본 결과 아래와 같은 오류가 나타났다.

1) 그 여자는 커트머리 <u>있습니다</u>.
Elle <u>a</u> des cheveux courts.

2) 그 여자는 긴 다리가 <u>있습니다</u>.
Elle <u>a</u> des jambes longues.

3) 그 여자는 얼굴이 <u>작고 보조개입니다</u>. [11)]
Le visage de cette femme est petit, et elle <u>a</u> des fossettes.

4) 그 여자는 갸름한 얼굴 <u>있고</u> 긴 생머리입니다.
Le visage de cette femme est long, et (elle <u>a</u>) des cheveux longs raides.

위에 제시한 문장들은 연결어미를 사용하여 신체를 표현한 문장들이다. 1)은 단문으로 사용하였고 2)의 경우는 종속적 연결어미를 사용한 경우이고 3)과 4)의 경우는 대등적 연결어미를 사용한 것이다.

한국어의 경우에는 무정물이 주어가 된 경우에는 동사 '이다'를 사용하고 유정물의 경우는

---

10) 언어별 소유동사, 계사, 존재사의 활용 양상(정덕교 2004: 89)을 표로 나타낸 것은 다음과 같다. 세부적인 내용은 수정될 필요가 있어 보이나 언어별 대체적인 경향성을 볼 수 있다.

	HAVE	BE	EXISTETIAL
English	√ (소유문)	√ (계사문, 존재문)	
German			
Spanish			
French			
Irish		√ (계사문, 존재문, 소유문)	
Russian			
Hindi			
Turkish			
Japanese			
Hungarian			
Korean		√ (계사문)	√ (존재문, 소유문)

11) * 이 경우는 '그 여자는 보조개가 있습니다.' 라고 표현해야 하는 소유동사(avoir)를 오히려 존재동사로 쓰는 오류를 범했다.

'있다'를 사용하여야 한다. 하지만 프랑스 학습자의 경우는 주어의 성격과 달리 신체의 종속성과 변화에 따라 인지하기 때문에 다음과 같은 오류 양상이 나타났다.

문장 1)의 경우는 학습자는 '있다'를 사용한 것은 '커트머리'의 경우는 변화성을 가진 것이기 때문에 학습자는 소유문으로 인식했다. 그리고 문장 2)의 경우는 종속적 연결어미로 이것 역시 '긴 다리'도 변화성을 가지기 때문에 '있다'라는 동사를 사용하였다. 그런데 앞서 언급한 프랑스 학습자들의 신체 묘사에 대해 종속성과 변화에 따른 인지를 하고 있기 때문에 문장 3)를 보면 대등적 연결어미를 사용하여 쓴 문장을 보면 '얼굴'은 변화성이 없기 때문에 서술어로 '형용사'를 사용하였고 '보조개'의 경우는 종속성을 지닌 것이기 때문에 '이다'를 사용하였다. 비슷한 예를 다시 한 번 확인해 보면 문장 4)의 경우에도 대등적 연결어미에서 '갸름한 얼굴'에서 '있다'를 사용하였다. 하지만 뒷절에서 '긴 생머리'의 서술어로 '이다' 를 사용한 것은 학습자가 한국어의 종결어미가 '명사+이다'라는 문형을 학습하였기 때문에 변화성을 지닌 '긴 머리'에 문장을 종결하기 위해서 종속성과 변화에 관계없이 계사/존재사인 '이다' 를 사용한 것이다.

Ⅲ. 결론

오류 양상에 대한 연구는 교수학습이나 학습자의 모국어와 한국어 학습 간의 영향관계를 살펴 볼 수 있을 것이다. 본 연구는 오류 양상을 통해 교수학습의 다양한 측면을 고려해야 함을 보여준다. 그래서 초급에서 문형에 대한 이해뿐만 아니라 주어의 성격에 어울리는 동사를 이해시켜야 할 것이다. 다시 말하자면 초급 학습에서 나타나는 흔한 오류이며 한국어 학습에 기본이 되는 부분이기에 학습자가 범한 이런 오류에 대해 좀더 관심을 가지고 오류의 원인과 지도방안에 대해 고민해 봐야 하는 것이다. 이를 문제점을 보완하기 위해서는 한국어와 여러 언어간의 특성을 살펴봐야 할 것이다. 그러기에 본 연구는 이론적으로 궁금했던 부분을 실질 자료를 통해 확인한 중요한 결과라고 생각한다. 외국어교육에서 대조언어학적 관점을 간과하지 않을 수 없다. 왜냐하면 학습자의 언어 구조가 한국어 학습 시 불가피한 오류로 나타나기 때문이다.

참고 문헌

구명철(2004), 소유관계와 존재동사, 『독어교육』 29, 한국독어독문학교육학회, 173-195.

김독석, 김용하(2001), 존재/소유 구문의 논항구조, 『우리말글』 22, 67-83.

김민수(1994), '이다' 처리의 논쟁사, 주시경학고 제 13집, 탑출판사.

김상대(1991), '있다'의 의미에 대하여, 『인문논총』 2-1, 아주대학교 인문과학연구소, 5-31.

김영미(1995), 「있다」의 의미에 대한 고찰, 전남대 석사학원논문.

김차균(1982), 「있다」의 의미 연구, 『언어학』 5, 한국언어학회, 55-82.

김천학(2012), 소유 관계와 소유 구성, 『한국어 의미학』 39, 한국어의미학회, 125-148.

김혜란(2001), 「프랑스어 형용사 학습에 대한 언어교육학적 고찰」, 「한국프랑스학논집」 36권. 한국프랑스학회. 95-114쪽.

박동열(2004), 「한국어 형용사 범주에 관한 연구: 프랑스어 형용사 범주와 비교 연구」, 「프랑스어문교육」 18권. 한국프랑스어문교육학회. 221-250쪽.

신선경(1996), 「있다」의 소유 구문에 대한 소고, 『울산어문논집』 11, 울산대학교 인문대학 국어국문학과, 165-191.

이상희(2017), '있다'동사 구문의 통사와 의미, 서울시립대 석사학위논문.

신선경(2002), 『'있다'의 어휘 의미와 통사』, 태학사.

정자훈(2004), '있다'와 '없다'의 의미 연구, 경북대 석사학위논문.

추준수(2007), 중국인 한국어 학습에 나타난 오류 분석 -조사와 어미를 중심으로-, 신라대학교 대학원 석사학위 논문.

한선혜(1990), '불어 기능동사구문 연구', 서울대학교 석사학위논문.

사전
고려대학교민족문화연구원(2009), 『고려대한국어사전』, 고려대학교민족문화연구원.

국립국어원, 『표준국어대사전』.

Collins French Dictionary (www.collinsdictionary.com)

Part II

음성 및 음운론적 관점

제1장

임 정 은

프랑스 액스-마르세유 대학교
Aix-Marseille University

음운론적 관점에서 본 한국어 학습자들의
표기 오류와 교육 방안
-프랑스인 초급 학습자들을 대상으로-

1. 서론

외국어 학습에서 음운적 오류는 일차적으로 트루베츠코이(Troubetzkoy)의 음운'체'(phonological crible)라는 개념으로 설명될 수 있다. 트루베츠코이는 *음운론의 원리*(1938)에서 한 언어의 음운 체계는 음성 요소들이 빠져나갈 수 있는 '체'와 같으며, 그 '체' 위에는 변별적 자질이 있는 음성 요소들만이 남아 우리가 듣고 말하는 소리들이 개별화 된다고 설명했다(음소, phoneme). 모든 인간은 유아기 때부터, 언어를 배우며 가장 자주 들리는 소리들을 무의식적이고 기계적으로 분석하며 그 소리들에 적응하게 된다. 이러한 방법으로 모든 인간은 모국어의 음운 체계에 적응하며, 외국어의 새로운 음소를 듣게 되는 경우, 자신이 듣는 이 새로운 소리를 모국어의 음운'체'에 남아 있는 음소를 통하여 듣기 때문에, 부정확한 음운적 해석을 한다. 이에 따라, 외국어 학습 중, 모국어에 존재하지 않는 음소들은, 그 음소들과 가장 비슷하다고 생각되는 모국어의 음소로 대체되는 현상이 자주 관찰된다. 한국어권 외국어 학습자들의 표기에서 보이는 대표적인 음운적 오류에 대해서 말하자면, 한국 대학교의 프랑스어 학습자가 선행된 영어 학습에도 불구하고 음소 /f/를 /p/로 지각하여 '숫자'를 뜻하는 프랑스어 단어 《chiffre》 [ʃifʀ]를 《*chipre》로 표기 하는 것을 예로 들 수 있다. 결국, 모국어의 음운 체계가 외국어 학습 시에 간섭 작용(interference)을 하는 것인데, 외국어의 음소를 제대로 듣지 못하면, 그 음소를 듣고 문자소로 표기할 때 오류를 범할 수밖에 없다.

아울러, 교수자는 학습자가 목표 언어(본 논문에서는 한국어)의 음운 체계와 음운 규칙을 정확히 파악하지 못하여 범하는 표기 오류에도 주목해야 한다. 한국어는 소리와 글자가 한 음절일 경우에는 대부분 일대일로 대응하지만, 두 음절 이상일 경우, 여러 가지 음운 규칙에 따라 소리와 글자의 관계가 일대일 대응 범위에서 벗어나게 된다. 또한 한국어에서 자음은 음소의 환경에 따라, 이음(異音)으로 실현되는데, 경우에 따라 이 또한 표기 오류의 원인이 될 수도 있다.

본 논문에서는 프랑스어권 한국어 초급 학습자들의 쓰기 활동을 중심으로 연구를 진행할 것이다. 우선 한국어와 프랑스어의 음운 체계를 대조하여, 두 언어의 음운 체계의 차이를 알아보고, 프랑스어권 초급 한국어 학습자들의 표기에 나타난 음운적 오류를 바탕으로, 좀 더 효과적인 한국어 표기 교육을 위한 제언을 하고자 한다.

2. 한국어와 프랑스어의 음운 체계[1]

2.1. 자음

2.1.1. 파열음

한국어의 파열음은 [ㅂ, ㅃ, ㅍ], [ㄷ, ㄸ, ㅌ], [ㄱ, ㄲ, ㅋ]으로 나눠지는데, 프랑스어의 파열음은 [b, p], [d, t], 그리고 [g, k]로 나눠진다.

프랑스어의 /p, t, k/는 모음이 뒤따라 올 경우, 한국어의 된소리 [ㅃ, ㄸ, ㄲ]와 비슷하게 발음되지만, 이 음소들이 자음군에 속할 때에는 경우에 따라 뒤따라오는 자음의 영향으로 마치 한국어의 거센소리([ㅍ, ㅌ, ㅋ])와 비슷하게 실현되기도 한다[2]. 하지만, 이는 프랑스어에

---

1) 본 논문에서는 논의의 대상과 직접적으로 관련이 있는 차이만 중점적으로 소개한다. 본 논문의 프랑스어와 한국어의 음운 체계 비교에는 권용해(2006), 김현주(2004) 그리고 신지영 & 차재은(2003)의 연구가 바탕이 되었다.

2) 이에 해당하는 가장 대표적인 자음군은 /pʀ/, /tʀ/, /kʀ/이다.

서는 변별적 특징이 없다. 이 말은 즉, 프랑스인들은 미묘하게 다른 이 두 종류의 소리를 구분하지 않고, 무의식적으로 발음한다는 것을 의미한다. 또한 한국어에서 음절 초성에 나타나는 예사소리 [ㅂ, ㄷ, ㄱ]는 유성으로 발음되는 프랑스어의 [b, d, g]와 달리, 무성으로 발음되기 때문에([b̥, d̥, g̥]), 프랑스어권 학습자들이 이와 가장 비슷한 음소인 프랑스어의 음소 /p, t, k/와 혼동할 수 있다. 결국 프랑스어권 학습자들은 한국어에서 예사소리 – 된소리 – 거센소리로 구분되는 파열음의 정확한 지각이 어려울 것이라는 가정을 내릴 수 있다.

2.1.2. 마찰음

한국어의 마찰음으로는 [ㅅ, ㅆ]와 [ㅎ]가 있는 반면, 프랑스어에는 [f, v], [s, z], 그리고 [ʃ, ʒ]가 존재한다. 프랑스어의 /s/는 음절 초성에서 모음이 바로 뒤따라오는 경우, 한국어의 [ㅆ]에 가깝게 발음된다(ex.《solitude》 [sɔlityd]). 반면 /s/가 단어의 중간이나 후미에 위치하는 경우에는3) 한국어의 [ㅅ]에 가깝게 발음된다(권용해, 2006:29). 하지만 프랑스어에서는 이 둘 역시 변별적인 특징이 없다. 따라서 프랑스어권 학습자들이 한국어의 [ㅅ, ㅆ]를 정확히 구분하는데 어려움이 있을 것으로 예상된다.

프랑스어에는 한국어의 [ㅎ]에 해당하는 음소 [h]가 없다. 영어에서 철자《h》는 음소 [h]에 해당하지만, 프랑스어의 철자《h》는 음가가 없다. 한국어의 [ㅎ]가 영어의 [h]와 동일하다는 설명으로 학습자의 발음 개선을 도울 수는 있지만, 이 음소를 어떻게 듣고 해석하는지 쓰기 결과물을 통해 알아볼 필요가 있다.

2.1.3. 파찰음

파찰음은 파열음 직후에 파열음과 조음점이 같은 마찰음이 이어져서 나는 자음으로, 이 두 음성 요소 사이에는 음의 세기나 음성 기관의 긴장감이 약해지지 않고, 하나의 단음처럼 발음된다. 한국어에서는 [ㅈ, ㅉ, ㅊ]가 파찰음에 속한다. 반면 프랑스어에는 파찰음이 존재하지 않으므로4), 학습자가 학습에 어려움을 느낄 수 있다. 권용해(2006:30)는 프랑스어권 학습자들이 [ㅈ]를 프랑스어 마찰음 중의 하나인 [z]로 많이 발음하고, [ㅉ, ㅊ]의 발음을 상당히 어려워한다고 전하고 있다. 이는 곧 한국어의 파찰음을 음운적으로 올바르게 해석하지 못한다는 것을 의미하는데, 이 경우 이 음소들을 문자소로 표기하는 데에도 어려움이 있을 것이라

---

3) 덧붙이자면, 이 경우에는 뒤따라오는 모음이 없다. 예를 들면 '행운' 이라는 뜻을 가진 프랑스어 단어《chance》[ʃɑ̃s]의 끝자음 /s/가 이에 속한다.

4) 외래어나 외국어는 제외.

고 가정할 수 있다.

2.1.4. 비음과 유음

한국어에는 [ㅁ, ㄴ, ㅇ]의 비음이 존재하고, 프랑스어에는 [m, n, ɲ]의 비음이 존재한다. 한국어의 [ㅁ, ㄴ]과 프랑스어의 [m, n]은 공통된 음소들이므로, 프랑스어권 학습자들이 이 음소들을 학습하는데 큰 어려움이 없다. 한국어의 [ㅇ] 또한 프랑스어에 존재하는 비(鼻)모음 - [ɑ̃, ɛ̃, ɔ̃, œ̃] - 덕분에 프랑스어권 학습자들이 비교적 쉽게 발음하지만, 음소 [ㅇ]의 지각에는 어려움이 없는지 쓰기 결과물을 통해 확인해 볼 것이다.

프랑스어의 유음으로는 [l]이 있고, 한국어에는 /ㄹ/이 존재한다. 항상 같은 음소로 실현되는 프랑스어의 유음과는 달리, 한국어의 유음은 환경에 따라 [l] 혹은 [ɾ]로 실현된다(이음). 한국어에서 음절의 초성에서는 두 이음이([l], [ɾ]) 큰 구분 없이 실현된다. 예를 들어, 한국어 화자들이 《라디오》를 [ladio] 혹은 [ɾadio]로 발음하는 것이 대표적인 예인데, 이는 단어 의미의 변화를 동반하지 않는다. 하지만 유음 /ㄹ/은 종성이나 /ㄹ/뒤 초성에서는 항상 [l]로 실현되고, 모음과 모음 사이에서는 항상 [ɾ]로 실현된다. 그리고 이는 단어 의미의 차이를 동반하기도 한다(ex. 놀라요 [놀라요] / 놀아요 [노라요]). 학습자들이 이를 인지하지 못하는 경우, 표기에서 오류를 범할 수 있다.

2.2. 모음

2.2.1. 단모음

1) 전설모음: 한국어에는 [ㅣ, ㅔ, ㅐ] 3개, 프랑스어에는 [i, y, e, ø, ɛ, œ] 6개의 전설모음이 존재한다. 한국어의 [ㅣ, ㅔ, ㅐ]와 프랑스어의 [i, e, ɛ]는 공통된 음소이므로, 프랑스어권 학습자들은 한국어의 전설모음들을 큰 어려움 없이 학습한다. 하지만 표기에서 [ㅔ]와 [ㅐ]를 혼동한 오류가 종종 관찰되기도 하는데(ex. 그래서 → 그레서), 현대 한국어에서 [ㅔ, ㅐ]의 구분이 점점 더 모호해지고 있으므로[5], 이와 관련된 표기 오류는 음운론적으로만 분석하기에 무리가 있다고 판단하여, 본 논문에서는 중점적으로 소개하지 않기로 한다.

2) 중설모음: 한국어에서는 [ㅏ], 프랑스어에서는 [a, ə]가 중설모음에 속한다. 한국어의

---

5) 신지영 & 차채은(2003: 71-72).

[ㅏ]와 프랑스어의 [a]는 공통된 음소이므로 한국어의 [ㅏ]는 프랑스어권 학습자들이 큰 어려움 없이 학습한다. 프랑스어의 음소 [ə]와 한국어의 [ㅡ, ㅓ](후설모음[6]), 신지영 & 차재은 2003:73)가 비슷하게 실현될 수는 있지만 프랑스어의 [ə]는 경우에 따라서는 삽입되기도 하고 누락되기도 하는 '탈락성을 가진 [ə]'[7])에 해당한다. 이에 따라, 이 프랑스어 음소 [ə]와 한국어의 [ㅓ] 혹은 [ㅡ]를 단순히 이분법적으로 비교하는 것은 적절하지 않다고 생각된다. 이와 관련하여, 프랑스어권 학습자가 한국어의 [ㅡ, ㅓ]를 지각하는 데에 어려움은 없는지 다음 장에서 알아볼 것이다.

3) 후설모음: 한국어에는 [ㅜ, ㅗ, ㅡ, ㅓ], 프랑스어에는 [u, o, ɔ, ɑ]의 후설모음이 있다. 한국어의 [ㅜ, ㅗ]와 프랑스어의 [u, o]는 공통된 음소이다. [ㅡ, ㅓ]는 후설 평순 모음으로, 각각 프랑스어에 존재하는 후설 원순 모음인 [u, ɔ]보다 입술을 덜 둥글게 오므려 발음한다.

2.2.2. 이중모음

한국어의 이중모음은 [j]로 시작하는 [ㅑ, ㅕ, ㅛ, ㅠ, ㅖ, ㅒ]와 [w]로 시작되는 [ㅘ, ㅙ, ㅚ, ㅝ, ㅞ, ㅟ][8]), 그리고 [ㅢ]로 나뉘어진다. 프랑스어에는 이중모음이 존재하지 않는다. 하지만 반자음(혹은 반모음)의 성격을 가진 [j]와 [w]가 프랑스어에도 존재하므로, 지각에 이미 어려움이 있는 단모음들이 포함된 이중모음들을 제외하면, 프랑스어권 학습자들은 [j]와 [w]로 시작되는 이중모음들을 지각하는 데에 큰 어려움이 없을 것이다. 이에 반해 [ㅢ]는 한국어에만 존재하고, 표준 발음법 5항은 단어의 첫 음절 이외의 '의'는 [이]로, 조사 '의'는 [에]로 발음하는 것도 허용하고 있으므로, 학습자가 표기 오류를 범할 가능성이 있다.

2.3. 한국어의 음운 규칙: 음운 변동 현상

한국어의 대표적인 음운 변동 현상으로는, 연음현상을 포함하여, 된소리되기, 거센소리되기, 자음동화, 구개음화, 두음법칙 및 사잇소리 현상 등이 있다. 이 중, 연음현상, 된소리되기, 거센소리되기, 자음동화, 구개음화가 본 논문의 논의에 직접적으로 관련된다.

---

6) 학자에 따라서 한국어의 [ㅡ, ㅓ]가 중설 모음에 속한다고 보는 견해도 있다.
7) 이는 영어의 슈와(schwa)와 같은 개념이다.
8) [ㅚ]와 [ㅟ]는 본래 [ø]과 [y]에 해당하는 단모음이지만, 현재 대부분의 한국어 화자들은 [we]와 [wi]로 발음하고 있다(Lee & Ramsey, 2000:64).

1) 연음현상: 앞 음절의 받침(겹받침 포함)에 모음으로 시작되는 형태소가 이어지면, 앞의 받침이 뒤따라오는 음절의 첫소리로 발음된다. 이 경우 음절의 경계가 달라진다. '언어' 가 [어:너]로 소리 나는 것이 이 대표적인 예이다.

2) 된소리되기: '학교'가 [학꾜]로 소리 나는 것이 대표적인 예이다. 발음의 용이성을 위해 예사소리 [ㄱ, ㄷ, ㅂ, ㅅ, ㅈ]가 된소리 [ㄲ, ㄸ, ㅃ, ㅆ, ㅉ]으로 소리 나는 현상이다. 된소리되기에는 두 가지의 경우가 있다. 첫째, '국밥'이 [국빱]으로 소리 나는 것과 같이, 두 개의 안울림 예사소리가 만날 때, 뒤의 안울림 예사소리가 된소리로 바뀐다. 둘째, '신다'가 [신따]로 소리 나는 것과 같이, 끝소리가 [ㄴ, ㅁ]인 용언 어간에 안울림 예사소리로 시작되는 어미가 이어질 때, 뒤의 예사소리가 된소리로 바뀐다[9].

3) 거센소리되기: '각하'가 [가카]로 소리 나는 것이 대표적인 예이다. [ㅎ]와 [ㄱ, ㄷ, ㅂ, ㅈ]가 통합하여 각각 거센소리 [ㅋ, ㅌ, ㅍ, ㅊ]으로 바뀐다.

4) 자음동화
   - 비음화: 비음에 의하여 인접한 음이 비음으로 바뀌는 현상으로 '섭리'가 [섬니]로 소리 나는 것이 대표적인 예이다.
   - 유음화: [ㄴ]과 [ㄹ]이 만났을 때 [ㄴ]이 [ㄹ]로 바뀌는 현상으로 '신라'가 [실라]로 소리 나는 것이 대표적인 예이다.

5) 구개음화: 'ㄷ, ㅌ'이 모음 'ㅣ'를 만나 각각 [ㅈ, ㅊ]으로 바뀌는 현상으로, '같이'가 [가치]로 소리 나는 것이 대표적인 예이다.

---

9) 본 연구에 참여한 초급 학습자들의 주 교재는 *프랑스어권 학습자를 위한 한국어 – 초급 Cours de coréen Niveau débutant*(다락원)이다. 주 교재에는 첫 번째 경우의 된소리되기만 명시적으로 소개하고 있다.

3. 프랑스어권 초급 학습자들의 한국어 표기 오류

3.1. 연구 대상과 방법

앞서 말했듯이, 이 연구는 프랑스어권 초급 학습자들의 표기 오류를 음운론적 관점에서 질적 분석하고, 좀 더 나은 한국어 표기 교육 방안을 제시하는 것을 목표로 한다. 이를 위해, 프랑스 액스-마르세유 대학교에서 초급 단계(A1 & A2)의 한국어 수업을 듣는 학생들의 필기시험, 쓰기 과제 그리고 받아쓰기 평가 결과물을 분석 자료로 선택하였다. 이 결과물에서 관찰된 많은 표기 오류 중, 음운론적인 관점에서 유의미한 오류들을 분류하였다[10].

3.2. 연구 분석 결과

3.2.1. 자음 오류

1) 파열음: 예사소리 – 된소리 – 거센소리를 정확하게 지각하지 못하여 일어난 오류들이다[11].

ㅂ	*ㅃ	저는 빠파서 도서관에 갈 수 없었어요. (필) 오늘 엑스에 빠라미 많이 불었어요. (받)
	*ㅍ	한국어 시험이 있어서 공포해야 돼요 (필) 어제 너무 파빠서 숙제를 못 했어요. (받)
ㅃ	*ㅍ	저는 빠파서 도서관에 할 수 없었어요. (필) 요즘 팔간색 티셔츠가 유행이에요. (받)
ㅍ	*ㅂ	발란색 원피스를 입을까 해요. (필) 발이 아파요. (받)
	*ㅃ	아빠서 음식을 못 먹었어요. (과) 빨이 아파요. (받)

---

10) 이하 연구 결과에서는 필기 시험, 쓰기 과제, 받아쓰기 평가를 각각 (필), (과), (받)으로 표기하기로 한다.

11) 논의가 되는 음소와 관련된 음운적 오류는 두 개의 밑줄, 이와는 관련되지 않았으나 음운적으로 유의미한 오류들은 하나의 밑줄로 표시한다. 음운적 오류라고 확실히 분류할 수 없거나, 음운적 오류가 아닌 오류들은 기울임꼴로 표기하기로 한다. 점선 밑줄은 받아쓰기 평가 결과물에서 누락된 부분을 의미한다.

ㄷ	*ㄸ	어띠에 가세요? (필) 오늘은 날씨가 너무 떠워요. & 찬호 씨 떡분에 이번 휴가를 즐겁게 보내겠어요. (받)
	*ㅌ	저는 대학교 삼 학년이에요. → 저는 태학교 *삼 만 띵*이에요. (받)
ㄸ	*ㄷ	따뜻해서 → 오늘은 날씨가 다뜻해서 등산을 하러 갈 거예요. (받)
	*ㅌ	오늘은 날씨가 타듣*에서* 등산을 하로 갈 거예요.
ㅌ	*ㄷ	같이 닥구를 칠 수 있어요? (필)&(받)

ㄱ	*ㄲ	같이 → 까티(필) / 극장→ 끅장 & 타쿠를 깍찌 칠래요? (받)
	*ㅋ	같이 →카치 (필) / 탁구를 칼이 칠래요? (받)
ㄲ	*ㄱ	약국에서 학교가지 치하철로 십분 걸려요. (받)
	*ㅋ	노동절이 킨 주말 (과)
ㅋ	*ㄱ	그리스마스 방학을 가족하고 보냈어요. (받)

2) 마찰음: 예사소리와 된소리 [ㅅ, ㅆ]를 정확히 구분하지 못하여 발생한 표기 오류와 프랑스어에는 존재하지 않는 성문음 [h]을 올바르게 지각하지 못하여 발생한 표기 오류들이다. 성문음과 관련된 오류는 탈락과 첨가로 나눠진다. 첨가 오류는 과잉 정정의 예라고도 할 수 있다.

ㅅ	*ㅆ	레오는 어제 차동자를 쌌어요. (받)
ㅆ	*ㅅ	어제 레오는 콤퓨터를 비산게 샀어요. (필) 레오는 어제 차동차를 샀어요. 그 차동차가 샀어요. (받) 폴은 시장에서 산 목거리를 샀어요. (받)

ㅎ	탈락	알아버지와 알머니 (과) 찬호 씨 덕분에 이번 유가를 즐겁게 보내겠네요. (받)
	첨가	하버지(필) / 좋학합니다 (과) / 허머니 & 집에서 약국까지 홀분 걸려요.(받)

3) 파찰음: 앞서도 말했듯이, 프랑스어에는 파찰음이 존재하지 않는다. 따라서 프랑스권 학습자들은 한국어의 예사소리-된소리-거센소리로 나눠어지는 파찰음을 정확히 발음하는 데 어려움을 겪는다. 아래 소개된 표기 오류는 프랑스권 학습자들이 한국어의 파찰음을 듣고, 정확히 구분하는데도 어려움을 보인다는 것을 의미할 것이다. 파찰음이 파열음 직후에 파열음과 조음점이 같은 마찰음이 이어져서 나는 자음이라는 것을 생각해보면 'ㅈ'이 'ㅅ'(마찰음)이나 'ㄸ'(파열음)으로 대치된 오류를 이해할 수 있다.

ㅈ	*ㅉ	요쯤 빨간색 티셔즈가 유행이에요. (받)
	*ㅊ	정말 촣아함니다 & 중국→춪국 (필)
		찬호 씨 덕분에 이번 휴가를 츨겁게 보내겠네요. (받)
		마리는 영화를 촣아해서 극찰에 찰주 가요. (받)
	기타 *ㅅ	오빠의 싶 앞에 있는 바닷게에 가요. (필)
		줄리엥은 운졍을 할 숱 모라요. (받)
	*ㄸ	어띠에 노무 바빠서 숙쩨를 못 했어요. (받)
ㅉ	*ㅈ	어제 시장에서 잛은 치마를 샀어요. (받)
		모르간은 사진 쥡는 것을 좋아해요. (받)
	*ㅊ	어제 시장에서 찵븐 지마를 샀어요. (받)
		모르간은 사진 칩는 것을 좋아해요. (받)
ㅊ	*ㅈ	9월 말부터 10월 졷까지 (과)
		오늘 액스에 바라미 많이 불고 주웠어요. (받)
		어제 시장에서 짧은 지마를 샀어요. (받)

4) 비음과 유음:

- 앞서도 말했듯이, 프랑스어에는 비모음이 존재한다. 이 비모음으로 한국어의 종성에서만 나타나는 연구개 비음 [ㅇ]의 발음 교육을 도울 수는 있지만, 'ㅇ'이 'ㄴ'으로 대치되는 표기 오류에서, 프랑스어권 학습자가 이 음소를 정확하게 지각하지 못 한다는 것을 알 수 있다.

- 'ㄹ'의 탈락과 첨가는 한국어의 유음 /ㄹ/이 이음으로 실현되는 조건이 제대로 습득되지 않았음을 의미할 것이다. 앞서 언급했듯이 프랑스어의 유음인 [l]은 음절의 초성, 종성, 그리고 모음 사이에서 항상 같은 음소로 실현된다.

- 'ㄴ'과 'ㅁ'에 해당하는 프랑스어 철자 《n》과 《m》은 한 음절 내에서 연속적으로 배열될 시에는 - 《nn》, 《mm》 - 항상 하나의 음소로 실현된다 - [n], [m]. 하지만 음절과 음절의 경계에서는 이 철자의 연속된 배열들이 기본적으로는 각각의 음소로 실현되지만, -[nn], [mm] - 이 경우, 하나의 음소로 발음할 때와, 각각의 음소로 발음할 때의 차이가 미세하고, 이것이 단어의 의미를 달라지게 하지 않는다 (ex. mammifère → mam.mi.fère [mam/mi/fɛʁ] / [ma/mi/fɛʁ]). 이러한 프랑스어의 소리와 철자 관계의 간섭 작용이 아래 소개한 'ㄴ'과 'ㅁ'의 표기 오류의 원인이 될 수도 있다.

ㅇ	*ㄴ	마리가 <u>준국부터</u> 프랑스<u>에서</u> 와요. (필)
		마리의 가족은 일곱 <u>면</u>입니다. (받)
ㄹ	탈락	탁구를 <u>치래요?</u> (필)&(받)
		레오는 중구어를 읽을 줄 <u>모라요.</u> (받)
	첨가	폴은 시장에서 싼 <u>목걸리</u>를 샀어요. (받)
		<u>할라버지</u>와 할머니께서만 프랑스에 계세요. (받)
		발이 아파요→ <u>빨리</u> 아파요. (받)
ㄴ/ㅁ	첨가	할머니 →<u>알먼니</u> (받)
		어머니 →<u>엄머니</u> (받)

3.2.2. 모음 오류[12]

프랑스어에는 단모음 [ㅓ, ㅡ], [ㅕ]를 포함한 이중모음 [ㅕ, ㅝ], 그리고 [ㅢ]가 존재하지 않는다. 학습자들의 쓰기 결과물에서 한국어에만 존재하는 음소들이 다른 음소들로 대치된 오류들을 쉽게 관찰할 수 있었다. 이와 더불어, 프랑스어와 한국어에 공통으로 존재하는 음소들에 대해서도 대치 오류들이 나타났다.

1) 한국어에만 있는 모음들과 관련된 표기 오류

1.1) 'ㅓ' 혹은 'ㅓ'가 속한 이중모음('ㅝ')이 다른 음소들로 대치된 경우
- 한국어 시험이 있어서 공부해야 해요. → 한국어 시<u>홈</u>이 있어서 공부<u>어야</u>해요. (필)
- 태어나셔서 → 우리 선생님께서는 서울에서 태<u>오</u>나셔서 한국을 잘 아세요. (필)
- 어제 친구들하고 버스로 콘서트에 갔어요. → 어제 친구들하고 <u>보</u>스로 콘서트에 갔어요. (받)
- 폴은 시장에서 싼 목걸이를 샀어요. → 폴은 시장에서 산 <u>목오리</u>를 사<u>세</u>요. (받)
- 감기에 걸려서 병원에서 진료를 받았어요. → 감기에 걸려서 병<u>완</u>에서 <u>칠려</u>를 <u>바다서요.</u> (받)

1.2) 'ㅡ'가 'ㅜ'로 대치된 경우
- 버스 → 버<u>수</u> (필)
- 마리는 영화를 좋아해서 극장에 자주 가요. → 마리는 영화를 좋아해서 <u>국</u>장에 자주 가요. (받)

1.3) 'ㅢ'가 다른 음소들로 대치된 경우
- 마리의 (가족은 일곱 명입니다.) → 마리<u>이</u>, 마리<u>에</u>, 마리<u>우리</u>

---

12) 받아쓰기 평가 문장들은 학습자의 진도에 맞추어 준비하였는데, 그 과정에서 'ㅒ', 'ㅙ', 'ㅚ', 'ㅞ'가 누락되었다.

모두 받아쓰기 평가에서 관찰된 오류들이다. 받아쓰기 평가의 문장들은 모두 두세 번 반복해서 읽어주었는데, 처음에는 음소 [ㅢ]를 '이', '에' '우리'로 표기하였으나, 두세 번에 걸친 반복을 통해, 학습자들이 스스로 올바르게 교정하였다.

2) 프랑스어와 한국어에 공통으로 존재하는 모음들과 관련된 표기 오류: 프랑스어와 한국어에 공통으로 존재하는 [ㅗ]와 [ㅜ]를 혼동한 오류들도 관찰되었다.
- 제 동생은 떡국을 좋아하고 저는 불고기를 좋아해요. → 제 동생은 떡곡을 좋아하고 저는 불고기를 좋아해요. (받)
- 크리스마스 방학을 가족하고 보냈어요. → 크리스마스 방학을 가죽하고 보냈어요. (받)
- 도서관에서 같이 공부할래요? → 도서관에서 같이 공볻할래요? (받)
- 도서관에서 같이 공부할래요? → 도서관에서 같이 궁부할래요? (받)

3) 프랑스어와 한국어에 공통으로 존재하는 모음들이 한국어에만 존재하는 모음으로 대치된 경우 (과잉 정정)
- 전통 → 전텅 & 가족하고 → 가졀하고 (과)
- 감기에 걸려서 병원에서 진료를 받았어요. → 감기에 커려서 병원에서 질려를 바닸어요. (받)
- 일본어 책이 책상 위에 있어요. → 일본어 책이 책상 회에 있어요 & 일벋어 책이 책상 의에 있어요. (받)
- 아버지의 연세는 예순 아홉이십니다. → 아버지의 연세는 예슨 아홉 *있습니다.* (받)
- 찬호 씨 덕분에 이번 휴가를 즐겁게 보내겠네요. → 찬호 씨 덕분에 이번 유거를 즐겁게 보내겠네요. (받)

3.2.3. 음운 변동과 관련된 오류

음운 변동과 관련된 오류들은 받아쓰기 평가의 결과물에서만 발췌하였다. 이러한 오류들은 대부분의 경우 발음상으로는 큰 문제가 없다.

1) 연음법칙
- 팔이 아파요. → 파리 앞아요. (받)
- 마리의 가족은 일곱 명입니다. → 마리의 가족은 읽업 명입니다. (받)

2) 된소리되기

  - 집에서 약국까지 걸어서 오분 걸려요. → 집에서 <u>약꾹</u>까지 <u>거러서</u> 오분 <u>걸여요</u>. (받)

3) 거센소리되기

  - 어제 너무 바빠서 숙제를 못 했어요. → 어제 너무 바빠서 숙챔를 <u>모태서요</u>. (받)

4) 자음동화

  - 비음화: 저는 대학교 삼 학년이에요. → 저는 대학교 <u>사망년/삼항년</u>이에요. (받)
  - 유음화: 감기에 걸려서 병원에서 진료를 받았어요. → 감기에 걸려서 병원에서 <u>질료를</u>
    받았어요. (받)

5) 구개음화

  - (탁구를) 같이 (칠래요?) → 가치/까치 (받)

4. 결론

　프랑스어권 한국어 초급 학습자들이 필기시험이나 쓰기 과제에서뿐만 아니라 자신들이 '들은 것'을 적는 받아 쓰기 평가에서도 모국어 간섭 작용에 의한 음운적 오류를 범한다는 것은 학습자들이 한국어의 음소들을 정확히 지각하지 못하고 있다는 것을 의미한다. 한국어를 자신의 귀에 들리는 대로, 다시 말해, 프랑스어의 음운'체'에 남아 있는 프랑스어 음소들을 통하여 듣는 것이다. 물론 이러한 음운적 오류들은 학습자들이 한국어를 계속하여 배워나감으로써 서서히 사라질 수도 있다. 하지만 앞서 예를 들었듯이, 교수자는 학습자가 잘못 지각한 외국어의 새로운 음소들이 시간이 지나면서 '화석화(fossilization)'가 될 수 있다는 점에 관심을 가져야 한다. 음운적 오류의 화석화는 결과적으로 쓰기와 말하기에 있어서 상대방의 이해를 방해하는 원인이 된다. 이로써 초기 한국어 교육에서 음소 지각이 가지는 역할의 중요성을 역설할 수 있겠다. 이와 더불어 교수자는 한국어 음운 규칙에 대한 교육 또한 놓치지 않아야 한다. 실제로 받아쓰기 평가에 참여한 학습자들 중 33명[13]이 예사소리-된소리-거센소리의 구분을 비롯하여, '자신들의 귀에 비슷하게 들리는' 모음들의 구분이 어렵다고 밝혔으며(ex.

---

13) A1 단계 학습자들과는 2월 첫째 주 (24명), A2 단계 학습자들과는 2월 둘째 주(26명)에 받아 쓰기 평가를 한 후, 한국어 표기 시 가장 어려운 점이 무엇인지 이야기해보는 시간을 가졌다. 위에서 언급한 33명은 A1 단계 학습자 16명, A2 단계 학습자 17명에 해당한다.

ㅗ - ㅓ), 발음하는 대로 표기하지 않는 단어들을 적는 것에도 어려움을 느낀다고 밝혔다 (ex. 설날 [설랄]).

효과적인 한국어 음소 지각 교육을 위해서는 기본적으로 교수자가 한국어의 음운 체계와 (경우에 따라) 한국어 음소들의 조음 방법 또한 인지하고 있어야 한다. 실제로 받아쓰기 평가에 참여한 한 학습자는 한국어의 음소를 발음할 때, 발성 기관을 어떻게 움직여야 하는지에 대한 설명이 필요할 때가 있다고 밝혔다. 교수자가 학습자의 모국어 음운 체계를 인지하고 있는 경우, 학습자의 음운적 오류의 원인을 좀 더 쉽게 파악할 수 있고, 학습자의 모국어 음운 체계와 한국어 음운 체계를 비교하여 설명할 수 있으므로, 학습자의 이해도를 높일 수 있다.

김현주(2011:57)는 한국인 프랑스어 학습자들이 프랑스어 음소를 올바르게 구분하고 발음할 수 있도록, 문맥화된 최소대립어의 사용을 제안하였다. 이러한 방법이 한국어의 음소 지각 교육에도 효과를 줄 것이라 생각된다. 단어 수준의 최소대립어를 독립적으로 소개하는 것부터 시작하여(ex. 달-탈-딸 / 불-풀-뿔), 최소대립어가 포함된 문장들을 소개하되[14], 놀이의 형태로 수업에 적용시켜 초급 학습자의 흥미를 유발하는 것 또한 중요하다. 이러한 문장들을 받아쓰기 활동에도 활용하여, 문제가 되는 음소들을 올바르게 지각하는 연습도 하게 해줘야 한다. 받아쓰기 후에는 학습자의 표기 오류를 교수자가 발음해 줌으로써, 학습자가 스스로 오류를 인지하고 확인하게 하는 것 또한 중요하다. 이는 한국어에만 존재하는 음소들과 관련된 오류 개선뿐만 아니라, 3.2.2장의 2)와 3)에 해당하는 오류의 개선에도 도움이 될 것으로 예상된다.

음운 변동에 대한 설명은 학습자가 복잡하고 어렵다고 느낄 수 있으므로, 학습자의 모국어에 비슷한 음운 변동 현상이 있는지 알아보고, 비교 설명을 하는 것도 하나의 방법이다. 예를 들어 '결석'을 뜻하는 프랑스어 《absence》 [apsɑ̃s]의 철자 《b》는 뒤따라오는 《s》에 의해 [b]가 아닌 [p]로 발음되며[15], 프랑스어의 2인칭 대명사 《tu》 [ty]의 음소 /t/는 뒤따라오는 전설 모음 [y]에 의하여 구개음화 되어 발음되는 경우가 흔하다.

한국어의 형태소는 음운 변동 현상에 의해 발음이 달라져도, 대부분의 경우 표기에서는 변함이 없으므로[16], 음운 변동에 의해 발음은 달라졌으나 표기가 같은 단어(혹은 형태소) (ex.

---

14) 최소대립어는 한 문장 안에 제시하거나, 두 문장의 동일한 위치에 제시할 수 있다. 예를 들어 《마리는 시장에서 산 쌀 목걸이를 했어요》 혹은 《시장에서 꿀을 샀어요 – 시장에서 굴을 샀어요.》와 같은 문장들이 이에 해당한다. 또한, 반드시 최소대립어가 아니라 할지라도, 학습자가 구분에 있어 어려워하는 음소들이 반복적으로 포함된 문장들도 소개할 수 있다. 예를 들어 《오늘 시장에서 비싼 치마를 샀어요.》와 같은 문장이 이에 해당한다.
15) 이는 한국어의 된소리되기와 성격이 비슷하다.

넘어 - 넘고), 그리고 그 반대로 발음은 같으나 표기가 다른 단어(혹은 형태소)(ex. 같이 - 가치)들이 포함된 문장들을 소개하고, 발음과 표기의 관계를 문맥과 함께 파악하게 하는 것이 음운 변동 현상과 관련된 표기 오류를 줄이는데 도움이 될 것이라 생각된다. 정영호(2010:21)는 한국인 중학생들의 음운 변동과 관련된 발음 및 표기 오류를 분석한 후, 음운 교육은 정확한 발음뿐만 아니라 올바른 표기를 위한 지식을 제공하는 역할을 담당해야 한다고 설명하였다. 이는 한국어를 배우는 외국인 학습자에게도 해당될 것이다.

본 논문에서는 필기시험, 쓰기 과제, 그리고 받아쓰기 평가 결과물을 통해, 프랑스어권 초급 한국어 학습자들의 대표적인 음운적 표기 오류를 소개하고, 이러한 오류를 줄일 수 있는 방안으로 한국어 음소 지각과 음운 변동 현상 이해에 초점을 둔 교육 방법을 몇 가지 제안하였다. 하지만 본 논문에서는 프랑스어권 초급 학습자들의 음운적 표기 오류들을 질적으로만 분석하여, 양적인 면에서는 어떠한 오류들이 더 빈번한지 알아보지는 못하였다. 좀 더 정확한 오류 양상의 파악을 위해서, 앞으로 음운적 표기 오류의 양적 연구도 행해져야 할 것이다.

사실, 외국어 음소의 부정확한 음운적 해석은 표기뿐만 아니라, 발음에 있어서도 오류의 원인이 된다. 따라서, 앞으로 한국어 학습자들의 발음 오류와 표기 오류의 관계도 살펴보고, 발음과 표기를 연계한 한국어 교육 방안 또한 고민해 볼 필요가 있겠다. 설문조사나 인터뷰를 통하여 학습자 스스로가 발음과 표기 오류 개선에 필요하다고 느끼는 요소가 무엇인지 파악하는 것도, 발음-표기를 연계한 교육 방안 개발에 도움을 줄 것이라고 생각된다.

---

16) 불규칙 동사의 어간은 이에 해당되지 않는다.

참고 문헌

권용해(2006), 《어조청각법을 활용한 한국어 발음교정 연구 – 프랑스어권 학습자를 중심으로》, in 이중언어학, n°30: 25-60.

권해주(2015), 한국어 오류 분석을 통한 표기 – 발음 연계 교육 방안: 멕시코인 초급 학습자를 중심으로, 경희 대학교 교육 대학원 (외국어로서의 한국어 교육 전공) 석사학위 논문

김현주(2004), 《Perception du français prononcé par des étudiants coréens – quelques suggestions pour la correction phonétique des Coréens qui apprennent le français 한국인 화자에 의해 발음된 프랑스어 지각에 관한 연구: 프랑스어를 배우는 한국인의 발음 교정을 위한 몇 가지 제안》, in 프랑스어문교육 Enseignement de langue et littérature françaises, n°17: 27-49.

김현주(2011), 《의사소통 중심 프랑스어 발음지도 Enseignement de la prononciation française pour améliorer la compétence communicative》, in 프랑스어문교육 Enseignement de langue et littérature françaises, n°38: 35-62.

신지영 & 차재은(2003), 우리말 소리의 체계: 국어 음운론 연구의 기초를 위하여, 서울, 한국문화사, 391p.

송근영(2010), 《프랑스어 발음 학습에 간섭현상으로 작용하는 몇 가지 한국어 음운현상에 대한 고찰 L'apprentissage de la prononciation du français et les phénomènes phonologiques du coréen: étude sur le plan de l'interférence linguistique》, in 프랑스어문교육 Enseignement de langue et littérature françaises, n°36: 37-58.

정영호(2010), 《발음 및 표기 오류의 음운 교육적 접근 The phonological educative approach for the errors of pronunciation and spelling》, in 우리말글, n° 48: 1-27.

I. Lee & S.R. Ramsey (2000), The Korean Language, New York, State University of New York Press, 374p.

N. S. Troubetzkoy (1938), Principes de phonologie, Paris, Klincksieck (2005년 재 출판본), 396p.

S. Yun-Roger (2009), 《Réflexions didactiques sur l'orthographe et l'emploi d'un journal d'erreurs dans l'enseignement-apprentissage d'une langue étrangère : le cas des apprenants français de coréen 외국어 교수 – 학습에서 철자법 교육과 철자오류일지 사용에 관한 고찰 : 프랑스인 한국어 학습자들을 대상으로》, in 프랑스어문교육 Enseignement de langue et littérature françaises, n°31: 71-91.

받아쓰기 평가에 사용된 문장들은 다음과 같다. 모든 문장은 교재에 나오는 문법과 어휘로 구성되어 있으며, 기울임꼴 문장들은 A2 단계의 학생들에게만 주어진 문장에 해당한다.

2018년 1월 마지막 주에 시행된 받아쓰기 평가 문장:

1. 팔이 아파요.
2. 발이 아파요.
3. 마리의 가족은 일곱 명입니다.
4. 할아버지와 할머니께서만 프랑스에 계세요.
5. 거기에서 학교까지 지하철로 가요.
6. 집에서 약국까지 걸어서 오분 걸려요.
7. 탁구를 같이 칠래요?
8. 저는 대학교 삼학년이에요.
9. 레오는 중국어를 읽을 줄 몰라요.
10. 마리는 영화를 좋아해서 극장에 자주 가요.
11. 어제 친구들하고 버스로 콘서트에 갔어요.
12. *감기에 걸려서 병원에서 진료를 받았어요*
13. *크리스마스 방학을 가족하고 보냈어요*
14. *오늘은 날씨가 너무 더워요*
15. *줄리엥은 친구들한테 이메일로 사진을 보냈어요*

2018년 2월 첫째 주에 시행된 받아쓰기 평가 문장:

1. 오늘 액스에 바람이 많이 불고 추웠어요.
2. 도서관에서 같이 공부할래요?
3. 어머니의 연세는 쉰 일곱이십니다.

4. 아버지의 연세는 예순 아홉이십니다.
5. 일본어 책이 책상 위에 있어요.
6. 약국에서 학교까지 지하철로 십분 걸려요.
7. 레오는 어제 자동차를 샀어요.
8. 그 자동차가 쌌어요.
9. 줄리엥은 운전을 할 줄 몰라요. 그래서 지하철을 타요.
10. 어제 너무 바빠서 숙제를 못 했어요.
11. 폴은 시장에서 싼 목걸이를 샀어요
12. 파리에 눈이 많이 와서 길이 많이 막혔어요

2018 년 2 월 둘째 주에 시행된 받아쓰기 평가 문장:
1. 오늘 날씨가 따뜻해서 등산을 하러 갈 거예요. 거기에 지하철을 타고 가요
2. 제 동생은 떡국을 좋아하고 저는 불고기를 좋아해요
3. 모르간은 사진 찍는 것을 좋아해요
4. 어제 시장에서 짧은 치마를 샀어요
5. 찬호 씨 덕분에 이번 휴가를 즐겁게 보내겠네요
6. 요즘 빨간색 티셔츠가 유행이에요

제2장

강 신 형

오스트리아 인스브루크 대학교
University of Innsbruck

음운 현상의 음성 음향학적 관찰

I. 들어가기

한국어의 음운현상은 기저형(입력형)과 표면형(출력형)(신승용: 2013:115)사이의 음성적 불일치 현상이다. 이 현상은 기저형이 표면형으로 전환될 때 각 분절음의 조음위치를 본래의 위치에 확보하지 못하여 발생한다.

이것은 조음기관들이 생리기관으로서 서로 연결되어 있어, 그들의 움직임에 서로 간섭이나 장애를 일으키기 때문이다.

이러한 간섭이나 장애는 여러 분절음을 일시에 조음하는 동시조음이나 발화속도를 높여 조음하는 연쇄조음에서 심화되어 나타난다.

여러 개의 음소를 청각적으로 분리됨 없이 동시에 조음하거나 발화의 속도를 높여 연쇄적으로 조음하게 되면, 조음기관은 일시에 각기 다른 형태의 작동을 조합해내야 하는 데에는 생리적으로 한계가 있기 때문이다.

간섭은 분절음의 조음위치를 본래의 위치가 아닌 다른 위치에 확보하는 경우를, 장애는 조음위치를 확보하지 못하여 상실되는 경우이다.

II. 동시조음과 연쇄모음

II-1.

a. '곳 → 곧'에서 'ㄱ, ㅗ, ㅅ'의 분절음은 동시 조음된다.

말소리의 진행방향이 날숨방향인 한국어는 그것의 방향과 기류의 방향이 같아 기류를 방출하고 차단하는 시스템이 필요하며 발화의 단위를 음소가 아닌 음절단위로 하여 에너지를 효율적으로 사용하고 있다.

이에 한국어의 음절 끝의 음소는 방출된 기류를 차단하는 기능으로 전환되어 본래의 위치에 조음점을 확보하는 작동에 간섭을 일으킨다.

'곳'의 경우 끝 음소 'ㅅ'에서 방출되는 기류를 차단하기 위해서는 혀(설두)를 잇몸(치경)에 밀착해야 함으로 'ㅅ'을 위한 작동에 간섭을 일으켜 기류가 차단되어 'ㄷ'의 음향으로 발현된다.

(곳→곧, 곳→곧, 엿→엳, 꽃→꼳, 끝→끋)

b. '삶 → 삼' '값 → 갑' '닭 → 닥' 등에서는 동시 조음되면 음절의 끝에 기류 차단에 유리한 음향 'ㅁ, ㅂ, ㄱ' 만 표출되고 상대적으로 불리한 음소 'ㄹ, ㅅ, ㄹ'은 장애가 일어나 조음위치를 상실하여 음향이 발생되지 않는다.

읊→읍, 앉→안, 않→안, 잃→일, 밟→밥 ….

발화속도를 높여 연쇄 조음하면 음절과 음절 사이의 경계가 사라지면서 선행된 음절의 끝 음소와 후행하는 음절의 첫 음소를 거의 동시에 조음하게 된다.

이러면 조음기관은 두 개의 조음점을 동시에 안정적으로 확보할 수 없어 생리적으로 가장 편리한 위치의 조음점 하나를 선택하게 된다.

c. '굳이 → 구지'는 '굳'과 '이'가 연쇄 조음되면서 '굳'의 'ㅜ'가 혀를 높이고 당겨져 경구개에 더 가까이 위치하게 하며, 후행하는 'ㅣ'를 위해 아래턱은 아래로 혀는 앞으로 이동하게 됨으로서 소리의 진행방향이 밀어내기인 경우 'ㄷ'의 위치 보다 앞에 있는 'ㅈ'의 위치에 협착점(이호영: 2010참조)이 먼저 형성되면서 'ㄷ'대신 'ㅈ'의 음향이 발생된다.

d. '휴가 → 슈가' (박창원, 1996: 53-57 참조) '회의 → 회의' '잃으면 → 이르면' '앓는다 → 알는다'

'ㅎ'의 협착부위는 다른 어떤 음소 보다 성도의 가장 안쪽에 넓게 형성된다.

이러므로 'ㅎ'이 연쇄 조음될 때는 후행하는 음소들의 협착부가 자신의 것 보다 좁을 경우 후행하는 음소의 조음점에서 해당의 음향으로 발현된다.

'휴가→슈'의 'ㅎ'는 'ㅠ'를 위해 혀가 높아지고 당겨져 경구개에 협착부위가 만들어져 구개음 [ʃ]로, '회→[ɸ]'의 'ㅎ'은 'ㅚ'가 만들어낸 협착부위 입술에서 [ɸ]로, '잃'의 'ㅎ'은 'ㅡ'가 형성한 협착부위에서 'ㅡ'로, '앓'의 'ㅎ'은 후행하는 'ㄴ'의 협착부위에서 'ㄴ'의 음향으로 발현된다.

c예는 간섭이고 d예는 장애이다.

그런데 이러한 한국어의 음운현상은 한국어를 모국어로 하는 자에게서만 일어날 뿐 한국어를 처음 배우는 외국인(독일인, 미국인, 중국인, 프랑스인, 등등)에게서는 우리와 같은 형태로 그 현상이 일어나지 않는다는 것이다.

이것은 각 언어의 음성의 음향적 자질이 다르기 때문이다.

III. 음성의 음향적 자질

발화전 생리기관은 조음기관으로 전환되며 준비과정을 갖게 된다. 언어마다 조음기관들의 조음점에 도달하는 작동형태를 말한다.

예를 들어 준비과정에서 독일어는 혀를 수축시킴으로, 혀가 높아지고 짧아지며, 소리의 진행방향을 들숨방향으로 당김으로, 후두공명음이 함유되며, 아래턱에 긴장이 가해진다.

한국어는 혀를 이완시켜, 혀가 낮아지고 길어지며, 소리의 진행방향이 날숨방향으로 밀어냄으로, 후두공명음이 없이, 아래턱은 이완된다.

이렇듯 발화 전 준비과정에서 언어마다 성도를 특정한 형태로 구성하게 되며 이로 인한 조음점에 도달하는 조음기관의 작동형태도 만들어진다.

이러한 음성의 음향을 생산하기 위한 조음기관들의 구성요소들을 음성의 음향적 자질이라 한다.

이러므로 음성의 청각적 인상이 같거나 유사해도 음향적 자질은 다르다.

독일어 'Abend'의 [a]와 한국어 '아침'의 [ɑ], 독일어 'Station'의 [ts]와 한국어 '치약'의 [tɕʰ] 음향적 자질 차이를 살펴보자.

독일어의 [a]는 후두 공명음이 함유되어 있고 소리방향이 당김으로 이를 위해 혀를 수축하여 혀뿌리를 긴장시켜 위로 올려야 한다.

이렇게 되면 모음의 공명은 상인두 앞과 연구개 사이에 있어 혀는 경구개에 보다 가까이 놓이게 되어 조음을 위한 혀의 동작은 상인두와 경구개 앞 치조 사이를 거의 수평으로 움직이게 되어 독일어의 [ts]는 치조에서 거리가 있는 구개음이 된다.

한국어의 공명중심[1]은 설근과 어금니 사이에 있음으로 한국어의 [ɑ]는 후두 공명음이 섞여있지 않고, 혀는 이완되어 아랫니와 수평으로 놓이게 되는데, 이 경우 혀는 경구개로 부터 상대적으로 멀어지게 되어, 조음을 위해 혀는 아래에서 위를 향해 대각선을 그리며 아래위로 움직이게 되어 한국어의 [tɕʰ]는 치조에 가까이에 있는 구개음이 된다.

IV. 음성음향의 통시적, 공시적변화

IV-1. 중세 국어의 음성의 음향변화

a. 'ㅂ' 병서 자음과 'ㅅ' 병서
a-1. 뿌어나, 뾔(쏘이다), 뿐ᄒ(간절히), 뚝뿌기, 뾪벌, 빼(시간)
a-2. 꼴(소 먹이), 딸, 섄륵(빨리), 싸히(남자)

한글이 만들어지고 우리말을 소리 그대로 문자화하던 시기가 15세기이다.

물론 사이 'ㅅ'처럼 소리가 아니라 기능을 위한 문자 기용도 있으나 첫소리 자음 병서는 당시의 말소리를 관찰하여 한글의 원리에 맞게 청각적 인상 그대로 문자화하였다고 볼 수 있다.

그 후 오류를 교정하여 더 정확하게 적었을 수도 있고 아니면 말소리가 자체가 변하였을 수도 있다.

아무튼 15세기에 등장했던 'ㅂ'과 'ㅅ' 병서는 16세기에 예외가 있지만 대부분 된소리로 변했다.(박창원, 1996: 129-147 참조)

이와 같은 첫소리의 자음군은 당시의 발화 방법이 음절단위가 아닌 음소단위이며 지연이 발생하지 않는 단자음 평성의 단음절을 제외하고는 동시조음이 없었음을 보여준다.

첫소리의 자음군은 독일어처럼 혀의 위치가 높아 구개와 치조 가까이 놓아 아래턱을 긴장

---

1) 공명중심은 발화할 때 말소리의 공명이 집중적으로 일어나는 성도의 어느 특정 부위를 말한다 할 수 있는데 여기에 완전히 부합하는 용어는 아니지만 "중립위치(Neutral Position)"(신지영, 2014: 146)란 용어가 있다.

시키지 않으면 생리적으로 조음하기 어렵다.

또한 자음군을 음소단위로 조음하려면 지연이 발생함으로 말소리의 진행 방향을 당겨야 한다.

그러므로 15세기 한국어 음성의 음향적 자질은 혀의 수축, 높은 혀의 위치, 아래턱의 긴장, 말소리의 진행방향을 당김으로 파악할 수 있다(이기문 외, 2009 참조)

그런데 16세기에 자음군이 경음화 하였다는 것은 한국어 음성의 음향자질에 변화가 있었다고 추정한다.

우선 경음을 내기 위해서는 인후를 조여야하고 혀를 조음점에 강하게 밀착시켜 압력을 높여야 한다.

이를 위해서는 말소리의 진행방향을 당기면 혀가 수축되어 인후의 조임이나 혀의 밀착을 효과적으로 실행할 수 없음으로 말소리를 밀어내야 한다.

이렇게 되면 음성에 후두공명음이 발생하지 않으며 혀는 낮아지고 아래턱은 이완된다.

말소리의 진행방향을 밀어내면 기류의 속도가 빨라지고 조음점에서 압력이 높아지고 지연이 일어나지 않음으로 음절단위의 동시조음만 가능해지면서 가벼운 소리 'ㅸ,ㅿ,ㆆ'들을 만들어 낼 수가 없어진다.

16세기 중세 한국어 첫소리의 자음군에서의 경음화 현상은 음향적 자질의 변화로 인한 한국어 음성의 생산에 새로운 합리성이 만들어지는 시기, 즉 조음기관의 운동영역과 작동형태가 바뀌는 시기로 본다.

이는 한국인의 체질이 북방민족에서 남방민족의 특성으로 바뀌면서 나타나는 전반적인 현상 중 하나가 아닐까 추정한다.

VI-2. 한국어의 음운현상

a. 간섭

신승용의 국어 음운론 148쪽 표 14에 따르면 음절말 자음이 불파되어 양순음은 'ㅂ'으로, 치조와 경구개음은 'ㄷ'으로, 연구개음은 'ㄱ'으로, 후음은 'ㄷ'으로 중화를 도식화 하였다.

그리고 양순음 'ㅁ', 치조음 'ㄴ, ㄹ', 연구개음 'ㅇ'은 유성자음으로 불파되지 않기 때문에 중화가 일어나지 않는다고 하였다.

앞서 말한 한국어 음성의 음향자질을 가지고 설명하면 이 모든 현상은 음소단위가 아닌 음절단위의 동시조음으로 인한 음절말의 기류가 차단되며 나타나는 변화이다.

즉, 불파현상은 동시조음으로 인한 음절말의 기류를 차단한 결과이며 'ㅁ, ㄴ, ㄹ, ㅇ'은 기류를 차단할 수 있음으로 음향변화가 일어나지 않는 것이다.

그런데 여기서 후음 'ㅎ'의 중화 방향이 'ㄷ'이라는 것에는 논란이 있다.

왜냐하면 'ㅎ'이 직접적으로 'ㄷ'으로 중화된 예는 존재하지 않기 때문이라 하였다.(신승용, 2013: 148)

'ㅎ'은 혀나 입술처럼 기류를 차단할 수 있는 기능을 가진 조음기관의 음향이 아니므로 차단으로 인한 음향변화가 일어나지 않는다.

'좋아 → 조아'에서 '좋아 → 조하'로 발화되지 않는 것은 연쇄조음의 'ㅏ'의 협착점의 크기가 'ㅎ'의 그 것보다 큼으로 조음점을 형성하지 않아 발화되지 않은 것이다.

'좋다 → 조타'나 '밝힘 → 발킴'은 연쇄조음으로 인하여 'ㄷ'과 'ㄱ'에 'ㅎ'의 기류에 의해 유기성이 강화되어 'ㅌ'과 'ㅋ'의 음향으로 발화된 것이다.

중화는 동시조음이나 연쇄 조음할 때 일어나는 조음기관의 생리적인 한계로 작동에 간섭이 일으킨 음향변화이다.

중화의 경음화는 물론 동화(비음동화, 구개음화, 유음동화, 움라우트, 위치동화, 활음화 (김무림·김옥영, 2012 참조)가 있다.

b. 장애

b-1. 두음법칙

한자의 'ㄹ'과 외래어 'ㄹ'은 한국어의 'ㄹ'과 음성의 음향자질이 다르므로 로숙, 락원, 라일락, 라면 등을 기저형으로 확정할 수 없으므로 음운현상이라 할 수 없다.

예를들면 시골에서 할머니들이 '포크레인(굴착기)→뽀끄랭이, 디지털→뒤쥐털'로 발음하는 것을 보면 이해가 가는 일종의 착오이다.

이것은 단지 한자어든 외래어든 외국어를 한국인의 청각적 인상을 최대한의 근사치로 묘사한 우리식 외국어 표기이자 말소리의 모방일 뿐 조음기관의 작동에 의한 변화가 아니기 때문이다.

다만 북한어에서 북한의 문화어 운동 이후에도 '리 영호, 련사' 등에서 두음법칙이 일어나지 않은 것과 '넝감→영감, 내기→얘기, 너자→여자' 등에서 'ㄴ'에 두음법칙이 일어난 것 그리고 '뎐차→전차'에서 구개음화가 일어난 것을 보면 북한어 음성의 음향자질이 혀를 높게 수축하고 말소리를 들숨 방향으로 당기고 아래턱의 긴장으로 후설 고모음의 음운조합이 'ㄹ'

을 위해 혀끝을 떠는 작동이 남한어에서 보다 수월하게 이루어지고 있음을 볼 수 있다.

예; 오마니, 합내다. 어드레, 메라구(뭐라고), 아즈바니(아저씨), 아바니(아버님의 낮춘말),
하르바니(할아버지), 오래비(오빠) (황대하·양오진, 2009 참조)

b-2. 탈락, 축약, 활음화, 도치, 이화

현대 한국어 음성의 음향자질에서 발화속도를 높여 동시조음과 연쇄조음을 심화시키면 조
음기관의 작동에 장애를 일으키는 요인이 증가하게 된다.

즉, 발화속도를 조음기관의 작동속도가 따라가지 못하여 탈락, 축약, 활음화 현상이 일어나
게 되는 것이다.

또한 음성의 음향적 자질 변화는 지속적으로 일어나 음운의 재배열 현상이 일어나게 되는
데 여기에는 이화, 도치현상이 있다.

*발화속도 증가에 의한 탈락
  활음화, 축약; 기어 → 겨, 피어 → 펴, 보아 → 봐, 주어 → 줘, 사이 → 새...
  'ㅡ' 탈락; 마음 → 맘, 가을 → 갈, 노을 → 놀...
  'ㄹ' 탈락; 울으니 → 우니, 살으면 → 살면...
  날날이 → 나날이, 불나비 → 부나비, 쌀전 → 싸전

* 발화속도 증가에 의한 첨가
  'ㄴ' 첨가; 막일 → 망닐, 공잎 → 콩닙, 장식용 → 장싱뇽...

*음성의 음향적 자질 변화에 의한 이화, 도치
  이화; 보리 → 버리, 모루 → 머루, 포대기 → 퍼대기,
  본도기 > 본데기, 봇나무 > 벚나무, 보션 > 버선...
  도치; 하야로비> 해오라비> 해오라기 (김무림·김옥영 공저, 2012 예문 발췌)

음성의 음향자질이 혀를 높게 수축하고 말소리를 들숨 방향으로 당기고 아래턱의 긴장으로
후설 고모음의 음운조합일 경우 "하야로비"의 'ㅏ, ㅑ, ㅗ, ㅣ'의 음향적 조합은 조음기관들의
작동에 아무런 장애요인 없다.

우선 입술은 'ㅏ'에서 입술을 크게 벌리고 'ㅑ'에서 약간 작게 'ㅗ'에서 오므리고 'ㅣ'에서 앞과 옆으로 약간 벌려 주어 작동에 피로를 해소해 준다.

그러나 말소리의 진행 방향이 당김에서 밀어내기로 바뀌면 기류속도는 증가되고 조음위치는 앞으로 이동하는 현상이 일어난다.

그래서 '하야로비'의 'ㅏ, ㅑ'는 발화속도의 증가와 더불어 전설 단모음화가 일어나 'ㅐ'로 변한다.

예; 뭐해?(서울) ↔ 뭐햐? 또는 뭐혀?(충청, 전라 방언)

이렇게 되면 '해로비'가 되어야 한다.

이 때의 '해'를 위한 혀는 아랫니에 붙어있어 혀를 다시 위로 당겨 올려 'ㄹ'을 실행하는 것은 말소리의 밀어내기 진행방향과 역행됨으로 'ㄹ'을 회피하여 'ㅗ'만을 실행하는 장애가 일어난다.

그러면 'ㅐ, ㅗ'는 입술을 벌리고 오므리고 다시 벌려야 장애가 해소됨으로 'ㅏ'의 음향이 만들어진다.

그리고 음향의 유사성 살려 의미를 존속시키기 위해 'ㄹ'을 찾아와 'ㅏ'앞에 놓는다. 그러면 '해오라비'가 된다.

그런데 '라'에서 'ㅏ'의 협착부위와 가장 근접한 위치에 후행하는 음소의 조음점을 형성하는 것은 조음의 편리성을 높인다.

이로써 어말 기류의 차단에 유리한 연구개음 'ㄱ'을 선택하고 순음 'ㅂ'을 회피하는 대체가 일어나며 끝음절 '비'는 '기'로 바뀌게 된다.

이리하여 '하야로비'의 음운조합은 새로운 음성의 음향자질에 의해 '해오라기'로 안정화 된다.

V. 나가기

한국어의 음운현상은 한국어자 즉 한국어를 한국어의 음향적 자질을 가지고 동시조음이나 연쇄 조음하는 등의 한정적 조건에서 일어나는 생리기관으로서 조음기관의 물리적 작동의 한계성에 의한 간섭과 장애현상으로 크게 분류할 수 있다.

16세기 중세 한국어 첫소리의 자음군에서의 경음화 현상은 말소리 진행방향이 들숨 방향의 당김에서 날숨 방향의 밀어내기로 바뀌면서 나타나는 현상이며 한국어의 음성의 음향적 자질에 변화가 시작되면서 조음기관에 새로운 작동형태가 만들어지는 전환기라 추정한다.

　음운현상은 음성의 음향적 자질을 수단으로 볼 때, 발화를 위한 성도의 구성요소와 조음기관의 작동형태의 차이에 의해 발생되는 음성의 음향적 변화라 할 수 있다.

참고 문헌

강신형(Shinhyoung Kang)(2014), Phonetische Untersuchung von Stimmton und Klang der koreanischen Sprache. In: G.Rampel/K.Zipser/M.Kienpointner(Hg.): In FrontibusVeritas.: innsbruckuniversitypress. 237-250, Innsbruck.

강신형(Shinhyoung Kang)(2015), Verstehen der Artikulationsstruktur mithilfe von Phonetik und Akustik. In: P.Anreiter/ E. Mairhofer/C. Posch(Hg.): Argumenta. : Praesens Verlag. 177-190, Wien.

고영근·남기신(2014), 중세어자료강해, 집문당.

김동서(2005), 한국어 특질론, 정림사.

김무림·김옥영(2012), 국어음운론, 새문사.

김일병(2000), 국어합성어 연구, 역락.

김주필(2011), 국어의 음운현상과 음운변화 연구, 역락.

김차균(2002), 영호남방언 운율 비교, 역락.

김형엽 옮김(2013), 언어의 탄생, 글로벌콘텐츠.

남영옥(2014), 함경북도 육진방언의 종결어미, 역락.

문순덕(2014), 제주도방언의 그 맛과 멋, 보고사.

박창원(1996), 중세국어 자음연구, 한국문화사.

신승용(2013), 국어음운론, 역락.

신지영(2014), 한국어의 말소리, 박이정.

이기문·김진우·이상억(2009), 국어음운론, 학연사.

이호영(2010), 국어음성학, 태학사.

황대화·양오진 공저(2009), 서북방언의 친족어 연구, 재이앤씨.

제3장

김 정 영
핀란드 헬싱키 대학교
University of Helsinki

발음교육을 위한 한국어 모음체계 고찰

1. 들어가기

외국어 학습 시 발음은 통사적인 요소나 의미 등과 같이 설명을 통한 교육보다는 단순히 원어민의 표준발음을 듣고 따라하는 것이 보통이다. 음운규칙을 기술하여 설명하는 경우도 있기는 하겠으나 듣고 따라하기가 전제되지 않는다면 조음방식을 아무리 상세하게 기술하더라도 정확한 발음을 보장할 수 없다.

하지만 성인을 대상으로 하는 발음교육은 무조건 듣고 따라하는 것만이 최선이라고 섣불이 장담할 수 없을지도 모르겠다. 그 이유는, 학습자가 듣는 것만으로는 그 정확한 음가를 제대로 파악하지 못하여 모국어와 비슷한 발음으로 잘못 인식할 수 있기 때문이다.(Flege & Port 1981, Flege & Hillenbrand 1984, Flege 1986 & 1987, Flege & Eefting 1987)

그러나 이렇게 모국어에 존재하지 않는 음소를 들어서 인식하지 못하는 것이 반드시 발음하지 못하는 결과를 낳는 것은 아니다.(Bever 1981, Sheldon & Strange 1982, Smith 2000 & 2001) 특히 한국어 특유의 격음, 평음, 경음의 경우, 모국어 파열음이 유성음과 무성음으로만 분류되는 학습자들을 대상으로 한 실험 연구에서 청취력보다 발화력이 훨씬 더 나은 현상이 그러한 예이다.(Kim 2010) 이는 다시 말해, 외국어 학습 시 듣지 못하는 음소는 조음방식 설명을 통해 익힐 수 있다는 의미이기도 할 것이다. 그렇다면 모국어에 존재하지 않기 때문에 듣지 못하는 발음을 정확하게 발음하도록 어떻게 효율적으로 설명할 수 있을지 그 방법을 모색해 봐야할 것이다.

본고는 핀란드어 화자들이 흔하게 곤란을 겪는 모음인 <ㅓ, ㅗ, ㅜ, ㅡ>에 초점을 맞추어 양 언어 간의 차이를 살펴봄으로써 위의 모음을 바르게 발화할 수 있는 조음방식을 제안하고자 한다.

2. 한국어의 단모음

한국어의 단모음은 일반적으로 아래 <표 1>에서 보는 바와 같이 혀의 높이에 따라 고모음, 중모음, 저모음, 그리고 앞뒤 위치에 따라 전설과 후설모음, 또한 입술 모양의 둥근 정도에 따라 평순모음과 원순모음으로 분류된다.

〈표 1〉 7모음의 음성학적 분류 (배주채 2007: 46)

구분	전설모음	중설모음	후설모음
	평순모음	평순모음	원순모음
고모음	ㅣ	ㅡ	ㅜ
중모음	ㅐ/ㅔ	ㅓ	ㅗ
저모음		ㅏ	

한편 한글창제의 원리를 알려주는 훈민정음 **해례본의 모음자 설명에 등장하는 용어를 참고해 보자면**, '설축(舌縮)', '설소축(舌小縮)', '설불축(舌不縮)', '구축(口蹙)', '구장(口張)' 등의 표현이 있는데, 각각 '혀가 오그라짐', '혀가 조금 오그라짐', '혀가 오그라지지 않음', '입(술)이 오므라짐', '입(술)이 펴짐'을 뜻하는 말로 조음방식을 묘사하고 있다. 이러한 창제원리의 개념을 현대 음성학에서 사용되는 모음사각도에 적용을 하여 도식화한 것을 소개하면 다음과 같다.

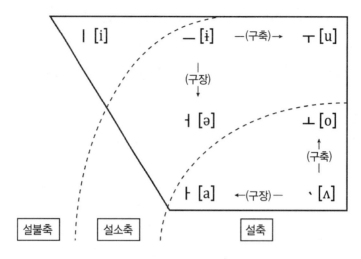

〈그림 1〉 창제원리를 적용한 한국어 모음사각도[1]

<출처: https://namu.wiki/w/%ED%95%9C%EA%B8%80/%EC%97%AD%EC%82%AC>

하지만 이상의 조음방식 설명은 한국어 원어민 화자가 각 음소를 발화하는 현상을 음성학적으로 구사해 놓은 것일 뿐이며 학습자의 모국어에 존재하지 않아 들리지 않는 모음을 정확하게 발음할 수 있도록 설명해야 하는 교육현장에서는 도움을 주지 못하는 것으로 보인다.

한국어 교육현장에서 듣지 못하는 음소를 설명하기 위해서는 학습자의 모국어에 있는 발음과 비교하는 방법을 고려해 보지 않을 수 없을 것이다. 따라서 다음 단원에서는 핀란드어의 모음과 연계하여 살펴보기로 하겠다.

3. 핀란드어의 모음

핀란드어의 모음은 아래 <표 2>에서 보듯이 음성학적으로 여덟 개의 음소로 분류되고 그에 일대일로 상응하는 문자가 존재한다. 우선 핀란드어의 모음을 특정 짓는 조음방식을 한국어와 비교해 어떤 차이점이 있는지 밝혀 보도록 하겠다.

---

1) "[ ] 속 국제음성기호는 추정치이니만큼 완전한 정설은 아니다(이 사각도와 달리 ㅡ가 [ə]였고 ㅓ가 [e]였다는 견해도 있다). ... 아닌 게 아니라, 혀가 제일 안쪽으로 오그라진 설축, 덜 오그라진 설소축, 완전히 펴진 설불축의 모습이 어느 정도 그려지기는 한다. 이 각각의 세 부류에 모음 기본자인 ·, ㅡ, ㅣ가 천, 지, 인의 순서대로 배치되는 것. 즉 혀를 안쪽으로 오그렸다가 차차 펴면서 내는 음가를 기본자로 삼은 것이다. (이를 설명하는 과정에서 하늘이 자시에 먼저 열리고, 땅이 축시에 열렸으며, 사람은 인시에 생겼다는 성리학적 자연관이 반영된 듯하다.) 그 후 ·에서 입을 오므리면(구축) ㅗ, 입을 펴면(구장) ㅏ가 되며, ㅡ에서 입을 오므리면(구축) ㅜ, 입을 펴면(구장) ㅓ가 된다." <출처: https://namu.wiki/w/%ED%95%9C%EA%B8%80/%EC%97%AD%EC%82%AC>

<표 2> 핀란드어 모음의 음성학적 분류 (Iivonen & Harnud 2005:60-66)

	Front		Back	
	unrounded	rounded	unrounded	rounded
Close	i <i>	y <y>		u <u>
Mid	e <e>	ø <ö>		o <o>
Open	æ <ä>		a <a>	

한국어는 혀의 위치를 나타내는 전설·중설·후설과 고·중·저모음, 그리고 입술 모양을 나타내는 평순·원순으로 조음방식이 분류되므로 입술 모양보다는 혀의 위치가 좀더 다양하게 작용하여 모음의 음가를 결정짓는 데 반영된다. 하지만 핀란드어는 한국어와 달리 혀의 위치보다 다양한 형태의 입술 모양이 조음방식을 결정한다. 혀의 위치는 전설 [front]와 후설 [back]로만 분류되는 반면, 입술 모양은 둥근 정도 뿐 아니라 개폐 정도도 감안하여 평순 [unrounded], 원순 [rounded], 닫힘 [close], 중간 [mid], 열림 [open] 등으로 묘사된다.

한편, [그림 2] (1)과 (2)의 모음 사각도를 보면 핀란드어의 <i, o, u>와 한국어의 <ㅣ, ㅗ, ㅜ>가 동일한 발음일 것으로 예측되고 <a, e>는 <ㅏ, ㅐ/ㅔ>와 미묘한 차이가 있을 것으로 짐작해 볼 수 있다. 그리고 <ㅓ, ㅡ>는 핀란드어에 상응하는 음소가 존재하지 않는다는 것을 가시적으로 쉽게 파악할 수 있다. 이처럼 양 언어의 모음사각도를 대략 비교해 봤을 때 <ㅣ, ㅗ, ㅜ>가 핀란드어 화자들에게 가장 익히기 쉽고 <ㅓ, ㅡ>는 생소하며 <ㅏ, ㅐ/ㅔ>는 애매모호할 것으로 보인다. 그러나 교육현장에서 관찰되는 바로는 <ㅏ, ㅐ/ㅔ, ㅣ>는 핀란드어 화자들에게 매우 자연스럽게 수용되지만 <ㅗ>:<ㅜ>, <ㅗ>:<ㅓ>, <ㅜ>:<ㅡ>는 각각 그 대립을 인식하거나 발화하는 데 있어 곤란을 겪는 부분이다. 따라서 학습자들이 이 발음들의 차이를 명확하게 하여 발화할 수 있는 방편을 고안해야 할 것이다.

(1) Suomi, Toivanen & Ylitalo (2008:21)   (2) 김상준 & 이규항 (2008)

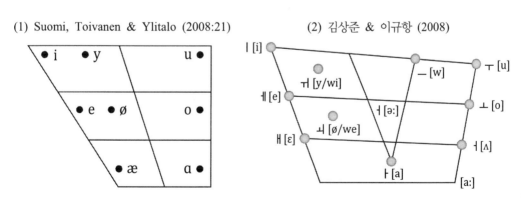

<그림 2> 핀란드어와 한국어의 모음사각도 비교

4. '전순'과 '장순'

　앞서도 언급했듯이 음성학적으로 분류한 조음방식이나 이를 도식화한 모음사각도에 대한 해설적 설명은 모두 모국어 화자들의 발음을 기술적으로 묘사해 놓은 것에 지나지 않기 때문에 그 자체를 아무런 여과없이 그대로 한국어 교육현장에 도입하여 적용하는 것은 무리가 있다. 그렇다고 인식하지 못하는 발음을 무조건 반복해서 들려주고 따라하는 방식을 고수할 수도 없는 노릇이다. 하지만 외국어 학습에서 인식하지 못하는 음소도 제대로 발음하는 것이 불가능한 것은 아니므로 각각 시각적으로 다른 형태로 표기되어 구별되는 발음을 어떻게 다르게 발음해야 하는지 학습자들에게 효율적으로 설명하기 위한 별도의 강구책을 마련할 필요가 있다.

　핀란드어 화자들의 경우에는 양성·음성·중성 모음 간의 조음방식을 차별화함으로써 <ㅗ>: <ㅜ>, <ㅗ>:<ㅓ>, <ㅜ>:<ㅡ>의 혼돈이 개선될 수 있다. 즉, <ㅓ>는 <ㅏ>를, 그리고 <ㅜ>는 <ㅗ>를 발화하는 입모양에서 입술을 펼쳐 과장되게 쭉 내밀어 발음를 하도록 지도한다. 이는 <ㅏ, ㅗ>와 <ㅓ, ㅜ>의 모음조화가 음양의 조화를 표방한 철학적인 면만 강조되어 왔던 것과는 달리 음성학적으로 유사성이 있는 모음끼리 어울린다는 언어학적 보편성을 뒷받침해 주기도 한다. 반면에 <ㅡ, ㅣ>는 중성모음이기도 하지만 입술을 거의 다무는 모양을 하고 옆으로 길게 당겨 낼 수 있다는 점을 부각시켜 <ㅜ>와 <ㅡ>가 어떻게 다르게 발음될 수 있는지 설명할 수 있다.

　따라서 한글창제의 원리를 첨가한 모음사각도인 <그림 1>을 모음조화를 고려하여 재구성해 본다면, 입술을 앞으로 쭉 내미는 의미의 '전순 [forward]'과 입술 모양을 옆으로 길게 만든다는 뜻의 '장순 [long]'이라는 개념을 도입하여 <그림 3>에서 보는 바와 같이 새롭게 재구성해 볼 수 있겠다.

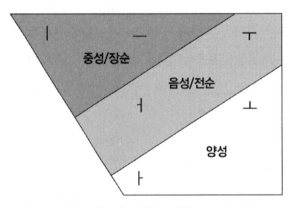

〈그림 3〉 '전순'과 '장순'을 포함한 단모음사각도

5. 맺음말

　본고는 핀란드어 화자들이 흔히 실수를 겪게 되는 한국어 모음을 지도하기 위한 한 방법으로 기존의 모음체계에 '전순'과 '장순'이라는 새로운 조음의 개념을 더할 것을 제시한다. '**전순**'은 고의적으로 입술을 입 바깥쪽으로 내밀어 위아래로 펼쳐서 만들 수 있는 음소인 <ㅓ, ㅜ>에, 그리고 '**장순**'은 입술을 과장되게 옆으로 길게 당겨 낼 수 있는 <ㅡ, ㅣ>에 적용된다. 이 새로운 개념은 실질적인 발음교육을 위한 제안이기도 하지만 그동안 동양철학의 사상에 근거했던 것으로만 여겨지던 양성·음성·중성모음을 음성학적으로 구별짓는 변별적 자질로서도 그 역할을 할 수 있을 것이다.

참고 문헌

김상준 & 이규항(2008), 『표준 한국어 발음사전』, 지구문화사.

배주채(2007), 『한국어의 발음』, 삼경문화사.

Bever, T. (1981), Normal acquisition processes explain the critical period for language learning. In K. Diller (Eds.), *Individual Differences in Language Learning Aptitude*. Rowley, MA: Newbury House.

Flege, J. E. (1987), The production of "new" and "similar" phones in a foreign language: Evidence for the effect of equivalence classification. *Journal of Phonetics 15*, 47-65.

Flege, J. E. and W. Eefting (1987), Production and perception of English stops by native Spanish speakers. *Journal of Phonetics 15*: 67-83.

Flege, J. E. and J. Hillenbrand (1984), Limits on pronunciation accuracy in adult foreign language speech production, *Journal of the Acoustical Society of America, 76*: 708-721.

Flege, J. E. and R. Port (1981), Cross-language phonetic interference: Arabic to English, *Language and Speech*, 24: 125-46.

Sheldon, A. & W. Strange (1982), The acquisition of /r/ and /l/ by Japanese learners of English: evidence that speech production can precede speech perception. *Applied Psycholinguistics 3*: 243-261.

Smith, L. C. (2000), Acquisition of /r/ and /l/ by learners of English: Evidence for production and perception as two distinct processes in SLA. *LSO Working Papers in Linguistics 1*.

Smith, L. C. (2001), L2 acquisition of English liquids: Evidence for production independent from perception. In X. Bonch-Bruevich, W. J. Crawford, J. Hellermann, C. Higgins and H. Nguyen (Eds.), *The Past, Present and Future of Second Language Research*. Somerville: Cascadilla Press.

Iivonen, A. & H. Harnud (2005), Acoustical comparison of the monophthong systems in Finnish, Mongolian and Udmurt, *Journal of the International Phonetic Association, 35 (1)*: 59–71, doi:10.1017/S002510030500191X.

Kim, J. Y. (2010), *L2 Korean Phonology*. VDM Verlag Dr. Muller: Saarbrücken.

Suomi, K., J. Toivanen & R. Ylitalo (2008), Finnish Sound Structure: Phonetics, phonology, phonotactics and prosody, Oulu University Press: Oulu.

https://namu.wiki/w/%ED%95%9C%EA%B8%80/%EC%97%AD%EC%82%AC

Part III

교과 과정 및 교수법

제1장

Muhammet Emre Korkmaz*

터키 앙카라 대학교
Ankara University

터키 대학교 한국어문학과를 위한 교육과정 개발 연구
-앙카라대학교를 중심으로-

1. 서론

1.1. 연구의 목적 및 필요성

본고는 터키에서 한국어문학과를 위한 교육과정(Curriculum)을 개발하는 데 목적이 있다. 터키에서 한국어교육은 1989년에 앙카라대학교에서 설립된 한국어문학과로 첫 걸음을 하게 되었다. 현재 3개의 대학교에서 한국어문학과가 있다. 앙카라대학교는 2018년 9월 입학생들부터 앙카라대학교 외국어전문대학 소속으로 한국어문학과 예비과정을 운영할 예정이었으나 현재 예비과정 도입 사업을 보류하기로 한 상태이다. 한국어문학과 학생들은 입학 후 바로 1학년부터 재학하는 것이 아니라 외국어전문대학의 소속인 한국어문학과 예비과정생으로 우선 입

---

* 코르크마즈 무함멧 에므레. 앙카라대학교 한국어문학과 연구원/박사 수료생.
   emrkorkmaz@ankara.edu.tr

학을 하게 된다. 1년 간 한국어 코스를 이수한 다음에 숙달도 시험을 합격한 자는 1학년으로 진학하게 된다. 즉, 예비 과정의 도입으로 한국어문학과는 1년+4년제로 바뀔 것이다.

현재 앙카라대학교에서는 1~2학년 학습자들은 한국어 및 한국 문화 위주의 과목을 수강하며 3~4학년부터는 한국 문학, 역사, 한-터/터-한 통-번역, 한국어교육 관련 과목들을 수강한다. 즉, 현재 교육과정에서 저학년은 한국의 언어 및 문화에 초점 둔 반면에 고학년부터 더 나아가 문학, 통-번역, 역사 등 더 다양한 범위에서 한국 관련 과목을 수강하게 설계 되어 있다.

그러나 예비 과정 제도의 도입으로 한국어문학과 학습자들은, 한국어 관련 과목을 주로 예비 과정에서 이수하게 될 것이다. 이 때문에 한국어 예비과정 제도에 관련해서 학습자들로 하여금 더 깊이 있고 더 다양한 과목을 다루며 현장의 요구를 반영한 교육과정을 제공하기 위하여 새로운 교육과정의 개발이 필수 작업이다.

한국어문학과를 위한 새로운 교육과정을 개발하는 데 학습자 및 교육자들의 요구를 반영한 교육과정을 개발하는 것이 본고의 주 목표이다. 또한 교육과정의 목적 및 목표를 설정하여, 실제 모형을 제시하고자 하며 교육 내용 및 평가를 후속 연구로 미루고자 한다. 본고는 예비 과정을 포함한 5년 간 교육과정을 다루는 기초 연구이다. 또는 본고는 예비 과정을 도입하고 자 하는 타 기관에서 기초 자료로서 의의가 클 것으로 생각한다.

본고에서 교육과정 개발 관련 문헌 고찰을 통해서 이론적 배경을 정리한다. 학습자들의 요구와 현황 조사를 한 다음에 교육과정의 실제를 제시하고자 한다.

1.2. 선행 연구

본고는 앞에서도 언급하였듯이 예비과정제를 도입한 한국어문학과 교육과정을 개발하는 최초의 연구이다. 본고의 테마와 직접적으로 관련성을 지닌 선행 연구는 없는 것으로 확인 되었으나 한국어 교육과정 개발 관련해서 90년대 초반부터 관련 연구가 이루어져 왔다.

김정숙(1992)는 한국어 교육과정에 대한 최초의 연구이며 한국어 교육과정 관련해서 본격 적인 논의를 하였다는 데에 큰 의미를 보유하고 있다. 본고에서는 교육과정 설계와 한국어 교육의 특성에 맞는 교수요목을 제안한 연구이다.

안경화·김민애(2009)에서는 한국어 교육과정을 목표 설계 관련 연구이다. 이 연구는 '교육 목표'에 초점이 맞춰져 있다. 그러므로 교육과정의 큰 틀보다 목표 기술에만 집중한 연구로서 한계점을 지닌다.

김중섭 외(2010), 김중섭 외(2011) 그리고 김중섭 외(2016)에서는 표준 한국어 교육과정에 대한 기준을 모색하고자 하였으며 기존에 있는 한국어 교육과정 연구들과 해외에서 이루어지고 있는 외국어 교육에서 참조 기준으로 삼고 있는 원리들을 검토하며 이를 한국어 교육에 작용하여 표준 한국어 교육과정 즉 한국어 교육의 참조 기준을 세우고자 한다.

조은숙, 프나르알툰다으(2013)에서는 터키에 진출한 한국 기업들과 터키에서 한국어문학과를 전공하는 학습자들 및 한국어문학과 졸업생들의 요구를 분석하였으며 현재 교육과정의 개선 방안을 모색하는 연구이다. 이 연구는 터키에서 이루어지고 있는 한국어 교육과정에 대한 최초의 연구라는 점에서 아주 유의적이다.

신정아(2013)에서는 태국 대학 내 한국어과 교육과정 개선 방안 연구를 진행한 바가 있다. 이 연구에서는 태국 대학 내 설립되어 있는 한국어과들을 대상으로 실태 조사 및 요구 조사를 진행하였다. 그러나 이 연구도 개선 관련된 연구로서 전체적인 교육과정을 다루지 못 하는 점에서는 한계점을 가진다고 볼 수 있다.

Korkmaz(2016)에서 터키 대학 한국어문학과를 위한 유럽공통참조기준에 기반을 둔 한국어 교육과정 개발 관련 연구이다. 본고에서는 당시 2개 한국어문학과의 교수진 및 학습자들의 요구 조사 현황 조사를 진행하였다. 학습자 및 교수진의 요구가 반영된 한국어문학과에 적합한 교육과정을 제시한다. 본고와는 터키 대학 한국어문학과를 위한 요구를 반영한 교육과정의 개발이란 점에서 유사하되 예비 과정에 대한 언급이나 교육과정의 제시가 없다는 점에서 차이점을 지닌다.

2. 이론적 배경

본고에서는 터키 대학 한국어문학과 교육과정 개발을 목적으로 하기 때문에 교육과정의 개념 및 교육과정 개발에 대하여 살펴볼 것이다.

김정숙(1992)에서는 커리큘럼(curriculum)은 국가적인 차원이나 학교 차원에서 언어 교육을 행하는 전체 교육 과정이라고 하며 커리큘럼을 각 단계에서의 제한된 학습 목표들로 바꿔 상세히 기술한 것이 실러버스(syllabus)이라고 정의를 내렸다.

Richards(2001)에서는 교육과정을 학생들이 학교에서 어떤 지식, 기술, 가치를 배울 것인지, 의도한 학습 결과를 성취하기 위하여 어떤 학습 경험이 제공되어야 하는지, 어떻게 학교 또는 교육적 체계의 교수 – 학습이 계획, 측정, 평가 되어야 하는가를 다루는 분야라고 주장한다. 이어서 언어 교육과정 개발은 이러한 문제점들을 다루는 응용 언어학의 한 분야이라며 이는 언어 프로그램의 설계, 수정, 시행, 평가에 초점을 맞추는 상호 관련된 과정이라고 한다.

교육과정(curriculum)은 내용을 외부적인 기준과 지역적인 목적에서 효과적인 교수-학습을 위한 계획으로 하는 것이다. 그러므로 이는 주제 목록이나 언어기술(입력) 목록보다 더 큰 의미를 차지하고 있다. 교육과정은 학습자의 수행을 성과로 끌어오는 적절한 학습 활동과 평가를 제시하는 지도라고 본다(Wiggins, McTighe 2006).

안경화(2007)에서는 교육과정의 정의를 넓은 의미에서 학교나 교육 체계 내에서 실현되는 의도된 전 교과 활동이나 프로그램을 총칭하는 개념이라고 설명한다. 최은규(2014)에서 교육과정을 '왜, 무엇을, 어떻게, 어느 수준과 범위로 가르치고 평가하느냐를 문서로 계획한 교육설계도'라고 하며 '한국어 프로그램을 학습하는 데 필요한 교육 목표, 교육 내용, 교수 학습방법, 평가 등에 관한 전체 계획'을 의미한다고 주장한다.

위에서 교육과정의 정의를 언급하였으며 이어서 교육과정 개발 및 개발 절차에 대해서 살펴보도록 하겠다. 먼저 외국어 교육과정을 개발하는 데 있어 Richards(2013)에서 제시되는 외국어 교육과정 개발 과정 및 유형을 다음과 같이 소개한다.

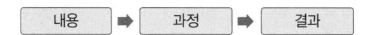

〈도표 1〉 전형 설계 과정 (The Forward Design Process) Richards(2013)

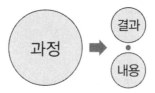

〈도표 2〉 중앙형 설계 과정 (The Central Design Process) Richards(2013)

〈도표 3〉 후형 설계 과정 (The Backward Design Process) Richards(2013)

전형 교육과정의 의의는 입력부터 시작하여 과정 그리고 출력으로 교육과정을 개발하는 유형이다. 중앙형 교육과정은 과정으로 시작하여 출입력을 교실 방법론을 통해서 얻는 것을 의미한다. 또는 후형 교육과정은 출력부터 시작하여 과정이나 입력에 대한 부분들을 해결함을 의미한다.(Richards, 2013)

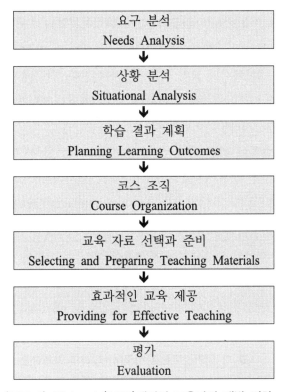

〈도표 4〉 Richards(2001)에서의 교육과정 개발 절차

위에서 Richards(2001)에서 제시되는 교육과정의 개발 절차를 살펴보면 교육과정을 큰 틀에서 접근함을 확인할 수 있다. Richards가 제시한 절차의 가장 먼저 실시해야 하는 것이 요구 분석이란 것을 볼 수 있다. 요구 분석을 함으로써 학습자, 기관, 교육자 등의 요구를 포함하는 전체 요구를 의미한다. 또한 상황 분석을 실시하는데 사회적인 요인, 기관 관련 요인, 교사 요인, 학습자 요인의 분석이 이뤄져야 한다. 교육의 목적과 목표가 적절하게 설정되어야 한다. 교육과정을 설계하는 데 코스 조직해야 한다. 그 다음에는 교육 자료의 선택 및 준비를 해야 한다. 효과적인 교육 제공은 환경적인 요소들을 의미하는 것이다. 또는 합리적인 평가 체계가 마련되어야 한다.

3. 요구 조사 및 현황 조사

3.1. 터키에서의 한국어 교육 현황 및 앙카라대학교의 현재 교육과정

터키에서 한국어교육은 1989년 앙카라대학교 한국어문학과의 설립으로 첫 걸음을 한다. 앙카라대학교 한국어문학과에 설립에 이어 에르지예스대학교 한국어문학과가 설립되었다. 세종학당의 창립 그리고 대학에서의 교양 과목으로 이어진다. 최근에 한국어에 대한 뜨거운 열정으로 사설학원에서도 한국어코스를 운영한다. 또는 2018년 9월부터 터키 고등학교에서 한국어 교육은 공식적으로 시작된다.

터키에서의 한국어 교육의 범위는 2010년까지 앙카라대학교 한국어문학과 및 에르지예스대학교 한국문학과 위주로 이루어졌으나 2010년부터 일반 목적 학습자 수요가 급증함으로 세종학당이 설립되었다. 또는 2016년에 이스탄불대학교 문과대학에서 한국어문학과가 신설되어 대학에서의 한국어문학과 수는 총 3개에 도달했다. 그리고 교육부 소속 중등학교에서 제2외국어로서 한국어 수업이 채택되면서 한국어에 대한 수요 더욱 더 급증할 것으로 예상된다. 터키에서의 한국어교육은 현재 대학 차원에서 3개의 한국어문학과, 세종학당 6개 학당 그리고 고등학교에서 제2외국어로서 지평을 넓힐 것으로 예상된다.

〈표 1〉 앙카라대학교 한국어문학과의 교육과정

구분	가을 학기	봄 학기
1학년	문법 입문 한글 통사론 입문 음운론 입문 한국 현대 문화 교육론	한국어 작문 입문 기초 문법 기초 음운론 기초 통사론 한국 전통 문화 교육론
2학년	한국어 구어 한자 입문 언어 능력 신장 I 문법 I 한국어 문형	문법 II 어휘론 쓰기 표현 방법론 한자 언어 능력 신장 II
3학년	고급 한국어 입문 한국어 문어 한국 역사 한국 고전 문학 한국어 교육 정책론	고급 한국어 번역론 20세기 한국 역사 한국 현대 문학 한국어와 한국 문화 사회언어학 및 한국어 교육론

4학년	한국어 작문 기술론 번역론 한국 시 분석론 현대 한국의 이해 한국어교육론 한국어 교재론	대조 의미론 말하기 표현론 소설 분석론 연구 방법론 한국 경제의 역사 및 현황

3.2. 요구 조사

Korkmaz(2016)에서 교육과정 개발을 목적으로 터키 대학 한국어문학과 학습자들의 요구를 조사한 바가 있다. 본고에서 Korkmaz(2016)에서 진행된 조사의 결과를 인용하고자 한다. 학습자들의 요구를 반영하는 데 현재 학습 수준, 목표 한국어 학습 수준, 입학 동기 및 졸업 후 진로 관련 부분을 인용할 예정이다.

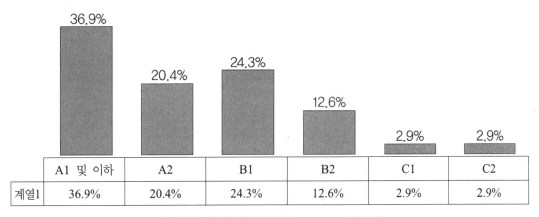

	A1 및 이하	A2	B1	B2	C1	C2
계열1	36.9%	20.4%	24.3%	12.6%	2.9%	2.9%

〈그림 1〉 현재 한국어 수준 Korkmaz(2016)

한국어문학과에 재학 중인 학습자들 대상으로 <그림 1>에서 진행된 조사에 따르면 A1 및 이하로 보는 학습자는 36.9%로 나타났으며 본인의 현재 수준이 B1 이라고 응답한 학습자는 24.3%로 나왔다. 그 다음에 가장 응답률이 높은 수준은 A2로 나왔다. 즉 현재 수준을 초급으로 보는 학습자는 57.3%이며 중급으로 보는 학습자는 36.9%이고 C1 및 C2로 보는 학습자는 5.8%다.

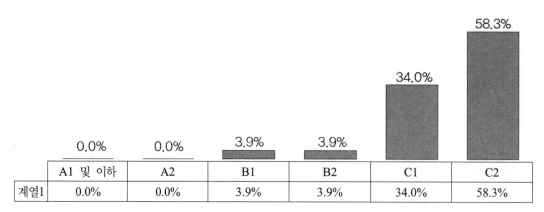

	A1 및 이하	A2	B1	B2	C1	C2
계열1	0.0%	0.0%	3.9%	3.9%	34.0%	58.3%

〈그림 2〉 목표 한국어 수준 Korkmaz(2016)

터키 학습자들이 4년간 한국어문학과를 졸업하기 전까지 최상급 수준인 C2수준에 도달하기를 희망하고 있음을 <그림 2>를 통해서 확인할 수 있다. C2를 희망하고 있다고 응답한 학습자의 비율은 58.3%로 나타났으며 이는 상당수의 학습자가 최상급 수준에서 한국어 능력을 가지기를 바라고 있다는 것을 볼 수 있다. C2에 이어서 고급 수준인 C1을 희망 수준으로 밝힌 학습자의 비율은 34%이며 B1 및 B2를 희망 수준으로 밝힌 학습자의 비율은 각 3.19%씩이다.

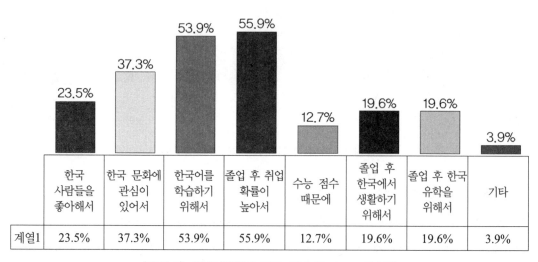

	한국 사람들을 좋아해서	한국 문화에 관심이 있어서	한국어를 학습하기 위해서	졸업 후 취업 확률이 높아서	수능 점수 때문에	졸업 후 한국에서 생활하기 위해서	졸업 후 한국 유학을 위해서	기타
계열1	23.5%	37.3%	53.9%	55.9%	12.7%	19.6%	19.6%	3.9%

〈그림 3〉 한국어문학과 입학 동기 Korkmaz(2016)

설문 조사 응답자들은 한국어문학과에 입학 동기를 '졸업 후에 취업 확률이 높다'는 응답은 55.9%, '한국어를 학습하기 위해서'라는 응답은 53.9%로 나타났다. '한국 문화에 관심이 많아서'라는 응답은 37.3%로 나타났다. '졸업 후 한국에서 생활하기 위해서'라는 응답과 '한국에 유학가고 싶다'고 응답은 각 19.6%씩으로 나타났다. '한국 사람들을 좋아해서'라는 응답은 23.5% 나타났으며 '수능 점수 때문에' 입학했다는 응답자의 비율은 12.7%로 나타났다. 현재 재학 중인 한국어문학과 학습자들이 취업 확률 및 한국어에 대한 관심으로 인해 비교적 강한 동기를 보이고 있음을 알 수 있다.

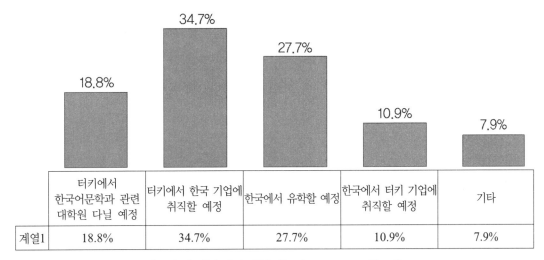

	터키에서 한국어문학과 관련 대학원 다닐 예정	터키에서 한국 기업에 취직할 예정	한국에서 유학할 예정	한국에서 터키 기업에 취직할 예정	기타
계열1	18.8%	34.7%	27.7%	10.9%	7.9%

〈그림 4〉 학습자의 졸업 후 진로 Korkmaz(2016)

한국어문학과에 재학 중인 응답자들의 34.7%는 터키에서 한국 기업에 취직할 예정이라고 밝혔으며 이어서 한국에서 유학할 예정이라고 밝힌 학습자의 비율은 27.7%이다. 한국에서 터키 기업에 취직할 예정이라고 대답한 학습자의 비율은 10.9%이며 터키에서 한국어문학과 와 관현 대학원에 진학 예정이라고 밝힌 학습자의 비율은 18.8%로 나왔다. 기타라고 대답한 학습자들은 아직 결정하지 못 했다고 밝혔거나 본인이 기업에 취직하는 것보다 본인의 사업 을 하겠다고 밝힌 바가 있으며 7.9%로 가장 낮은 비율에 해당된다.

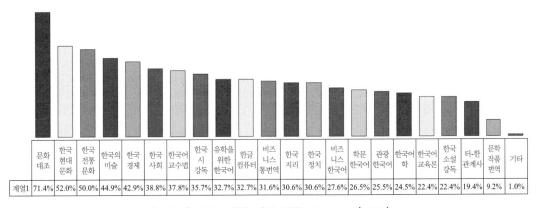

	문화 대조	한국 현대 문화	한국 전통 문화	한국의 미술	한국 경제	한국 사회	한국어 교수법	한국 시 강독	유학을 위한 한국어	한글 컴퓨터	비즈 니스 통번역	한국 지리	한국 정치	비즈 니스 한국어	학문 한국어	관광 한국어	한국어 학	한국어 교육론	한국 소설 강독	터-한 관계사	문학 작품 번역	기타
계열1	71.4%	52.0%	50.0%	44.9%	42.9%	38.8%	37.8%	35.7%	32.7%	32.7%	31.6%	30.6%	30.6%	27.6%	26.5%	25.5%	24.5%	22.4%	22.4%	19.4%	9.2%	1.0%

〈그림 5〉 개설 희망 과목 목록 Korkmaz(2016)

한국어문학과를 위한 한국어 교육과정의 개발 과정에서 한국어에 더해서 학습자들이 요구하고 있는 과목들에 대하여 알아보았다. 문화 대조는 71.4%로 가장 많이 나타났으며 이어서는 한국 현대 문화 52.0%, 한국 전통 문화는 50.0%, 한국의 미술 44.9%, 한국 경제 42.9%, 한국 사회 38.8%, 한국어 교수법 37.8%, 한국 시 강독 35.7%, 유학을 위한 한국어 32.7%, 한글 컴퓨터 32.7%, 비즈니스 통번역 31.6%, 한국 지리 30.6%, 한국 정치 30.6%, 비즈니스 한국어 27.6%, 학문 한국어 26,5%, 관광 한국어 25.5%, 한국어학 24.5%, 한국어교육론 22.4%, 한국 소설 강독 22.4%, 터-한 관계사 19.4%, 문학 작품 번역 9.2% 순으로 나타났다.

4. 교육과정 개발의 실제

4.1. 교육과정의 목적 및 목표 제시

터키 대학교에서 개설된 한국어문학과를 위한 교육과정[1])의 목적 및 목표를 학습자들의 요구와 새로운 예비과정 제도에 의해 도출할 수 있다. 터키 사회에서 한국어문학과에 대한 판단은 단순히 한국어나 한국 문학 혹은 한국 문화에 대한 지식인 뿐만이 아닌 한국어교육, 사회, 역사 등 다양한 분야에도 있어 지식인이라고 판단한다는 것이다. 이도 교육과정 개발 시에 고려 사항으로 볼 필요가 있는 바이다.

터키 대학 한국어문학과를 위한 교육과정의 목적을 정리하자면 다음과 같다.

→ 한국어를 C1 수준에서 능숙하게 할 수 있으며 한국의 문화에 대한 깊은 지식을 가지고 있는 자를 양성한다. 또한 특수화된 목적을 지니고 있는 한국어(비즈니스나 학문 목적 등)도 능숙하게 구사할 수 있다. 한국어문학과 전공자는 한국어 뿐만이 아니라 한국의 문학, 역사, 사회, 외국어로서의 한국어 교육 등 다양한 분야에서 한국학 전문가로서 한국에 대한 폭 넓은 지식을 가지고 있는 인재로 양성하는 것이 본 교육과정의 목적이다.

터키 대학 한국어문학과를 위한 교육과정의 목표를 목록화하면 다음과 같다.

1. 유럽공통참조기준의 C1 수준에 숙달하여 한국어를 유창하면서도 정확히 능숙하게 하는 것이다.
2. 비즈니스 한국어나 한국어학이나 한국학 기반의 학문 목적 한국어 등 특수 목적 한국어를 능숙하게 구사하는 것이다.

---

1) 본 교육과정의 대상자는 터키인 한국어문학과 전공생임을 다시 언급하여 타 언어권 학습자로 적용하기에는 한계점이 있다. 그러므로 각 국의 현황 및 요구에 따른 교육과정의 개발이 각자 진행이 되어야 한다고 할 수 있다.

3. 한국어를 통해서 통번역을 하는 데 지장이 없을 정도의 한국어 및 한국 문화에 대한 지식을 가지는 것이다.

4. 한국 역사 및 문학의 주요 인물이나 사건 등을 역사적 흐름을 포함하여 잘 알 것이다.

5. 한국의 사회, 외교 및 경제를 이해할 것이다.

6. 중등학교에서 한국어 교사를 할 수 있는 수준의 외국어로서의 한국어교육을 학습하는 것이다.

상기에서 예비과정이 도입된 한국어문학과 교육과정의 목적 및 목표를 기술한 것이다.

4.2. 교육과정의 실제 모형

앞에서 교육과정 개발 관련해서 이론적 배경을 검토하고 터키에서의 한국어교육의 현황 및 앙카라대학교의 교육과정을 살폈으며 학습자들의 요구를 분석하였다. 앞에서 진행한 연구를 바탕으로 3장3절에서 본고의 핵심 산출인 교육과정의 실제를 제시하고자 한다.

예비과정과 학부과정의 제일 큰 차이점은 학기의 개념이다. 학부과정은 15주(기말 기간 2주 비포함)이다. 예비과정은 한 학기가 8주이며 연 4개의 학기로 운영된다. 예비과정의 수업 시간은 주당 23시간이다. 예비과정 1년 과정은 총 736시간에 해당된다. 예비과정은 언어 학습만 하는 과정이라 순수 한국어 수업만 진행할 예정이다.

〈표 2〉 교육과정의 실제 - 예비과정

학년	과목명	
	1학기	2학기
예비 과정	한국어 듣기 1 한국어 말하기 1 한국어 읽기 1 한국어 쓰기 1	한국어 듣기 2 한국어 말하기 2 한국어 읽기 2 한국어 쓰기 2
	3학기	4학기
	한국어 듣기 3 한국어 말하기 3 한국어 읽기 3 한국어 쓰기 3	한국어 듣기 4 한국어 말하기 4 한국어 읽기 4 한국어 쓰기 4

다음은 학부과정의 교육과정이다. 기존 학부과정은 1~2학년에서 한국어 과목이 주를 이루었는데 예비과정제의 도입으로 학부과정에서의 한국어 과목의 비중은 감소하게 된다. 한국학 관련 과목은 전 교육과정보다 더 많은 비중을 차지할 수 있게 설계를 한 것이다.

<表 3> 교육과정의 제시 - 학부과정

학년	과목명	
	가을 학기	봄 학기
1학년	한국어 음운론 한국 현대 문학의 이해 한국의 현대 문화 한자 학문 한국어	한국어 어휘론 한국 고전 문학의 이해 터-한 관계사 한국의 전통 문화 비즈니스 한국어
2학년	한국어 의미론 한국 소설론 고려시대사 한국의 문화 및 언어 1 번역학입문	한국어 형태론 한국 시론 조선시대사 한국의 문화 및 언어 2 통역학입문
3학년	한국어 통사론 한국역사입문 문화 간 의사소통 1 외국어로서의 한국어교육 한국의 외교와 정치 일반번역 터-한	한국어와 사회언어학 한국역사입문II 문화 간 의사소통 2 한국어 교수법 한반도 통일론 일반번역 한-터
4학년	한국어의 역사 한국근대사 외국어 습득론 문학번역 한국의 경제	담화 분석론 한국현대사 한국어 평가론 번역 감수 한국 사회의 구조

본고의 핵심적인 내용은 교육과정의 실제 제시이다. 교육과정의 실제는 다음과 같다. <표 3> 에서 1학년~4학년에 해당하는 학부과정의 교육과정을 제시한다. 본 교육과정의 특징은 1학년 및 2학년은 외국인을 위한 특수 목적 한국어 과목, 한국 문학, 한국 문화, 한국어학, 한국 역사 및 통번역 관련 과목들을 포함한다는 것이다. 즉, 한국어문학과로서 한국어와 한국 문학 뿐만 아니라 역사, 통번역 등의 과목도 제공할 수 있다는 점이다. 3학년 및 4학년의 경우에는 한국 문화, 한국어학, 한국 역사 및 한-터/터-한 통번역, 외국어로서의 한국어교육 및 한국학 (사회, 경제, 외교 등) 관련 과목들을 포함한다는 것이다. 즉, 한국학 분야에 초점을 둔다.

5. 결론

본고는 예비과정 제도의 도입으로 기존에 4년제 교육을 하고 있는 앙카라대학교 한국어문학과를 위한 1년+4년제에 적합한 학습자 및 기관의 요구를 반영한 교육과정의 개발을 목적으로 진행한 연구이다.

본고를 통해서 기존 교육과정 관련 연구들을 살피고 교육과정 개발의 유형이나 절차를 2장에서 정리하였다. 3장에서 터키에서의 한국어교육의 현황 및 앙카라대학교의 기존 교육과정을 살펴보았으며 학습자들의 요구를 분석해 보았다. 4장에서 교육과정의 목적 및 목표를 제시하여 학습자들의 요구와 기관의 요구에 적합한 교육과정에 실제를 제시하였다.

이 연구의 핵심이 되는 교육과정의 실제를 제시하면서 '한국어문학과'의 범위를 한국어와 한국 문학에서 '일반 한국어, 특수 목적 한국어, 한국 문학, 한국 문화, 한국 역사, 한국어교육, 한-터/터-한 통번역, 한국학'으로 범위를 넓힐 수 있게 교육과정을 설계하도록 하였다. 그러므로 '한국어문학과 출신자가 오직 한국어뿐만이 아니라 한국어문학 및 한국학 분야의 전문 인재로 양성될 수 있는 교육 목표를 세울 수 있다.'는 교육과정의 개발 연구를 진행하였다.

참고 문헌

김정숙(1992), "한국어 교육 과정과 교과서 연구." 고려대학교 대학원 박사학위논문.

김중섭 외(2010), 『국제통용 한국어교육 표준모형 개발』. 국립국어원.

김중섭 외(2011), 『국제통용 한국어교육 표준모형 개발 2단계』. 국립국어원.

김중섭 외(2016), 『국제통용 한국어교육 표준 교육과정 활용 점검 및 보완 연구』. 국립국어원.

최은규(2014), "한국어 교육과정론." 『한국어 교육의 이론과 실제 2』. 아카넷.

신정아(2013), "태국 대학 내 한국어과 교육과정 개선 방안 연구." 부산외국어대학교 대학원 석사학위논문.

안경화·김민애(2014), "한국어 교육과정의 목표 설계 연구." 『語文論集』 Vol. 59 중앙어문학회.

안경화(2007), 한국어 교육의 연구. 한국문화사.

조은숙·프나르알툰다으(2013). "터키 내 한국기업과 한국어학습자의 요구분석 -대학 내 한국어교육과정 설계와 개선을 위하여." 『언어사실과 관점』 Vol:32. 연세대학교 언어정보연구원.

Council of Europe (2001), A Common European Framework of Reference for Languages: Learning, teaching, assessment. Cambridge University Press. 김한란 외 역(2010). 『언어 학습, 교수, 평가를 위한 유럽공통참조기준』 한국문화사.

Korkmaz M. Emre (2016), "터키 대학 한국어문학과를 위한 한국어문학과 교육과정 개발 연구 -유럽공통참조기준을 바탕으로-." 고려대학교 대학원 석사학위논문.

Richards, J. C. (2001), Curriculum Development in Language Teaching. Cambridge University Press.

Richards, J. C. (2013), "Curriculum Approaches in Language Teaching: Forward, Central, and Backward Design." 『RELC Journal』 Vol:44(1). RELC.

Wiggins, G. & McTighe, J. (2006), Understanding by Design: A Framework for Effecting Curricular Development and Assessment. ASCD Publications.

제2장

곽 부 모

체코 팔라츠키 대학교
Palacký University

팔라츠키대학교 비즈니스한국어학전공의 현황과 발전 방안

1. 들어가며

본고에서는 팔라츠키대학교에서 처음 개설된 학사과정인 비즈니스한국어학전공의 교육과정을 살펴보고 주요 현안에 대하여 논의하고자 한다. 그리고 이러한 논의를 바탕으로 앞으로 비즈니스한국어학 전공이 팔라츠키대학교에서 자리를 잡고 중·장기적으로 발전하기 위한 방안에 대하여 제언하고자 한다. 체코는 크게 보헤미아지역, 모라비아지역, 실레시아지역 등으로 나뉜다. 보헤미아지역에서 교육중심도시는 프라하이다. 프라하에서는 까렐대학이 중심이 되어 한국학 교육이 이루어져왔고, 까렐대학에서 한국학을 전공한 학생들이 현지인 교원으로 양성이 되어 한국학전공이 자리를 잡게 되었다. 까렐대학과 비교하면 올로모우츠 팔라츠키대학 비즈니스한국어학 전공은 이제 막 걷기 시작한 아이와도 같다. 하지만 유럽대학 중에서는 유일하게 비즈니스한국어학 학사과정으로 단일전공이 개설되었고, 실용한국어학을 목표로 하고 있어서 비즈니스한국어학과 관련하여 유럽에서 거점대학으로의 성장이 기대가 된다. 팔라츠키대학교에서 비즈니스한국학전공이 체계를 잡아가기 위하여 본고에서는 다음 내용에 대하여 살펴보도록 하겠다. 먼저 체코에서 한국어교육의 역사와 현황을 살펴볼 것이다. 다음으로 지금까지 유럽학회에서 소개된 적이 없었던 팔라츠키대학 비즈니스한국어학전공의 현황 및 교육과정에 대하여 살펴보겠다. 끝으로 비즈니스한국어학 전공 교육과정에서 보완되어야 할 사항, 그리고 전공이 자리를 잡고 발전하기 위하여 필요한 사항들에 대하여 제언하고자 한다.

2. 체코에서 한국어교육의 역사와 현황

현재 체코에서 한국(어)학 관련 전공이 개설되어 있는 대학교는 프라하 까렐대학교 (Univerzita Karlova v Praze)와 올로모우츠 팔라츠키대학교(Univerzita Palackého v Olomouc) 두 곳이 있다. 체코 내 대학에서 한국어교육이 시작된 것은 북한과 교류협력을 위하여 1950년에 까렐대학에 개설된 조선어학 과정이 처음이었다. 이 후 1993년에 한국과 체코는 외교관계가 수립되었고, 2000년대 초반부터 한국 기업의 진출과 한류 등의 영향으로 조선어학 과정에서 한국어학을 가르치는 한국학과로 바뀌게 되었다(Tomáš Horák, 2016:15). 1966년부터 60년 가까이 까렐대학교에서 한국어를 가르친 블라디미르 푸체크 교수가 중심이 되어 또마쉬 호락, 브랑카 페르클로바, 슈텐판카 호락코바 같은 현지 한국어학 전문가와 교수가 양성될 수 있었다. 팔라츠키대학 비즈니스한국어학전공은 2015년 9월에 학사과정으로 처음 개설되었고, 2018년에 전공 졸업생이 배출될 예정이다. 실용한국어학을 지향하는 비즈니스한국어학 전공 학사 교육과정은 한국과의 교류를 위하여, 그리고 한국기업 및 한국관련기업에서 근무하기 위하여 필요한 한국어 말하기능력을 우선으로 하는 교육과정으로 운영이 되고 있다. 이런 점에서 까렐대학교와 팔라츠키대학교의 한국(어)학 전공 교육과정을 비교하면 두 대학의 한국(어)학 전공이 추구하는 목적과 방향에 차이가 있다는 것을 알 수 있다.

2.1. 전공 과정 및 교육 목적

아래 표를 보면 두 대학의 한국어학전공 교육 목표가 지향하는 바를 알 수 있다. 까렐대학교 한국학 전공 교육 목표는 학생들이 한국 언어, 문학, 역사, 문화에 대한 전문 지식을 습득하는 것이다. 팔라츠키대학교 비즈니스한국어학 전공 교육 목표를 보면 한국과의 교류를 위하여 한국어와 경제에 대한 전문적인 지식을 습득하는 것이다. 이를 위하여 한국어 말하기능력을 가장 중요한 외국어 학습 영역으로 본다.

<표 1> 까렐대학교 한국학과와 팔라츠키대학교 비즈니스한국어학과

학교	전공 과정	교육 목표
프라하 까렐대학교 (Univerzita Karlova v Praze)	한국학과 학사, 석사 박사과정(아시아언어, 문화, 역사, 문학)	한국 언어, 문학, 역사 교육을 통한 한국학 전문 인재 양성
올로모우츠 팔라츠키대학교 (Univerzita Palackého v Olomouc)	비즈니스한국어학과 학사	한국어와 경제에 대한 지식을 습득하고 체코와 한국과의 교류를 위하여 주정부기관에서 근무할 전문가와 한국기업 및 한국관련기업에서 근무할 전문 인재 양성

2.2. 전공 학생 및 교수진 현황

까렐대학교 한국학 전공에서는 한국 언어학, 종교학, 역사학, 고전문학 등을 전공한 교수진들이 학생들을 가르치고 있다. 제마네 마렉 교수는 한국학과와 철학종교학과에서도 조교수로 종교학 관련 강의를 하고 있다. 그리고 한국학중앙연구원 황문환 교수가 2018년 2월부터 초빙연구원으로 한국학 관련 연구를 진행하고 있다. 한국학을 전공하는 학사, 석사과정 학생들이 있으며, 한국학전공이 소속되어 있는 동아시아학과에서 아시아문화, 역사, 언어학과정 세부전공으로 한국학을 전공하는 박사과정생도 있다.

<표 2> 까렐대학교 한국학과 전공 학생 및 교수진(연구원) 현황

전공 학생수	교수진	직위	전공분야
학사(B.A.): 58	Miriam Löwensteinová	부교수	한국학
	Tomáš Horák	조교수	한국 언어학
석사(M.A.): 8	Marek Zemánek	조교수 (*철학종교학과)	한국학
	Štěpánka Horáková	강사	한국학
박사(Ph. D.): 2	정연우	전임강사	한국학
	황문환	초빙연구원(2018년)	국어학

팔라츠키대학교 비즈니스한국어학전공 교수진은 다음 <표 3>과 같다. 한국국제교류재단에서 파견한 한국어교육학과 언어학을 전공한 한국인 교수, 팔라츠키대학교에서 언어학 석사를 전공한 한국인 교수, 한국학을 전공한 오스트리아인 교수, 까렐대학교에서 한국학을 전공한 체코인 교수, 그리고 중국학, 일본학 등 아시아학을 전공한 체코인 교수가 있다. 이들 교수진

외에도 2018년 여름학기에 휴직을 한 곽영란 교수를 대신하여 강의를 한 Marie Cibulkova 체코인 교수가 있다. 그리고 응용경제학과의 Jaroslava Kubatova, Pavla Slavickova, Richard Pospisil, Martin Drastich 등의 교수들이 비즈니스한국어학과 경제학 관련 수업을 담당하고 있다.

〈표 3〉 팔라츠키대학교 비즈니스한국어학과전공 학생 및 교수진(과목 담당) 현황

전공 학생수	교수진	직위	전공분야
학사(B.A.): 67 1학년:24 2학년:25 3학년:18	David Uher	부교수(비즈니스한국어학과장): 한국 역사 수업 담당	중국학
	Andreas Schirmer	조교수: 한국 문화 수업 담당	독문학, 한국학
	Blanka Ferklová	조교수: 한국어 번역 수업 담당	한국학
	Martin Šturdík	강사: 한국 지리, 경제 수업 담당	일본학(국제경제)
	Marie Cibulkova	강사	한국학
	곽부모	조교수: 한국어 수업과 비즈니스한국어 수업 담당	한국어교육학, 언어학
	곽영란	강사(휴직)	언어학

2.3. 교육과정(전공필수과목)

까렐대학교 한국학전공 과정은 학사과정에서 취득해야 할 180학점 중에서 실용한국어가 차지하는 비중은 11%가 된다. 그리고 한국어 의사소통능력보다는 읽기 교육 중심으로 독해 능력을 강조한다. 한국학 석사과정을 보면 내용 중심 교육 과정으로 구성되어 있다. 한국어 사, 고전 해독, 전근대 사상 등 어문학 분야를 중심으로 교육한다(Tomáš Horák, 2016:17).

〈표 4〉 까렐대학교 한국학과전공 학사과정 및 석사과정 전공필수과목

학사과정 필수과목	주당 수업시간	학점
한국학 입문	2	3
한국학 입문 세미나	2	3
한국어 입문(음운론, 문자론)	2	4
한국어 문법1	2	9
한국어 문법2	2	6
한국문학1	2	5
한국문학2	2	6
한국역사1	2	4
한국역사2	2	3

	주당 수업시간	학점
실용한국어1	4	7
실용한국어2	4	6
실용한국어3	4	7
한자와 한문	2	6
한자/한문 읽기	2	6
오늘의 한국	2	3
문학 작품 읽기	2	5
읽기	2	6
언론 및 전문 한국어 읽기	2	4
시청각 연습(듣기)	2	4
학사논문 세미나	2	4
한국어 어휘론	1	4
동양 사상	2	9
석사과정 필수과목	**주당 수업시간**	**학점**
한국어 문체(쓰기)	2	9
한국어 발달사	2	8
전문 텍스트 해독	2	6
고전 해독	2	6
한국어 이론 문법	2	8
통/번역 연습	2	10
번역 세미나	2	5
고급 말하기	2	6
한국 역사 해석	2	7
한국의 문학 창작	2	6
석사 논문 세미나	2	3
문학/종교, 철학/언어 연구이론 입문	2	9

　팔라츠키대학교 비즈니스한국어학전공 교육과정은 비즈니스한국어 및 언어학 관련 비중이 전체 180학점 중에 40% 정도를 차지한다. 필수선택과목 중에서는 인턴십이 있다. 인턴십은 한국회사 및 한국관련 회사 등에서 인턴십으로 160시간 근무를 하고 인턴십 인증서를 받게 되면 4학점으로 인정이 된다. 그리고 TOPIK 한국어능력시험 자격증을 취득하게 되면 2학점으로 인정을 받는다. 학생들은 비즈니스한국어학 학사학위를 받기 위하여 한국어와 언어학 관련 전공필수과목뿐만 아니라 미시경제학, 거시경제학, 회계학, 경영학, 국제경제와 유럽연합경제, 경제관련 법규 등의 필수과목들을 들어야 한다. 2019년 겨울학기부터는 비즈니스한국어학 전공 교육과정을 '비즈니스한국어', '비즈니스한국어통역 및 번역', '비즈니스관광한국어', '응용경제학' 등 크게 4개 과정으로 나누어 진행할 계획이다. 2019년 겨울학기에 입학

하는 학생부터는 의무적으로 4개 과정 중에서 3개 과정을 선택하여야 하며 3개 과정 중에서 반드시 비즈니스한국어 관련 과정 2개를 선택하여야 한다.

〈표 5〉 팔라츠키대학교 비즈니스한국어학과 학사과정 전공필수과목

한국어 및 언어학 관련 필수과목	주당 시간	학점
한국어 회화1	3	3
한국어 듣기1	2	2
한국어 쓰기1	2	2
한국어 읽기1	2	2
한국어 회화2	3	4
한국어 듣기2	2	2
한국어 쓰기2	2	3
한국어 읽기2	2	2
비즈니스한국어 회화1	4	4
비즈니스한국어 회화2	4	4
비즈니스한국어 회화3	4	4
비즈니스한국어 읽기1	4	4
비즈니스한국어 읽기2	4	5
비즈니스한국어 읽기3	4	5
번역1	2	2
번역2	2	3
한국문화	2	3
한국경제	2	3
한국의 지리·경제	2	3
학위논문 세미나1	2	10
학위논문 세미나2	2	10
경제학 관련 필수과목	주당 수업시간	학점
법학 입문1	2	2
법학 입문2	2	3
미시경제학	3	3
거시경제학	3	3
경영1	2	2
경영2	2	3
마케팅1	2	2
마케팅2	2	3
기업경제	3	4
재무회계1	2	2
재무회계2	2	3

금융1	2	2
금융2	2	3
국제경제1	2	2
국제경제2	2	3
인적자원관리1	2	2
인적자원관리2	2	3
민법1	2	2
민법2	2	2
프로젝트 경영	2	2

3. 비즈니스한국어학전공 학사 교육과정 및 전공 발전을 위한 제언

까렐대학교에서 한국학전공이 유지되고 발전되는 이유는 다음과 같이 정리할 수 있다. 첫째, 까렐대학에서 한국학을 전공한 우수한 인재들이 현지 전문 교원으로 양성되어 교수진의 기반을 튼튼하게 갖추었다. 둘째, 한국정부의 여러 기관에서 계속적인 지원을 받아 한국어교육학, 한국(어)학 등의 분야에서 지속적으로 한국과 긴밀한 관계가 유지되고 있다. 셋째, 한국어와 한국문화에 대한 관심이 급증하여 한국학 전공에 입학하려는 학생들이 매년 늘고 있다. 까렐대학의 상황과 비교하여 팔라츠키대학 비즈니스한국어학전공을 살펴보면, 먼저 전공이 자리를 잡고 중·장기적인 계획이 세워져야 한다고 생각한다. 이를 위해서는 앞에서 언급한 까렐대학교 한국학전공의 세 가지 측면뿐만 아니라 비즈니스한국어학전공의 내실을 다지기 위한 다음과 같은 노력도 필요하다.

첫째, 체코 지역에 적합한 비즈니스한국어 교육과정의 보완이 필요하다. 이를 위하여 교육과정 과목 내용에는 다음과 같은 사항들이 포함되어야 한다고 생각한다. 먼저 체코에 진출한 한국기업 및 한국관련 기업에서 요구하는 체코 현지 직원에 대한 요구 사항을 조사하여 이러한 요구 사항들이 비즈니스한국어학과 교육과정에 포함되어야 한다. 또한 한국기업에 취업한 후에는 대부분 공식적인 실제 업무를 위한 중간 관리자로서의 통역업무, 그리고 보고서 작성 등의 업무를 원활하게 수행하는 데에 도움이 되는 과정도 필요하다. 그리고 회식이나 동료의 경조사와 관련된 일상적인 것과 비공식적인 업무뿐만 아니라 기업문화까지도 교육과정에 포함되어야 한다. 아직 이와 관련된 과목들이 교육과정에 포함되어 있지 않기 때문에 앞으로 대학 측과 꾸준한 논의를 통하여 교육과정이 보다 내실 있게 보완되어야 할 것이다. 다음 단계로 유럽대학에서 비즈니스한국어 관련 프로그램 담당자, 그리고 비즈니스한국어 관련 과목을 가르치는 교수나 전문가와 네트워크를 만들어서 각 나라별로 비즈니스한국어 교육의 실정과 현황을 파악하여야 한다. 그러면 지역별로 특성화된 비즈니스한국어 교육과정을 구축할 수 있는 기초가 마련될 것이다.

둘째, 팔라츠키대학교에서 비즈니스한국어학이 유지되고 발전되기 위해서는 비즈니스한국어학을 가르칠 수 있는 현지 교원이 양성되어야 한다. 현지 교원이 양성되기 위해서는 한국학이 자리를 잡은 까렐대학교처럼 먼저 비즈니스한국어학 석사과정이 개설되어야 한다. 이를 통하여 학생들이 지속적으로 비즈니스한국어학을 배울 수 있는 환경이 조성되어야 할 것이다. 다음 단계로 석사과정이 개설되어 현지 교원이 양성된다면 팔라츠키대학 측에서도 비즈니스한국어학전공에 대한 자연스러운 지원과 협력이 지속적으로 이루어지게 될 것이다.

셋째, 전공 학생들이 비즈니스한국어학과 관련한 내적인 지식을 쌓는 것에 그치지 않고 비즈니스와 관련된 다양한 실제 경험을 할 수 있도록 기회가 제공되어야 한다고 생각한다. 이를 위하여 현재 팔라츠키대학교에서는 체코에 있는 한국회사와 비즈니스한국어학전공학생들을 위한 인턴십 프로그램에 대한 논의와 협상을 진행 중에 있으며 S회사와는 인턴십 프로그램을 개설하여 2018년 6월부터 공식적으로 시작하게 되었다. 한국기업과의 인턴십 프로그램 개설과 앞으로 전공과 관련 있는 한국대학과의 학생교환 및 전문가 초빙 등의 교류가 이루어지고, 모라비아지역상공회의소를 중심으로 한국기업 및 한국관련 기업과도 네트워크를 형성하여 비즈니스한국어학 전문가 양성을 위한 산학협동프로그램이 개설된다면 전공 학생들에게 도움이 될 것이다.

4. 나오며

앞에서 언급한 내용을 충분히 고려하여 교육과정이 보완되고 비즈니스한국어학 현지 전문인재가 양성 된다면 팔라츠키대학 비즈니스한국어학전공의 미래는 밝다고 본다. 팔라츠키대학에서 한국어학의 주체는 전공학생과 그 학생들을 가르치는 현지 교수들이다. 전공 학생들이 전문 인재로 양성이 되어 체코와 한국과의 교류를 더욱 튼튼히 할 수 있는 다리가 될 수 있기를 바란다. 특히, 비즈니스한국어학의 주체가 될 수 있는 현지 교원이 양성될 수 있기를 진심으로 바라며 본고를 갈음하고자 한다.

참고 문헌

곽부모(2016), 유럽대학과 러시아대학의 한국어학 과정 비교, 제3차 국어교육학회 국제학술대회 기조발제, 국어교육학회·까렐대학교 동아시아연구소, 20-28.

곽부모(2016), 『초급 한국어 말하기 평가』, 서울: 역락.

박수영(2006), 동유럽 대학의 한국학 현황과 과제, 역사문화연구 25, 339-421.

연재훈(2001), 유럽지역 대학에서의 한국어 교육 현황, 이중언어학 18(1), 381-401.

연재훈(2000), 『유럽 한국어 교육의 현황과 쟁점』, 박이정.

조태린(2014), 국외 한국학 커리큘럼 분석-프랑스 주요대학의 한국학 커리큘럼을 중심으로, 동방학지 163, 239-259.

Tomáš Horák (2016), 체코 내 한국학 및 한국어교육, 제3차 국어교육학회 국제학술대회 기조발제, 국어교육학회·까렐대학교 동아시아연구소, 15-19.

제3장

손 영 은
터키 이스탄불 대학교
Istanbul University

외국인 한국어 학습자의 모국 문화를 활용한 말하기 교육 방안 연구
-터키 한국어 중급 학습자를 대상으로-

1. 서론

1959년 연세대학교에서 한국어학당이 설립된 후 1988년 서울올림픽을 필두로 한국어교육은 급격한 변화를 맞게 된다. 대학에 한국어학당(센터)으로 통칭되는 교육기관이 자리를 잡기 시작했으며 변화 바람은 교재 개발에서도 눈에 띄게 나타난다. 이후 1990년대 후반에 불기 시작한 한류의 열풍은 또 한 번 한국어교육에 대한 성공의 가능성과 필요성을 입증하는 계기로 작용한다. 그 결과 한국어교육은 국어 교육의 하위 항목이 아니라 하나의 정식적 학문으로 인정받기 시작하였으며 지금까지 지속적으로 발전해 오고 있다.

한국어교육의 발전은 여타 학문들의 발전과 마찬가지로 기존 연구에 대한 수정 및 보완 그리고 새롭고 다양한 연구의 시도로 인함이다. 그럼에도 불구하고 한국어교육 가운데 가장 지속적인 연구가 필요한 것은 "말하기 영역"일 것이다. 말하기는 말하기, 듣기, 읽기, 쓰기로 나뉘어진 4가지 기능의 영역 가운데 표현 기능 영역으로 한국어 실력을 가늠해볼 수 있는 일차적 접근 통로이다. 즉 말하기는 듣기나 쓰기 그리고 읽기에 비해 아주 짧은 시간 안에 실력이 평가되어진다는 것이다. 이에 교수자와 학습자 모두에게 말하기 영역은 아주 중요하면서도 난해한 영역일 수밖에 없다. 그 난해함을 입증하는 단편적인 예로 말하기는 한국어능력시험(TOPIK)에서 제외된다. 한국어능력시험은 학습자의 한국어 실력을 확인할 수 있는 평가 도구로 그 범위에는 듣기와 읽기 그리고 쓰기의 영역을 모두 포함되어 있지만 말하기만은 제외되어 있다. 말하기가 아주 짧은 시간에 학습자의 한국어 실력을 여과 없이 비쳐주는 거울과도 같다는 장점이 있음에도 한국어 실력을 검증하는 공인 시험에서 제외되는 것이다. 이러한 아이러니한 상황은 말하기 교육에 관심과 연구가 앞으로도 지속적으로 필요함을 의미한다.

이에 본고에서는 한국어교육 가운데 '말하기 교육'에 대해 연구하고자 한다. 특히 말하기 교육이라는 큰 범위 안에서도 한국어 말하기 수업을 진행한 사례를 바탕으로 말하기 교육 방법에 관해 논의해보고자 한다. 이에 본격적인 논의에 앞서 그 동안의 한국어 말하기 교수 학습 방법에 대한 선행 연구를 살펴보고자 한다.

한국어 말하기 교수 학습 방법에 대한 선행연구는 크게 과제 수행 중심 말하기 교육 연구와 매체 활용 말하기 교육 연구 그리고 각 나라별 학습자들을 위한 말하기 교육 연구로 나누어 볼 수 있다. 이상의 선행 연구 중 본 연구와 관련된 자료는 과제 수행 중심 말하기 교육 연구[1]이라 할 것이다.[2] 현윤호(2001)는 한국어 말하기의 어려운 부분인 구두 의사 소통에서 상호 작용의 본질을 바탕으로 과제 수행 중심의 말하기 지도 방안을 구축한 바 있고, 임화정(2009)은 말하기 수업의 구체적인 연구와 실용적인 연구의 병행의 중요성을 논의하며 초급 말하기 활동을 마련하고자 하였다. 김지영(2014)은 한국어 말하기 수업에서 과제를 수행함으로써 교육적 이점을 확인할 수 있음을 밝힌 후 담화 분석 활동을 제안하였고 정명숙(2014)은 말하기 전략의 종류를 검토하고 범주화하여 말하기에 활용한 자료를 바탕으로 말하기 전략 개발을 하고자 한 바 있다. 김고운(2012)은 공공시설 이용하기 과제 수행을 중심으로 말하기 수업을 진행한 사례를 발표하였다. 특히 김고운의 과제 수행 중심의 수업 사례 발표는 본 연구에 의미 있음을 밝히는 바이다.

---

1) 현윤호, 「과제 수행 중심의 말하기 지도 방안- 말이 트이는 한국어를 중심으로」, 『한국어교육』 12집, 국제한국어교육학회, 2001, 511~531쪽; 임화정, 「과제중심의 한국어 말하기 지도 방안」, 『교육문화연구』 15집, 인하대학교 교육연구소, 2009, 65~90쪽; 김고운, 「과제 중심의 말하기 수업 사례 발표-공공시설 이용하기 과제 수행을 중심으로-」, 국제한국어교육학회 추계발표논문집, 2012. 347~351쪽; 김지영, 「과제 수행 중심의 한국어 말하기 수업에서 담화 분석 활동」, 『한국어교육』 25권, 국제한국어교육학회, 2014. 29~52쪽; 정명숙, 「말하기 전략 개발을 위한 과제 구성 방안」, 『이중언어학』 57집, 이중언어학회, 2014, 173~198쪽.

2) 이는 본 연구의 교육 방안이 특정 나라에서만 사용 가능한 것이 아니라는 점과 매체를 활용이 중요한 요소가 아니라는 점에서 그러하다.

본 연구는 2017학년 가을 학기 터기 국립 이스탄불 대학교 한국어어문학과 2학년 13명의 학생을 대상으로 수업을 진행한 사례이다. 한국어 말하기 수업에서는 중간시험과 기말시험에서 각각 세 개의 과제를 제시하였다.[3] 그 가운데 '개인 발표'라는 하나의 과제를 중심으로 이를 해결하는 동안 변화하는 학습자를 살펴봄으로 개인 발표에 사용한 과제를 한국어 말하기 교육 방법의 하나로 제안하고자 한다.

2. 터키 한국어 학습자들의 말하기 교육 사례

2016년 가을에 신설된 터키 이스탄불 대학교 한국어문학과는 현재 2학년 15명과 1학년 학생 20명의 정원으로 구성되어 있다. 그 가운데 본 연구의 대상으로 삼는 2학년을 중심으로 학생들의 한국어 실력과 관련하여 기본 정보를 살펴보면 다음과 같다.

(교환학생 : 4명)/ 6급 수준 : 2명 / 5급 수준 : 2명 / 4급 수준 : 5명 / 3급 수준 :2명

2학년 학생 중 4명은 현재 교환학생의 신분으로 한국에서 수학 중이다. 나머지 11명의 학생들을 대상으로 한국어 능력 시험 모의고사를 통해 그 수준을 확인해본 바 6급 수준이 2명, 5급 수준이 2명, 4급 5명, 3급 2명으로 나누어 볼 수 있었다.[4] 이때 6급 수준의 학생들은 이미 한국어 말하기 실력이 아주 뛰어난 수준이라는 점에서 본 연구의 대상에 제외하고자 한다. 이에 나머지 3~5급의 수준의 학습자 가운데 각 급수 별로 한 명씩 말하기 시험 과제를 통해 유의미한 변화를 보인 학습자 3명을 대상으로 논의를 진행하고자 한다.[5]

학습자 A : 토픽 5급의 수준, 남학생
학습자 B : 토픽 4급의 수준, 여학생
학습자 C : 토픽 3급의 수준, 여학생

---

3) 본고에서 사용하는 과제의 의미는 한국어교육에서 사용하는 의사소통식 교수법의 한 갈래로서의 사용되는 의미라기보다 "처리해야하거나 해결해야하는 문제"라는 정도의 일반적 개념으로서 사용함을 밝히는 바이다.

4) 모의고사는 2018년 봄학기 초반에 실시되었고, 모의고사이자만 토픽의 시간 및 진행방법과 똑같이 진행된 바이다.

5) 이때 본 연구에서 사례로 선정된 학습자는 한국어 말하기 실력이 점차 늘고 있는 이들을 대상으로 하였으며 이때 유의미한 변화가 의미하는 것은 언어적 표현 능력 뿐만 아니라 비언어적 표현 능력 측면에서 실력 향상이다.

학습자 A~C 모두 20대 초반인 비슷한 또래이며 대학에 와서 한국어를 본격적으로 배우기 시작하였다. 또한 학습자 A~C는 2017년 가을학기 한국어 말하기 기말시험 개인발표에서 중간시험 개인발표와는 달라진 면모를 보였다. 뿐만 아니라 2018년 4월 3일에 실시한 봄학기 중간시험 개인발표에서도 변화된 면모를 보인다.

이때 학습자의 유의미한 변화를 동영상으로 촬영하고 행동심리 분석 등을 통해 평가의 신뢰도를 높일 수 있었다면 더할 나위 없지만, 연구 성과를 내겠다는 의도로 말하기 과제를 낸 것이 아니었기 때문에 미리 준비하지 못한 아쉬움이 있다. 하지만 모든 말하기 평가가 동영상과 행동심리 분석 등을 통해 이루어지는 것이 아니듯 본 연구에서도 결과를 도출하는 방법으로 학습자들이 제출한 자료와 사진 그리고 무엇보다 변화된 이후의 학습자들의 행동 방향을 통해 확인해보고자 한다. 이에 본 장에서는 학습자 A~C의 중간과 기말시험 개인발표자료를 제시하고자 한다.

2017학년 가을 학기 한국어 말하기 수업은 중간시험과 기말시험으로 나누어 평가를 실시한 바 있다. 중간시험 및 기말시험은 '하나의 주제에 관해 교수자와 학습자의 대화, 하나의 주제에 관해 학습자 간의 대화, 학습자 개인 과제 발표'로 나누어 진행하였다. 이 가운데 연구자의 시선을 끄는 것은 학습자의 개인 과제 발표[6]이다.

가을학기 중간시험 개인발표의 주제는 '관심이 있는 한국의 영역, 한국과 터키의 비교' 가운데 선택하여 5~10분정도의 시간 안에 발표를 할 수 있도록 하였고 준비 시간은 2주 정도로 넉넉하게 주었으며 다양한 매체 사용을 권장하였다. 뿐만 아니라 발표의 구성과 사용 문법 등은 『대학 강의 수강을 위한 한국어 말하기 중급 1』[7]에서 제시하는 부분들을 이용하는 것으로 하였다.

---

6) 발표하기란 일관성이나 통일성에 맞게 글쓰기를 하고 그 글쓰기를 외워서 시청각 자료를 활용하여 말하는 평가의 유형이다. 부산외국어대학교 한국어문화교육연구소, 『한국어 성취도 평가의 실제-말하기 쓰기 편』, 한국문화사, 2010, 77쪽.
7) 연세대학교 한국어학당 편, 『대학강의수강을 위한 한국어 말하기 중급1』, 연세대학교출판원, 2012.

〈학습자 A - 중간시험 개인발표〉

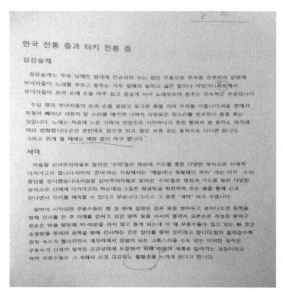

학습자 A는 "한국의 전통 춤과 터키의 전통 춤"이라는 주제를 중심으로 발표하였는데 이 개인발표는 몇 가지 아쉬운 지점이 있었다. 우선 구성적 측면에서 볼 때, 비교라 함은 공통점과 차이점에 대한 자신의 의견을 피력하는 것이 기본일 것인데 그러한 점이 없었다는 것에서 아쉬움이 있었다. 다음으로 언어적 측면이다. 발음은 특유의 L과 R 소리가 음절마다 묻어나서 정확한 억양과 발음을 구사하지 못하였다. 그리고 발표 내용을 모두 외워서 말하기를 시도했는데 가끔 잊을 때마다 다시 글을 봐야 했다. 물론 발표의 대본을 모든 외울 수 없는 것은 당연하다. 그러나 이 내용을 이해하고 말하기를 시도한 것이 아니라 이해하지 못한 상황에서 토해내듯 말하기를 진행하고 있다는 점에서 유창성의 측면이 부족하다 하겠다. 또한 발표 후 교수자가 한 질문을 제대로 이해하지 못하였고 대답하지 못하였다는 점에서 의사소통과 상호작용의 면이 아쉬웠다. 뿐만 아니라 사용하는 단어와 문장에서 오류가 보이는 부분이 있었다는 점에서 정확성 역시 부족하다는 평가를 내릴 수밖에 없었다. 마지막으로 비언어적 측면이다. 발표 자료를 두 손에 꼭 쥔 채 경직된 자세로 말하기를 할 뿐 아니라 틈틈이 교수자의 눈치를 보기도 하고 말하기가 끝나자마자 질문 받는 시간과 인사하는 것 마저 생략한 채 자리로 돌아가려고 하였다. 이러한 점에서 두려움과 결여된 자신감을 확인할 수 있었다. 이는 유창성과 상호작용의 측면을 평가하면서도 확실하게 느낄 수 있는 부분이었다.

〈학습자 B – 중간시험 개인발표〉

학습자 B는 "한국을 좋아하는 이유"라는 주제를 중심으로 발표하였는데 몇 가지 지점에서 아쉬운 발표였다. 우선 제목 자체가 제시되어 있지 않다는 것과 서론, 본론, 결론의 흐름 등과 같은 기본적인 발표의 흐름 자체를 찾아볼 수 없었다는 점에서 아쉬움이 있었다. 다음으로 언어적 측면이다. 발음과 억양은 2학년 학생들 가운데서도 그 실력을 인정받을 만할 뿐만 아니라 질문에 대한 응답을 어렵지 않게 대답했다는 점에서 정확성 및 상호작용 그리고 의사소통적 측면에서 보통의 수준을 가늠할 수 있었다. 단, 아쉬운 점은 질문을 두 번씩 해야 정확히 이해할 수 있을 만큼 긴장했다는 점이다. 또한 학습자 A와 마찬가지로 외워서 발표하는 상황이라 자신의 이야기를 담고 있음에도 진정성을 느끼기 어려웠으며 유창성의 측면에서도 평소의 뛰어난 말하기 실력을 확인하기 어려웠다. 마지막으로 비언어적 측면이다. 발표를 하러 나온 순간부터 발표를 마친 후 질문을 받고 자리에 들어가기 까지 꼭 잡은 두 손을 놓지 않아 답답하고 경직된 느낌을 받을 수 있었다. 입술이 자주 마르는 듯 보였고, 학습자 A와 마찬가지로 빨리 이 시간을 끝내고 평안해지기를 바라는 것을 알 수 있었다. 이러한 점에서 긴장과 자신감의 결여의 상황 및 교수자를 향한 공포를 확인할 수 있었다. 이는 유창성과 상호작용의 측면을 평가하면서도 확실하게 느낄 수 있는 부분이었다.

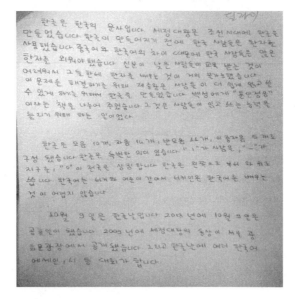

〈학습자 C – 중간시험 개인발표〉

학습자 C는 "한글"이라는 주제를 중심으로 발표하였는데 몇 가지 지점에서 아쉬운 발표였다. 우선 세종대왕을 세정대왕으로 말하는 등의 잦은 실수가 많았으며 어떤 내용을 말하고 싶은지 분명히 전달하지 않았다는 점에서 아쉬움이 있다. 다시 말해 일관성을 놓치고 있는 것이라 할 수 있다. 다음으로 언어적 측면이다. 발음은 자체는 나쁜 수준이 아니지만 음절 단위로 소리 내고 말한다는 점에서 여전히 부족한 면이 드러난다. 예를 들어 "한글은"이 아니라 "한, 글, 은" 이라고 말하고 있기에 억양이나 발음을 정확히 평가할 수 없다는 아쉬움이 있었다. 또한 문장과 단어를 사용함에 있어 문법적으로 정확하지 않다는 점, 이 내용을 말하기가 아닌 읽기로 전환하여 발표하였다는 점에서 정확성과 유창성의 아쉬움이 있었다. 상호작용과 의사소통이 제대로 이루어지지 않아 질문에 대한 응답을 정확히 들을 수 없었다는 아쉬움도 있었다. 마지막으로 비언어적 측면이다. 학습자 C는 발표를 하러 나오면서부터 심장이 떨린다고 하였다. 목소리는 심하게 떨렸고 발표 자료를 눈앞까지 올려 누구와도 눈을 마주치지 않았다. 짧은 내용을 10분 이상 읽었으며 중간에 두 번 정도 다리가 떨려서 주저 않기도 하였다. 학습자 A와 B 역시도 긴장과 두려움 그리고 자신감 결여를 확인할 수 있었지만 그보다 훨씬 심각한 상황을 학습자 C가 보여주었다. 학습자 C는 발표 자체가 거의 불가능한 정도로 얼굴이 빨개지고 호흡이 곤란했으며 급기야 눈물을 글썽였다.

지금까지는 중간시험 개인발표에 관한 평가를 살펴보았다. 중간시험 개인발표를 마친 후 교수자 역시 위 세 명의 학습자에 대한 고민이 많았을 뿐 아니라 '개인발표'를 실시할 때 과제에 관해 조금 다른 방향을 제시하고자 '과제의 범위와 과제의 상황'을 재설정하기로 하였다. 이에 기말시험 개인발표 시 과제에 "학습자 자신의 고향 소개와 여행사 가이드 혹은 관광공사 직원"이라는 설정을 추가하였다. 즉, "여행사 가이드 및 관광공사 직원이 되어 자신의 고향(터키)을 2박 3일의 여행상품으로 만들어 프레젠테이션 하기"가 바로 기말시험 개인발표 과제인 것이다. 아래는 학습자 A~C의 기말시험 개인발표 자료이다.

〈학습자 A - 기말시험 개인발표〉

학습자 A는 "우리 카이세리에 여행" 이라는 주제로 선정하여 발표하였는데 중간시험과 몇 가지 달라진 점이 있었다. 우선 PPT를 사용하였다. 그리고 자신의 고향을 2박3일의 일정으로 여행함에 있어 가장 중요한 요소를 지리적 동선으로 삼아서 가장 짧은 동선으로 많은 볼거리를 구경하자는 슬로건을 내세웠다. 다음으로 언어적 측면이다. 발음과 억양은 큰 차이를 중간시험과 크게 다르지 않았다. 하지만 그 때와는 달리 내용을 이해하고 있었으며 이를 바탕으로 '정보요약, 설명하기'의 말하기 방법을 구사하였다. 또한 자료집을 외워서 하는 것이 아니라 PPT의 자료를 통해 이 상황을 스스로 통제하고 이끌어 가기도 하였다. 물론 정확성인 면에서 여전 아쉬운 부분이 있지만 유창성과 의사소통 그리고 상호작용 측면에서는 그전과 다른 실력을 보였다. 마지막으로 비언어적 측면이다. 이 부분에서 유의미한 변화를 확인할 수

있는데 우선 질문을 유도하는 것이다. 재질문하기를 통해 또는 뜸들이기 등의 말하기 기법을 사용하며 자신의 발표에 다른 학습자들이 관심을 가지기를 바랄 뿐 아니라 교수자의 질문을 한 번에 알아듣고 답변을 하였다. 10분의 시간이 지나도 계속 발표를 이어가고자 하였으며 중요한 자연물 등에 담긴 전설 등을 부가적으로 설명해주고자 노력하는 태도를 보였다. 발표하기에 대한 두려움과 자신감 결여는 더 이상 큰 문제가 아니며 학습자 A에게 필요한 것은 발음과 억양 그리고 정확성측면에서 실력을 향상시키는 것이다.

<학습자 B – 기말시험 개인발표>

학습자 B는 "이즈미트 겨울 투어"라는 주제를 중심으로 발표하였는데 중간시험과는 몇 가지 달라진 점이 있었다. 우선 PPT를 사용하였고 '역사적, 체험, 자연적'이라는 소주제를 선정하여 2박 3일의 일정을 마련하였다는 것이다. 다음으로 언어적 측면이다. 발음과 억양은 큰 차이를 중간시험과 크게 다르지는 않지만 조금 받침의 ㄹ발음이 조금 나아진 것을 알 수 있었다. 또한 외워서 발표를 하는 것이 아니라 학습자 A와 마찬가지로 이 상황극을 통제하고 이끌어 가는 면모를 보였다. 물론 증거를 증인으로 말하는 등 정확성의 측면에서는 완벽하지는 않지만 실수가 줄어든 것도 자료를 통해 확인이 가능하다. "어떤 곳을 가장 추천하고 싶느냐"는 질문에도 자신의 의견을 분명히 말하는 것을 통해 상화작용이나 유창성 그리고 의사소통의 측면에서 그전과 다른 실력을 확인할 수 있었다. 마지막으로 비언어적 측면이다. 이 부분에서 유의미한 변화를 확인할 수 있는데 자신이 "여행사 가이드, 관관공사 직원"이라는 상황에 확실하게 빠져 있는 것을 보여준다. 여행사의 이름을 비롯하여 정확한 여행날짜와 그

날짜에 대한 날씨 상황까지 마련하는 성실함을 보여주는 것이다. 뿐만 아니라 자신의 고향에 있는 장점을 누구보다 정확히 알고 그 장점을 소주제로 삼아 일정을 작성하는 것 역시 그러하다. 본시 유머러스하고 긍정적인 태도를 지닌 학습자 B는 발표 시간 동안 강의실을 장악하였고 다들 학습자 B의 발표를 가장 좋은 발표로 생각하였다. 긍정적 분위기와 유머를 이끌어낼 수 있었다는 것은 한국어 말하기 발표에 대한 두려움과 긴장을 극복하고 자신감을 되찾은 것으로 볼 수 있을 것이다.

〈학습자 C – 기말시험 개인발표〉

학습자 C는 "에디르네" 라는 주제로 선정하여 발표하였는데 중간시험과는 몇 가지 달라진 점이 있었다. 우선 PPT를 사용하였고 '먹고 즐기는 안락한 여행'이라는 나름의 기준을 중심으로 2박 3일의 일정을 마련하였다는 것이다. 다음으로 언어적 측면이다. 발음과 억양은 음절단위로 읽던 발표를 단어와 구 및 문장의 말하기 시작했다는 것이다. 이에 관해서는 끊어서 말하고 읽으려 노력했다는 학습자 C의 여담도 덧붙이고자 한다. 학습자 C는 여타의 다른 학습자들에 비해 과제의 구성을 완벽하게 하지는 못하였을 뿐 아니라 정확성의 면모에서도 여전히 부족하지만 질문에 대한 응답을 성의껏 하기 시작한 점은 간과할 수 없다. PPT를 보면서 말하기를 시도한 것에서 발표자료를 손에서 놓지 않고 읽던 것과는 확연히 달라진 태도라 하겠다. 이러한 점들은 유창성과 의사소통 그리고 상호작용의 측면에서 엄청난 성장을 하고 있음을 보여주는 예라 할 것이다. 마지막으로 비언어적 측면이다. 이 부분에서 유의미한

변화를 확인할 수 있는데 상황극에 빠져든 것은 아니지만 자신의 고향을 알리기 위해 노력하는 태도를 보였다. 특히나 자신이 좋아하던 카페와 음식점 그리고 쇼핑 장소를 적극적으로 홍보하는데 애쓰는 태도를 통해 이전 "한글"을 발표할 때와 확인이 다른 에너지를 느낄 수 있었다. 여행 일정을 자신이 좋아하는 것 중심으로 선정해서인지 발표하는 내내 웃음이 떠나지 않았고 발표자료에 없는 '이곳에는 어떤 것이 더 맛있다'라는 말도 하기도 하였다. 자리에서 주저 않고 눈물을 흘리고 중간에 마다 쉬어가며 경직된 자세와 분위기로 스스로를 힘겹게 했던 한국어 말하기 시험 시간에 웃음을 보이고 단골가게를 보여주면서 자랑을 하려고 했다는 것 자체는 이미 발표하기에 대한 두려움과 긴장을 극복하고 자신감을 되찾은 것으로 볼 수 있을 것이다.

지금까지 학습자 A~C의 2017년도 한국어 말하기 수업 시간에 실시한 중간시험 개인발표와 기말시험 개인발표에 대한 사례를 살펴보았다. 이상의 내용을 표로 정리하면 아래와 같다.

〈표 1〉 2017년 가을학기 학습자 A~C의 중간 및 기말시험과제에 관한 언어표현능력 평가표[8]

	발음과 억양	유창성	정확성	상호작용	의사소통
학습자A 중간	2	1	1	1	2
학습자A 기말	3	3	3	3	3
학습자B 중간	3	1	2	2	2
학습자B 기말	4	4	3	4	4
학습자C 중간	1	1	1	1	1
학습자C 기말	2	2	2	3	3

<표 1>은 언어표현능력을 쉽게 수치로 확인하기 위해 작성한 것이며, 이때 발음과 억양, 유창성, 정확성, 상호작용, 의사소통능력과 같은 평가의 유형은 허용(2006)의 의견을 참고하여 작성한 것이다. 각 항목별 5점을 만점으로 설정한 후 평가를 실시하였다.

토픽 5급 수준의 학습자 A는 중간시험과제 발표 시 총 25점 가운데 7점 정도로 그리 높은 실력이라 보기 어렵다. 오히려 토픽 4급 수준의 학습자 B가 총 25점 가운데 10점으로 학습자 A보다 높은 실력은 갖추고 있으며, 학습자 C는 토픽 3급의 수준이지만 25점 가운데 5점으로 실력이 가장 낮은 학습자이다. 이와 같은 차이는 한국어 실력의 차이에서 비롯된 것일

---

8) 허 용 외, 「한국어표현교육을 어떻게 해야 할까?」, 『외국어로서의 한국어교육학 개론』, 박이정, 2005, 367-368쪽. 말하기 교유에서 가르쳐야 하는 분야를 발음과 억양/정확성과 유창성/ 의사소통능력/ 상호작용으로 분류하고 있다. 가르쳐야 하는 분류라면 당연히 평가에서 역시 이와 같은 기준이 필요함을 의미하는 것이 할 수 있다.

수도 있지만 개인의 성향 차이도 분명 있을 것이다. 학습자 A는 성실하고 착하지만 과묵한 남학생이고, 학습자 B는 긍정적이며 유머러스하고 장난끼 넘치는 여학생이며 학습자 C는 교유관계에 큰 문제는 없지만 단짝 친구와 항상 모든 일을 함께 하는 조금은 의존적인 인물이라 할 수 있다.

하지만 중간시험 과제발표에서 7점, 10점, 5점의 수준을 보인 학습자 A~C는 이후 기말시험 과제발표에서 확연히 다른 성적을 보인다. 학습자 A는 15점, 학습자 B는 19점, 학습자 C는 12점으로 한국어 말하기 실력이 성장하고 있음을 알 수 있다. 이때 가장 많은 변화를 보이는 항목은 유창성과 상호작용 그리고 의사소통이다. 이 항목은 사실상 자신감 저하 및 긴장 그리고 두려움과 관련이 깊다. 말하기는 여타의 기능 영역과 달리 짧은 시간에 실력이 그대로 드러나는데 이때 기분은 '벌거벗은'느낌과 같다고 한다. 이에 자신감이 하락하고 긴장과 두려움을 느끼면서 잘 하던 말도 제대로 하지 못하고 잘 알던 단어도 제대로 알아듣지 못하는 상황이 일어나서 의사소통은 물론 상호 작용을 할 준비도 안 될 뿐더러 유창성은커녕 말문이 닫히게 되는 것이다.

학습자 A~C 역시도 중간시험과제 발표에서는 이와 같은 형상을 겪었지만 이후 기말시험 과제 발표에서는 다른 면모를 보인다. 이는 언어표현능력의 점수차뿐만 아니라 비언어표현능력에서 변화된 태도를 통해 확인이 가능하다.

〈표 2〉 2017년 가을학기 학습자 A~C의 중간 및 기말시험과제에 관한 비언어표현능력 평가표

	2017년 가을학기 중간과제시험 시	2017년 가을 학기 기말시험과제 시
학습자 A	외워서 말하기. 빨리 말하기. 인사 없이 자리로 돌아가기. 경직된 자세와 표정. 눈치 보기	질문 유도하기, 뜸들이기, 전설을 곁들여 설명하기, 상황극에 접속하기. 발표 시간을 즐기는 태도와 여유로운 표정, 발표의 속도
학습자 B	외워서 말하기. 빨리 말하기. 질문 두 번씩 듣기. 경직된 자세. 변화 태도.	유머, 상황극 접속, 긍정적 분위기, 발표 시간을 즐기는 여유.
학습자 C	심장 떨림. 주저 않기. 긴장한 얼굴. 눈 마주침 최소화. 눈물 흘리기.	질문과 솔직한 응답, 자신의 고향 소개에 열중, 미소와 웃음, 대본이 없는 말하기

<표 2>는 비언어적 표현 능력을 평가해본 것이다.9) 중간시험 개인발표 당시 학습자 A~C

---

9) Lee(2012)가 제시한 공인된 말하기 시험의 평가 항목은 총 8가지로 accuracy(정확성), range(범위), appropriacy(적절성), fluency(유창성), interaction(상호작용), pronunciation(발음), organization(조직성), message delivery(의미 전달), flexibility(유연성), intelligibility(이해명료성), comprehension(이해도), relevance/adequacy(관련성/적확성), overall impression(전체적 인상)이 있다. <표 2>는 Lee가 말한 전체적 인상에서

는 모두 긴장, 자신감 하락, 두려움으로 인해 경직된 태도로 시험에 참여한다. 모두 빨리 이 시간이 지나기를 바라는 마음이 그들의 행동에서 확인된다. 그러나 기말시험 개인발표에는 전혀 다른 모습으로 등장한다. 미소와 웃음 여유와 그 시간과 상황을 장악하는 흡입력까지 발휘한다. 물론 언어표현적 측면에서는 여전히 부족한 부분이 많지만 그럼에도 비언어표현적 측면에서는 유의미한 변화를 확인할 수 있다.

그렇다면, 이들의 유의미한 변화는 어떻게 시작된 것인가? 이상의 물음에 해답은 다음 장에서는 한국어 말하기 개인발표의 가치를 살펴보고 이를 통해 말하기 교육의 하나의 과제로 모국 문화 활용 관해 논의하면서 확인해보고자 한다.

3. 과제 발표 사례를 통한 말하기 교육 방안 제언

2017년 가을학기 중간시험 개인발표 과제와 기말시험 개인발표 과제는 크게 두 지점에서 차이를 보인다. 그 첫 번째는 내적 동기 유도를 위한 유의미한 상황 설정이다. 교사는 학습자들의 궁극적인 목표와 관심이 무엇인지 또 그들이 필요로 하는 지식과 언어 능력, 자율성 그리고 자신감을 일깨워 주어야 하며 이러한 활동이 그들에게 어떻게 도움이 되는지 분명하게 인식시켜야 한다.[10] 이와 같은 과제가 궁극적으로 학습자들에게 어떤 영향을 줄 수 있는지를 정확히 인지시키기 위해서는 그에 맞는 상황을 설정하는 것 역시 중요하다.[11] 이에 중간시험 개인발표 과제에서는 없던 "여행사 가이드 및 관광공사 직원"이라는 상황을 설정하였다.

중간시험 개인발표 과제에서는 "발표"에 주목하였다면, 기말시험 개인발표 과제에서는 "여행사 가이드 및 관광 공사 직원으로써의 발표"에 주목한 것이다.[12] 이러한 상황 설정은 학습자들의 아르바이트 혹은 앞으로의 직업 선택을 유념하여 결정한 것이다. 즉, 터키인과 터키라는 모국의 상황 및 문화와 학습자 본인들의 전공과 관련하여 만든 상황인 것이다. 수업시간에 이루어지는 일반적 발표가 아니라 미래의 상황을 염두하고 진행한 것이라는 점에서 학습자의 내적 동기를 불러일으키기 충분하다고 보인다. 특히나 학습자 B의 기말시험 개인발표

착안하여 작성한 것이다.

10) 허 용 외, 「한국어표현교육을 어떻게 해야 할까?」, 『외국어로서의 한국어교육학 개론』, 박이정, 2005, 368-369쪽.

11) 허 용 외, 「한국어표현교육을 어떻게 해야 할까?」, 『외국어로서의 한국어교육학 개론』, 박이정, 2005, 369쪽. 유의미한 상황에서 실제적인 언어를 사용할 수 있도록 권장한다.

12) 이상의 상황설정은 마치 발표하기라는 과제보다는 역할극이라는 과제에 가까운 것으로 보일 수도 있다. 역할극은 학생들이 다른 사람의 역을 맡아 이 사람들의 특징을 이용하여 상호작용하는 말하기를 의미한다. (김선정 외, 『한국어표현교육론』, 형설출판사, 2010, 61쪽.) 하지만 이러한 과제가 발표하기에서 벗어난 것은 아니다. 발표하기의 한 일부로 상황을 설정한 것이며 이 상황 속에서 진행하는 '발표하기'라 할 것이다.

과제자료를 살펴보면, "○○○여행사"라는 문구를 비롯하여 정확한 일정, 그 일정 동안의 날씨, 이동수단 및 포함 그리고 불포함 사항 등을 모두 고려하여 발표 과제를 작성한 것을 보면 충분히 그 내적 동기의 작용을 확인할 수 있다.

두 번째는 모국의 문화를 하나의 화두로 이용한 것이다. 한상미(2008)에 따르면 한국어 말하기 평가를 통해 외국인들의 한국에 대한 문화적 능력을 함께 평가할 수 있다.[13] 물론 이는 기능수업과 문화수업을 함께 통합하여 진행할 수 있다는 점에서 그 의의가 있다. 한국어를 배우면서 자연스럽게 익히는 생활 문화라면 의미가 다르지만 그 외 전통의 문화 혹은 기업 문화, 사회 문화, 경제 문화 등은 한국어를 배우는 단계를 모두 넘어선 후 지금은 한국어를 능숙하게 사용하는 외국인에게도 어려운 일이다. 하물며 급수의 높고 낮음을 넘어서 한국어를 배우는 단계의 학습자들에게 한국 문화를 한국어로 말하게 하는 것은 사실상 어려운 일이다. 모국어가 아닌 제2 언어로써 한국어를 배우는 것도 힘든데 낯선 한국 문화를 말하게 한다는 것은 매우 어려운 일이다.[14]

대부분의 한국어 교재에서 말하기 과제는 한국의 문화 혹은 한국과 모국의 비교 정도로 구성되어 있다. 물론 간혹 학습자 고향의 음식이나 문화에 대해 수업 시간에 간단하게 말하는 경우가 있지만 이러한 과제를 말하기 수업에 따로 시간을 내어 준비하고 발표하거나 시험에 적용하는 것은 극히 드물다. 연구자 역시 이와 같은 실수를 범했음을 인정한다. 2017년도 가을학기 중간시험 개인발표에서 "한국 혹은 한국과 모국의 비교"를 과제로 제시하였는데 앞서 학습자들의 발표자료를 보면 알다시피 너무나도 획일화되고 의미와 진정성 없을 뿐 아니라 의지마저도 느껴지지 않는다.

한국어 말하기 교육에서 말하는 그 행위 그 자체가 이미 긴장이 될 수밖에 없다. 한국어도 완벽하거나 능숙하지 않은 상황에서 제대로 잘 알지 못하는 한국 문화나 한국과 모국의 비교 등에 관한 말하기는 효과가 없다.[15] 자신감이 하락하고 긴장감이 높아지며 두려움까지 이끌어내기도 한다. 이에 연구자는 중간시험 개인발표에서 "한국의 문화, 한국과 터키의 문화 비교"를 주제로 발표를 유도하였다면, 기말시험 개인발표는 "모국의 문화(고향)"을 하나의 화

---

13) 한상미, 「한국어 교육에서의 문화적 능력의 평가 –말하기 평가를 중심으로」, 『한국언어문화학』 5권, 국제한국언어문화학회, 2008, 83~111쪽.

14) 이때, 한국 문화 및 역사 그리고 문학 수업의 필요성이 없다는 의미는 절대로 아니다. 이 연구에서 말하고자 하는 바는 말하기 수업 시 발표 과제에 관한 한 부분임을 분명히 밝히는 바이다.

15) 외국에서 한국어문학을 전공하는 외국인 학습자들 대상으로 강의를 할 때 가장 큰 어려움은 자료의 부족이다. 교재 및 한국어 자료 등이 부족하며 인터넷을 이용한다고 해도 이 또한 국가별 사용할 수 있는 사이트가 제한될 뿐 아니라 올바르지 못한 자료도 꽤나 많다. 학습자들은 제한된 자료로 한국과 한국어 및 문학 그리고 한국 문화를 배우게 되는 것이다.

두로 삼아서 과제를 낸 것이다. 이를 통해 학습자 자신이 잘 아는 그리고 자신이 좋아하는 주제를 과제로 진행할 때 자신감과 용기 그리고 즐거움이 생성됨을 알 수 있었다.

정리하면 2017년 가을학기 중간시험 개인발표 과제와 달리 기말시험 개인발표 과제에서는 내적 동기를 유발할 법한 상황과 자신감을 회복할 만한 모국문화는 내용 구성하게 함으로써 말하기의 즐거움을 알게 되며 자신감마저 회복하는 유의미한 변화를 이끌어 낼 수 있었던 것이다.16) 그리고 이와 같은 과제 발표는 청중으로 있는 여타의 학습자들에게도 흥미와 관심을 이끌어 낸다. 말하기 지도 시 학습자들이 먼저 의사소통 할 수 있는 기회를 주는 것이 중요한데, 특히 학습자에게 질문하고 화제를 제시하고 대화를 통제하는 등의 주도권을 허용하는 것이 중요하다.17) 청중이 된 학습자들은 발표를 하던 학습자들의 말하기를 듣고 이에 관해 서로 이야기를 하는 등의 행동의 취한다. 또한 연구자가 적극적으로 개입하지 않을수록 학습자들의 참여율을 좀 더 높아지는 모습을 보인다. 이때 청중인 학습자와 발표자는 모두 한국어로 말하기를 시도한다. 그것이 발표이든 질문이든 대답이든 말이다. 이 또한 모국에 대한 내용과 충실할 수 있는 상황, 그래서 자신이 있는 부분에 대한 발표였기 때문에 가능한 것이라 할 수 있다.18)

이러한 긍정적 효과는 이상의 과제를 말하기 교육의 한 방안으로도 사용해볼 수 있을 것이다. 즉, 말하기 발표 과제를 학습자 모국의 문화를 반영한 다양한 상황 속에서 발표하는 형식을 구성해보는 것이다. 그와 관련된 내용은 아래에서 확인이 가능하다.

---

16) 이러한 변화는 비단 2017년 가을 학기 기말과제 개인발표에 한정된 것은 아니다. 학습자 A와 B는 2018년 봄학기 중간시험 개인발표에서 자신이 진행한 과제를 수정 보완하여 "터키 이스탄불 총영사관 주체로 이루어지는 한국어 말하기 대회"에 자진 참가 의사를 밝혔다. 뿐만 아니라 학습자 C는 2018년 봄 학기 중간시험 개인발표 과제에서 "자신이 좋아하는 축구 팀 홍보하는 말하기"를 시도하였다. 학습자 C는 사진을 찍는 연구자를 보고 잠시 웃음을 보이는 것을 잊지 않았다. 이전의 학습자 C는 심장이 떨려서 주저 않는 모습, 땀을 흘리고 얼굴이 발표 내내 빨개져 있던 이였다. 그런데 지금은 "홍보식 말하기 발표"에서 자신이 좋아하는 축구팀의 의상까지 갈아입고 발표를 한다. 학습자 C는 이 당시 핑크 후드티를 입고 있었는데 자신의 발표순서가 오자 축구팀 티셔츠로 옷을 갈아입고 등장하여 많은 이들의 박수를 받았다.

17) 허 용 외, 「한국어표현교육을 어떻게 해야 할까?」, 『외국어로서의 한국어교육학 개론』, 박이정, 2005, 369쪽.

18) 물론 이러한 유미의한 긍정적 변화가 오직 "내적 동기를 유발할 법한 상황과 자신감을 회복할 만한 모국문화는 내용 구성"이라는 과제를 선택하였기 때문만은 아닐 것이다. 중간과 기말이라는 시간 사이에 개인적 변화 및 한국어 실력 성장등과 같은 변인요인이 있을 수 있다. 하지만 본고에서 말하는 긍정적 변화는 언어표현적 측면에 비해 비언어표현적 측면에서 더 잘 드러난다. 다시 말해 정확한 문법과 발음보다는 자신감과 용기 발표에 대한 변화된 태도 등에서 긍정적 변화가 잘 드러나는 것이다. 이러한 점에서 볼 때, 과제의 주제와 상황의 변화가 변인의 전부일 수 없지만 매우 중요한 변인요인임은 분명하다고 할 것이다

	문화[19]			
문화의 상위 유형	사회문화	생활문화	예술문화	정서문화
문화의 하위 유형	경제문화 정치문화 역사문화 교육문화	복식문화 주거문화 식사문화 예절문화	공연문화 영화문화 건축문화 공예문화	가족문화 종교문화 전통문화 현대문화
제시할 상황	한국기업 / 대사관 / 총영사관 / 통역번역 / 관광·여행 / 아르바이트 등			

위의 자료는 문화를 상위 유형과 그에 맞는 하위 유형으로 나눈 것이다. 상위 유형으로는 사회문화, 생활 문화, 예술 문화, 정서문화 등으로 나누어 볼 수 있다. 그리고 이에 따라 경제 정치, 역사, 교육, 복식, 주거, 식사, 예절, 공연, 영화, 건축, 공예, 가족, 종교, 전통, 현대 문화로 하위 항목을 설정할 수 있다. 이상의 항목에 따라 기업, 공적 기관, 아르바이트 등의 상황을 설정하여 과제를 진행할 수 있을 것이다. 예를 들어 영화관에 직원으로 영화 '아일라'에 관해 한국 사람들에게 프레젠테이션 하는 상황을 발표 과제로 설정할 경우를 생각해볼 수도 있을 것이다. 이러한 각각의 다양한 과제를 통해 여행사 직원으로 자신의 고향을 여행상품으로 만들어 프레젠테이션 하는 것과는 다른 말하기 표현 방법과 억양, 말하기 분위기 등을 경험할 수 있을 것이다.

그러나 이때 중요한 것은 수업 시간에 간단하게 하는 짝 활동이나 그룹 활동의 수준이 아니라 공식적 말하기의 활동으로 발표의 시간을 배정하는 것이 필요하다는 것이다. 교재의 문법을 활용하여 간단히 그 시간에 하고 지나가는 말하기 과제가 아니라 미리 준비할 시간을 충분히 준 후 공식적인 말하기를 진행할 수 있는 수업 시간 배정이 필요하다.

공식적 발표하기의 수업에서 과제는 "모국 문화와 유의미한 상황"을 제시해볼 수 있을 것이다. 앞서 논의한 바와 같이 여행사 직원으로 혹은 대사관 직원으로 또는 영화관 직원으로 상황을 설정하고 다양한 모국의 문화를 연결하여 발표하기를 할 때, 같은 공식적 발표하기라고 해도 그 각각의 다른 말하기 표현 방법을 익힐 수 있다는 장점이 있을 것이다. 또한 이러한 과제는 학습자로 하여금 준비하는 동안의 즐거움뿐만 아니라 발표하고 질문에 대해 대답하는 과정에서 역시 만족감을 느낄 수 있게 할 것이다. 그리고 이를 통해 학습자의 자신감 회복 및 생성이라는 유의미한 긍정적 변화를 확인할 수 있을 것이다.

---

19) 강승혜 외, 『한국문화 교육론』, 형설출판사, 2010, 9-10쪽 참고.

4. 결론

　본 연구는 모국 문화를 활용한 공식적 말하기 사례를 통해 한국어 말하기 교육의 한 방안을 제시하고자 하였다. 우선 2장에서는 내용적인 측면에서 모국문화를 활용하고 형식적인 측면에서 유의미한 상황이라는 두 요소를 활용할 때 극적인 변화를 확인할 수 있음을 사례를 통해 살펴보았다. 학습자 A~C가 보여준 유의미한 변화를 바탕으로 3장에서는 한국어 말하기 수업 시간에 모국문화와 상황을 활용한 과제를 제시하여 공식적 말하기의 실력의 변화를 이끌어 내고자 제안하였다. 그러나 본 연구는 사실상 사례 발표와 제안의 형식이라는 점에서 아쉬움이 남는다. 이에 학습자 모국 문화와 상황을 활용한 공식적 말하기 수업 계획과 교안 작성을 이후 연구 과제로 남기고자 한다.

참고 문헌

강승혜 외(2010), 『한국문화 교육론』, 형설출판사.

곽부모(2016), 『초급 한국어 말하기 평가』, 역락.

김선정 외(2010), 『한국어표현교육론』, 형설출판사.

부산외국어대학교 한국어문화교육연구소(2010), 『한국어 성취도 평가의 실제-말하기 쓰기 편』, 한국문화사.

허 용 외(2005), 『외국어로서의 한국어교육학 개론』, 박이정.

허 용 외(2006), 『언어교수 이론과 한국어 교육』, 한국문화사.

허 용 외(2010), 『한국어 교수법』, 형설출판사.

강소산(2015), 「한국어 말하기 성취도 평가에 대한 교사의 인식과 말하기 평가 효능감」, 『화법연구』 30, 1-35쪽.

강진숙 외(2012), 「발표하기를 활용한 시사한국어 교육방안」, 『교육문화연구』 18, 인하대학교 교육연구소, 197-216쪽.

강현주(2014), 「말하기 능력 평가에서 대화 과제 도입의 필요성」, 『어문논집』 71, 민족어문학회, 353-376쪽.

고경민(2013), 「스토리텔링을 활용한 한국어 말하기 교육 방안」, 『스토리&이미지텔링』 5호, 건국대하교 스토리앤이미지텔링연구소, 39-59쪽.

김고운(2012), 「과제 중심의 말하기 수업 사례 발표-공공시설 이용하기 과제 수행을 중심으로-」, 국제한국어교육학회 추계발표논문집, 347-351쪽.

김나미 외(2007), 「L2 한국어 말하기 유창성 평가의 신뢰도 검증」, 『언어학연구』 45집, 한국중원언어학회, 483-524쪽.

김보은(2017), 「한국어교육에서의 말하기 과제에 대한 연구」, 『새국어교육』 110, 한국국어교육학회, 247-279쪽.

김윤희(2017), 「한국어 말하기 성취도 평가 결과와 학습 불안감 및 학습 전략과의 상관관계」, 『한글』 318, 한글학회, 221-242쪽.

김지은(2012), 「한국어 학습자의 구두 발표에 나타난 음성, 음운적 요인에 대한 교사 인식 및 평가」, 『한국어교육』 23, 국제한국어교육학회, 65-90쪽.

김지영(2014), 「과제 수행 중심의 한국어 말하기 수업에서 담화 분석 활동」, 『한국어교육』 25권, 국제한국어교육학회, 29-52쪽.

김지혜(2012), 「한국어 학습자의 과제별 스토리텔링 수행 능력에 관한 소고」, 『우리어문연구』 44집, 우리어문학회, 361-387쪽.

나은미(2010), 「정보전달 발표에 대한 평가 분석」, 『한국어학』 49, 한국어학회, 181-208쪽.

민병곤 외(2017), 「학문 목적 한국어 말하기 평가 도구 개발 연구」, 『국어교육』 157, 한국어교육학회, 309-340쪽.

박광규(2017), 「한국어 말하기 교육의 연구 현황 및 제언」, 『언어과학연구』 81, 언어과학회, 43-79쪽.

원미진(2017), 「한국어능력시험(TOPIK) 말하기 평가 개발을 위한 모의시험 개발 절차」, 『외국어로서한국어교육』 47, 연세대학교 언어연구교육원, 164-170쪽.

엄나영 외(2012), 「전래동화를 중심으로 한 '자기 문화 스토리텔링' 활용 한국어 말하기 능력 신장 방안 연구」, 『한국언어문화학』 9권, 국제한국언어문화학회, 179-210쪽.

이동은(2009), 「한국어 말하기 숙달도 시험의 고찰을 통한 말하기 과제의 개발 방안」, 『한민족어문학』 54, 한민족어문학회, 223-248쪽.

이향(2013), 「한국어 말하기 평가의 발음 영역 채점에서 채점자 특성에 따른 채점 경향 연구」, 『외국어로서 한국어교육』 39, 연세대학교 언어연구교육원, 213-248쪽.

임화정(2009), 「과제중심의 한국어 말하기 지도 방안」, 『교육문화연구』 15집, 인하대학교 교육연구소, 65-90쪽.

정명숙(2011), 「한국어 구어 문법 평가의 방향」, 『문법교육』 15집, 한국문법교육학회, 73-95쪽.

정명숙(2014), 「말하기 전략 개발을 위한 과제 구성 방안」, 『이중언어학』 57집, 이중언어학회, 173-198쪽

조수진(2016), 「한국어능력시험(TOPIK)과 한국어말하기평가의 관계연구」, 국제한국어교육학회 학술대회 발표자료, 199-209쪽.

지현숙(2005), 「인터뷰 시험 담화 분석을 통한 한국어 구어 능력 평가의 구인 연구」, 『국어교육연구』 16집, 서울대학교 국어교육연구소, 79-104쪽.

한상미(2008), 「한국어 교육에서의 문화적 능력의 평가 –말하기 평가를 중심으로」, 『한국언어문화학』 5권, 국제한국언어문화학회, 83-111쪽.

현윤호(2001), 「과제 수행 중심의 말하기 지도 방안- 말이 트이는 한국어를 중심으로」, 『한국어교육』 12집, 국제한국어교육학회, 511-531쪽.

제4장

김 보 경 · 김 진 옥 · 김 미 정

프랑스 파리 디드로 대학교*
Paris Diderot University

프랑스 학습자를 위한 한국어 중급 읽기 교수법: '시사강독' 수업의 예

1. 머리말

한국어를 일반 목적으로 가르치는 기존의 어학당이나 세종학당이 아닌 대학교의 한국학 전공 과정에서는 말하기, 듣기, 읽기, 쓰기, 네 영역의 비중이나 중요도가 조금 달라진다. 어학당에서는 말하기 위주의 의사소통 능력이 중심이 되는 데 비해 한국학과에서는 이와 더불어 한국학 지식을 습득하기 위한 읽기 능력이 중요시된다고 볼 수 있다. 한국학을 전공하는 학사 과정 학생, 즉 학문 목적 한국어 학습자에게 읽기 능력은 텍스트를 이해하는 능력에 그치는 것일 뿐 아니라 한국 역사, 문화, 사회, 정치, 경제, 문학과 같은 학문적 지식을 매개하는 능력이기 때문이다.[1]

---

* '파리 디드로 대학교(Université Paris Diderot)'는 1995년부터 바뀐 '파리7대학교'의 새 명칭이다. 외국에서는 아직도 '파리7대학교'로 알려져 있기도 하다.

1) 또마쉬 호락(2016)에서는 대학교에서 설정한 교육 과정의 기본적 목표는 '한국에 대한 앎'이라고 할 수 있고 전 과정을 이수한 학생이 한국 언어, 문학, 역사, 문화 등 제반 분야에 걸쳐 많은 전문 지식을 습득하여 자신의 앎으로 만들어야 하는데 그러기 위해 광범위한 독서가 필수적이며 문자 언어 형태의 한국어라는 도구가 꼭 필

한국어 읽기 능력은 또한 어휘와 문법 능력을 바탕으로 함과 동시에, 반대로 읽기를 통해서 어휘와 문법 능력도 강화된다. 그런데 이 두 영역은 말하기, 듣기, 쓰기에도 기반을 이룬다. 그러므로 한국학과에서 이루어지는 읽기 수업은 한국어 읽기 능력 배양이라는 목적 이외에도 한국학 전반에 관한 지식 습득을 매개하여 한국에 대한 이해를 깊게 하고 스스로 연구할 수 있는 토대를 마련해 주기도 한다는 점에서 중요하다고 할 수 있다.

이 글에서는 읽기 교육 이론을 살펴보고 파리 디드로 대학의 한국학과 3학년 과정의 시사 강독 수업의 내용과 방법을 제시할 것이다. 그리고 그 내용을 바탕으로 효과적인 읽기 교수법을 고안해 보고자 한다.

2. 읽기 교육 이론 및 유럽공통참조기준

읽기 교육 이론에는 정보 처리 이론, 인지과정 이론, 초인지 이론 등이 있다. 전통적인 정보처리 이론에서 제시하는 읽기 모형으로 상향식과 하향식, 상호작용적 읽기 모형이 있는데 상향식 읽기 모형은 작은 단위에서 전체 글로, 즉 단어에서 문장으로, 문장에서 단락으로, 단락에서 전체의 글로 이어지는 정보 처리 과정을 통해 텍스트를 이해한다고 보는 견해이다 (Gouph, 1972). 하향식 읽기 모형은 상향식과 달리 연역적인 성격의 모형으로 전체적인 것에서 출발하여 세부적인 것을 이해하고 명확히 하며 읽기 과정에서 독자가 핵심적인 역할을 한다는 이론이다(Goodman, 1967). 상호 작용 모형에서는 실제 읽기 과정에서 이 두 가지 모형이 따로 분리되어 있는 것이 아니라 하나의 통합된 전체로서 상호 작용 속에서 읽기가 이루어진다고 보았다(Rumelhart, 1977).

또한 정보 처리 이론 이후에 인지 과정 이론에서 스키마(schema) 이론이 등장하는데 스키마는 학습자가 형성한 다양한 지식의 구조를 의미하며 형식 스키마와 내용 스키마가 이해에 큰 영향을 끼친다고 하였다(Anderson, R. C., 1977). 형식 스키마는 글의 형식 정보에 대한 지식 구조를 뜻하며 글의 구조에 따라 읽기 교육을 하면 학습자들이 글을 더 잘 이해할 수 있다고 하였고, 내용 스키마는 학습자의 기억 속에 이미 저장되어 있는 지식 구조로서 사전 지식 또는 배경 지식이라고 할 수 있다.

초인지 이론에서는 사고 과정에서 일어나는 복잡한 지적 작용을 활용한 읽기 전략이 중요하다고 했다(Block, E. L. 1992). 학습자가 텍스트를 읽을 때 발생하는 스스로의 인지 활동을 인식하고 텍스트에 따른 다양한 읽기 전략을 방법적 지식으로 학습하여 적절하게 이용함으로

요하고 외국어 학습 영역 중 읽기의 중요성이 상대적으로 크다고 했다.

써 읽기 능력을 향상시킬 수 있다고 보는 이론이다.

이 이론들은 읽기 활동 중 발생하는 다양한 인지 활동을 기술, 제시한 것으로 학습자의 언어 수준과 텍스트 종류 등 여러 사항을 고려하여 읽기 수업에서 상호 보완적으로 이용할 수 있겠다.

이러한 다양한 이론적 바탕 위에서 또한 교실에서 실제적으로 고려해야 할 사항으로 유럽에서 모든 언어 교육에 적용하여 사용하고 있는 유럽공통참조기준(Common European Framework of Reference for Languages; CEFR)이 있다. 유럽공통참조기준에서 제시하는 정보와 논점 이해 능력에 대한 등급 내용은 다음과 같다.

〈표 1〉 유럽공통참조기준(CEFR): 정보와 논점 이해 등급

	정보와 논점을 이해하기
C2	C1과 같음
C1	사회생활이나 직업, 교육에서 접하게 되는 다양한 종류의 길고 복합적인 텍스트를 이해할 수 있으며, 이때 미세한 뉘앙스의 차이나 명시적이거나 암묵적으로 나타난 태도와 의견을 파악할 수 있다.
B2	자신의 전문분야의 고도로 전문화된 출처들에서 정보, 생각과 의견 등을 찾아낼 수 있다. 글에 사용된 전문용어를 제대로 이해했는가를 확인하기 위해 종종 사전을 찾을 수 있다면, 자신의 전문분야 외의 전문 기사를 읽고 이해할 수 있다.
	시사 문제에 관해 필자가 특정한 태도나 관점을 주장하는 신문 기사를 읽고 이해할 수 있다.
B1	명확하게 쓰인 논설문에서 주요한 결론을 파악할 수 있다. 어떤 주제가 다루어질 때, 세부까지는 아니더라도 논점을 파악할 수 있다.
	친숙한 주제에 관한 평이한 신문기사에서 주안점을 파악할 수 있다.
A2	사건을 서술하는 편지, 팸플릿, 신문 기사 같은 비교적 간단한 글로 된 자료에서 특정 정보를 찾아낼 수 있다.
A1	특히 시각적인 보조 자료가 있을 때, 비교적 단순한 정보가 담긴 자료나 짧고 간단한 설명문을 읽고 내용을 대략 파악할 수 있다.

위에서와 같이 유럽공통참조기준은 완전 초보자 수준에서부터 자료의 내용 파악 능력을 목표로 제시하고 있으며 그 다음 단계인 A2 수준에서부터는 신문 기사에서 특정한 정보를 찾아낼 수 있는 능력을 제시하고 있다. 중급 단계인 B1에서부터는 신문 기사나 논설문에서 주안점이나 논점, 그리고 결론 파악이 목표로 제시되고 있다. 초급 수준에서부터 단계적으로 실제적인 자료를 이해하는 연습을 통해 정보를 이해하는 능력을 향상시키고 중급 수준 B1과 B2에 해당하는 시사강독 수업에서 이를 본격적으로 적용할 수 있을 것이다.

3. 파리 디드로 대학교 시사강독 읽기 교수 방법

신문기사나 방송 기사를 활용한 시사강독 수업은 실제적인 자료를 활용한다는 점에서 의미가 있다. 이러한 자료들을 활용한 읽기 수업은 기존의 한국어 교재에서 사용되는 읽기 지문과 달리 가공되지 않은 실자료이기 때문에 학생들이 어렵게 느끼는 것이 사실이지만 기사만이 갖는 내용과 형식을 학습할 뿐 아니라 읽기 이론에서 제시한 여러 인지 활동을 학습하고 이용하여 읽기 능력을 확장시키는 데 의의가 있는 것이다.

더불어 한국학을 전공하는 한국학과 학생들이 한국에 대한 다양한 지식을 쌓게 하기 위한 중요한 자료가 되는 실제적인 기사를 활용한 읽기 수업은 단순히 한국어 능력을 향상시키는 것 이상으로 학습자가 그 사회에 대한 통합적 안목을 갖는 데 기여한다고 볼 수 있다.

그러므로 시사강독 수업에서는 기사에 담긴 한국의 사회·문화적인 내용을 이해하고 기사의 구조와 어휘 및 문장 유형 학습이 이루어진다. 이러한 기사의 형식 스키마와 내용 스키마를 활용하여 교실 밖 상황에서도 학습자 스스로 한국학을 연구하고 학습할 수 있는 독해 능력을 길러주는 데 이 과목의 목표를 둔다.

3.1. 읽기 자료 선정

먼저 시사강독이란 과목이 목표하는 바를 고려하여 자료는 전적으로 시사성과 시의성이 있는 것으로 선정하였다.[2] 수업 준비에 소요되는 작업으로 인해 한국에서 기사화된 시점보다 2주 정도 후에 수업이 이루어졌다. 내용은 정치, 사회, 과학 등으로 선정했는데 정치는 주로 남북한 문제를 다루었다. 이것은 수업 첫 시간에 진행된 뉴스 선호 조사에서 학생들이 가장 선호하는 주제이기도 하고 최근 급부상한 남북 3차 회담의 가능성이 더 좋은 기제가 되기도 했다.

또한 읽기 전 단계 작업으로 스키마 형성을 생각함과 동시에 읽은 후 실용성의 확대를 고려하여 다중 텍스트를 살펴볼 수 있는 자료를 선택했다. 여기서 다중 텍스트란 한 주제에 대한 구어적, 문어적인 여러 방면의 자료가 존재하여 정보 공유가 용이한 기사를 일컫는다.

---

2) <파리 디드로 대학교 과목 개요> 참조.
　시사강독(Lecture de la press 2) 수업의 목적은 언어적으로 시사 자료의 특수한 표현과 다양한 영역(사회, 정치, 경제, 과학, 문화 등)에 관련된 어휘를 배우고, 내용 면에서는 한국 시사에 대한 지식을 습득함과 동시에 한국과 세계를 바라보는 한국인의 시각을 비판적으로 볼 수 있는 능력을 키우는 것이다. (L'objectif de ce cours est double : Acquisition d'expressions et tournures journalistiques du vocabulaire de domaines différents (société, politique, économie, sciences, culture) ainsi que de connaissances des actualités coréennes avec un regard critique de la vision coréenne de la Corée et du monde).

파리 디드로 대학교의 시사강독 수업은 필수 과목으로, 학사 과정 3학년 1학기, 2학기에 개설되어 있다. 한 학기는 중간고사를 포함하여 12주간 진행되는데, 1주일에 1.5시간으로 한 학기에 총 18시간 진행되고 있다. 시사강독을 수강하는 3학년 학생들은 보통 30명 내외이며 학생들의 한국어 수준은 B1-B2정도이다.[3] 2017-2018년 2학기 시사강독 수업에서 다루어진 구체적인 기사의 제목을 살펴보면 다음과 같다.

〈표 2〉 시사강독 수업에서 다룬 기사 제목

주	분야		기사 제목
1-2	스포츠/정치	기본	평창 올림픽 홍보대사 피겨 여왕 김연아를 만나다 (스포츠)
		심화	평창 남북 공동 입장 쟁점 (정치)
3-4	사회	기본	미세먼지 '당근과 채찍' 저감장치 지원-배출업체 단속 (환경)
		심화	왜 서울은 런던이 아니라 파리를 따라갔을까? (환경)
5-6	사회/과학	기본	북극 한기 왜 밀려왔나. 매년 겨울 마다 반복? (과학)
		심화	지구온난화와 역설? 올겨울 추운 이유
7-8	국제관계/정치	기본	'김 씨 일가' 첫 방남 김여정, 막후 권력 실세 (북한)
		심화	1,2차 정상회담, 한국이 미 설득 '북 미 관계' 풀리며 난관 돌파 (북한)
9-10	사회	기본	"혼자가 아니다"... 곳곳 미투 지지 함성
		심화1	이제 여직원들과 일 못 하겠네 미투에 삐딱한 한국 사회 민낯
11	사회	심화2	미투의 힘 성 관대했던 프랑스도 규제 강화

시사강독 수업을 진행해 본 결과 한 학기에 10개 정도의 기사를 다룰 수 있었다. 2주를 단위로 하여 한 주제를 다루었다.

3.2. 수업 구성

시사강독 수업도 역시 일반적인 읽기 과정과 마찬가지로 크게 읽기 전 단계, 읽기 단계, 읽기 후 단계로 구성해 볼 수 있다. 읽기 전 단계에서는 학습자의 동기를 유발하고 학습자가 흥미를 가질 수 있도록 다양한 자료를 제시하고 배경지식을 활용하여 읽기 이해를 돕도록 한다. 2주에 걸쳐 1가지 주제를 다루었는데 첫 번째 주에서는 주제를 잘 나타내는 짤막한 방송 기사를 선정하여 그 주제의 배경지식을 형성하고 그 주제에 해당하는 필수 어휘를 학습한다.

---

3) 파리 디드로 대학교의 학사과정은 3년 과정이며, 1-2학년에서 한국어 초급에서 중급 초반 수준까지 배우게 된다. 읽기 연습은 '문법'이나 '문법 연습' 과목, 그리고 '원거리 자율학습 프로그램'에서 부분적으로만 이루어지기 때문에 3학년 시사강독 수업에서 본격적인 읽기 수업이 이루어진다고 볼 수 있다.

두 번째 주에서는 첫 번째 주에서 학습된 단어와 배경지식을 통해 좀 더 확장된 읽기를 하도록 했다.

기사는 2018 평창올림픽, 미세먼지, 지구온난화, 북한 문제 등에 관한 주제를 선별했다. 주제의 수를 다양하게 늘리는 것보다 소수의 주제를 가지고 각각 다른 깊이로 다룬 것은 자료의 양에 대한 학생들의 심적 부담감을 줄이면서 관련된 주제에 대해서는 더 깊이 숙지하도록 하고자 한 결과였다. 다음에서는 1, 2차시 수업에서 다룬 기사를 통해 읽기 수업의 전개 방식 및 수업 내용을 단계별로 제시하고자 한다.

3.2.1. 읽기 단계 1 : 배경지식 형성을 위한 짧은 기사 읽기

읽기 단계 1에서는 학습자들의 배경지식을 활용하여 읽기에 대한 동기를 부여한다. 또한 배경지식이 부족한 학생을 위해 관련 기본 지식을 습득하게 하여 읽을 내용에 대해 예측하거나 추출할 수 있도록 돕는다. 그래서 PPT를 활용하여 다양한 사진이나 그림 자료를 제공하기도 하고 중요한 키워드를 제공하였다. 다음은 1차시 수업의 진행 사항이다.

〈표 3〉 스키마 형성을 위한 읽기 수업 구성

학습목표	주제에 접근하기 위한 스키마 형성 및 흥미 유발
자료	제목: 평창 올림픽 홍보대사 피겨 여왕 김연아를 만나다 <MBC 2018-01-11> - 방송 시청각 자료 - 기사 스크립트 - 포스터 등 보조 PPT (김연아 캐나다 올림픽 / 평창올림픽 홍보 영상 첨부)
활동	- 앵커와 기자 역할 읽기 짝 활동 - 어려운 단어 및 관용어 학습 - 내용 이해 점검 (질문 / 내용 이해 연습지 활용) - 더 알고 싶은 것 말하기 / 차시 준비 알림

한국 사람들의 올림픽에 대한 높은 관심을 환기시켰으며 또한 평창의 지정학적 조건으로 서울과의 거리나 강원도의 날씨 등을 소개함으로써 학생들이 입체적으로 이미지를 구축할 수 있도록 사진이나 도표를 활용하였다.

또한 읽기 전 단계에서 필수적인 단어를 미리 키워드로 제시했다. 이 단계에서는 단지 기사를 읽을 수 있도록 도와주는 필수적인 키워드만을 제시하고 기사에 나오는 모든 단어를 제공하지는 않았다. 왜냐하면 모르는 단어에 노출되는 것에 익숙해져야 하며 문맥에 맞게 추측, 생략해서 전체 주제를 파악하거나 문맥을 이해할 수 있는 능력을 기르는 것 또한 학습 목표이기 때문이다.

3.2.2. 읽기 단계 2 : 심화 읽기

2차시 심화 기사에 대한 읽기 활동은 먼저 기사의 구조를 알리기 위해 제목과 전문이 있는 상태로 기사를 선정하였다. 내용 지식과 함께 형식 관련 지식도 이해도를 위한 중요 요인이고 기사의 제목과 개요의 가장 중요한 기능 중의 하나는 본문 내용에 대한 요점을 제시하는 것이기 때문이다.

<표 4> 2차시 심화 읽기 기사

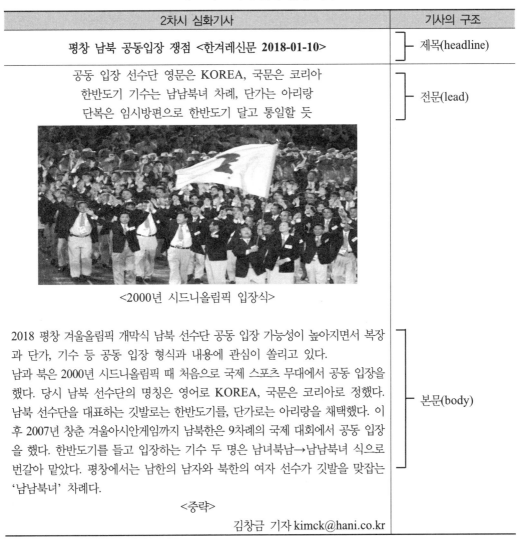

2차시 심화기사	기사의 구조
평창 남북 공동입장 쟁점 <한겨레신문 2018-01-10>	제목(headline)
공동 입장 선수단 영문은 KOREA, 국문은 코리아 한반도기 기수는 남남북녀 차례, 단가는 아리랑 단복은 임시방편으로 한반도기 달고 통일할 듯 <2000년 시드니올림픽 입장식>	전문(lead)
2018 평창 겨울올림픽 개막식 남북 선수단 공동 입장 가능성이 높아지면서 복장과 단가, 기수 등 공동 입장 형식과 내용에 관심이 쏠리고 있다. 남과 북은 2000년 시드니올림픽 때 처음으로 국제 스포츠 무대에서 공동 입장을 했다. 당시 남북 선수단의 명칭은 영어로 KOREA, 국문은 코리아로 정했다. 남북 선수단을 대표하는 깃발로는 한반도기를, 단가로는 아리랑을 채택했다. 이후 2007년 창춘 겨울아시안게임까지 남북한은 9차례의 국제 대회에서 공동 입장을 했다. 한반도기를 들고 입장하는 기수 두 명은 남녀북남→남남북녀 식으로 번갈아 맡았다. 평창에서는 남한의 남자와 북한의 여자 선수가 깃발을 맞잡는 '남남북녀' 차례다. <중략> 김창금 기자 kimck@hani.co.kr	본문(body)

본격적으로 과제를 수행하는 읽기 단계에서는 본문 내용을 이해하기 위하여 개요 파악, 특정 정보 파악 등의 실제적인 활동이 이뤄져야만 한다. 대부분의 읽기 수업이 말하기나 쓰기 등 통합 수업으로 이어지는데 본 수업에서는 읽은 기사문에 대해 자신의 의견을 간단히 말하거나 3~4줄로 요약하기까지로 그 한계를 정하고 통합 수업에는 크게 비중을 두지 않았다. 각영역별 과목이 따로 있기도 하려니와 읽기 능력 강화에 집중하기 위해 쓰기 연습으로의 확장을 통제했다.

이 단계에서는 먼저 전 시간에 배운 배경 지식 활성화를 위하여 몇몇 핵심 단어를 추출하고 그 단어를 보고 브레인스토밍을 하게 한다. 그럼으로써 학생들이 배울 내용에 대해 추측하고 주제에 대한 인지 활동에 집중할 수 있다. 그 다음으로 전체 글을 훑어 읽으며 밑줄을 긋고 주제, 즉 이 글이 무엇에 대해 쓰였는지를 추측해 보게 함으로써 학생들의 인지 전략을 끌어내려고 했다. 그 후에는 어휘 및 문장 단위로 설명하고 질문 및 이해 작업을 한 후에 다시 자세히 읽고 단락별로 요약하는 것으로 이해도를 점검했다. 다음은 2차시 수업의 진행 사항이다.

〈표 5〉 2차시 심화 읽기 수업 구성

학습 목표	핵심 내용 및 주제이해
자료	제목: 평창 남북 공동 입장 쟁점 〈한겨레신문 2018-01-10〉 - 기사 - 관련 주제, 방송 시청각 자료 - 내용 이해를 위한 보조 PPT
활동	- 한 단락씩 나누어 읽기 　몇 명 학생이 기사를 낭독하고 다른 학생들은 모르는 단어에 밑줄 긋기 - 어려운 단어 및 관용어 학습 - 중심 내용 파악하며 읽기 (개인 활동) → 각 단락의 핵심 문장 찾기 (그룹 활동) - 특정 정보 질문 → 주제문 찾기 → 요약하기 (개인 및 그룹 활동)

3.2.3. 읽기 단계 3 : 내용 이해도 점검 및 확인

이 단계는 정리 단계로서 읽은 내용에 대한 점검과 더불어 요약하는 법, 주제문 찾는 법 등의 기술적인 방법을 습득하는 단계이다. 더불어 자기가 쓴 요약문 고치기 혹은 교사와 함께 고치기까지를 포함하는 읽기의 마지막 단계라 할 수 있다. 이 단계가 중요한 것은 학생이 이후 유사한 읽기 자료를 접했을 때 학습한 기능과 전략을 활용해 그 효과를 체험하는 단계로 접어들기 위해서이다. 다음은 2차시 수업 내에서 이루어진 내용 이해도 점검 및 확인 사항이다.

<표 6> 내용 이해도 점검 및 확인 수업 구성

학습 목표	핵심 주제 파악 및 내용 요약
자료	제목: 평창 남북 공동 입장 쟁점 <한겨레신문 2018-01-10> - 내용 요약법을 위한 보조 PPT - 학습한 내용 이해 연습지
활동	- 내용 이해 질문 : 이해 및 점검 1. 특정 정보 파악 2. 요약하기 3. 주제문 찾기 - 더 알고 싶은 것 및 자신의 의견 말하기 / 요약문 발표 - 차시 준비 알림

다음은 내용 이해도 점검 및 확인을 위해 사용된 연습지이다. 특정 정보를 파악하고 있는
지 먼저 묻고 핵심 문장을 찾아 요약하고 주제문을 찾도록 유도했다. 요약의 기법에 대해서
는 실제 기사로 현시하며 설명했다. 그러나 요약문에서 문법적 오류에는 큰 관심을 두지 않
았다. 내용이 바뀔 정도의 오류라면 수정해야 하지만 문법이 이 수업의 목표가 아닌데다가
지엽적인 문법에 신경 쓰다가 줄거리를 잃지 않기 위함이었다.

<표 7> 내용 이해 연습지 : 1, 2차시

내용 이해 연습지	질문 유형

1. 윗글을 읽고 다음 물음에 답하시오.
  1) 남과 북은 언제 처음으로 국제 스포츠 무대에서 공동 입장을 했습니까?
  2) 그때 남북 선수단의 명칭은 무엇이었습니까?
    - 영어 :   - 국문 :
  3) 그때 남북 선수단을 대표하는 깃발은 무엇이었습니까?
  4) 그때 단가는 무엇이었습니까?
  5) 지금까지 남북한은 몇 번이나 국제 대회에서 공동 입장을 했습니까?
  6) 이번에 한반도기를 들고 입장하는 기수는 어떤 순서입니까?
  7) 단가는 무엇으로 결정될 것으로 보입니까?
  8) 단복에 대해서는 왜 미묘한 문제가 있습니까?
  9) 단복을 어떻게 하는 것이 합리적이라고 합니까?
  10) 남북 선수단 규모에 대해서는 뭐라고 말했습니까?
	▶ <정보 찾기>

2. 이 신문 기사에서 말하는 것은 무엇인지 다음에서 고르십시오. 　1) 남북 공동입장의 찬성과 반대 　2) 남북 공동 입장의 형식과 내용 　3) 남북 공동 입장에 대한 남북의 입장 차이	▶ <주제 찾기>
3. 각 단락마다 중요한 문장을 찾아 밑줄을 그어 보십시오.	▶ <핵심문장 찾기>
4. 전체 내용을 3-4줄로 요약해 보십시오.	▶ <요약하기> 1. 예문/반복문 빼기 2. 상위항으로 묶기 3. 적절한 접속어 　사용해서 연결 짓기

4. 읽기 평가와 재조정

　평가가 정확하게 이뤄지기 위해서는 타당도, 신뢰도 및 실용도가 갖춰져야 그 결과가 유의미하다. 본 읽기 수업의 평가는 문장의 이해와 단락의 이해 및 처리 능력 위주로 이뤄졌다. 현재 중간고사를 본 상황이고 중간고사는 수업시간에 연습했던 문제 중에서 대부분을 차출하면서 정보 찾기의 단순한 문항수를 줄이고 주제문 찾기와 요점 정리에 비중을 더 두었다. 3학년이지만 목표어에 노출 빈도가 많지 않기 때문에 실제적인 자료를 대하는 데는 상당한 어려움이 있었다. 그래서 형성평가를 수행평가의 일부로 사용해서 학생들의 사기를 진작시켜 동기를 부여하며 시사용어에 익숙해지는 효과를 얻으려 했다.

　중간고사는 총 수강생 33명 중 28명이 응시하였고 범위는 5,6차시까지였다. 그중에 1,2차시분의 정답률을 알아 본 결과, 정보 찾기나 주제문 찾기 등의 정답률은 비교적 높았지만 특히 요약하기 문제는 5점 만점에서 상(4~5점), 중(3점)이 35% 정도이고 하(1~2점)와 0점이 거의 50%를 육박하는 결과치가 나타났다. 중간고사에서 제시하는 1-2차시 범위의 문항과 정답률을 일부 제시하면 다음과 같다.

<표 8> 중간고사 문제 중 1-2차시 범위의 문항 및 정답률

중간고사 평가 항목	정답률
1. 남과 북은 언제 처음으로 국제 스포츠 무대에서 공동 입장을 했습니까?	1번 정답률: 89%
2. 그때 남북 선수단을 대표하는 깃발은 무엇이었습니까?	2번 정답률: 75%
3. 지금까지 남북한은 몇 번이나 국제 대회에서 공동 입장을 했습니까?	3번 정답률: 96%
4. 단가는 무엇으로 결정될 것으로 보입니까?	4번 정답률: 60%
5. 이 신문 기사에서 말하는 것은 무엇인지 다음에서 고르십시오. 　　1) 남북 공동 입장의 찬성과 반대 　　2) 남북 공동 입장의 형식과 내용 　　3) 남북 공동 입장에 대한 남북의 입장 차이	5번 정답률: 85%
6. 전체 내용을 2-3줄로 요약해 보십시오.	4-5점: 17.8% 3점: 17.8% 1-2점: 39.2% 0점: 25%

　이상의 결과에서 보면 비교적 정보나 주제 찾기 등의 부분적인 내용은 학생들이 어느 정도 이해가 되는 것 같지만 변별도가 비교적 낮았다고 볼 수 있다. 그런가 하면 기사의 전반적인 내용을 이해하는 중요한 열쇠인 요약하기에서는 학생들의 정답률에 비추어 볼 때 타당도가 낮은 것으로 판단되었다. 다음은 학생이 1, 2교시에 배운 기사를 요약한 자료 중 세 부류를 추출해 연습지와 중간고사 답안지를 비교해 보았다.

〈표 9〉 학생 자료 : 수업 내 요약하기 활동과 중간고사의 답안 비교

상	연습지 ⋮	*[학생 손글씨] 2018 평창올림픽 개막식 때 남북 선수단 공동입장 환경우 부광과 단가 기수 등 형식과 내용이 결정이 쉽지고 있다. 언러 가는 헌법스거를 듣고 입장하는 기수 우명은 남남북녀 하려다 이때 단가는 아리랑으로 결정고 단기는 남한의 거떼핀식뜻으로 통일할것이다*
	답안지	*[학생 손글씨, 박스 안] 2018 평창올림픽 개막식 때 내 선수단 공동입장 환경우 부광과 단가 기수 등 형식과 내용에 결정이 쉬려고 있다. 이때 기수 헌법스거를 듣고 입장하는 기수 우명 남남북녀 하려다. 이때 단가는 아리랑으로 결정고 남한의 거떼핀식뜻으로 통일할것이다*
	평가	이 연습지는 기사의 전체 단락을 범주화하여 잘 요약했고 답안지도 연습지와 거의 같다.

중	연습지 ⋮	*[학생 손글씨] 스포츠에서 한국과 북한 간의 이전 협력에도 불구하고 여전히 양국 간의 의견 불일치가 있다. 문제는 하나씩 해결된다.*
	답안지	*[학생 손글씨, 박스 안] 남북 선수단은 대표하는 기발로는 한반도기를, 단가요는 아리랑을 채택했습니다 그리고 개회식 회식복은 우리털 종전재를 쓴 홍콩틴이 대, 인조에 서예 제약 'TEAM KOREA'가 쓰 여있다. 태극기 부분은 한 반도기 리본이나 끈끈이 명찰로 대체할 수 있다.*
	평가	이 연습지는 기사 내용의 과정 부분이 생략되어 있다. 그런가 하면 답안지에는 세부사항을 나열하는 데 그쳐 적절하게 요약을 하지 못한 상태이다.

하	연습지 ⋮	*[학생 손글씨] 남북 선수단을 한반도를 대표한다. 그리고 올림픽에서 한 반도를 대표하는 역사이다.*
	답안지	*[학생 손글씨] 그 기사는 남북의 국제 스포츠 무대에서 공동입장을 역사이다. 그리고 공동입장 때 일동 양북는 의요한 문제에 대해서 말한다.*
	평가	이 연습지는 기사 의미 파악이 안 된 상태로 피상적 의견을 썼고 답안지에도 기사에 대한 요약을 하지 못했다.

중간고사 이전까지의 수업이 상향식에 비중이 있었다면 이후부터는 어휘력이나 문법보다 전체적 맥락 및 글의 구조에 대한 이해에 중점을 두게 되었다. 즉 학생들이 요약 문장을 만드는 것을 어려워하고 있기에 이해한 내용에 대해 짤막한 개조식 문장으로 표현하게 했다. 이 것은 학습자들과 시험에 대한 피드백할 때, 여러 원인 중 '문장을 쓰는 것이 어렵다'는 의견이 다수를 차지하여 학습자가 이해한 내용을 표현하는데 쓰기와 문법의 방해를 받지 않게 하려는 의도에서였다. 그러므로 이후에 진행되는 수업에서 다시 한 번 요약 방법을 학습하고 실제적으로 학생들이 개조식 요약을 하도록 전략을 재조정했다.

기말고사에서는 기존에 학습한 내용과 더불어 그와 비슷한 난이도의 새로운 기사를 출제할 예정이다. 새로운 기사에 대한 정보나 주제 찾기의 수행 능력과 요점 정리 능력을 확인하여 시사강독 수업을 통해 향상된 학습자의 전반적인 읽기 능력을 평가하기 위해서이다.

읽기의 목표인 전체적 맥락 및 글의 구조에 대한 이해에 이르게 하기 위한 구체적 교수 방안을 마련하기란 쉽지 않다. 하지만 수업은 생명력을 지니고 있기에 수업시간에 학생들과의 피드백을 통해 수업의 방향이나 방법의 변화는 필요하다고 본다. 본 수업은 진행됨에 따라 상향식보다는 의미 중심의 접근법인 하향식 읽기 모형에 비중을 더 두게 되었고 내용 이해를 목표로 하는 요약은 개조식으로 하여 수업시간에 점검을 하는 것으로 읽기 전략을 전환했다. 또한 과목의 목표에 접근하는 결정적인 요인을 찾는 과정에서 네이버 사이트에서 재공하는 기능인 '요약봇'의 정보식 요약을 참고하도록 유도하여 이후 학생들이 자신의 읽기 능력을 스스로 점검하고 향상시키는데 도움이 되도록 지도했다.

〈표 10〉 11주에 진행 예정인 기사의 수업 모형

제목	미투의 힘…'성' 관대했던 프랑스도 '규제' 강화	심화2
- 도입 단계 브레인스토밍 ↓ - 읽기 단계 문장단위 이해력 지도 ↓ - 이해도 확인 단계 개조식 요약 - 확장 학습 - 읽기 정보 소개	1. 이 기사를 읽으면서 추측되는 단어나 내용을 말해 보십시오. 2. 이 기사에서 말하는 것은 무엇인지 추측해 보십시오. 3. 모르는 단어나 어휘를 찾으십시오. 4. 이 기사에서 각 단락의 중요한 문장을 찾아 밑줄을 그어 보십시오. 5. 이 기사에서 말하는 것은 무엇인지 찾아보십시오. 6. 밑줄 그은 문장을 통해 이 글의 핵심을 3-4줄로 요약해 보십시오. 7. 이 기사를 본 후 '미투 운동'에 대한 자기의 의견을 간단히 써 보십시오. (철자/문법 오류 관계없음) 8. 네이버 사이트 '요약봇'의 정보식 요약 참고 유도	〈훑어 읽기〉 〈주제 찾기 1〉 〈문장 이해〉 〈핵심문장 찾기〉 〈주제 찾기 2〉 〈요약하기〉 〈인지 능력 활용〉 〈읽기 정보 공유〉

5. 맺음말

지금까지 읽기 교육의 전반적인 이론을 살펴보고 파리 디드로 대학교에서 진행되고 있는 한국어 시사강독 수업의 예를 제시하였다. 이 수업은 학문 목적 학습자들이 한국에서 현재 일어나고 있는 정치, 경제, 사회, 문화의 다양한 이슈를 직접 신문 기사를 통해 접하는 과정을 통해 한국 사회를 이해하면서 더불어 한국어 읽기 능력을 향상시키는 것을 목적으로 하는 중요성을 지니는 수업이라고 볼 수 있다. 본 수업의 시사점과 보완점을 제시하면 다음과 같다.

첫째, 시사강독 수업을 3단계로 나누어 단계적으로 진행하는 것이 학습자의 부담을 줄이고 이해를 높일 수 있었다. 1단계는 학습자들의 읽기 이해 능력을 향상시키기 위해 배경지식을 구축하기 위한 짧은 기사 읽기, 2단계는 내용과 형식을 발전시켜 본격적인 긴 기사문을 읽는 단계, 3단계는 앞서 읽은 내용 이해도를 점검하고 확인하는 단계이다.

〈그림 1〉 시사강독 수업의 3단계

둘째, 각 읽기 과정 내에서는 학습자들이 능동적으로 읽기 전략을 사용하여 내용을 파악할 수 있도록 돕고, 특히 신문 기사의 구조를 파악하게 하는 형식 스키마를 제공했다. 기사문 첫 문장은 전체 내용을 압축하는 중요한 정보를 담고 있기 때문에 이를 중점적으로 파악하는 것이 중요하다는 점을 각인시키고 훑어 읽기를 통해 반복되는 단어나 표현에 집중하여 전체 글의 흐름을 이해하고 의도를 파악하도록 하였다.

셋째, 읽기라는 기능 자체가 이해 영역이라 말하기나 쓰기와 같이 학습 결과를 가시적으로 측정하는 것이 쉽지 않기 때문에 교사는 다양한 방법으로 학습자의 이해도를 점검하려고 하였다. 주제문 찾고 밑줄 긋기, 내용 이해 질문에 대답하기, 3-4 문장으로 요약하기 등의 다양한 방법을 통해 학습자가 어느 정도 이해를 했는지 수업 시간 내에 점검하여 피드백을 제공하였다. 평가에서도 쓰기 실력과 무관하게 학생들의 읽기 능력에 집중하여 측정한다는 것을 학생들에게 미리 언급하여 회피 전략을 사용하지 않고 이해한 그대로를 표현하게 하려고 했다.

한편, 읽기 유창성을 향상시키도록 하기 위해 확장형 읽기를 제공하는 것도 교실 수업의 한계를 보완할 수 있는 하나의 방법이 될 수도 있다. 수업 내에서 제공하는 읽기 텍스트의 양은 제한적이기 때문에 교실 밖에서 글의 양에 제한되지 않고 자유롭게 읽을 수 있는 확장형 읽기 연습을 통해 학습자들이 다양한 어휘와 표현에 익숙해지고 읽기 유창성을 향상시킬 수 있을 것이다.

마지막으로, 이 수업을 통해 전략의 인식과 사용이 읽기 수업의 중요한 내용 및 활동이 된다는 것을 알게 되었다. 기사문 내용 파악과 이해라는 전체 목표를 두고 읽기 활동을 하되 이를 단계별로 나누어 각각의 목표에 이르기 위한 구체적인 전략을 제시하고 학습자들이 그 전략을 인지하고 올바르게 사용하는 연습이 중요하다는 것이다. 외국어로서의 프랑스어 텍스트 읽기에서도 이러한 전략 자체를 중심으로한 수업 활동을 제시한 바 있다(Beacco, 2007). 그리고 효과적인 읽기 전략을 찾아내기 위해서 학습자들의 인지 활동을 관찰하여 문제가 되는 인지 활동과 효과적인 인지 활동이 무엇인지에 대한 연구가 필요하다 하겠다.

참고 문헌

강현자(2017), 신문을 활용한 한국어 수업 방안 - 학문 목적 학습자 대상 읽기·쓰기 수업을 중심으로, 언어와 문화, 제13권 1호, 한국언어문화교육학회.

김보경(2016), 파리 디드로 대학교 한국학과 교육과정의 보완을 위한 원거리자율학습 프로그램 개발, 유럽 한국어 교육자 협회 워크숍 발표자료집, 유럽 한국어 교육자 협회.

김중섭(2010), 제7장 한국어 읽기 교육의 이론과 실제, 한국어 교육의 이해, 하우.

김중섭 외(2016), 국제 통용 한국어 표준 교육과정 활용 점검 및 보완 연구, 국립국어원.

또마쉬 호락(2016), 학습 단계별, 과목별로의 읽기 교수법 전략 차이, 유럽 한국어 교육자 협회 워크숍 발표자료집, 유럽 한국어 교육자 협회.

우형식 외(2012), 현장 중심의 한국어 교수법, 서울 : 한글파크.

유럽평의회 편, 김한란 외 옮김(2010), 언어 학습, 교수, 평가를 위한 유럽공통참조기준, 한국문화사.

윤경희(2003), 읽기 초인지 전략에 관한 연구 : 한국어 EFL 화자를 중심으로, 고려대학교 석사학위 논문.

이경화(2001), 읽기 교육의 원리와 방법, 도서출판 박이정.

이정현(2016), 한국어교육에서 쓰기 내용지식 구성 능력 향상을 위한 신문 활용 교육 연구, 한성어문학, 제35권, 한성어문학회.

이정희·김지영(2003), 최고급 단계 내용중심 한국어 읽기 수업의 실제, 외국어로서의 한국어교육, 연세대학교 한국어학당.

임지현(2015), 신문을 활용한 읽기-쓰기 교육 현황 - 프랑스 파리7 대학교 고급 학습자 사례를 중심으로, 한국어문화교육, 제9권 2호, 한국어문화교육학회.

Anderson, R. C. (1977), The notion of schemata and the educational enterprise: General discussion of the conference. In R. C. Anderson & R. J. Spiro (Eds.), Schooling and the acquisition of knowledge. Hillsdale, NJ: Lawrence Erlbaum.

Beacco, Jean-Claude (2007), *L'approche par compétences dans l'enseignement des langues*, Paris, Didier.

Block, E. L. (1992), *See how they read: comprehension monitoring of L1 and L2 readers*. TESOL Quarterly 26(2).

Goodman, K. (1967), Reading, A psycholinguistic guessing game, *Journal of the Reading Specialist* 6. pp. 126-135.

Gough, P. B. (1972), One second of reading, In. J. F. Kavanagh & I. G. Mattingly (Eds.). *Language by Ear and by Eye*, pp. 331-358. Cambridge. Ma: MIT Press.

H. Douglas Brown. (1980), *Principles of Language Learning and Teaching*, Englewood Cliffs, N.J.: Prentice-Hall.

Nunan, D. (1991). *Language Teaching Methodology*. Hertfordshire: Prentice Hall International.

Rumelhart, D. E. (1977), *Toward an interactive model of reading.* In S. Dornic (ed.), Attention and Performance IV. New York, NY: Academic Press.

제5장

유 은 미
터키 앙카라 대학교
Ankara University

플립드 PBL(Problem Based Learning)을 활용한 한국어 초급 쓰기 교육 방안

1. 서론

본 연구는 터키 대학에서 한국어를 배우는 초급 학습자들의 쓰기 교육의 하나의 방안으로 플립드 PBL(Problem Based Learning)을 적용해 본 후 앞으로 실제 쓰기 수업에서의 활용 가능성과 효과를 제시하는 데에 그 목적이 있다. 쓰기는 어떤 목적의 학습자이든지 간에 외국어 학습자들에게는 꼭 필요한 기능이며, 같은 표현 기능인 말하기보다 더욱 정확성을 요구하는 기능이다. 성공적인 한국어 쓰기를 위해서는 초급 단계에서부터 글쓰기의 기초를 다져 나가야만 중, 고급 단계에서도 그 단계에 맞는 글쓰기를 할 수 있게 된다. 터키 대학에서 한국어 쓰기 교육은 일반적으로 수업 시간에 해당 문형과 필요한 어휘 교육이 이루어지고, 교실 밖에서 주어진 주제에 해당하는 글쓰기를 한 후 과제로 제출하면 교사가 첨삭을 해 주는 방식을 취하고 있다. 그러나 기존의 강의 중심인 전통적인 수업 방식에는 여러 가지 한계점이 존재한다. 정보 통신 기술과 스마트 기기의 발전, 그리고 한류의 영향으로 한국과 한국어에 대한 관심 정도의 차이 등으로 대학교 1학년에 입학할 때부터 학생들 간 한국어 수준차이가 많이 난다. 한-터 관계의 발전과 함께 지난 2017년에 터키 교육부 소속 중등학교에서 제2외국어로서 한국어 수업이 채택되면서 한국어와 한국 문화에 대한 관심은 급증하고 있으며, 이러한 변화들은 앞으로 대학에 입학하는 신입생들 간 한국어 수준 차이를 더욱 크게 할 것으로 예상된다. 학습자들의 유형이 변화되어 감에 따라 일방향의 획일화된 교육 방식이 아닌 개인별 맞춤형 교육 환경도 요구되어 지고 있다. 임진혁(2010)은 21세기의 대학 체제는 수요 중심, 개방과 협업을 통해 창의성이 강조되는 새로운 모습으로 변화하고 있다고 하였다. 교육과정 또한 선형적이고 순차적인, 즉 정형화된 학습에서 다차원적 경험과 맞춤형 학습으로 변화되는 등 21세기 교육 패러다임의 큰 변화가 진행되고 있으며, 인터넷이나 새로운 기술을 사용하는 것과 같이 단순한 교육 매체의 변화가 아니라 교육 환경과 형태 등 더 근본적인 변화에 대해 인식하고 교육 효과를 높일 수 있는 새로운 접근방법에 대한 연구가 요구된다고 하였다.

본고에서는 플립드 PBL(Flipped Problem Based Learning)이 터키 대학에서 한국어를 배우는 초급 학습자들을 대상으로 전통적인 쓰기 교육이 직면하고 있는 다양한 위기들을 극복하기 위해 어떻게 활용될 수 있는지 실제로 진행된 수업 사례와 수업 후 진행된 설문조사결과를 분석한 결과를 통해 그 효과를 찾아보고자 한다.

2. 이론적 배경

2.1. 플립드 러닝(Flipped Learning)

플립드 러닝은 Jonathan Bergmann과 Aaron Sams(2012)에 의해 처음 사용되어졌으나, 이들보다 먼저 플립드 러닝 형태의 수업에 대한 논의를 한 Lage, Platt, Treglia(2000)가 "inverted classroom"이라는 용어를 사용하여 플립드 러닝 형태의 수업을 지칭하였다. 이들은 대학의 경제학 수업이 가지는 불합리성, 즉 교수자의 수업 양식과 대학생들의 학습 양식 간 불일치에서 오는 학생들의 학습에 대한 관심 저하를 막기 위해 교실 수업을 역으로 바꿀 것을 제안하였다. 보다 구체적으로 Hamdan 외(2013)가 제시하는 플립드 러닝의 기본요소에 대한 설명을 통해 전통적 교실 활동의 '역으로'라는 개념을 쉽게 이해할 수 있다. 먼저 수업 전에 교사는 배울 내용의 개념을 전달하는 직접적인 강의 내용을 비디오나 스크린 캐스트로 제작하여 온라인을 통해 제공하거나 웹사이트에 있는 관련 주제의 풍부한 자원을 선별하여 학생들에게 제공한다. 그리고 학생들이 수업 전에 이를 필요한 만큼 자신의 속도에 맞춰 학습내용에 접근하여 학습한다. 실제 수업시간에는 학생들이 사전에 습득한 지식을 적용해보는 활동에 참여하며, 이때 교사는 학생들을 위해 개별화된 지원을 제공한다. 주길홍은(2015), 거꾸로 교실은 첫째, 교사와 학생 간 상호작용과 개별화 접촉시간이 증가하고, 둘째, 학생들이 자신의 학습에 대해 책임을 가지며, 셋째, 교사가 무대의 현자가 아닌 주변의 안내자가 되며, 넷째, 직접적인 교수와 구성주의 학습의 블렌디드가 일어나며, 다섯째, 특정 이유에 의해 학습 결손이 일어난 학생들도 뒤쳐지지 않으며 여섯째, 학습내용이 지속적인 재검토 또는 다시 적용하기 위해 축적되고, 일곱째, 모든 학생들이 자신의 학습에 참여하고, 여덟째, 모든 학생들이 개별화 교육을 받을 수 있는 곳이라고 하였다. Strayer(2012) 연구는 대학생들에게 플립드 러닝이 학습과제를 완성 하는 데에는 긍정적인 영향을 주지 못하였으나 과제수행을 위한 협동학습에 대해서는 효과적임을 확인하였다. 김지선(2014)은 플립드 러닝을 통한 피드백 중심으로 글쓰기 교육에서 활용 가능성을 시사하였으며, 이지연 외(2014) 연구에서는 학습자 중심의 플립드 러닝 적용 수업이 학생 상호간 활동은 원활하게 했으나 학업성취에서는 유의미한 결과를 얻지 못했다고 했다. 고민석(2015)은 효과적인 시각화 구성전략을 이끌어 낼 수 있는 사례를 제시하며 플립드 러닝을 위해 제작한 학습 동영상에서의 시각화 구성방안은 추상적인 개념을 쉽게 융합을 하기에 좋은 형태로 활용될 수 있다고 하였다. 반면 Hamdan 외(2013) 연구에서는 사전학습의 자료를 단지 동영상으로만 국한시키지 않고 읽기 자료, 웹 자료 등도 포함하고 있다. 한혜민, 김선아(2016)는 플립드 러닝의 사전 학습자료를 구성하는 방식은 동영상을 직접 제작하는 '창작자(creator)'의 입장과 기존의 자료를 이용하는 '기획자(curator)'의 입장으로 나누어서 볼 수 있으며, 플립드 러닝의 사전 학습 자료 준비에 대한 입장 창작자(creator)의 입장으로 직접 제작하거나, 기획자(curator)의 입장으로 타기관에서 제작한 다양한 콘텐츠, 학술 정보 사이트, 스마트폰의 앱 스토어에서 제공되는 다양한 교육 앱들을 활용하여 사용하는 경우가 있다고 하였다.

2.2. PBL(Problem Based Learning)

문제 기반 학습(Problem Based Learning)은 교수자가 문제를 제시하고 학습 과제를 도출함으로 학습이 시작되며, 학습자들이 자기주도적으로 제시된 문제를 개별 학습과 협동 학습을 통해 해결하는 과정을 통해 필요한 학습이 이루어지는 교수 학습 방법이다. 문제기반학습(Problem Based Learning)은 1950년대 의학교육에서 처음 개발된 이후 1968년 캐나다의 Mac Masters 대학교 의과대학을 중심으로 발전하여 현재는 의학교육, 초·중·고등학교·대학, 전문분야 등 계속 확대 적용되고 있다. Barrow(1985)은 PBL을 학습자들에게 실제적인 문제를 제시하고 그 제시된 문제를 해결하기 위해 학습자들 상호간에 공동으로 문제 해결 방안을 강구하고, 개별 학습과 협동 학습을 통해 공통의 해결안을 마련하는 일련의 과정에서 학습이 이루어지는 학습 방법이라고 하였다. 강인애(2002)는 대학에서 변화하는 사회에 적합한 능력과 전문성을 기르기 위한 교육적 대안의 하나로 문제 중심학습이 주목받고 있다고 하였다. 나지연(2010)은 학습자들이 문제를 해결하는 과정에서 문제 해결기술, 자기주도 학습기술, 협동학습기술, 의사소통기술 등 21세기 지식 정보 사회의 형상 학습자로서 갖추어야 할 기본 역량들을 자연스럽게 획득할 수 있다고 하였다. PBL에 대한 선행 연구를 통해 연구자들이 PBL을 학습방법, 학습 환경, 구성주의 학습모형, 교육과정, 교수 전략, 교수 접든 등 다양하게 정의하고 있음을 볼 수 있다. PBL을 문제해결 학습 또는 프로젝트 기반학습과 혼동하여 잘 못 사용하여 PBL의 효과성에 대한 논란이 일어나기도 하지만 PBL이 문제로부터 수업이 시작되고 학습 과제를 도출하여 학습이 이루어지며, 교수자가 문제를 제시하고 학습자는 그 문제를 해결하는 가운데 학습이 이루어진다는 면에서 차이가 있다고 하였다. 나지연(2010)은 연구에서 IMSA(Illinois Mathematics & Science Academy 2010)가 제안하는 PBL 교수-학습 과정을 소개하였다. 문제 이해하기, 교육과정 탐색하기, 문제 해결하기 3 단계로 PBL과정을 설명하였다. 문제 이해하기단계에서는 문제 만나기, 알아야 할 것과 알 필요가 있는 것, 문제 진술을 정의하는 단계이며, 교육과정 탐색하기 단계에서는 정보를 모으고 나누며, 가능한 해결책을 생성한다. 문제 해결하기 단계에서는 가장 적합한 해결책을 결정하고 제시하며 그 해결책을 발표한다. 이런 과정을 통해 학습자들은 문제 상황의 해결자로서 정체성을 갖게 되며 호기심과 흥미를 가지고 자기 주도적으로 수업에 참여하게 된다.

2.3. 플립드 PBL (Flipped Problem Based Learning)

플립드 러닝의 많은 선행 연구에서 플립드 러닝 기반 수업의 문제점에 대해서도 지적하고 있다. 그 문제점에 대한 대안적 방안으로서 Flipped Learning에 문제기반학습(Problem Based Learning)이라는 교수법을 접목한 Flipped PBL을 생각해 볼 수 있다(주길홍, 2015). 다시 말하면 플립드 러닝을 통한 환경적 변화와 함께 PBL의 교수학습 방법을 구성주의 철학 안에서 결합한 형태를 Flipped PBL이라고 한다(김진희, 이혜원, 2016). 강인애(2017)는 학습자 중심의 PBL은 학습 활동에 적극적이고 주도권을 가지고 참여할 수 있도록 역동적인 환경을 만들어 준다면 보다 더욱 효과적이고 총체적인 교수 설계를 가능하게 할 것이라고 했다. 수업 단계는 기존의 PBL의 문제제시-과제수행 계획 세우기- 문제 해결 모색하기-발표 및 평가하기 의 4단계를 기초로 하며 문제 제시와 과제 수행 계획 세우기는 집에서 동영상 강의와 온라인을 통해서 한다는 점에서 큰 차이점이 있다. 허정필(2017)은 기존의 PBL 모형을 변형한 Flipped PBL 모형을 총 4단계로 제시하였다. 온라인 사전학습을 통해 동영상 PBL 문제 제시 단계 – 온라인 사전학습을 통해 PBL 과제 수행 계획 세우기 단계 – 오프라인 교실에서 PBL 문제 해결 모색하기 단계 – 오프라인 교실에서 발표 및 평가, 성찰하는 단계다. 사전 학습 단계가 존재하고 사전 학습 단계에서 PBL 과제가 주어진다는 점이 기존 PBL과의 차이점이라고 할 수 있다. 여기에서는 PBL 과제가 미리 사전 동영상 학습 과정에서 주어진다는 것이 기존 플립드 러닝과 구분된다고 할 수 있다. 허정필(2017)이 제시한 이 학습 모형은 Flipped Learning의 '동영상을 통한 강의'를 '동영상을 통한 문제제시'로 변화시킴으로 학습자들의 학습에 대한 동기 유발 및 흥미도를 향상시키는 효과를 기대한다. 동일한 의미로 Miller(2014)는 Flipped PBL 수업에서 온라인 단계에서 동영상으로 PBL 과제를 제시했을 때 흥미도와 효과가 향상된다고 하였다.

2.4. 초급 학습자를 위한 한국어 쓰기

대학에서 한국어를 배우는 학습자들은 한국어를 통해 취업이나 학술적인 목적으로 그들의 꿈을 이루기 위한 하나의 수단으로 한국어를 배우고 있다. 한국어로 말하기나 쓰기를 통해 그들은 성공적인 의사소통을 하기를 원하고 있다. 쓰기는 말하기만큼이나 학습자들이 중요하게 생각하면서도 어려워하는 언어 기능이다. 이주미(2009)는 쓰기 연습을 통해 학습자들은 정확한 한국어 능력을 기를 수 있고 이것은 숙달도 향상으로 이어져 말하기에 있어서도 정확하고 유창한 말하기를 할 수 있기 때문에 소홀히 다루어서는 안 되는 영역이라고 하였다. 쓰기는 어떤 목적의 학습자이든지 간에 외국어 학습자들에게는 꼭 필요한 기능이며 같은 표현 기능인 말하기보다 더욱 정확성을 요구하는 기능이다. 쓰기는 어느 한 순간에 완성되는 것이 아니다. 초급에서부터 글쓰기의 기초를 다져 나가야 중·고급 단계에서 그 단계에 맞는 글쓰기를 할 수 있다. 그러나 초급 수준의 학습자들을 위한 글쓰기는 '한국어' 문법, 어휘 학습을 위한 연습 정도로 제한되어 있는 경우가 많다. 이은희·이희원(2015)은 초급 쓰기 교재에 나타난 활동 유형을 조사하기 위해 개발되어 있는 초급 쓰기를 다루고 있는 초급, 경희 대학교의 경희 한국어 쓰기(A), 연세대학교의 대학 생활을 위한 한국어 쓰기(B), 부산 외국어 대학교의 쉽게 배우는 한국어 –초급 읽기 쓰기(C) 교재를 분석하였다. 세권의 교재 모두 쓰기 교육의 목적을 한국어의 기본 문장 구조를 익혀 간단한 글쓰기를 할 수 있도록 한다는 점에서는 동일하나 쓰기 교육의 시작점에 대해서는 동일한 의견을 가지고 있지 않다고 하였다. 현재 국내에서 많은 한국어 교재가 있지만 주로 통합교재가 많으며 기능 분리형 교재는 많지 않으며 특히 초급 쓰기 교재는 더욱 찾아보기가 힘들며 쓰기 교재는 주로 중급을 중심으로 만들어졌으며 초급을 위한 쓰기 교재는 극히 드물다고 하였다. 그 이유는 여러 가지 여건으로 인해 한국어 교육 현장에서 쓰기에 많은 시간을 할애할 수 없기 때문이기도 하고 쓰기가 초급보다는 중급에 집중되어 있기 때문이기도 하다. 류선숙(2017)은 K대학에서 초급 글쓰기 과목을 수강하고 있는 학습자들과 총 5개 기관에서 글쓰기 수업을 진행한 강사를 대상으로 한국어 능력이 부족한 초급 학습자들에게 과연 학술적 글쓰기 수업이 필요한가를 질문하였는데, 학습자들의 81.1%, 교사의 66.7%가 학술적 글쓰기 수업의 필요성을 느끼고 있는 것으로 나타났다. 학습자들의 구체적인 이유는 대학에서 공부를 더 잘하려면 학술적 쓰기를 배워야 하기 때문에 라는 응답이 가장 많이 도출되었다. 교강사들이 제시한 구체적인 이유는 한국어 수준이 초급이라도 대학에서 학술적 글쓰기를 요구 받기 때문이라고 대답하였다. 언어 능력이 초급이라고 하여 인지 능력이 부족한 것이 아니며, 초급에서부터 일반 글쓰기와 학술적 글쓰기를 구분하여 가르치는 것이 효과적이며 이미 대학이라는 학문 공동체 안에 진입하였으므로 최소한의 담화 양식을 배워야 할 필요가 있다고 하였다. 초급 수준 학술적 글쓰기의 범위는 어디까지 포함해야 하는 지에 대해서는 기본적인 한국어 의사소통 능력 배양을 위한 어휘, 문법이 학술적 글쓰기 교육의 범위에 포함되어야 한다는 응답이 무려 94.4%를 차지하였다.

이처럼 선행연구를 살펴보았을 때, 초급 학습자들의 쓰기 교육에 대한 연구와 교재는 많지 않지만 그 중요성은 대학 현장에서 계속해서 인식되어지며 특히 짧은 시간 안에 많은 학생들을 가르쳐야 하는 대학 현장에서 효과적인 초급 쓰기 교육 방법에 대한 더 많은 연구가 요구되고 있다. 본고에서는 기존의 강의식 쓰기 수업과 달리 학습자들의 요구와 흥미를 유발하고 더욱 효과적으로 쓰기에 대한 자발적인 동기 부여를 할 수 있는 새로운 교수법의 하나인 Flipped PBL 기반 쓰기 수업을 제시하고자 한다.

3. 연구 방법

3.1. 연구 대상 및 학습자 환경

본 연구는 2017년 1학기 A대학교 한국어문학과 1학년 전공 필수인 문장론 입문 과목을 수강하는 30명의 학습자를 대상으로 실시하였다. 문장론 입문 과목의 주요 목표는 대학이라는 학문적 담화 공동체 안에서 다양한 주제에 대한 글쓰기를 할 수 있도록 초급 수준에서 수행할 수 있는 쓰기 능력을 습득하도록 하는 것에 있다. 문장론 입문은 14주 동안 일주일에 한번 3시간 동안 진행되는 전공 필수 과목이다. 1학년 학생들은 다른 과목을 통해 한글 ,한국어 문법, 한국어 음운론 등 한국어와 한국문화를 함께 배우고 있다. 학습자들은 한국어를 처음 배우는 학생들부터 시작하여 토픽 2급 정도의 초급 수준의 다양한 학부생들로 구성되어 있다.

입학동기와 졸업 후 진로에 대한 학습자들의 목표는 학기 초 인터뷰를 통해 파악한 결과 M.Emre Korkmaz(2016)의 설문조사와 큰 차이가 없음을 알 수 있었다. Korkmaz는 설문조사를 통해 A대학교 한국어문학과 학생들의 한국어문학과 입학 동기는 '졸업 후에 취업 확률이 높아서'가 55.9%, 학습자의 졸업 후 진로에 대한 응답은 '터키에서 한국 기업에 취직 예정'이 34.7%, '한국에 유학을 갈 예정'이 27.7%라고 했다. 한국어 글쓰기는 학업이나 취업을 목적으로 하는 한국어문학과에 입학한 모든 등급의 한국어 학습자들이 학업 수행을 위해 반드시 갖추어야 할 영역이라는 점에서 초급이라는 학습자 수준을 고려한 쓰기 교육 방안 마련의 필요성이 제기된다.

학습자 환경에 대해서 학습자들의 온라인 학습 현황 및 플립드 러닝에 대한 지식을 파악하기 위해 Likert 5점 척도 10문항으로 구성한 검사도구를 사용하였다. 평소에 컴퓨터나 인터넷을 얼마나 자주 사용하는지, 컴퓨터나 인터넷을 활용하여 외국어 학습을 해 본적이 있는지, 스마트폰으로 언어 학습 관련 앱을 사용해 본 적이 있는지, 사용했던 외국어 학습 앱이 학습에 실제적으로 도움이 되었는지를 묻는 질문을 통해 알아본 학습자들의 디지털 사용 여부에 대해서는 <표 1>과 같이 평균이 3.953으로 비교적 높게 나왔다. 또한 2차 설문조사를 하기 전에 학습자들의 플립드 PBL 수업에 대한 이해 여부를 파악하기 위한 질문에 대해서도 4.216으로 높은 평균 점수가 나왔음을 볼 수 있다.

〈표 1〉 학습자들의 배경 설문조사

설문 내용	설문결과	
디지털 사용여부	평균	3.953
	표준편차	0.751
플립드 PBL수업에 대한 지식	평균	4.216
	표준편차	0.535

2. 연구 절차

플립드 PBL을 활용한 한국어 쓰기 수업을 시작하기 전 4주 동안 기존의 수업 방식을 통해 교재 중심으로 쓰기 수업을 진행하였다. 첫 4주 수업을 진행한 후에 1차 설문조사를 하였다. 그리고 한국어 문형과 쓰기에 대한 중간고사를 보았다. 중간고사 후 첫 수업에서 플립드 PBL수업과 사용하게 될 Edmodo를 설명해 주고 학습자들이 모두 가입할 수 있도록 지도하였다. 4주 동안 플립드 PBL을 활용한 쓰기 수업을 진행한 후에 2차 설문조사를 같은 문항으로 실시하였고 기말고사 시험을 보았다. 연구 도구인 설문조사는 ARCS모델의 학습 동기 이론[1]의 4가지 구성 요소인 주의 집중, 관련성, 자신감, 만족감에서 어떤 변화를 보이는지 알아볼 수 있는 문항을 준비하여 1차와 2차 설문 조사시 동일하게 사용하였다. 연구도구의 신뢰도 검증은 신뢰도(Reliablity) 조사를 통해 측정도구의 신뢰도를 확인하였고, 타당도 검증을 위하여 t검증을 실시하였다. 전통적인 수업 방식을 통해 수업을 진행한 후에 중간고사를 실시하였고, 플립드 PBL수업을 진행한 후에 기말고사를 실시하였다. 중간고사 점수와 기말고사 점수의 평균과 표준편차를 비교하여 학업 성취도 분석을 하였다.

3. 수업의 실제

플립드 PBL기반으로 한국어 초급 쓰기를 위한 수업을 시작하기 전에 학습자들에게 플립드 PBL 수업과 사용하게 될 Edmodo[2]대한 설명과 함께 동기부여를 했다. 이 과정에서도 학습자들에게 질문을 통해 플립드 PBL기반 수업의 필요성을 인식하게 하였고 자발적으로 참석할 수 있도록 동기유발을 했다. 학습자들이 Edmodo 앱을 다운로드하여 컴퓨터와 개인 모바일 폰에서 쉽게 접속할 수 있도록 지도했다.

---

1) ARCS학습 동기 이론이란, 캘러(J. M. Keller)가 제시한 이론으로 'ARCS'란, 주의력(Attention), 관련성 (Relevance), 자신감(Confidence), 만족감(Satisfaction)의 첫 글자를 줄인 용어이다. ARCS모델은 학습자의 문제해결 접근에 목적을 두고 있다.

2) Edmodo는 2008년에 Nic Borg와 Jeff O'Hara에 의해서 설립된 학습관리 시스템이다. 2013년 PC Magazine 에서 교사를 위한 최고의 도구로 선정되었다. 학습 관련 기본적인 기능으로 노트, 숙제 출제 및 제출, 메시지, 성적 입력, 도서관, 교사 협력, 퀴즈, 의견 수렴 기능 등이 있다. 학습자의 데이터를 기반으로 성취도에 따라 배지를 지급하여 학습자의 동기 부여를 할 수 있는 장치를 제공한다. https://www.edmodo.com/home#/ group?id=26574863

(1) 수업 전 에드모도를 통한 온라인 수업- 문제 제시와 과제 수행 계획 세우기 단계

이 단계에서는 플립드 PBL 기반 수업을 위해 Edmodo에서 사전학습을 할 수 있도록 학습자들의 흥미를 유발할 수 있는 동영상과 PBL 문제를 제시한다. 학습자들은 온라인 사전학습을 통해 PBL 과제를 수행하며 어떻게 글을 쓸 것인지 계획을 세우고 준비하는 과정을 거친다. Edmodo에 문제 제시와 함께 학습자들의 동기 부여를 일으킬 수 있는 영상이나 사진을 업로드한다. 그리고 학습자들이 영상을 보며 어휘나 표현 등을 채워 넣을 수 있는 활동지를 함께 올린다. 제시된 문제인 자신이 좋아하거나 자주 가는 그곳을 설명할 수 있는 어휘와 표현 등을 제시된 어휘 목록과 영상에서 찾아온다. 제시된 문제에 대해 어떻게 쓰고 싶은 지 수행 계획을 세워 온다. 수업에서 선정된 쓰기 주제와 문제는 <표 2>와 같다.

〈표 2〉 플립드 PBL 주제와 제시된 문제

주	주제	문제 및 질문
1	장소	당신이 좋아하거나 자주 가는 그곳은 어떤 곳입니까? 그곳은 어디입니까? 그곳에 무엇이 있습니까?
2	주말활동	당신의 주말은 어떻습니까? 주말에 어디에 갑니까? 그곳에서 무엇을 합니까?
3	소개	당신이 좋아하는 사람은 어떤 사람입니까? 그 사람은 어떻게 생겼습니까? 어떤 사람입니까?
4	음식	당신이 좋아하는 음식은 무엇입니까? 어떤 음식을 좋아합니까? 어떤 맛입니까?

(2) 본 수업 - 오프라인 교실 수업- 문제 해결 모색하기 단계

이 단계에서는 오프라인 교실에서 PBL 문제 해결을 위해 교사의 도움을 받거나 동료들과 협업을 통해 해결 방법을 모색한다. 학습자들이 찾아온 어휘와 표현들을 교사와 동료들과 함께 가장 적절한 활용할 수 있는 방법을 모색하고, 자신들이 글로 표현하고 싶은 문장 속에서 사용하여 본다. 중요한 어휘와 표현들을 활용할 수 있는 게임이나 활동들을 통해 글로 표현하는 방법들을 익힌다. 또한 동료들과 서로의 표현들을 확인하며 오류를 찾거나 새로운 표현들을 배운다. 기존의 어휘와 표현을 수동적으로 앉아서 배우는 시간과 달리 이미 찾은 다양한 어휘와 표현들을 창의적인 방법으로 활용하며 오류를 찾아 만족도가 높은 문장을 완성해 간다.

(3) 수업 후 발표 준비 및 평가하기

이 단계에서는 학습자들이 1차 완성한 글을 Edmodo에 올리고 교사는 글을 첨삭하여 돌려준다. 학습자들은 자신들의 글과 관심 있는 동료의 글을 평가하며 다시 쓰기 과정을 거쳐 제시된 문제에 대한 글쓰기를 완성하게 된다. 주제에 따라 학습자들이 PPT를 통해 사진과 글을 함께 작성해 발표를 하기도 한다.

4. 연구 결과 분석

4.1. 설문 문항의 신뢰도 검증

본 연구에서 사용한 평가도구인 설문조사 문항의 주요영역별 신뢰도는 <표 3>과 같으며 모든 문항은 5점 척도 유형을 사용하였다. 아래 표에서 보는 바와 같이 모든 영역별로 신뢰도 계수는 적절한 것으로 나타났다. 척도 전체 신뢰도는 0.943으로 매우 높게 나타나 척도의 내적 일치도가 있다고 할 수 있다.

〈표 3〉 설문조사의 신뢰도 검증

주요 영역	신뢰도 (Cronbach Alfa)	문항 수
디지털 사용 여부	0.711	5
플립드 PBL 정보	0.626	5
학습동기	0.867	16
수업에 집중	0.906	11
참여도	0.799	14
의사소통에 대한 자신감	0.892	5
Total	0.943	51

4.2. t검증

자료 분석에 앞서 1차 2차 설문조사의 문항들의 평균값을 계산하여 자료를 정리하였다. 기존의 강의 중심 수업과 비교하여 플립드 PBL 기반 수업에서 학습자 자신들이 학습 동기, 수업에 집중, 참여도, 의사소통 능력에 대한 자신감의 변화를 어떻게 인식하고 있는가를 비교하기 위하여 t검증을 실시하여 <표 4>에 정리하였다.

〈표 4〉 기존의 강의 중심 수업과 플립드 PBL 기반 수업 후 설문조사 결과

	Likert 5점 척도 평균		등분산 검정		t-검증		
	기존의 강의 중심 수업	플립드 PBL 수업	F	p-value	t	df	p-value
학습 동기	4.01	4.17	2.041	0.159	-1.075	53	0.144
수업에 집중도	3.97	4.19	1.283	0.262	-1.151	53	0.128
참여도	3.56	3.80	0.676	0.414	-1.816	53	0.038
의사소통에 대한 자신감	3.69	4.06	0.083	0.774	-1.619	53	0.056

독립된 두 평균치를 비교하기 위해 진행한 등분산 F 검정에서 p-value가 0.05 이상이므로 두 표본의 분산이 동일하다는 것을 알 수 있다.분산이 동일한 두 평균치로 독립 표본 t검증을 하였다. <표 4>에서 알 수 있듯이 p<0.05유의 수준에서 학습 동기와 수업에 집중에서는 두 집단 간 큰 차이가 없었으나, 참여도와 의사소통에 대한 자신감에서는 유의미한 차이가 있는 것으로 나타났다. 학습 동기와 수업에 집중도에서는 비록 통계적으로 유의한 차이가 있는 것은 아니지만 기존의 강의 중심 수업보다 플립드 PBL기반 수업에서 학습자들의 만족도 평가에서는 평균이 높게 나온 것을 알 수 있다.

4.3. 학습자 성취도 평가 분석

학습자들의 성취도 평가 분석을 위해 기존의 강의 중심 수업 후, Flipped PBL기반 수업 진행 후 각각 중간고사와 기말고사의 점수를 비교 분석하여 <표 5>에 정리하였다. 두 시험은 100점 만점을 기준으로 하여 평균값을 계산하였다. 평균치를 비교하였을 때 그 차이는 1.6이지만 표준편차가 감소된 것을 볼 수 있다. 플립드 PBL 기반 수업은 한국어 쓰기 실력만 향상시키는 것이 아니라 학생간 격차를 줄이는 것에도 효과가 있음을 알 수 있다.

〈표 5〉 기존의 강의 중심 수업과 플립드 PBL 기반 수업 후 시험 점수결과

	기존의 강의 중심 수업		Flipped PBL 기반 수업	
	평균	표준편차	평균	표준편차
시험 점수	89	19.7	90.6	17.1

5. 결론

외국어 학습에서 중요한 언어 기능 중 하나인 쓰기의 목표는 생각하는 능력과 표현하는 능력의 향상에 있다고 할 수 있다. 학술적인 쓰기나 취업을 위한 쓰기 교육은 어느 단계에 갑자기 시작하기보다 한국어 문장을 배우기 시작하는 초급 쓰기 단계에서부터 자신을 표현하고 한국어로 쓰며 생각하는 능력을 키워갈 때 쓰기를 통한 더욱 성공적인 의사소통을 할 수 있게 된다. 플립드 러닝은 학습자들이 기존의 강의 중심 수업에서 교재를 통해 어휘와 문법을 연습하거나 주어진 어휘 안에서 쓰기를 하는 수동적인 쓰기가 아닌, 온라인을 통해 제시된 문제를 다양한 영상과 자료들을 통해 학습 동기가 상승되고 미리 주어진 문제를 해결하기 위해 필요한 어휘와 표현 등을 준비하며 학습자 주도적인 수업을 준비할 수 있다. 오프라인 수업에서는 이미 준비해 온 자료들을 통해 더욱 자신감을 가지고 수업에 참여하게 된다.

본 연구를 통해 플립드 PBL 수업이 대학생의 한국어 초급 과정 쓰기 수업에서 주의 집중, 관련성, 자신감, 만족감에서 어떤 변화를 보이는지를 살펴보았다. 그 결과 학습 동기와 수업에 집중도와 참여도, 의사소통에 대한 자신감에 있어서 긍정적인 효과를 보인다고 판단되며 학습 성취도면에서도 실력이 향상될 뿐만 아니라 학생 간 한국어 수준 차이를 줄이는 것에도 효과가 있음을 알 수 있었다. 또한 한국어 쓰기에 관한 연구가 대부분 중급 이상 학습자들을 대상으로 한 것이 많이 있지만 이 연구를 통해 플립드 PBL 기반 수업이 초급 한국어 쓰기에 효과가 있다고 할 수 있다.

참고 문헌

강인애(2002), 성인학습환경으로서 PBL의 가능성. 간호학 탐구, 11(1), 26-54.

강인애(2017), Flipped PBL 과 Flipped Learning 간의 흥미도 및 학업성취도 비교 연구, 교양교육 연구, 11(3), 331-375.

김정숙(2009), 내용 지식 구성을 위한 학문 목적 한국어 쓰기 교육 방안, <한국어교육> 20-1, 국제한국어 교육학회, 23-44.

김지선(2014), 글쓰기 교과과정 개발을 위한 고찰-플립러닝(flipped learning) 통한 피드백 중심 수업개 발, 인문연구 72, 557-586.

김진희·이혜원(2016), 대학 Flipped Classroom 환경에서 교수실재감과 학습자 -교수자 상호작용이 인지 된 학업성취도에 미치는 영향, 교육 정보 미디어 연구 22(4),733- 753.

고민석(2015), Flipped Learning을 위해 제작한 과학 학습 동영상에서 초등예비 교사들이 사용한 시각화 구성 전략 탐색 -지구 영역을 중심으로, 한국과학 교육학회지 35(2), 231-245.

나지연(2010), 대학수업을 위한 문제 중심 학습 설계 모형 개발 . 박사학위논문. 안동대학교

류선숙(2017), 초급 수준의 학문 목적 한국어 학습자를 위한 학술적 글쓰기에 대한 요구, Journal of Korean Culture 38, 35-72.

이은희·이희원(2015), 중국인 한국어 학습자 오류 분석을 통한 초급 쓰기 교재 연구, 언어학 연구 34, 227-242.

임진혁 외(2010), 고등교육 범용 학습관리시스템 기준 모형개발 기획 연구, 한국 교육학술 정보원

주길홍(2015), Study of e-PBL Teaching and Learning Model for Efficient Flipped Learning, The Society of Convergence Knowledge Transactions 3(1), 47-53.

한혜민·김선아(2016), 해외 한국어 학습자를 위한 플립드 러닝 수업 개발과 활용 사례, 『외국어로서의 한국어교육』, Vol.45, 연세대학교 언어연구교육원 한국어학당, 391-418.

A. Basal (2015), The implementation of a flipped classroom in foreign language teaching, *The Turkish Online Journal of Distance Education*, 16 28-37.

B. Sezer (2017), The effectiveness of a technology-enhanced flipped science classroom, *Journal of Educational Computing Research*, 55, 471-494.

Barrows, H. (1985), How to design a problem-based curriculum for the preclinical years. NY: Springer.

Bergmann J., Sams A. (2012), Flip your classroom: Reach Every student in Every class Every Day, *USA: International Society for Technology in Education*, 5.

G. Kurt (2017), Implementing the flipped classroom in teacher education: evidence from Turkey, *Educational Technology & Society*, 20, 211-221.

Hamdan, N., Mcknight, P., Mcknight, K., & Arfstrom, K. M. (2013), The flipped learning model: A white paper based on the literature review titled a review of flipped learning. Retrieved October 2, 2014 from http://researchnetwork.pearson.com/wp-content/uploads/WhitePaper_FlippedLearning.pdf.

Lee Ji yeon, Kim Yoyng hwan, Kim Young bae (2014), The cases of the applying learner-centered flipped learning. *The research of education technology,* 30(2), 163-191.

Lage, M. J., Platt, G. J., & Treglia, M. (2000), Inverting the Classroom: A Gateway to Creating an Inclusive Learning Environment. *The Journal of Economic Education*, 31, 30-43.

M.E. Korkmaz (2016), "터키 대학 한국어 문학과를 위한 한국어문학과 교육과정 개발연구 -유럽 공통참조 기준을 바탕으로-." 고려대학교 대학원 석사학위 논문.

Miller A. (2014), 5 Tips for Flipping your PBL Classroom, Retrived January 2, 2014. From https://www.edutopia.org/blog/5-tips-flipping-pbl-classroom-andrew-miller

N. Hamdan, P. McKnight, K. McKnight, and K. M.Arfstrom,(2013) The flipped learning model: A white paper based on the literature review titled: A Review of Flipped Learning,l Flip. Learn. Netw., 1-17.

Strayer, J. F. (2012), How learning in an inverted classroom influences cooperation, innovation and task orientation. *Learning Environment Research*, 15, 171-193.

제6장

김 혜 란
러시아 모스크바 세종학당
Moscow King Sejong Institute

모스크바 세종학당 한국어 프로그램

유럽 최초의 한국어 교육은 120년 전 러시아 쌍트 뻬쩨르부르그 대학교에서 당시 23세였던 조선인 공사관의 통역관 이셨던 김병옥 선생님에 의해 1897년 가을부터 동양학부에서 한국어 강의가 시작되었다.

1896년 고종이 러시아 공사관으로 피신한 '아관파천' 이후 러시아 내 한국에 대한 관심이 급속도로 커졌다. 러시아 정부는 니콜라이 2세 대관식 축하 명목으로 방문한 민영환 사절단에 한국어 교사를 보내달라고 요청했다. 이듬해 5월 대한 제국 공사관 업무가 개시됐을 때, 다시 온 통역관 김병옥이 뻬쩨르부르그에 남아 한국어를 가르치기 시작했다.

김병옥 선생의 국적에 대해서는 견해가 좀 다른데, 연해주에서 태어난 러시아계 한국인이라는 해석과 대한제국의 국적자로 의견이 반반이기도 하다. 확실한건 그가 1899년에 52페이지 한국어 문법 교재를 발간했고, 1904년 미라아라는 이름의 러시아인과 결혼했다는 점이다. 1917년 쌍트 뻬쩨르부르그를 떠난 이후의 삶에 대해서의 기록이 남아 있지 않다.

김병옥은 춘향전, 토생전을 비롯한 한국 고전문학과 한국지리, 명성황후 시해 사건 재판 기록 등 다양한 텍스트를 활용해 러시아 학생들을 가르쳤다. 단순히 언어를 가르치는 걸 넘어 한류의 원형이 되는 한국 문화 전반을 러시아에 소개했다. 김병옥과 러시아 외교관들이 17-19세기 조선에 유통된 방대한 문서들을 수집했고, 이를 중심으로 교육과 연구가 지행 되었다. 김병옥 선생님이 가르친 춘향전이 당시 조선에 통용되던 춘향전을 새롭게 각색한 판본이 흥미로운 사실이다. 19세기 러시아에서 출판된 조선어 독본 춘향전 내용 연구에 따르면, 당시 러시아판 춘향전은 교육을 교재로 부적절한 부분이 삭제된 판본이었다. 또한 표현에 있어서도 어려운 한자어를 이해하기 쉽게 풀어 쓴 것은 외국인을 위한 교과서 용도로 고쳐 썼기 때문이라고 본다. 1727-1730년 사이 표트르 2세가 쓸 궁전 용도로 지어진 건물은 19세기 중반부터 대학 건물로 사용되었다.

러시아 쌍트 뻬쩨르부르그 대학의 한국학연구 암흑기는, 일본에 병합된 조선의 말과 글을 배워야 하느냐의 회의감이 러시아 내에서 커졌기 때문이다. 한국학은 일본어 전공자들이 배우는 부전공 또는 교양 과목 정도로 명맥을 이어나갔다. 광복 이후, 다시 연구되어, 일본어 전공자인 알렉산드르 홀로도비치가 1947년 한국어 교육을 맡아서 활기를 띄기 시작했고, 독학으로 한국어를 배운 홀로도비치는 최초의 러-한사전을 편찬 했다. 1956년 고려가요, 처용가, 청산별곡, 동동 등을 번역하고, 이에 대한 해설을 담은 책 '한국고전시가문학'을 발간했다. 이후 제자인 아델라이다 트로체비치, 마리안나 니키티나 등 유능한 학자들이 연구를 이어 받았고, 이들은 향가. 삼국사기 등 한국 고전문학을 연구, 변역 하였다. 구운몽 등 인기 작품은 시중에 5만부 이상 팔리기도 했다. 원문 텍스트, 1차 사료를 읽고 특징을 분석해 언어와 문화를 배우는 학풍이 이 시기를 거치며 확립 되어 졌다.

120년 전 고전 문학을 통한 최초의 한류를 만드는 데 러시아 쌍트 뻬쩨르 대학이 기여했다면, 현 러시아에서의 한국어 교육은 모스크바 세종학당이 러시아인들에게 한국어와 한국어 문화 보급에 선두에 선 교육 기관으로 한류를 이끄는 기관 이라고 말 할 수 있다.일주일에 2시간 30분씩 금, 토, 일에 수업이 진행된다. 1992년부터 매주 일요일 한국어를 러시아인에게 무료 봉사로 시작하게 되었고, 한국어의 알파벳과 기초를 위해 러시아의 대학생들이 많은 수업을 수강하고 있다. 대부분 수강생의 70%는 학생이며, 15%는 직장인들, 15%는 기타 주부, 사업가, 공무원, 의사, 교사 등을 이룬다. 처음 불교재단 원광한글학교라는 이름 아래에서 한글을 지도 중, 2008년 11월 10일, 주러 대한민국 대사관으로부터 러시아인에게 한국어와 한국문화 위탁운영을 청탁 받게 되었으며, 11개의 반 (어린이 1, 어린이 2, 어린이 3, 1-1반, 1-2반, 2-1반, 2-2반, 3-1반, 3-2반, 4-1반, 4-2반과 14명의 정교사, 22명의 보조 교사, 약 1000명의 한국어 학습자를 이루고 있으며, 한국문화원도 세종학당 통합의 한 부분으로 한국어 수강자는 약 1000명을 이룬다. 1/2학기로 구분하여, 1학기 9월 1일에 개강하여 12월 둘째 주에 종강하며, 2학기는 2월 초에 개강하여, 5월 말에 종업식을 한다.

본 학당에서는 러시아식 페이스북 칸딱트라는 사이트 www.vk.com를 통해, 한국어 수업과 한국 동아리 활동들이 소개 하고 있다. 1-1의 기초반일 경우 300명의 학생이 책상 없이, 의자에 앉아, 심지어 바닥에 앉아 수업을 들었지만, 교육 환경 개선이라는 명명 하에 1-1반 입학 테스트 시험을 봐서 150명의 학생들을 뽑는다. 현지 고려인 선생님, 러시아 선생님, 한국에서 오신 선생님들로 강사진이 꾸려져 있고, 다른 학당이나, 대학기관과 달리 많은 학생들의 한국어 수업, 따라 오기를 돕기 위해, 러시아로 유학을 온 대학생들이 무료 봉사로 수업 보조 교사로 활동하며, 작문 수업 교정과 한국어 발음 교정에 많은 노력을 기울이고 있다. 학기가 끝난 후 학생들에게 봉사증을 증정한다. 이것은 짧은 외국 교환 학생 시절에 한국어 보급을 위해 노력한 학생들의 나라에 대한 자부심과 애국심을 고취 시키는가 하면, 교환 학생들이 한국으로 들어감으로, 현지 러시아 학생들과 한국 교환 학생들 사이의 교류는 보이지 않는 끈으로 계속 된다. 또한 이 봉사증은 대학생들이 취업 시, 주요한 봉사 활동 중 하나로 한국 기업들은 여긴다.

모스크바 세종학당은 주러 대한민국 대사관의 도움으로 러시아어 사용 학습자를 위한 교재 초급(2002년), 중급(2004년), 고급 교재(2005년)를 발간하게 되었고, 이 교재는 전 러시아권, 벨라루시야 등 한국어를 체계적 보급하는 터전을 만들게 했다. 세종학당의 교재/교과서를 사용한 수업을 함과 동시에, 문법과 말하기 연습 중심으로 집필된 원광 한국어 초급, 중급, 고급의 교재는 각 해당 반에 따라, 말하기 집중 대화연습을 필수적으로 진행한다. 매년 11월에는 말하기 대회 예선을 치르고, 12월엔 말하기 왕중왕전을 치른다. 무엇보다 말하기 대회 예선에서는 한국어 페스티발과 같은 개념을 두고, 많은 학생들이 '듣고 따라 하기', '읽기', '말하기 연습', '쓰기' 시험을 본다. 시험과 시험, 즉 페스티발진행시 수강생들은 339한국 게임, 카드 뒤집어 빨리 맞추기 등의 여러 한국 게임을 하며, 다음 시험을 기다리기도 한다.

역사적으로 러시아 사람들의 일본어와 문화에 대한 관심은 아주 높았다. 학생들의 한국어를 처음 접한 동기를 설문으로 알아 본 결과, 보통 모스크바 세종학당 학생들의 한국어와의 첫 접근은 K-pop를 일본어로 듣고, 음악의 그룹이 한국인 것을 알고 다시 한국어로 노래를 듣게 되는데, 일본어로 들었을 때 보다, 한국어가 더 아름다워 한국어 공부를 시작했다고 많은 학생들이 말한다. 모스크바 세종학당에서는 한국어뿐만 아니라 한국문화 동아리도 있다. 사물놀이, 전통 부채춤, 태권도, 한국어 노래반등도 있으며, 동아리로 통해 익힌 한국 문화는 한-러 친선 대회에서 그 빛을 발한다.

즉, 모스크바 세종학당은 한국어를 배우는 곳일 뿐만 아니라, 다양한 문화수업을 진행하며, 특히, 매년 6월 12일 한-러 친선대회 주관을 모스크바 세종학당에서 준비 하는데, 약 400명의 세종학당 학생들이 한-러 친선대회에 자원 봉사자로 활동한다. 러시아인, 재외 동포, 고려인들을 한 자리에 모이게 하는 한-러 친선대회에는 굴렁쇠 굴리기, K-pop, 부채춤, 널뛰기, 서예 체험, 팔씨름, 닭싸움, 등 만들기 등을 체험하게 하는 주요 한-러 친선 행사이다. 친선대회 이후 세종학당 학생자 봉사자들은 넓은 녹지 숲에서 한국의 놀이: 꼬리잡기, 제기차기, 릴레이, 줄 달리기 등 피크닉을 또 다시 한번 즐긴다.

다시 말해, 모스크바 세종학당은 한국어 교육뿐만 아니라 한국과 러시아의 우정을 나누는 중추역할을 하는 시스템을 운영하고 있다고 볼 수 있다.

성인 학습자를 지도함에 따라, 가끔 한국의 정서, 한, 정 같은 것을 참 설명하기 어렵다. 어휘와 문화의 설명의 어려움을 시각, 청각적 자료를 이용한, 유튭 활용은 하나의 해결책으로 볼 수 있다. 정, 효도, 배려가 들어간 공익 광고를 활용한, 한국 정서를 알리기 위한 방법 중 하나로, 광고를 통한 한국어 광고 문법을 학생들에게 시각, 청각적 교육접근으로 활용해 볼 수 있겠다.

광고는, 첫째 사회적 기능, 둘째 경제적 기능, 셋째 문화적 기능을 지닌다. 사회적 기능에서 광고는 사람들에게 흥미 거리를 제공한다는 차원에서 긍정적은 기능을 한다. 즉 하나의 오락, 정보 제공, 언론 기관 유지, 교육, 시대가 요구하는 가치 전달 등. "유한 킴빌리 우리강산 푸르게 푸르게' 광고를 통해 환경 문제에 대한 수업을 이끌 수도 있다. 교육으로써 광고의 사회적 기능을 수업에 활용함은, 학습자에게 한국의 흥밋거리를 제공, 한국의 정보를 제공, 한국어 문법 교육 등을 할 수 있으며, 광고의 경제적 기능인 대량 생산과 소비의 기능은 한국 문화의 이콘화, 상품화를 소비로 연결시켜 한국 문화를 소비로까지 이끌어 낼 수 있게 한다.

특정 집단(즉 한국 사회)이나 개인(한국인)이 그 시대를 살아가는 관습, 가치, 규범, 제도 등을 포괄하는 삶의 방식을 담은, 광고의 문화적 기능에 따라 짧지만 간접적 한국 생활 속의 단면을 섬세하게 그려 학습자에게 한국 문화를 소개하고 한국 문화를 간접적 영향을 주고받는 관계로 발전시킬 수 있다.

즉, 광고는 상품뿐 아니라 상품에 부여된 가치와 이미지 구현을 통해 학습자에게 새로운 한국 문화나 가치적 규범을 전파하고, 생활 패턴이나 방식에까지 영향을 미친다. 광고는 짧은 시간 안에 알리고자 하는 모든 내용을 압축하여 시각, 청각적으로 만들어진 것으로, 2-3분 안에 최고의 시선을 집중 시키는 것을 가장 효과적이라고 한다.

K-pop, 한국드라마, 한국 광고를 통한 한국의 물품 알리기, 한국예술 적인 멋, 정서, 생활을 담은 한국어 학습용 아름답고 재미있는 광고가 학습자에게로 접근이 더 필요하다고 생각한다.

성인 학습자를 대상으로 하는 한국어 교육일 경우, 한국 물품 알리기의 광고 '맥주'를 예로 들면, 2018년 1월 1일부터 한국에서는 외제 맥주 구입에 대한 부가가치세를 적용되지 않는다고 한다. 이에 외국 맥주에 대한 호기심의 소비자-한국인이 늘 것이며, 이에 반대로 맥주를 선호하는 외국인 학습자들에게 한국에서 생산되는 맥주 소개를 해 볼 수 있겠다. '맥주 하이트' 광고(김래원 역)의 내용 친구들과 일상을 이야기 하는 대화를 학습자에게 보여주고, 익히며, 그 내용을 짧게 페어다임하기, 맥주 광고 속 '뭐라고'라는 노래와 뜻을 같이 익히고, 한국 사람은 같이 모이고, 노래하는 것을 좋아 하는 문화 지녔음을 알리고, 러시아에서의 한국 젊은이처럼 한국 맥주를 사서 마셔보게 하는 것 또한 효과적일 것이라 생각 된다.

치킨과 맥주를 한국의 문화로 소개하는 광고 내용을 방탄소년단의 BBQ치킨 광고로 학습자에게 노출시키기, 2013년 12월 5일 김장문화가 유네스코 세계문화 유산에 등재된 우리의 김치를 소개하며, 과학적 김치의 발효를 돕는 LG Dios '김치 톡톡' 김치 냉장고 광고 소개하기, 김우빈의 맥심 골드 커피 광고로 '가을을 타다 ─ 커피를 타다' 차이점을 시각적으로 학습하게 하는 등, 3~4분 안에 압축된 한국 문화와 정서를 알리는 광고는 짧은 시간에 문화와 주요 광고 한국어 문법을 익히는 데 주요한 기능을 하며, 학습자에게 한국문화에 대한 흥미를 더 가까이 느낄 수 있게 할 것이라고 생각한다.

초코파이 광고로 '한국의 정'과 한국의 청소년 학교 문화, 군대 문화, 한반도의 분단 문화까지 이해를 도울 수 있다. 또한 효, 배려 내용을 담은 광고, 공익 광고는 외국인 학습자에게 한국 효, 가정의 문화의 이해를 도울 수도 있다. 아이콘화된 한국을 알리기 위한, 한국어의 영상화된 교육이 학습자들에 필요하며, K-pop, 한국드라마 시각적 청각적 관심에서 출발하여, 한층 한국의 문화 이해를 깊게 할 수 있는 한국 문학이나 한국 역사를 학생들에게 소개, 학습하게 함은 꼭 필요하다고 본다.

K-pop, 한국드라마의 관심에서 출발하여 한류를 한층 더 깊게 할 수 있는 한국의 현대시와 고전이나 현대 소설 작품, 한국역사에 대한 학생들의 관심의 깊이가 깊어 질 수 있도록 우리 교사들의 노력이 많이 필요하다고 본다.

Part IV

문학 및 문화 교육

제1장

김 종 수

경희대학교

외국인 학생을 위한 한국 문학 교육의 한 사례
-헬싱키 대학교 학생을 대상으로-

1. 서론

이 글은 외국인 학생을 대상으로 한 한국 문학 교육의 현장에서 문학작품의 공감과 이해를 바탕으로 한국인의 미의식을 학습할 수 있는 한국 문학 교육 방법의 사례를 소개하는 것을 목적으로 한다.

그동안 한국어 교육에서 문학 교육의 방향은 문학을 활용한 한국어 의사소통능력 향상 교육, 문학을 통한 한국의 사회·문화 교육, 한국문학 그 자체에 대한 교육으로 세분화되어 전개되었다.[1] 구체적으로, 문학작품의 풍부한 언어를 통해 구어학습이나 다른 읽기 자료에서 만날 수 없는 어휘를 접할 수 있고 언어의 다양한 맥락을 이해함으로써 한국어 의사소통능력을 향상 시킬 수 있다는 점이 강조되었다.[2] 또한 중·고급 학습자의 경우 한국인의 생각과 행동,

---

[1] 윤여탁, 「한국어교육에서 문학교육 방법, 『국어교육』 111집, 2003, 511-512쪽.

[2] 황인교, 「외국인을 위한 한국문학교육 -기초단계의 문학작품 읽기를 중심으로-」, 『이화어문논집』 16집, 1996.; 황인교, 「외국어로서의 한국문학교육의 가능태」, 『외국어로서의 한국어교육』 26집, 2001

생활양식을 이해하고 받아들일 수 있게 하는 문화 지식의 교육이 문학교육을 통해 수행될 수 있음도 논의되었다.[3] 특히 문학어로서의 한국어를 체험하게 하고 이를 통해 문학을 향유하게 하는 것은 문학만의 고유 영역이기 때문에 문학 교육은 문학 자체에 대한 향유를 본질적인 목적으로 설정해야한다는 주장[4]도 제기되었다.

그런데 현재까지 추구되고 있는 이러한 한국 문학 교육의 기본 방향은 좀더 현실적인 문제점, "무엇을, 어떻게"라는 교수 내용과 교수-학습 과정에 대한 체계적인 접근을 활성화함으로써 보완될 필요가 있다. 특히 문학교육 현장에서 활용할 교수-학습 방법을 모색할 때 고려해야 할 변인에 대한 논의는 효과적인 한국 문학 교육을 위해 심층적으로 탐색할 필요가 있다. 문학교육의 효과적인 학습을 위한 변인에는 무엇보다 "학습자 분석"과 "텍스트 선정"이 핵심적인 문제이다.[5] "학습자 분석"은 학습자의 언어능력에 대한 고려[6]와 학습자의 목적별, 지역별, 국가별 차이[7]를 기반으로 한 학습자의 요구와 흥미에 초점이 맞춰진다. "학습자 분석"에 관한 결론적 제언은 초·중·고급의 학습자 능력과 학습자 요구에 부합할 수 있는 학습자 중심의 교수-학습 활동을 지향해야 한다는 것이다.

한편 텍스트 선정의 문제에서 외국인 대상의 한국 문학 교육은 한국인을 대상으로 하는 한국 문학 교육과는 구별되어야 하는 당위적 인식을 수용하면서도 고전을 읽어야 한다는 문학교육의 정전 개념에서 자유롭지 못한 것이 사실이다.[8] 해외 대학에서 사용하고 있는 한국문학 강독 교재나 한국어교재에 실린 문학 작품, 한국 내 문학 교과서에 실린 작품 등을 조사하고 통계 내어 한국문학 수업을 위한 정전 목록을 선정한 연구[9]가 보여주듯이, 한국 문학 교

---

3) 김미선, 「한국 언어·문화·문학의 통합 교육 방안 연구-김소월의 <진달래꽃>을 중심으로-」, 『국제어문』 71집, 2016.; 유현정, 「문화교육으로서의 한국문학교육방안 연구-비교문화적 관점을 중심으로」, 『한성어문』 34집, 2015.; 신영지, 「외국인 유학생을 대상으로 한 한국어문화교육의 방법 연구」, 『우리말교육현장연구』, 10집 1호(통권18호), 2016.

4) 송명진, 「현대소설과 외국인을 위한 문학교육」, 『시학과 언어학』 18집, 2010,

5) 이에 대해서는 외국인을 위한 한국 문학 교육에 관한 대다수 연구들이 서론에서 제기하고 있는 바이다. 대다수의 논문이 특정 학습자의 요구 분석과 그에 따른 텍스트 선정 이유를 밝히고 그에 근거한 교수-학습 방법을 상술하고 있다.

6) 김보경, 「한국어 중급학습자를 위한 문학텍스트 활용 연구」, 연세대학교석사학위논문, 2003.; 김염, 「중국인 고급 학습자를 위한 한국문학 영상텍스트 교육 연구」, 서울대학교박사학위논문, 2013.

7) 주옥파(2004), 「외국인을 위한 한국문학 교육에 대한 반성-한국학 지향 중국 대학의 경우를 중심으로」, 『국어교육학연구』 20집.; 정병헌(2004), 「외국인을 위한 한국문학교육의 현황과 개선 방안」, 『어문연구』 44집.; 하채현(2010), 「외국인을 위한 한국 문학교육의 한 방법-해외 한국 문학교육의 사례를 중심으로-」, 『언어와문화』 6권 2호.; 강병융(2013), 「중동유럽 지역에서의 한국문학 교육 연구」, CEESOK Journal of Jorean Studies, Vol.14.; 신영지, 앞의 글.

8) 정병헌, 앞의 글, 327-329쪽.

육의 현장에서 교육 텍스트를 선정하는 일은 문학교육의 중요과제임에는 틀림없다. 그러나 한국 문학 교육을 다룬 대다수 기존 연구가 공통적으로 지적하고 있듯이 학습자의 요구와 상황을 고려한 텍스트 선정에 유의해야 한다. 그동안 한국 문학 교육의 내용과 범위가 한국문학을 전공한 교수자의 기준에 따라 결정되었다면 이제는 학습자가 중심이 된 텍스트 선정과 교수-학습활동이 이루어져야 한다는 것이다.

그렇기 때문에 최근 한국 문학 교육을 다룬 논문 중에는 학습자와 작품 속 인물의 동일시를 통해 학습 효과를 높일 수 있고, 교육 내용을 현대 한국 사회에 대한 지식 습득으로 확장할 수 있는 다문화 소설을 대상으로 한 교육 방법 연구가 다수 제출되었다.10) 이 연구들이 학습자의 흥미와 요구에 기반한 수업 대상 작품을 실제 교육현장에서 활용할 수 있도록 분석하고 있는 것은 고무적인 현상이지만, 한 학기 동안 교수자와 학습자 간의 교수학습 활동을 유기적이고 지속적으로 전개하기에는 어려움이 많다. 학습자의 흥미와 요구에 기반한 한국 문학 교육 수업은 유기적이고 지속적으로 수행할 수 있는 교수-학습 활동의 종합적인 구성을 염두에 둘 필요가 있기 때문이다. 이와 관련해서 "작품으로 배우는 한국문학사 수업"을 베트남 현지 학교에서 진행한 사례11)는 한 학기(15주) 동안 유기적인 연관성 속에서 문학교육을 실현한 것으로 참고할 만하다.

이 연구는 한국문학 감상 능력의 향상과 비교문학적 관점을 통한 표현 능력의 향상을 목적으로 작성된 15주차의 교수 요목을 제시한다. 문학의 개념과 이해에서부터 고대시가, 향가, 고려속요, 한문수필, 가사, 민요, 판소리, 현대시, 현대소설, 희곡 등 한국문학사의 시기구분에 따른 주요 갈래를 포함하고 있다. 여기에 학습자의 모국어인 베트남의 주요 문학작품을 비교하며 "작품으로 배우는 비교문학적 관점의 한국문학사 수업"도 시도하고 있다. 이 연구가 한국문학사의 시기와 갈래 구분에 충실하면서 한국문학의 전모를 베트남 학습자에게 제시하려고 하는 점은 의욕적이지만, 학습자가 외국인이라는 점을 고려한다면 이러한 세밀한 시기구분과 많은 갈래에 대한 정보가 필요한지는 의문이다. 학습자의 흥미와 연관되고 작품의 이해 가능 정도를 고려하면서 한국의 역사-정치-종교-사회에 대한 이해를 도모할 수 있는 한국 문학 교육의 종합적인 교수-학습 방법이 요구되는 것이다.

---

9) 윤여탁·유영미·박은숙, 「한국어교육에서 한국문학 정전 목록 선정 연구 -한국, 미국, 중국을 중심으로-」, 『국어교육연구』 34집, 2014.

10) 대표적으로 다음과 같은 연구들이 있다. 송명진, 앞의 글. ; 신영지, 앞의 글. ; 김현정, 「다문화소설 완득이를 활용한 한국문학 교육 방안 연구」, 부산외국어대학교 석사학위논문, 2012.

11) 하채현, 「외국인을 위한 한국 문학교육의 한 방법 -해외 한국 문학교육의 사례를 중심으로-」, 『언어와문화』 6권 2호, 2010.

이에 본고에서는 문학교육의 핵심적인 가치인 작품의 공감과 이해를 토대로 외국인 학습자들의 흥미와 요구에 부합할 수 있는 한국문학 수업을 위해 '문학의 보편적인 주제'에 근거한 한국 문학 교육 방법을 제안한다. 학습자에게 한 한기 동안 교육 내용을 유기적이고 일관되게 가르칠 수 있는 수업 구성을 위해 문학의 주제를 활용하는 것이다. 이 방법은 문학의 보편 주제에서 출발하여 문학작품이 전달하는 정서적 공감을 체험하고 한국인의 미의식을 이해할 수 있도록 하는 것을 목적으로 한다. 사랑, 이별, 가족애, 자연 등의 보편 주제를 중심으로 한 문학 주제는 한국문학의 많은 작품에서 찾아볼 수 있을 뿐만 아니라 모든 나라의 문학 작품의 중심 주제이다. 이를 활용하여 문학의 보편적 정서를 공감하고 한국과 한국인의 특수한 형상화 방식을 이해하는 과정을 통해 한국인의 미의식과 한국의 역사, 정치, 종교에 관한 종합적인 이해를 도모하도록 한다.

2. 본론

2.1. 학습자 분석 및 텍스트 선정

본고가 다루는 '문학의 보편적인 주제'에 따른 한국 문학 교육의 방법은 2017년 헬싱키 대학교 학생을 대상으로 한 <한국문학입문 Understanding of Korean Literature> 수업에서 진행한 것이다. 수강생은 헬싱키 대학교 세계문화학과에서 한국어와 한국문화를 전공하는 4명의 여학생이었다. 2017년 9월부터 12월까지 총 15주차 수업을 진행하였다. <한국문학입문> 수업을 하기에 앞서 2017년 1월부터 5월까지 <고급 한국어Advanced Korean> 수업을 먼저 진행하면서 헬싱키 대학 여학생들이 토픽 기준 5급[12] 이상의 실력을 가지고 있다는 것을 알 수 있었고, <고급 한국어> 수업을 하면서 수강생들이 한국의 정치, 경제, 문화, 역사 등 한국에 관한 심도있는 정보를 요구하고 있음도 파악하였다. 그래서 뒤이은 <한국문학입문> 수업에서는 문학 작품을 매개로 학습자들의 한국에 대한 다양한 흥미에 부응하려는 계획을 세웠다. 특히 학습자들이 모두 여학생이어서 한국문학 중에서 여성의 정서에 집중한 작품들을 고려하였다. 또한 문학 수업이지만 학습자들이 가지고 있는 한국 대중문화콘텐츠에 대한 관심과 흥미를 충족하기 위해서 영상 매체를 함께 활용한 수업[13]을 구성하였다.

---

12) 한국어능력시험(http://www.topik.go.kr)의 등급별 평가기준의 내용에서 문화에 대한 언급을 보면 5급에서는 정치, 경제, 사회, 문화 전반에 걸쳐 친숙하지 않은 소재에 관해서도 이해하고 사용할 수 있다고 평가 기준을 제시하였다.

13) 한국 문학 교육에서 서적 위주의 교육적 한계를 벗어나기 위해 영어권 국가의 대학에서 진행하고 있는 한국문

학습자 분석을 기반으로 선정한 구체적인 주제는 "이별과 한(恨)", "임에 대한 그리움과 사랑", "가족과 우애"라는 3가지로, 그 주제에 맞춰 학습 대상 작품을 선정하였다.[14] 학습 대상 작품은 각 주제에 맞춰 고대가요, 향가, 고려속요, 고전소설, 판소리, 현대시, 현대소설, 대중가요, 영화, TV드라마, 뮤직비디오 등을 함께 다루었다.[15] 학습자들은 수업시간에 함께 다룬 한국문학 작품들의 감상을 자신의 성장과정에서 체험한 감정을 토대로 발표하도록 하였고 과거에서부터 현재에 이르기까지 한국인들의, 특히 한국 여성의 정서를 자신의 감정과 비교하며 한국 문학에 대한 이해를 시도하였다. 이러한 한국 문학 교육의 내용을 통해 한국의 역사, 정치, 종교, 사회, 문화에 대한 종합적인 고려와 이해 속에서 한국인의 감수성과 한국 현대문화의 특성을 과거와의 연관 속에서 파악할 수 있는 기회를 제공하고자 하였다.

2.2. 3가지 주제론의 구성과 교수-학습 내용

"이별과 한(恨)", "임에 대한 그리움과 사랑", "가족과 우애"라는 3가지 주제 하에 전개되는 <한국문학입문>에서는 작품의 각 부분에 나타나 있는 체험을 읽고 학습자가 자기의 체험을 자유롭게 말하게 하는 것을 기본으로 하였다.[16] 이를 위해 우선 해당 작품을 읽고(보고, 듣고) 내용 파악 후 학습자들의 감상을 발표, 토론하였다. 기본 어휘는 전자사전이나 번역기를 활용하여 학습자 스스로가 해결하였다. 교수자와 학습할 때는 작품에서 이해가 되지 않는 관용어, 표현이 낯선 문학어 및 작중 인물의 행동과 심리에 관한 의문점을 중심으로 작품의 내용 전개를 이해하였다. 또한 각 작품을 이해하는데 도움을 주고, 학습 대상 작품과 연관된 내용을 소개하기 위해 유튜브에 올라온 자료와 교수자가 소장한 시청각 자료를 활용하였다. (아래 각 <표>의 "참고 제시자료") 학습자들의 내용 이해를 바탕으로 각 작품별로 교수자가 학습한 주요 내용과 학습자의 활동을 아래에 제시한다.

학 수업은 한국 내 대학에서 가르치고 있는 문학의 범위를 벗어나 역사 자료와 사회 현상, 웹사이트 자료를 함께 이용하며 학습자의 흥미를 제고하고 있다는 논의가 2000년대 초반부터 보고되었다. - 정병욱, 앞의 글, 339쪽 참고.

14) 기존 연구에서는 유럽 학습자를 대상으로 한 문학 수업에서 문학의 보편성을 반영한 한국문학 작품을 제시해야한다는 제언(윤여탁·유영미·박진숙, 앞의 글, 366쪽)과 고전문학 작품에 치우친 교수 내용에서 현대문학 작품을 좀더 많이 포함할 것을 강조(강병융, 앞의 글, 11쪽)하였다. 본고는 기존 연구자들의 제언을 참고하여 작품 선정에 유의하였다.

15) 학습 대상 작품을 설정할 때 작품의 문학 갈래에 대한 설명보다는 해당 주제의 역사적 연관성에 초점을 두어 학습자들의 정서적 공감을 유도할 수 있는지에 유의하였다.

16) 문학 교육의 첫 단계는 작품 안에 담긴 체험을 학습자 자신의 체험과 연관시키는 활동이다. -김인환, 『문학교육론』, 평민사, 1979, 73쪽 참고.

2.2.1. "이별과 한(恨)"

이 주제에서는 여성의 체험을 중심으로 이별의 정서가 형상화된 고대가요부터 현대소설까지 8개의 작품을 학습한다. 떠나는 사람을 보내며 그가 다시 돌아오기를 기다리는 여인의 정서가 「공무도하가」에서부터 시작하여 20세기 소설에서도 이어지고 있음을 제시한다. 특히 개인적 정서인 한(恨)이 민족의 정서로 확대되는 과정을 논의하면서 한국의 역사, 그중에서도 근대사의 질곡과 정치적 혼란, 무속과 같은 민간 종교의 특성을 알게 한다.

<표 1> "이별과 한" 주제의 교수-학습 내용

학습대상 작품	학습 내용(교수자)	학습 활동(학습자)	참고 제시 자료(시청각자료)
「공무도하가」 (고대가요)	-생사의 이별과 남은 자의 고통	-자국의 이별 노래 소개 -경계로서의 강 이야기	-김훈의 『공무도하』(소설), -이상은의<공무도하>(대중가요)
「가시리」 (고려속요)	-간절한 기다림	-「공무도하가」와의 차이 말하기	-sg워너비의 <가시리>(대중가요) -<귀향>(영화)
「진달래꽃」 (현대시-김소월)	-반어의 표현에 담긴 이별 정서	-자국에서 꽃에 담긴 의미 말하기 -시의 리듬에 대해 말하기	-진달래꽃 사진, -<진달래꽃> (대중가요)
「아리랑」 (민요)	-개인에서 민족으로 확대되는 한(恨)의 정서	-자국의 전통 노래 소개 -자국 민족의 특성 소개	-진도아리랑, 정선아리랑 들려주기
「사랑방손님과 어머니」 (영화-신상옥)	-과부 수절의 윤리적 근거와 연애 욕망의 갈등	-영화에 등장하는 인물(특히 화자)에 대해 말하기	-원작 소설 소개
「동백아가씨」 (대중가요-이미자)	-트로트 유행을 통해 본 산업화 과정의 한국 대중 정서	-자신이 즐겨듣는 한국노래 소개하기	-일본 엔카
「풍금이있던자리」 (현대소설-신경숙)	-이별을 대하는 현대 여성의 정서적 차이	-음식에 대한 기억 말하기	-한국 드라마에서 나오는 음식 장면
「파란만장」 (단편영화-박찬욱)	-원한의 한국 현대사와 현대 한국인의 심리	-자국의 종교문화 소개	-무속 소개 동영상 -만신 김금화 동영상

이 작품들은 보편적인 문학 주제로서의 남녀간의 이별을 다룬다는 공통점이 있다. 특히 한국에서 형성된 독특한 남녀 관계의 정서를 확인할 수 있다는 점을 강조하였다. "님아 그 강을 건너지 마오"(「공무도하가」) - "서러운 님 보내드리니 가시자마자 돌아오십시오"(「가시리」) - "죽어도 아니 눈물 흘리우리다"(「진달래꽃」) - "나를 버리고 가시는 님은 십리도 못 가서 발병난다"(「아리랑」)로 이어지는 시적 화자의 반어적 표현에 담긴 간절한 마음을 학습자가

이해하는 것에 초점을 둔다. 특히 간절히 기다리는 마음(연인과의 만남, 자신의 처지에 대한 억울함 등)이 해결되지 못하는 상황이 지속될 때 형성되는 개인의 한(恨)의 정서가 여성에게 부과되는 유교 이념의 굴레(「사랑방손님과 어머니」)나 노동 대중을 소외시키는 근대 산업화 과정의 모순과 연결되면서 현대 한국인들에게 과잉감정(「동백아가씨」)의 카타르시스를 경험하게 하는 것으로 이어지고 있음을 말할 수 있다.

또한 이승을 떠나는 망자와의 갑작스러운 이별이 죽은 자나 산 자 모두에게 해원의 욕망(「파란만장」)을 갖게 함을 보여준다. 이 과정에서 한국의 토속신앙인 무속의 사회문화적 가치를 역사적으로 조명할 수 있다. 사실 무속은 외국인 학생들이 큰 관심을 갖는 한국의 전통문화 중 하나인데, 한국 예술의 기원으로서의 무속을 소개하는 것도 의미가 있다. 무당의 이야기, 노래, 춤, 굿의 배경 그림과 음악 등이 한국 민중예술의 기원이 된다는 점을 소개함으로써 예술의 시원으로서 주술의 존재를 다시금 확인시켜 줄 수 있다. 그리고 남녀의 문제에서 타자의 고통을 생각하며 윤리적인 이별을 선택하는 인물의 결단(「풍금이 있던 자리」)을 공감하면서 과거와는 다른 현대 한국 여성의 면모를 제시한다.

2.2.2. "임에 대한 그리움과 사랑"

이 주제에서는 사랑하는 사람을 향한 그리움의 정서를 형상화한 시조부터 현대시까지 5개의 작품을 학습한다. 신분제와 남녀 차별의 한계 속에서도 사랑을 표현하고 성취하는 중세 여성의 욕망을 이해하며 현대 한국인들이 좋아하는 첫사랑을 형상화한 작품을 학습하면서 사랑과 그리움에 대한 정서적 공감을 체험한다. 그리고 이 과정에서 한국인들의 1950년대 사회의 생활상을 이해하는 계기를 마련한다.

<표 2> "사랑과 그리움" 주제의 교수-학습 내용

학습 대상 작품	학습 내용(교수자)	학습 활동(학습자)	참고 제시 자료(시청각자료)
「동짓달 기나긴밤」 (황진이-시조)	-과감한 시적 발상에 담긴 님에 대한 그리움	-자국의 사랑 노래 소개	-시조 창(唱) -기생에 대하여 -조선시대 신분제
「춘향전」(고전소설)	-신분 차이를 극복한 사랑의 성취	-『로미오와 줄리엣』과 비교 -자국의 대표적인 사랑 이야기 소개	-판소리 「사랑가」 -한국의 멜로드라마
「소나기」 (황순원-현대소설)	-첫사랑의 그리움	-청소년기 연애 감정 떠올리기	-한국 농촌 풍경

「소나기」(TV드라마)	-소년의 성장기	-소설과 드라마의 차이 비교하기	-1950년대 생활상 소개
「너를 기다리는 동안」 (황지우-현대시)	-기다림의 기쁨과 사랑 의 의지	-누군가를 기다린 경험 나누기 (그때의 심리 기억하기)	-기다림을 소재로 한 드 라마 장면들

　이 작품들 역시 보편적인 문학 주제로서 남녀간의 사랑과 그리움을 다루고 있다. 작품의 이해과정에서 작품에 등장하는 인물이나 화자의 심리와 연관된 학습자의 경험을 드러내고 표현해내는 데에 주목한다. 시간에 대한 재미있는 발상으로 "사랑하는 임에 대한 애틋한 그리움"을 표출하는 여성의 시선(황진이 시조)이 현대에 더욱 발랄하게 느껴질 수 있는 까닭은 시조의 주창작자층이 남성이었고, 작자의 신분적 상황의 자유로움에서 기인하였음을 알려준다. 조선 시대 사회가 남녀의 차별적 지위와 엄격한 신분제를 기반으로 유지되었다는 것을 제시하고 그러한 사회적 굴레 속에서도 남녀 간의 사랑이 성취되는 것은 신분을 초월하여 사랑을 이루고 싶어하는 대부분 사람들의 욕망을 실현하고 있음(「춘향전」)을 알려준다.

　조선 시대 신분제의 한계를 극복하고 성취하는 사랑의 욕망은 현대소설로 오면 첫사랑의 추억을 환기하는 것으로 재현된다. 대비적인 성격을 지닌 순박한 시골 소년과 조숙한 도시 소녀의 사랑과 이별에 담긴 서사(「소나기」) 전개의 개연성을 학습자가 공감할 수 있도록 한다. 한편 원작소설을 저본으로 하여 제작된 TV드라마를 보여주면서 원작과 TV드라마의 매체 변환 과정에서 달라진 요소들을 학습자들이 찾아내게 한다. 이를 통해 작품에 대한 주의 깊은 이해의 과정을 체험하게 하고 TV 드라마에 재현된 1950년대 한국 사회의 생활상 - 가정 생활, 학교 생활, 시장 풍경 등을 보여준다. 그리고 기다림의 행위 속에 내재된 사랑하는 사람에 대한 그리움이 사랑에 대한 신뢰를 기본으로 한 기쁨임을 형상화한 시(「너를 기다리는 동안」)를 통해 가슴 설레는 생의 경험을 환기하는 기회를 제공한다.

2.2.3. "가족과 우애"

　이 주제에서는 가족 구성원 간의 사랑을 다룬 향가부터 대중가요까지 5개의 작품을 학습한다. 유교 이념에 근거해 형성된 전통적 가족관이 현대까지도 한국인들의 삶을 규정하여 왔음을 보여준다. 그렇지만 현대로 오면서 한국인들의 가족관에 근본적인 변화가 일어나고 있음을 제시한다.

〈표 3〉 "가족과 우애" 주제의 교수-학습 내용

학습 대상 작품	학습 내용(교수자)	학습 활동(학습자)	참고 제시 자료(시청각자료)
「제망매가」 (월명사-향가)	-누이의 죽음을 계기로 삶의 허무 자각	-친한 사람의 죽음 경험 소개 -자국에서 형제 간 그리움을 담은 노래 소개	-고대/중세/근대 한반도지도 -불교문화에 대하여
「심청전」 (고전소설)	-소녀의 효성	-자국의 가족 문화 소개 -자국의 악인 캐릭터 소개	-판소리 「심청가」 (심봉사눈뜨는 장면) - 뺑덕어멈 이야기
「성탄제」 (현대시-김종길)	-아버지의 사랑	-아버지에게서 받은 사랑 자랑하기	-한국의 크리스마스문화 -유교적 가부장 사회(제사문화)
「어머님께」 (god-대중가요)	-어머니에 대한 연민	-청소년기 어머니에 대한 기억(기억에 담긴 감정 표현)	-싸이의 「아버지」 -드라마 「부모님전상서」
「오빠가 돌아왔다」 (김영하-현대소설)	-아버지 권위 약화와 새로운 가족관계의 형성	-작중 가족의 인물들 분석하기 -「사랑방손님과 어머니」 화자와 비교	-교복 문화 소개 -21세기 가족관 변화 (1인 가족)

"가족과 우애"라는 주제로 묶인 작품은 가족 구성원간의 사랑과 연민을 다루고 있다. 이 문학 작품들에서 한국의 전통적인 가족관을 이해할 수 있고, 현대에 오면서 변화하고 있는 가족관을 구체적으로 보여줄 수 있다. 한국문화적 특수성을 찾아낼 수 있는 요소가 많기 때문에 학습자가 자신의 가족 관계나 자국 문화와 비교하는 활동을 많이 수행한다.

"한 가지에서 나고"라는 비유가 형제임을 뜻하는 문학적 의미를 중심으로(「제망매가」) 형제 간의 애정에 관한 학습자의 경험을 말할 수 있도록 한다. 또한 작자가 불교 승려라는 점에서 한국의 불교문화를 유럽의 기독교문화와 비교하여 소개한다. 불가능한 것을 가능하게 할 수 있는 효의 힘을 보여주는 작품(「심청전」)을 통해 부모와 자식의 긴밀한 의존관계가 유교적 이념에서 비롯되었음을 알려준다. 특히 장유유서의 이념이 가족관계에서뿐만 아니라 사회의 구성원에게까지 확대 적용된 한국의 위계 문화를 제시한다. 한국 가족의 위계 질서의 정점에는 아버지가 있음을 말하고 아버지의 헌신과 사랑을 보여주는 현대시(「성탄제」)에 나타난 "어느새 나도/그 때의 아버지만큼 나이를 먹었다"는 표현을 통해 유교의 가부장제가 현대까지도 지배적인 한국 가족 문화임을 소개한다. 전통적으로 아버지 중심의 가족관계에서 희생적인 어머니를 대하는 연민어린 시선(「어머님께」)을 현대의 젊은이들에게서 찾아볼 수 있음을 제시하며 자식이 부모에게 가지고 있는 윤리 의식의 특수한 면모를 말한다.

한편 21세기에 진입하면서 현대 한국 사회의 급격한 변화가 전통적인 가족관에서도 찾아오게 되었다. 가부장의 역할과 의무를 다하지 못하는 아버지가 가족 구성원들에 의해 희화화

되면서(「오빠가 돌아왔다」) 가족관계의 근본적 변화가 일어나고 있음을 보여준다. 현대 한국 사회에서 가부장제의 해체와 가족 구성원 간의 평등적 관계에 기반해 새로운 가족이 형성되고 있음을 제시한다.

2.3. 헬싱키 대학교 〈한국문학입문〉 수업의 실제: 〈공무도하가〉의 예

2.3.1. 작품 소개 – 읽기

공무도하가(公無渡河歌)
작자 미상

그대 강을 건너지 마오 公無渡河(공무도하)
그대 끝내 강을 건넜구려 公竟渡河(공경도하)
물에 빠져 돌아가셨으니 墮河而死(타하이사)
그대여 어찌해야 하리오 當奈公何(당내공하)

우선 한글로 작품을 읽게 하고 한자로도 읽어보게 한다. 작품의 상황을 학습자가 이해하고 있는 대로 설명하게 한다. 읽은 후 학습자 각자가 느끼는 감정을 말하도록 한다. 현재까지 전하는, 한반도에서 불려진 최초의 노래라는 점, 한국의 많은 사람들이 알고 있고, 현재에도 여러 방면에서 계승되고 있는 작품이라는 점을 강조한다. 정서적으로 이별의 아픔을 공감하고 있고, 극적인 상황으로 상상될 수 있기 때문에 한국인들에게 사랑받고 있음을 제시한다. 한편 학습자에게 한국 문학 중 고전문학 작품들의 경우 한자로 쓰여진 것이 대다수임을 알려준다. 한문이 중국 문자라기보다는 중세 유럽에서 라틴어나 아랍문화권에서 고전아랍어와 유사하게 중세 시대 동아시아의 보편문자임을 설명한다.

2.3.2. 배경설화 소개

조선에 곽리자고라는 뱃사공이 있었다. 어느 날 새벽에 배를 손질하고 있노라니, 머리가 새하얀 미치광이 사나이가 머리를 풀어헤친 채 술병을 끼고 비틀거리면서 강물을 건너는 것이었다. 아내가 따라오면서 말려도 듣지 않고, 마침내 물에 빠져 죽었다. 그 아내는 '공무도하'(公無渡河)라는 사연의 노래를 지어 불렀는데, 그 소리가 아주 슬펐다. 노래를 다 부르자, 아내도 빠져 죽었다. 사공은 돌아와 자기 아내 여옥(麗玉)에게 그 이야기를 하고, 여옥이 그 노래를 다시 불렀다.

위 배경설화를 학습자에게 알려주고 <공무도하가>에 담긴 극적인 상황을 머릿속으로 그려보게 한다. 배경설화를 들려주기 전에 학습자가 말했던 작품에 대한 감상과 비교해 보도록 한다. 강과 강변, 나룻배, 뱃사공에 대한 시각 자료를 제시하여 이해를 돕는다. 배경설화에 대한 설명 후 작품을 다시 읽어보도록 한다. 학습자가 소리내어 읽어보도록 한다. 학습자 모두에게 작품 중 가장 마음을 끄는 어구를 선택하게 하고 그 이유를 말하게 한다.

2.3.3. 작품에 대한 감상과 주제 도출

학습자들이 말한 내용을 열거하고 공통된 요소를 찾는다. 예를 들어 "그대여 어찌해야 하리오" 같은 어구에 담긴 이별의 아픔을 느낄 수 있는지 확인한다. 이 시구에서 떠나간 사람을 보낸 시적 화자의 간절한 마음을 상상할 수 있도록 한다. 사랑하는 사람이 죽어가는 모습을 목도했을 때 살아있는 사람이 마음 속에 품게 되는 안타까움과 죄의식을 설명한다. 그런 안타까움과 죄의식을 풀지 못할 때 남겨진 사람의 마음 속에 응어리가 되어 한(恨)이라는 것이 형성된다는 것을 제시한다. 이별의 아픔을 치유하지 못한 채 마음 속에 담아두고 살아가는 사람들의 정서가 고조선 시대부터 현대까지 한국 사회에서 면면히 이어지고 있음을 뒤이어 보여준다.

2.3.4. 주제의 계승

「공무도하가」의 주제가 현대에도 계승되고 있는 사례를 소개한다. 한국인에게 「공무도하가」에서 표출된 이별의 아픔이라는 주제, 특히 사랑하는 사람의 죽음에 대한 슬픔은 현대에도 면면히 계승되고 있음을 제시한다. 예를 들어 이상은이 부른 대중가요 <공무도하>(1995)를 유튜브 동영상으로 시청(https://www.youtube.com/watch?v=U8RskGDLoOo)하고 김훈의 현대소설 <공무도하>(2009)를 소개한다. 또한 진모영 감독이 연출한 2014년 작 <님아, 그 강을 건너지 마오>(2014) 유튜브 동영상(https://www.youtube.com/watch?v=s DxVix7JieM)을 보여줄 수 있다. <공무도하가>의 노래와 배경 설화에서 그려볼 수 있는 이별의 정황에 대한 상상력이 현대 한국 사회에서도 계승되며 그 정서가 이어지고 있음을 알려준다.

2.3.5. 심화 학습 - 비교문학적 접근

사랑하는 사람들이 이별하는 「공무도하가」에서 등장하는 "강"은 다른 나라의 문학 작품이나 문화 산물 속에서도 찾아볼 수 있는 보편적인 문학 공간임을 소개한다. 즉 강이 인간의 운명을 가르는 경계로서의 역할을 해왔던 것은 인류 보편의 문학적 상징임을 제시한다. 예를 들어 성경에 나오는 "요단강(Jordan river)"이나 그리스 신화에서 나오는 "레떼(Lethe)의 강" 같은 것을 환기시킨다. 이승과 저승, 이데아의 세계와 현상의 세계를 가르는 상징적 공간으로서의 "강"이 인간의 삶과 죽음, 그로 인한 슬픔의 정서를 형상화하는 데에 문학적으로 오랫동안 씌여 왔음을 알려준다. 이와 관련하여 학습자의 국가에서 널리 알려진 강(江)과 관련된 이야기를 각자 소개하도록 한다.

3. 결론

이 글은 한국어능력 5급 수준의 외국인 학생을 대상으로 한 문학수업의 한 사례를 통해 한국 문학 교육의 구체적이고 실천적인 방안을 모색하였다. 외국인을 위한 한국 문학 교육의 효과적인 교수-학습 방법을 마련하는 데에 고려해야할 주요 변인들 중 학습자 분석과 텍스트 선정에 유의하였다. 또한 기존 연구들이 특정 작품이나 특정 장르의 수업 방법에 치중하였던 것과 달리 이 글에서는 한국 문학 교육 현장에서 활용할 수 있는 한 학기(15주) 분량의 교수-학습 내용을 종합적으로 구성하는 것에 집중하였다.

본고에서는 외국인 학생을 위한 한국 문학 교육의 방법으로 다양한 한국 문학의 갈래를 '문학의 보편적인 주제'에 따라 분류하여 교수-학습 내용을 구성하였다. 외국인 학생에게 한 학기 동안 진행될 교육 내용을 유기적이고 일관되게 가르칠 수 있는 수업 구성을 위한 것으로 문학의 보편주제에서 출발하여 문학 작품이 전달하는 정서적 공감을 체험하고 한국인의 미의식을 이해할 수 있도록 하였다. 본고에서 다룬 내용은 2017년 헬싱키 대학교에서 실제 진행한 내용이었다. 당시 외국인 학습자가 모두 한국어능력 5급 이상의 실력을 가지고 있는 여학생이었기 때문에 한국 여성의 정서를 공감할 수 있는 "이별과 한(恨)", "임에 대한 그리움과 사랑", "가족과 우애"라는 주제로 한정하였다. 특히 학습자들이 가지고 있는 한국 대중 문화콘텐츠에 대한 관심과 흥미를 충족하기 위해 유튜브와 같은 영상 매체를 활용하였다. 이와 같은 한국 문학 교육의 내용을 통해 한국의 역사, 정치, 종교, 사회, 문화에 대한 종합적인 고려와 이해 속에서 한국인의 감수성과 한국 현대문화의 특성을 과거와의 연관 속에서 파악할 수 있는 기회를 제공하고자 하였다.

한편 평가 방법으로 말하기와 쓰기를 수행하였다. 수업시간에 함께 다룬 한국 문학 작품의 감상을 자신의 성장과정에서 체험한 감정을 토대로 발표하도록 하였고 이 과정에서 자국 문학 작품에서 확인할 수 있는 정서와 비교하도록 유도하였다. 교수자는 학습자의 말하기 과정에서 발견되는 오류를 수정하였다. 그리고 각 주제별 작품군에서 한국소설에 관한 감상평을 쓰기 과제로 제출하도록 하여 학습자에 관한 평가를 진행하였다. 학습자가 제출한 쓰기 내용은 교수자가 첨삭하여 되돌려주었고, 첨삭 내용을 토대로 다시 써서 제출하도록 하여 학습자의 쓰기 능력 향상에 기여할 수 있도록 하였다.

이 글은 고급 학습자를 대상으로 한 한국 문학 교육의 교수-학습 방법 및 교육과정과 교육 자료를 종합적으로 제시하였으나 평가에 관한 논의가 소략하다는 한계가 있다. 평가 방식을 보완하여 좀더 객관적인 평가 지표를 마련할 수 있도록 하는 것은 추후 과제이다. 그리고 초급 과정 학생을 위한 한국문학교육의 방법과 교육 내용에 대한 논의도 최근 한국어교육 현장에서 요구되고 있다는 점에 주목하여 실제 한국어 교육 현장에서 활용될 수 있는 초급 과정의 한국 문학 교육 방법을 후속 연구로 진행할 계획이다.

참고 문헌

강병융(2013), 「중동유럽 지역에서의 한국문학 교육 연구」, *CEESOK Journal of Korean Studies*, Vol.14.

김미선(2016), 「한국 언어·문화·문학의 통합 교육 방안 연구 -김소월의 <진달래꽃>을 중심으로-」, 『국제어문』 71집.

김보경(2003), 「한국어 중급학습자를 위한 문학텍스트 활용 연구」, 연세대학교석사학위논문.

김 염(2013), 「중국인 고급 학습자를 위한 한국문학 영상텍스트 교육 연구」, 서울대학교박사학위논문.

김인환(1979), 『문학교육론』, 평민사, 73쪽

김현정(2012), 「다문화소설 완득이를 활용한 한국문학 교육 방안 연구」, 부산외국어대학교 석사학위논문.

송명진(2010), 「현대소설과 외국인을 위한 문학교육」, 『시학과 언어학』 18집.

신영지(2016), 「외국인 유학생을 대상으로 한 한국어문화교육의 방법 연구」, 『우리말교육현장연구』, 10집 1호 (통권18호).

유현정(2015), 「문화교육으로서의 한국문학교육방안 연구 -비교문화적 관점을 중심으로」, 『한성어문학』 34집.

윤여탁(2003), 「한국어교육에서 문학교육 방법」, 『국어교육』 111집.

윤여탁·유영미·박은숙(2014), 「한국어교육에서 한국문학 정전 목록 선정 연구 -한국, 미국, 중국을 중심으로-」, 『국어교육연구』 34집.

정병헌(2004), 「외국인을 위한 한국문학교육의 현황과 개선 방안」, 『어문연구』 44집.

주옥파(2004), 「외국인을 위한 한국문학 교육에 대한 반성-한국학 지향 중국 대학의 경우를 중심으로」, 『국어교육학연구』 20집.

하채현(2010), 「외국인을 위한 한국 문학교육의 한 방법-해외 한국 문학교육의 사례를 중심으로-」, 『언어와문화』 6권 2호.

황인교(2001), 「외국어로서의 한국문학교육의 가능태」, 『외국어로서의 한국어교육』 26집.

황인교(1996), 「외국인을 위한 한국문학교육 -기초단계의 문학작품 읽기를 중심으로-」, 『이화어문논집』 16집.

제2장

박 희 영

독일 쾰른 대학교

University of Koeln

한국어 고급반을 위한
한국 고전전래문학 및 고시조 활용

1. 서론

한글은 한글의 세계화에 관심을 가진 지구상 곳곳 많은 이들의 부단한 노력 등에 힘입어 한국 전통문화 소개와 함께 끊임없이 세계화되고 있다. 이에 부응하여 외국인을 위한 한글 언어교육에 필수적인 문법체계나 언어교수법만이 아니라 한국의 문학, 문화, 정치, 사회, 경제 등 한국관련 전영역에서의 교수법이 요구되고 있다.[1] 인본주의에 입각한 인문학 및 사회과학 전반영역을 총체적으로 다루기 위한 한 맥락으로 쾰른 대학교에서도 예전 중국학과 일본학 중심의 동양학부(Ost-Asiatisches-Seminar)내에 귀속되어있던 한국어(Koreanisch für Hörer aller Fakultät) 강좌가 현재는 Studium Integrale[2], 즉 교양강좌 체제로 바뀌어 본교

---

[1] 윤여탁(2000), 한국어 교육에서의 문화의 위상과 역할에서부터 박갑수(2007), 재외동포 한국어교육의 오늘과 내일, 전우·강수(2017)의 중국 범주강삼각주 지역 한국문학 교육의 현황과 문학 교육 방안 연구 외 다수.

[2] 학문의 전문적 연구는 대학내 세미나에서 전공으로 수업 받을 수 있는 전공수업에 제한된다는 점을 감안할 때 그 어느 대학에도 소속되지 않고 교내 모든 대학과 학부를 상대로 한국어를 제공할 수 있다는 장점이 있다.

전 단과대학 학생들이 학제적 차원에서 한국어를 선택할 수 있게 되었다. 독일에서 학생수가 가장 많은 쾰른 대학교의 특성상 한국어의 전 코스(4 강좌)를 한국어 전공 학생이 아닌 다수의 비전공 학생들이[3] 필자의 수업과 그들 나름대로의 학문적 언어습득체계를 마치고 "유럽 공동 어학수준 자격증", "GeR(Gemeinsame europäische Referenzrahmen für Sprachen)"[4] B1 수준에 도달해 있는 쾰른 대학교 단과대학생들을 상대로 하는 한국어 교수법의[5] 필요성이 절실하였다. 한국어를 통해 수업내용의 특별한 규제 없이 단지 한국어 문법 전달이라는 단계를 넘어 한국의 가치관 내지는 한국인의 정서 등을 알릴 수 있는 계기가 된 것이다. 이 논고에서는 한국 문학자료의 선택을 통해 한글만의 전달이 아닌 광범위한 "한국 가치관 전달과 공유"에 중점을 두고 교양강좌로서의 한국어 고급반을 위한 수업자료 활용과 공유 가능성 등에 대해 검토하고자 한다.

2. 한국 문화, 문학 실행의 예

고급반 수업에서 전래동화의 내용을 공유하기 전에 선행적 결론을 내린 후에 수업을 시작해야 하는바 그것은 바로 원문에 충실한 번역에 대한 결론이다. 이를 위해 필자는 다수의 한국문학작품을 독일어로 번역한 에델투르드 김의, 한국의 것을 독일어로 제대로 전달하기 위해 "texttreue ist, so erweist sich, ein relativer Begriff. Den Wörtern oder den Sätzen des Originals treu zu bleiben, das kann dazu führen, dass man dem Sinn des Ganzen untreu geworden ist. Der Wunsch, dem Sinn treu zu bleiben, kann dazu führen, dass man den Wörtern des Originals untreu werden muss. Hier gibt es keine Regel, hier ist jeder Übersetzer auf sein Einfühlungsvermögen und auf sein Verantwortungsbewusstsein verwiesen."[6]라 정의한 결론에 동의, 수용하며 수업을 시작한다. 한국어의 독일어번역의 문

---

3) 중국학이나 일본학을 취급하는 동양학 전공학생들이 한자를 전제로 하는 중국어나 일본어를 잘 한다 해도필자 교수체험에 의하면 새로운 동양어 습득이라는 관점에서 볼 때 동양학부 학생들보다 다른 학부학생들이 효율적이고 체계적으로 한국어를 배우는 경우가 적지 않았다. 안타깝게도 초기 한글 습득과정에서는 한자가 한글 습득시 오히려 (모국어) 언어 간섭 (Interferenz)이라는 방해현상을 발생해 읽기·이해하기 부분에서보다 말하기, 즉 한글 발음에서 실패하는 것을 관찰할 수 있다.

4) CEFR, Common European Framework of Reference for Languages

5) 한자를 기본 지식으로 갖고 있는 중국학, 일본학 전공학생들은 한자라는 공통매체를 통해 다른 외국인 학생들과는 달리 텍스트의 의미 전달이 용이하다는 것에 대해서는 박희영(2009)의 한국어로 습득하는 지식이나 정보에 있어서 한자의 위상 참조.

6) Edeltrud Kim (2015): "텍스트에 충실하다는 것은 상대적인 개념이다. 원문이나 단어에 충실하다는 것은 자칫 작품 전체에 불충실하다는 결과를 낳을 수가 있으며 의미전달에 충실하겠다는 바램은 원어에 불충실해지는 결

제점에 입각하여 쾰른대 고급반 학생들이 모국어 학생들, 즉 한국학생들의 도움을 받아도 무관하다는 허용의 전제조건이 있어야만 학습자료로서의 전래동화의 문법요소, 성분 분석 등이 순차적으로 자연스럽게, 효과적인 번역작업으로 진행된다. 수업담당자에 따라 교수하고자 하는 이념이나 선호하는 한국 문화영역 등에 따라 문학작품의 선택이 달라질 것이며 학습효과도 상이하게 나타나기에 필자는 학습자료 선택시 저작권의 문제가 없다는 것과 학생들도 쉽게 접할 수 있다는 장점이 있는, 인터넷에서도 쉽게 다운받을 수 있는 작품을 선정하였다. 한국문학 근간을 이루고 있는 주제의식이나 가치관이라면 객관적으로 떠오르는 개념이 "권선징악", "무병장수", "효", "충", "보은", "신의" 등인데 이미 여러 가지 SNS 매체와 한국관련 독서 등을 통해 GeR B1 수준에 도달한 독일어를 모국어로 하는 쾰른대 고급반 학생들을 위해 한국문학의 가치관이나 정서, 지혜의 전달을 위해 전래동화 편에서는 "나무 그늘을 산 총각"과 한국인의 보은사상이 담겨진 작품으로 두루 알려진 "은혜 갚은 꿩"을 선택하였으며 이는 쾰른 대학교 커리큘럼에 의거해 한 학기 15주, 매주 90분 수업을 통해 진행된다. 기존하는 일리아스(ILIAS) 라는 쾰른대학교 E-Learning 시스템을 통해 자료를 올려놓고 공유하는 것과는 별도로 쾰른대 한국어 수업에서는 매학기 초에 한글 전달이 용이한 "쾰른대학교 한국어 수업 카톡방(KakaoTalk)"을 만들어 매우 긴밀하게 자료를 공유하고 찬·반, 호·비호감 등의 의견을 낸다.

2.1. 한글 전래동화, 나무그늘을 산 총각

한국의 전래동화는 대부분 기록문학이 아닌 구비문학의 성격을 띠고 있으며 작자미상인 것이 특징인 것을 감안하여 교양강좌 고급반 한국어 수준에 맞는 첫 작품으로 "나무그늘을 산 총각"을 선택하였는데[7] 수업자료 준비과정에서 "외국어로서의 한국어"수업임을 고려해 불필요하게 설명이 요구되는 단어나 표현은 현대적인 용어를 사용하여 수정하였다.[8] 학습자료로 쾰른대 고급반에서 사용된 본문은 다음과 같다.

과를 초래한다. 여기에는 어떤 규범도 없다. 다만 번역가의 감성과 책임감에 의존할 수밖에 없는 것이다." (필자 역)

7) 독일대학내 한국학과가 있는 대학에서는 한국문학에 대한 교수법도 전문적으로 다뤄지고 있기에 쾰른대의 전문적 인재양성이 아닌 인문학적 교양강좌 내에서의 한국어 교육과는 차별화됨을 밝힌다.

8) "느티나무"라는 단어도 빠른 원문이해를 위해 단순히 "나무"로 통일할 수도 있지만 한국의 느티나무야말로 버드나무 등과 비교해 볼 때 한국적 개념이라 여겨 오히려 이 단어를 학생들에게 각인시켰다. "빨리"는 "부리나케"를 변형한 것이다.

2.1.   나무 그늘을 산 총각

옛날 어느 마을에 욕심 많은 부자 영감이 살았습니다.

부자 영감의 집 앞에는 커다란 느티나무가 한 그루 서 있었습니다.

여름만 되면 부자 영감은 느티나무 그늘에 자리를 깔고 낮잠을 자곤 했습니다.

뙤약볕 아래서 일을 하던 한 총각이 부자 영감이 자고 있는 나무 그늘에 들어와 앉았습니다.

총각이 시원한 그늘에서 한참 쉬고 있는데 부자 영감이 잠에서 깨어 일어났습니다.

부자 영감은 총각을 보자 대뜸 소리를 질렀습니다.

"네 이놈, 왜 남의 그늘에 함부로 들어왔지? 썩 나가지 못해"

총각은 깜짝 놀라 되물었습니다.

"아니, 영감님의 그늘이라니요?"

그러나 부자 영감은 더 큰 소리로 말했습니다.

"이 나무 그늘은 내 것이란 말이다!"

"영감님, 이 느티나무는 마을 사람들 모두의 나무입니다."

총각이 이렇게 말하자 부자 영감은 코웃음을 치며 말했습니다.

"이놈아, 이 나무는 우리 할아버지의 할아버지께서 심어 놓으신 나무다. 잔 말 말고 썩 나가!"

총각은 화가 났지만 꾹 참았습니다.

그리고 한 가지 꾀를 생각해 냈습니다.

"영감님, 이 나무 그늘을 저에게 팔 지 않으시겠어요?"

부자 영감은 그 말에 귀가 솔깃해졌습니다.

"아무렴, 나무 그늘도 임자가 있지. 바로 내가 이 나무 그늘의 주인이란 말야. 닷 냥만 내고 사 가게."

총각은 빨리 닷 냥을 가져다가 부자 영감에게 주었습니다.

"하하, 나무 그늘을 사는 어리석은 녀석이 다 있구나."

부자 영감은 자리를 걷어서 다른 나무 그늘을 찾아갔습니다.

해가 기울자 나무 그늘이 길게 늘어졌습니다.

느티나무 그림자는 부자 영감네 담장을 넘어 안마당까지 드리워졌습니다.

나무 그늘에 누워 있던 총각은 그늘을 따라 부자 영감네 안마당으로 들어갔습니다.

총각을 본 부자 영감은 버럭 소리를 질렀습니다.

"이놈아, 왜 남의 집 마당에 함부로 들어오느냐?"

그러자 총각은 부자 영감네 안마당에 드리워진 느티나무 그늘 아래에 떡 버티고 앉아서 말했습니다.

"영감님께서 저에게 이 나무 그늘을 팔지 않으셨습니까? 그러니 그늘이 어디에 생기든지 모두 저의 것이지요."

부자 영감은 아무 말도 하지 못했습니다.

나무 그늘은 점점 길게 늘어져서 부잣집 마루 위에 드리워졌습니다.

총각은 마루 위로 성큼성큼 올라가 벌렁 누웠습니다.

부자 영감은 화가 나서 발을 동동 굴렀습니다.

마침내 그늘은 부잣집 안방까지 깊숙이 들어갔습니다.

총각은 안방 문을 벌컥 열고 저벅저벅 들어갔습니다.

해가 져서 나무 그늘이 사라지자, 총각은 얼른 부잣집을 나왔습니다.

다음 날도 그 다음 날도 총각은 나무 그늘을 따라 부잣집을 자기 집처럼 드나들었습니다.

부자 영감은 총각에게 말했습니다.

"닷 냥을 줄 테니 나무 그늘을 돌려 주게"

"이렇게 좋은 그늘을 돌려달라니요? 안됩니다."

총각은 계속 부잣집을 드나들었습니다.

마을 사람들은 부자 영감을 욕심장이라고 손가락질했습니다.

견디다 못한 부자 영감은 집을 버리고 먼 곳으로 가 버렸습니다.

총각은 큰 집을 거저 얻었습니다.

그 뒤로 마을 사람들은 누구나 느티나무 그늘에서 마음껏 쉴 수 있게 되었습니다.

학습자료로는 한국어의 최고 격식체(die 5. Sprechstufe)인 "-습니다"체를 사용했으나 수업 실현 중에는 "-요"(die 4. Sprechstufe)체를 사용해 어미변화를 연습하게 된다. 읽기 심화단계 에서는 "-다"(die 2. Sprechstufe)를 사용함으로서 반말문법을 충분히 학습한 고급반 학생들 이 순차적 순서에 얽매이지 않고 준비도입단계로 다음과 같은 과정을 거친다.

- 고급반 학생이라 할지라도 담화 내용이나 활용의 차이를 구분하지 못해 꾸준히 오류를 범하는 텍스트에 나타난 조사를 찾아 다양한 색의 마커펜으로 밑줄을 그으며 문장파악 을 시도: 예) 은, 는, 을, 를, 에게, 에서, 과, 와, 이랑, 하고, 함께, 으로 등

- 한글에서는 단수와 복수를 구별하지 않는 경우가 대부분임에도 불구하고 화용적 오류가 발견되는 경우 주의 요구: 예)cf. 우리들 (x), 마을 사람들

- 두 문장의 흐름을 부드럽게 연결시켜 주는 연결형(Konjunktional-Form)과 연결어미 발 색, 일상문에서의 화행 실행: 예) 그리고, 그러나, 그러자, 그래서, 그런데, 그러니, 그러 니까 등

- 숫자를 수량명사(Zählwort)와 함께 사용하도록 이 시점에서 Sinokoreanisch(한자 숫자) 와 Pur-Koreanisch(순수 한글숫자)가 어떻게 달리 활용되는 지 복습: 예) 한 그루, 세 번, 두 마리, 한 번만 등

- 전래동화에 나타나는 다수의 의성어와 의태어 중점적 재조명: 예) "벌컥", "벌렁", "성큼 성큼", "동동", "꾹", "썩", "떡", "버럭", "저벅저벅", "솔깃", "깜짝", "깍깍", "뎅뎅뎅",

"칭칭", "날름", "스르르", "쉭, 쉭, 쉬이익" 등

- 화폐를 나타내는 단어 소개: 예) 닷 냥[9] 등
- 인물을 가르키는 한국특유 인물지칭어 소개: 예) 영감, 총각, 욕심장이, 심술장이, 아낙, 선비, 누이, 나그네 등
- 문법적 접근으로 다음과 같은 과제를 주고 연습을 시도해 볼 수 있다.
  -위치를 나타내는 말: 예) 집 앞, 안마당, 그늘 아래, 먼 곳 등
  -신체부분을 이용한 동작[10]: 예) 코웃음을 치다, 귀가 솔깃하다, 발을 동동 구르다, 손가락질하다 ("-질하다"와 연계하여 서방질하다, 도둑질하다, 선생질하다 등 언급)
- 새로 나온 낱말의 뜻을 사전이나 구글 검색기를 통해 독일어로 번역하며[11] 텍스트의 새 단어를 이용하여 짧은 글을 지어보게 한다. 글짓기 과제는 도입 단계에서가 아닌 정리 단계에서 시간의 여유에 따라 실행순서를 정하는 것이 더 효과적일 수 있지만 이 과정을 수업초기에 시도함으로서 학생들이 텍스트에 빨리 익숙해진다는 장점이 있다.
- 한·독 가치관의 상이한 차이를 비교할 수 있는 계기가 되는 "총각이 꾀를 내어 부자 영감의 집과 나무그늘을 얻은 과정과 그 결과로 해서 다수의 사람들이 공익을 얻은 것"에 대해 법의 나라로 알려진 독일에서의 그러한 "소유·매입과정의 적법성" 여부에 대해 논한다.
- 끝으로 학생들의 말하기 향상을 돕기 위해 번역과 해석후, 각 단과대학생들의 특성이 잘 반영되는 상황해석 역할극을 만든다.

2.2. 한글 전래동화, 은혜 갚은 꿩

우리나라에서 전해 내려오는 동화 중에는 "은혜 갚은 꿩"과 거의 흡사한 "은혜를 갚은 까치"라는 전래동화가 있다. 두 글 모두 은혜에 반드시 보답하는 것을 주제로 한 글인데 "은혜를 갚은 까치"에서는 나그네가 선비로 표현되고 죽임을 당한 구렁이는 오라비가 아닌 남편으로 기록된 것이 다르다. 한편 선비가 한 행동이 "옳지 않다"라는 입장 내지 가치관을 주장을 하는 안티 주제의식의 글도, 교수자가 학습자료 글을 선택하되 한국적 정서 비판이 아닌 학생들과 공유한다는 차원에서 토론 여부를 위해 소개하였다.[12] 단, 쾰른대 고급반 학습자료로

---

9) 외국어로서의 한국어 문법에서는 다섯을 "닷"으로 줄이지 않는데, 학생들이 언어발전과정을 이해하고 어감의 차이를 감지하도록 "닷 냥'을 그래도 두었다.

10) 한 학생이 앞으로 나와 신체의 일부를 가르키고 그에 따르는 동사를 찾는 것이 동사학습에 도움이 된다.

11) 질의 조사결과 학생들은 구글 한독 사전이나 번역기를 더 많이 사용한다고 밝혔다.

12) 전래동화 뒤집기(2007): 은혜 갚은 까치. 발바닥이 찍고 온 이야기

는 사용하지 않았으나 두 전래동화 비교에서 보는 바와 같이 종결어미체가 다르므로 종결어미 연습에 도움이 된다. 두 전래동화의 교훈이나 주제면에서는 차이를 보이고 있는 관련 연구자들의 토론과 비판이 요구된다.

은혜 갚은 꿩	은혜 갚은 까치
옛날에 한 나그네가 산 길을 걷고 있었습니다. "쉭, 쉭, 쉬이익." 어디선가 이상한 소리가 들려 주위를 살펴보았습니다. 구렁이가 꿩을 잡아먹으려고 하였습니다. 나그네는 재빨리 구렁이에게 활을 쏘아 꿩을 구해주었습니다. 날이 저물었습니다. 나그네는 외딴집의 헛간에서 잠을 자게 되었습니다. 잠을 자던 나그네는 가슴이 답답하여 눈을 떴습니다. "앗!" 커다란 구렁이가 나그네의 온몸을 칭칭감고 긴 혀를 날름거리고 있었습니다. "네가 우리 오라버니를 죽였지? 나는 네가 낮에 죽인 구렁이의 동생이다." 나그네는 살려 달라고 빌었습니다. "좋다. 날이 밝기 전에 저 산의 빈 절에 있는 종이 세 번 울리면 살려 주겠다." 나그네는 꼼짝없이 죽게 되었다고 생각하며 눈물을 흘렸습니다. 날이 점점 밝아 오고 있었습니다. 구렁이는 점점 더 세게 나그네의 몸을 조였습니다. 그 때였습니다. "뎅, 뎅, 뎅." 종이 세 번 울렸습니다.	옛날에 착하고 활을 잘 쏘는 선비가 살았다. 선비는 과거를 보러가기 위해 산길을 가던 중에 커다란 구렁이가 까치 둥지 앞에서 혀를 날름거리는 걸 보았다. 어미 까치는 새끼들이 잡혀먹힐가 봐 "깍깍" 울고 있었다. 선비는 재빨리 화살을 꺼내 구렁이를 향해 쏘았다. 구렁이는 화살에 맞아 나무 아래로 떨어져 죽었다. 어미 까치와 새끼 까치가 선비에게 고맙다는 듯 '깍깍' 하고 울었다. 선비는 다시 길을 가다가 날이 어두워져 하루 묵어가기 위해 불빛이 비치는 집으로 갔다. "누구 없소?" 조금 있으니 그 집에서 하얀 소복을 입은 아낙이 조용히 나왔다. '누가 죽었나 보군. 소복을 입고 있으니……' 선비는 속으로 생각하고 아낙에게 조심스럽게 물었다. "누가 돌아가신 것 같은데, 미안하지만 제가 이곳에서 하룻밤 잘 수 있을지요?" "남편이 오늘 돌아가셨지만 들어오세요." 아낙은 선비를 방으로 들어오게 하고 밥도 차려 주었다. "고맙소! 부인." 아낙이 차려 준 밥을 먹고 선비는 잠자리에 들었다. 잠결에 차가운 느낌이 나서 선비는 눈을 떴다. 그랬더니, 커다란 구렁이 한 마리가 선비의 몸을 칭칭 감고 있었다. 그 구렁이는 바로 오늘 낮에 선비가 죽인 구렁이의 아내였다. 남편의 원수를 갚으려고 여자로 변해서 선비를 붙잡아 두었던 것이다. 선비가 구렁이에게 빌었다. "한 번만 살려 주시오." 구렁이는 싸늘하게 대답했다. "좋다. 날이 새기 전에 집 뒤의 종이 세 번 울리면 널 살려 주겠다." 선비는 아무리 생각해도 날이 새기 전에 이런 깊은 산 속의 집에 종을 울릴 사람이 없을 것이라 생각했다. 선비는 '이제

구렁이는 슬그머니 사라졌습니다. "어떻게 된 걸까?" 나그네는 빈 절에 가 보았습니다. 꿩이 머리에 피를 흘린 채 큰 종 아래 죽어 있었습니다.	죽었구나.' 하고 눈을 감았다. 　그런데 닭이 울어 구렁이가 선비를 잡아먹으려고 할 때였다. '뎅! 뎅! 뎅!' 하고 종이 세 번 울렸다. 구렁이도 선비도 너무나 놀랐다. "분하지만 약속은 지키겠다." 　구렁이가 스르르 사라지자 선비는 집 뒤로 달려갔다. 종탑 밑에는 어미 까치 두 마리가 머리에 피를 흘린 채 죽어 있었다. 어미 까치는 선비를 따라 구렁이네 집에 갔다가 그 모든 일을 보고 있었던 것이다. 그래서 새끼들을 살려 준 선비에게 은혜를 갚으려고 제 머리를 종에 부딪쳐 종소리를 낸 것이다. 선비는 눈물을 흘리며 어미 까치를 양지바른 곳에 잘 묻어 주었다.

　전래동화 "나무그늘을 산 총각"에서와 같이 고급반 수업 참가자들은 "은혜 갚은 꿩"을 읽고 다음 학습행위를 한다.

- 글의 이해를 돕기 위해 고급반에서 집중적으로 다루고 있는 진행형(Durativ) "-고 있다" 문장을 찾아내어 응용: 예) 걷고 있다, 날름거리고 있다, 밝아오고 있다 등.
  인용문형(Quotativ) 연습으로는 "-라고 생각하다", "-달라고 빌다" 등.
- 2.1에서와 마찬가지로 "은혜 갚은 꿩"에서도 담화완성의 계기로서 의성어, 의태어인 "쉭, 쉭, 쉬이익" 등 이상함을 나타내는 의성어에 다른 어떤 것이 있는가, 그리고 "뎅, 뎅, 뎅"과 같은 종소리 외에 다른 소리 소리가 있는 지 알아보고 독일의 종소리에 대한 의성어와 비교. "칭칭감다", "날름거리다", "슬그머니" 등과 같은 시청각 묘사(bildhafte Darstellung)의 의태어를 찾는다.
- 나아가 한국의 민속놀이 종류 / 한국의 국경일, 경축일 / 한국음식 종류와 먹는 방법 / 휴일이나 전통 관습 / 한국의 시험제도 (여기서는 "과거를 보다") / 시간을 나타내는 단어 (어제, 오늘, 내일, 모레 등) / 상반되는 장소 (양지, 음지) 등 심층조사 및연구.
- "헛간" 이라던가 "절"이라는 단어의 부연 설명을 위해 한국의 가옥에 대해 조사해 보고 검색범위를 넓혀 한옥과 양옥 등을 비교. 단과대학별로 놀랍도록 다양한 프리젠테이션의 비교와 개발이 가능하다.
- 다의미를 지닌 단어 "잠자리" (동침 / 잠을 자는 자리 / 곤충)의 차이점에서 나타나는 한글 "이음동의어" 지식교환

　내용 파악 확인여부를 위해서는 다음 질문에 대답하도록 한다. 이러한 질문은 경우에 따라

모든 학습자료를 다룬 후 실행한다:

- 왜 구렁이는 나그네를 해치려 하였는가?
- 구렁이는 빈 절에 있는 종이 세 번 울릴 수 있을 거라 생각했을까?
- 나그네는 어떻게 하여 살 수 있게 되었는가?
- 꿩이 머리에 피를 흘린 채 큰 종 아래 죽어 있는 것을 본 나그네는 어떤 행동을 하였을까?

화용적 이해 파악여부를 위해 자신의 입장이 반영된 다음과 같은 질의토론을 해 볼 수 있다:

- 나그네가 한 행동은 독일인의 정서와 맞는가?
- 이글은 어느 부분에서 클라이막스를 맞으며 흥미진진해지는가?
- 독일 가치관을 가진 수업 참가자들은 이러한 결말을 기대할 수 있었는가?
- 수업 참가자들도 일상에서 위기에 처한 타인을 도와 줄 준비가 되어있는가? 너무 지나친 은혜의 보답은 아닌가? 궁극적으로 이 전래동화를 통해 한국인의 보편적 정서인 "은혜 갚기" 및 "보은 사상" 등과 독일인의 "Dankbarkeit(감사의 마음)"나 "Loyalität(충성심)" 등에 대해서 각 개인의견을 교환한다.
- 후반부에서는 세 명의 수업 참가자들과 나레이션 역을 하는 한 명을 정하여 각각 나그네, 꿩, 구렁이가 하는 말을 직접화법의 역할극을 통해 말하게 한다. 이때 다른 동물에게 해주고 싶은 말로 역할을 바꿔보는 것을 통해 작품이해와 인지효과를 기대할 수 있다.

3. 한국의 전통시, 시조

시조의 이해를 돕기 위해 시조가 어떻게 고려말, 조선 초기를 걸쳐 우리 고유 문학의 한 분야로서 자리를 굳히게 되었는가를 소개하며 시조를 더 잘 이해가기 위해 형식면에서 평시조의 기본 형식으로 이루어진 것과 그 밖에 엇시조, 사설시조 등이 있다는 사실을 인지시킨다.[13] 시조에서 제일 중요한 것은 형식이며 이는 3.4.3.4 / 3.4.3.4 / 3.5(6).4.3(3장 6구 45자 내외)의 운율인데 이 운율에 익숙해지기 위해 다른 시조를 더 소개하는 것도 바람직하다. 학

---

13) 시조의 옛 이름은 단가, 시여, 신조 등이다. 조선 영조시대 당시 이세춘이란 사람이 이름 붙인 것인데 이 부분은 제한된 시간 내에서 시조집인 청구영언, 해동가요, 가곡원류, 고금가곡을 소개하고 한시와 향가와의 비교를 통하여 지식전달의 폭을 넓히는 보조자료 부분이다.

생들 스스로도 시조의 일정한 규칙적 질서를 체험하게 하여 이에 익숙해지도록 지도한다.

3.1. 작자미상의 시조 한 편

번역하기 쉬운 시조 내용인 작가 미상의 시 한 편을 골라 이글의 주제가 무엇인지 알아본다. 다른 유럽인들에 비해 정치적 관심이 높아 정치담화를 즐기는 독일인들은 끊임없이 논리적인 토론을 요구하기에 이 시조 선택을 통해 "말하기 좋다고 남의 말을 함부로 하지 말 것이다. 남의 말을 내가 하면 남도 내말을 할 것이고 그렇게 하면 말 때문에 시끄러워 질 것이니, 말을 함부로 하지 않는 것이 좋다"라는 다분히 한국적 교훈일 뿐일 수 있는 메시지를 검토하기 위해서 학생들은 다음과 같은 과제를 수행한다.

- 쓸데없이 남의 말을 함부로 하지 말라에서 "남의 말"이 어떤 말을 뜻하는 것인지에 대해 토론한다. 독일 학생들에게도 "남의 말"이란 "남의 흉을 보는 말"인지 해석, 토론.
- "것이"의 뒤를 이을 수 있는 연결문의 가능성에 대해 생각해 본다. "것이다"도 될 수 있으며 "것이요", "것이니라" 등으로 될 수 있는데 이렇게 형식을 맞추기 위해 글자 수를 줄이는 연습을 문법에 의존하지 않은 상태에서 일상생활에서 쓰이는 그대로 시현, 또한 대화체에서의 많은 "준말과 본디말"을 구별하여 활용하는 연습.
- "말을 것이"란 "하지 말아야 하는 것이"의 축소형적 쓰임임을 참작, 현대 용어로의 담화 완성형 실현 시도.
- "말로써 말 많으니 말 많을 까 하노라"의 형식을 이용하여 유사한 문장 만들기: 예) 돈으로써 돈 많으니 돈 많을 까 하노라, 질투로써 질투 많으니 질투 많을 까 하노라 등
- 시조의 주제이며 교훈인 "남에 대한 말을 함부로 하지 말라"는 금지형 문법의 독일 내 인권침해 내지 사생활 간섭 여부 토론. 이와 관련 기독교문화를 배경으로 하는 독일문화에서 금지형과 관련해 성경의 십계명과 연관하여 종교적 심층토론까지 연장가능하나 반드시 이슬람계 학생들의 의견 존중.

3.1. -작자미상	3.2.　　　　까마귀와 백로 -이직
말하기 좋다 하고 남의 말을 말 것이 남의 말 내 하면 남도 내 말 하는 것이 말로써 말 많으니 말 많을 까 하노라	까마귀 검다 하고 백로야 웃지 마라 겉이 검은 들 속조차 검을소냐 겉 희고 속 검은 이는 너뿐인가 하노라

3.2. 까마귀와 백로

다른 시조들처럼 역사와 관련된 시조로서, 고려가 망하자 고려 유신들이 새 조선왕조에 가담한 자들을 비난하므로 이에 자기 합리화와 정당성을 주장한 것이 바로 이직의 시조 "까마귀와 백로"이다. 작자는 두 왕조를 섬긴 자신의 처신이 올바른 것은 아니지만 속마저 검은 것은 아니며 자신의 양심은 부끄럽지 않음을 강조한 시로서 평시조이며 풍자시다. 학생들은 다음의 과제로 실행순서에 의존하지 않고 Task를 해결한다.

- 반대되는 말, 예사말과 공경을 나타내는 높임말을 구분하는 일과 퀼른대학교 한국어 수업에서 사용하는 교재[14] 5 단계로 정리되어 있는 상대방 인식 경어를 재인식시킨다. 그리고 금지형(Verbot-Form)을 익히기 위해 " -지마라"를 활용한 담화를 만들어 본다.
- 한류 그룹 방탄소년의 "헷갈리게 하지마"(유튜브에서는 "danger")에서는 "헷갈리게 하지마"라는 문장이 계속 반복되는데 수업 시간 전이나 후에 이곡의 영상과 함께 한글을 독일어 내용과 함께 카톡으로 전해주고[15] 금지형 연습.
- 이 글의 주제가 "소인에 대한 훈계 및 스스로의 결백 주장"이라는 점을 감안하여 밖으로 드러나는 모습은 군자(die Heiligen)인 척하면서 실제 내면은 그렇지 못한 소인배(die Scheinheiligen)들을 풍자한 것에 관한 토론.
- 까마귀와 백로가 존재와 처신의 대조(Kontrast)를 이루고 있음을 파악하고 이러한 대조의 관점이 비슷한 류의 독일시와 비교 고찰.[16]
- 또한 이 시조도 3.1. 작자미상의 시와 같이 한국적인 "훈계사회적 정서"를 보여주고 있는데 독일의 개인주의적 정서와는 아주 상이하여 문화적 차이를 크게 느끼게 하는, 사생활이나 각 개인의 사상에 영향을 미치는 훈계시의 장단점 관찰, 토론.

확장 학습방법 중의 하나로 이 시조의 표현방법인 "의인법(Personifikation)"을 활용하여 백조와 까마귀가 각자 대화를 하는 역할극을 해보거나, 나아가 학생들이 개별적으로 이에 걸맞는 담화시를 짓도록 권장한다.

---

14) Dorothea Hoppmann(2009): Einführung in die koreanische Sprache.

15) 이 곡을 필자가 카톡에 올리자 학생들이 B.A.P의 "하지 마"(https://www.youtube.com/watch?v=eHhi6g1Glhw) 라는 곡과 Got7의 "하지하지 마"(https://www.youtube.com/watch?v=R_ DX64EwH9M)를 카톡방에 올려 학생들과 자료를 공유하게 되었다.

16) 독문학사에는 다수의 그러한 시가 발견되나 한국어 교수법과 공유 관련성이 적기에 사실체크만 한다.

3.3. 하여가

하여가와 단심가를 함께 번역·해석하기 위해서는 이 시의 역사적 배경에 대한 상황설명이 요구되는데 복잡하고 어려운 조선 개국역사라 할지라도 짧은 시간에 쉽고 재미있게 강의하는 한국사 강사, 설민석의 "육룡이 나르샤"(SBS)[17]를 소개한다. 그리고 나서 이 두 편의 시조를 통해 조선의 건국역사를 독일학생들에게 흥미진진하게 잘 전달할 수 있다. 학생들 스스로가 또 다른 설민석의 강의를 찾아 듣는 것도 관찰할 수 있었다.[18] 이 미디어강의를 통해 학생들은 한국의 역사와 급격히 친숙하게 될 수 기회를 얻는다. 하여가의 작가인 이방원이 조선의 3대왕 태종이라는 것을 부연설명하기 위해서, 첫 과제로 하여가와 단심가의 저자 태종과 정몽주의 사진을 수집하도록 추천해 보았다.[19] 이후 다음 과제를 수행한다.

- "어떠하리"를 현대어로 고쳐본다.
- "얽히다"와 "꼬이다" 등의 어휘를 찾아 비교.
- "-라"체가 주는 반말 문법체계에 맞추어 화용적 상황을 습득하되 그 활용대상에 있어, 소수의 조선시대 여성작자 시조의 어법과 어미형태와 비교하여 조선시대 사회(Gesellschaft)에 대해 토론.

3.3. 하여가 -이방원	3.4. 단심가 -정몽주
이런들 어떠하리 저런들 어떠하리 만수산 드렁칡이 얽혀진들 어떠하리 우리도 이같이 얽혀 천년까지 누리리라	이몸이 죽고 죽어 일백번 고쳐 죽어 백골이 진토되어 넋이라도 있고 없고 임향한 일편단심이야 변할줄이 있으랴

---

17) 설민석 역사강의: https://www.youtube.com/watch?v=u7_Q1hFIbes 육룡이 나르샤(Six Flying Dragons)

18) 설민석의 "조선왕조실록"과 영화 "명량" 백 배 즐기기의 차원에서 강의하는 "전쟁의 신 이순신", "역린", "남한산성" 등은 이미 2, 3백만 뷰를 기록하며 한국과 한국사를 배우려는 이의 근간이 되고 있다. 영화나 드라마를 통해서 역사를 배우는 것이 옳은 것인가에 대해서는 찬반의 여론이 있겠으나 한국과 한국어를 배우는 독일 학생들에게는 매우 고무적이다.

19) 왕과 신하의 신분에 따른 조선시대 의복의 단순한 비교만으로도 학생들의 한국 역사에 관심은 백배 상승한다. 문양이 새겨진 궁중의상과 관복이 다르며 임금이 정무를 볼 때 입었던 곤룡포와 가슴과 등, 어깨에 새긴 용무늬 왕의 의상 차이에 이르기까지 이러한 비교를 통해 한국 문화에 대한 흥미가 더해질 수 있다.

3.4. 단심가

단심가는 고려말, 조선초 충신인 정몽주가 후일 조선3대왕이 된 이방원이 시조 "하여가"로 정몽주의 마음을 떠보자 결코 고려를 배신하지 않겠다는 충신의 마음을 나타낸 시조로 유명하다. 한국 시조 중 "고절"(곧은 절개)의 대표적인 시다. 역사의 한 장면인 정몽주의 마음을 돌릴 수 없음을 알아차린 이방원이 이성계의 병문안을 마치고 돌아오던 정몽주를 선죽교에서 죽이는 장면을 두 학생이 역사적 배경을 참작하여 서로 마주 보고 읊게 하면 여느 역할극 못 지않게 역할극 수행과 낭독을 통해 이루고자 하는 학습목표에 도달할 수 있다.

그 외 학생들은 이 시조의 주제를 찾기 위해 다음과 같은 질문에 대답한다.

- "넋"과 같은 뜻의 현대단어로는 무엇이 있는가? 이 단어가 들어가는 예문은? 독일어로도 "넋"이 존재할까? 이 단어는 "정"이나 "한"이라는 단어만큼이나 번역이 어렵다.
- "임"은 여기서 누구를 칭하는가? 충신이라는 단어의 독일어 수용문제는?
- 지조, 높은 절개(고절)와 관련된 소재에는 무엇이 있는가? 대나무, 소나무, 국화, 매화 등의 개념을 알고 이해, 독일학생들과 의견 교환
- 사자성어, 한자성어, 고사성어에 대한 인식과 도입: 예) 일편단심 등
- 두 시조를 읽고 번역한 후의 의견과 비판은?
- 한 걸음 더 나아가 중국의 "백이와 숙제"에 관한 일화를 알고 있는지?[20]
- 조선역사와 독일역사에 이러한 정서의 대립이 있었는가 등에 대해서도 연구조사, 토론.

4. 결론

독일 쾰른 대학교의 중국학과 일본학 중심의 동양학부(OAS) 산하 한국어 강좌가 "교양" 강좌로 제공됨에 따라 대부분 GeR, B1에 상당하거나 (그 이상) 한국어실력을 지닌 독일학생들을 위한 고급반 한국어 수업을 위해 이전 한글 문법학습을 근저로 하되 문학, 문화, 사회, 정치 등 한국관련 전 영역에 걸쳐 광범위한 한국의 정신문화를 전달할 수 있는 수업내용이 요구되었다. 오랜 역사를 가진 한국 전통문화의 무궁무진하고 다양한 자료를 나날이 빨라지는 SNS, 인터넷 검색 등을 통해 여러 가지 방법으로 활용할 수 있다는 이점(利點)을 등에 업

---

20) 대상은 다르지만 성삼문의 시조 "수양산 바라보며 이제(夷齊)를 한(恨)하노라. 주려 죽을진들 채미(採薇)도 하난 것가. 비록애 푸새엣 것인들 긔 뉘 따헤 났다니"와 비교해 볼 때 조신충신들의 고절은 중국인의 그것을 능가한다 해도 과언이 아니다.

고, 독일학생들이 역할극을 지어내 비디오를 만들어 쾰른대학교 한국어 수업 카톡방에 띄우기도 하고 아직은 미숙하나 시조의 음률 형식에 맞춰 한글로 된 시조도 창작하는 것을 보며, 한국학 전공수업이 아닌 여러 단과대학 학생들을 대상으로 하는, 커리큘럼이나 수업자료 선택에 있어 융통성 있고, 다이나믹하고 흥미로운 교양강좌로서의 고급반 한국어 수업을 제공하기 위해, "한국의 가치관 전달과 활용 내지는 공유"라는 학습목표를 염두에 두고 콘텐츠를 개발, 활용해 보았다. 한국 전통문화를 전달하기 위한 문학의 활용가능성의 하나로 한국 전래동화 중, 지혜를 통한 나눔과 보은의 주제를 가진 "나무 그늘을 산 총각", "은혜를 갚은 꿩" 그리고 훈계, 절개, 충절, 의리와 타협 등의 주제를 가진 "고시조 네 편"을 선택하였는데 다양한 학습목표 실행과정에서 학생들의 적극적 참여와 토론, 번역작업 등을 통해 부족하나마 학생들의 흥미를 일깨우는 것에 일조하길 희망하며 점진적으로 상이한 단과대학생들의 학업이나 인성의 차이점 등이 고루 반영된 학습의 결실을 얻기 위해 전래동화나 시조 수업자료 선택시 자연과 인간의 하나됨과 같은 주제도 다뤄 더욱 많은 학생들의 관심을 얻고자 한다. 나아가 부단한 한국문화·문학 콘텐츠 개발을 통해 "교양학부 학생들을 위한 한국어 고급반 수업"이 단순한 언어습득만이 아닌 한국 문학과 문화 이해를 제고하는 계기가 되길 기대한다.

참고 문헌

박갑수(2007), 재외동포 한국어교육의 오늘과 내일. 이중언어학 33, 365-393.

박희영(2009), The acquisition of knowledge in Korean through Han-Cha. A case study of the EAS. 한국어로 습득하는 지식이나 정보에 있어서 한자의 위상. The 2th EAKLE workshop.

윤여탁(2000), 한국어 교육에서의 문화의 위상과 역할. 국어교육연구, 7. 291-308.

전우·강수(2017), 중국 범주강삼각주 지역 한국문학 교육의 현황과 문학 교육 방안 연구. 이중언어학 69, 191-212.

Cha, Chung-Hwan (2013), Japanese Learning of Korean Culture through Korean.

Cho, Dong-IL (2005), Korean Literary History in the East Asian Context. Acta Koreana, Vol.8 (2), 97-115 Classucal Novels. Korea Journal, Vol.53 (2), 155-180.

Choe, Ikhwan (1991), Form and Correspondence in the Sijo and Sasŏl Sijo.Korean Studies, Vol.15, 67-82.

Chung, Chong-wha (1989), Korean poetic tradition and the sijo. 54-62.

Chung, Chong-wha (1989), Thirty Sijo Poems, 63-94.

Hoppmann, Dorothea (2009), Einführung in die koreanische Sprache. Verlag Buske.

Kim, Edeltrud (2015), Übersetzen im Tandem. Probleme und Möglichkeiten einer Notlösung. Bonn, in Orientierungen, Zeitschrift zur Kultur Asiens.

Kim, Joyce Jaihiun (1982), Master Sijo Poems from Korea. Classical and modern.

Kim, Joyce Jaihiun (1986), Classical Korean Poetry. Hanshin Publishing Co.

Ko, Young Cheol (2017), Exploring the Elements of Korean Literatur Education Contents for Foreigners: Selection of Korean Literature Education Contents for Russian Universities. Global Media Journal: American Edition, Vol. 15, 1-9.

Weijing Le and Youngah Guahk (2017), The Concept of „Political innovation" and it's Application in China and South Korea, in: Asien The German Journal on Contemporary Asia, Nr.142, 32-53

웹사이트

http://m.blog.ohmynews.com/barefoot/152996 전래동화 뒤집기. 발바닥이 찍고 온 이야기

https://www.youtube.com/watch?v=-Il71admtsk Six Flying Dragons(육룡이 나르샤) OST01

https://www.youtube.com/watch?v=bagj78IQ3l0 BTS 헷갈리게 하지마 (danger)

https://www.youtube.com/watch?v=eHhi6g1Glhw B.A.P 하지마 (stop it)

https://www.youtube.com/watch?v=R_DX64EwH9M GOT7 하지하지마 (stop stop it)

제3장

조 혜 영
프랑스 파리 한국 문화원, 파리 정치학 대학
Centre culturel coréen &
Institut d'études politiques de Paris

한국 문화 100선 읽기 교재 출판을 기해
-한국 문화 핵심어의 중요성과 세계화-

파리 한국 문화원 한국어 강사 셋이 공저로 쓴 '프랑스어권 학습자를 위한 한국 문화 100선'이 2016년 10월에 다락원에서 나왔다[1]. 부제는 '프랑스 학습자를 위한 이중 언어 읽기 교재'이다. 이 책은 그 해 독일 프랑크푸르트 국제 도서전에 전시됐고, 2017년에는 영어[2]와 독일어로도 번역됐다[3]. 이 글은 한국 문화 읽기 교재를 쓰게 된 동기, 선별된 한국 문화 100선, 교재의 구성을 간단히 소개하고, 한국 문화를 이루고 있는 문화 핵심어의 중요성과 세계화에 대해 나누어 보려고 한다.

---

1) Cho Yong-hee, Han Yumi, Tcho Hye-young, La culture coréenne en 100 mots, 프랑스어권 학습자를 위한 한국문화 100선, Manuel de lecture bilingue à l'usage des apprenants français, Darakwon, 2016.

2) Cho Yong-hee, Han Yumi, Tcho Hye-young, Korean Culture in 100 Keywords, 외국인 학습자를 위한 한국문화 100선, Bilingual reading material for learners of Korean, translator Kim Hye-jin, Darakwon, 2017.

3) Cho Yong-hee, Han Yumi, Tcho Hye-young, Die Koreanische Kultur in 100 Schlagwörtern, 독일어권 학습자를 위한 한국문화 100선, Zweisprachige Lesetexte für Koreanischlerner, Übersetzerin Julia Buchholz, Darakwon, 2017.

1. 동기

이 책을 쓰게 된 동기로 파리 한국문화원 한국어 수강생들을 소개하지 않을 수 없다. 매년 400명 정원으로 18세 이상의 성인들이 일주일에 한 시간 반씩 두 번 한국어 수업을 듣는다. 모두 14반이며 4급으로 나뉘어져 있다. 언어 유럽 공통 참조 기준(Common European Framework of Reference for Languages)에 따르면, A1이 7반, A2가 4반, B1이 2반, B2가 1반이다. 수강생의 연령층, 직업, 한국어를 배우는 목적 등이 아주 다양하다.

문화원에 한국어 수업 외에는 한국 문학이나 문화, 역사 수업이 없어서, 수강생들은 한국 문화에 대해 알고 싶다면서 한국어로 읽을 만한 책을 종종 추천해 달라고 한다. 그런데 초, 중급 수준의 학생들이 읽을 수 있는 적당한 한국어 책을 소개하기란 쉽지 않았다.

그리고 배운 문법과 표현을 이용해 한국 역사나 지리, 종교, 문화에 대해 한국어로 표현해 보고 싶어도 수강생들은 정보나 어휘 부족 장벽에 부딪히게 된다. 실제로 대부분의 한국어 교재들은 일상생활에 필요한 담화 습득 위주로 쓰여졌다. 이들 교재에서 한국 문화에 대한 정보나 어휘 습득을 기대하기는 어렵다.

초, 중급 학습자들도 자신들이 배운 문법과 표현으로 한국 문화를 배울 수 있고, 한국 문화 어휘들을 익혀 한국어로 표현할 수 있도록 도와 줄 읽기 교재가 필요했다.

2. 한국 문화 100선

한국 문화 읽기 교재를 쓰기 위해 먼저 문화원 한국어 수강생들을 대상으로 그들이 알고 싶어 하는 한국 문화 설문 조사를 했다. 역사 지리 문학 등 관심 분야가 아주 다양했는데, 저자들이 한국을 이해하는데 필요하다고 생각되는 것들을 추가해서 총 100개를 선별했다. 이렇게 선택된 100개의 주제는 상징물, 의식주, 지리와 관광, 사회와 일상생활, 역사와 종교, 예술과 문화 총 6장으로 분리 되었다.

1장 상징물에는 '한글', '태극기', '무궁화', '아리랑', '고려청자', '김치', '비빔밥', '태권도', '첨단 과학기술' 등 한국을 상징하는 대표물 10개가 실렸다. 2장 의식주 편에서는 '한복'과 '불고기', '한국 술', '인삼', '젓갈', '김장', '다례', '한옥', '온돌', '장독대', '마당', '전통 정원'을 소개했다.

3장 지리와 관광에서는 '한반도', '극동 아시아 속의 한국', '계절과 날씨', '한강'을 소개한 후 '서울의 고궁', '인사동', '북촌한옥마을', '홍대앞', '강남' 등 서울의 대표적 관광지와 '제주도와 한라산', '경주와 경주 남산', '하회 마을', '부여와 백제 유적', '부산과 자갈치 시장', '동해안과 설악산', '다도해와 해상 국립공원', '보성 차밭'을 소개했다.4장 사회와 일상생활에서는 '인구', '성과 이름', '호칭', '숫자', '나이', '결혼식', '교육 및 병역 제도', '대학 입학 시험' 등 일반 생활과 '설날', '추석' 등 한국의 명절 풍습, '노래방', '찜질방', '단풍놀이', '등산' 등 한국인들의 여가 생활 그리고 '비상시 긴급 전화'를 소개했다.

5장 역사와 종교 편에서 역사는 각 시대의 문화를 대표하는 인물로 소개하기로 했다. 아울러 '단군 신화', '원효대사', '세종대왕', '이순신 장군과 거북선', '이황'을 통해 역사와 문화의 흐름을 간략히 보여주고, 현대사로 학생들이 관심이 많은 '판문점'과 '이산가족'을 소개했다. 그리고 여성의 역할을 보여 주기 위해 '신사임당'을 소개했다. 종교는 한국의 고대 신앙으로 유네스코 문화재에 등록된 '고인돌'과 '무속 신앙'에 대해 설명했다. 불교 신앙으로 한국 불교 종단의 대표인 '선'을 소개하고, 건축 양식으로 한국 '절'의 특징과 의미를 설명하고, 유네스코에 등록된 '불국사와 석굴암', '팔만대장경'을 통해 고대와 중세 한국 불교의 발전과 의미를 알려 준 후, 현대 한국 불교를 체험할 수 있는 '템플 스테이'를 소개했다. 한국인의 현대 생활 방식과 윤리에도 영향을 끼치고 있는 유교의 특징으로 유교 교육의 산실인 '서원'과 예식으로 '장례식', '제사', '차례'를 소개했다. 다른 아시아 나라들에 비해 뒤 늦게 들어왔지만, 현대 종교와 정신에 중요한 역할을 하고 있는 '천주교와 개신교'의 역사를 간략히 소개했다.

6장 예술과 문화 편에서는 '한지'와 유럽 최초로 프랑스인 사범이 협회를 만들고, 2011년 유네스코 인류 무형 유산에도 기록된 한국 전통 무예 '택견'을 소개하고, 세계 최초 목판 인쇄물로 알려진 '무구정광대다라니경'과 프랑스 국립 도서관에 소장되어 있고 세계 최초 금속 활자로 인쇄돼 유네스코 기록 유산에 등재된 '직지' 등을 통해 한국 고대 '인쇄술'의 발달을 강조했다. 전통 음악으로 유네스코 무형 유산에 등록된 '종묘 제례'와 '판소리'를 소개하고 가야금과 거문고등 '전통 악기'를 보여 주었다. 또 '춘향전'과 '시조'를 통해 한국 고전 문학을 소개하고, 서민들의 해학을 보여주는 '탈춤'과 '한국 풍속화와 민화'를 설명했다. 현대 문화로 '부산 국제 영화제', '전주 축제들', '한류', '드라마', 'K-pop' 및 서울의 중요한 극장인 '세종문화회관', '국립극장', '예술의 전당'을 소개했다.

이 외에도 한국을 대표할 수 있는 주제들이 많았는데, 지금도 살아 숨 쉬는 전통문화와 현재 한국의 모습을 고루 보여 줄 수 있도록 했다.

3. 구성

각 주제는 두 쪽으로 되어 있다. 왼쪽에는 주제를 소개하는 사진과 한국어 본문이 실려 있다. 사진은 한국관광공사의 도움을 많이 받았는데 한국의 불교와 유교에 관심이 많아서 절과 서원 등을 방문하며 오랫동안 사진을 찍어 둔 본인의 사진들도 실렸다. 한국어 본문은 문장과 어휘의 난이도에 따라 초급, 중급, 고급으로 나누어 별 개 수로 표시했다. 별 하나는 35개, 별 둘은 47개, 별 셋은 18개로 구성돼 있다. 100개의 본문을 저자 셋이 나누어 썼는데, 한국어 초, 중, 고급에 맞는 문장과 표현으로 쓰는데 시간이 걸렸고, 문장을 여러 번 쉽게 고쳐 써야 했다. 영어판은 영어권 한국어 수강생들의 한국어 수준이 높다고 해서 문장을 다시 쓰기도 했다. 따라서 한국어 학습자들은 자신들의 한국어 수준과 관심 분야에 따라 주제를 골라 읽을 수 있다. 왼쪽 하단에는 본문 내용의 이해를 돕기 위한 확인 문제를 두 개 덧붙였다. 답은 부록으로 책 끝에 수록되었다.

오른쪽 상단에는 저자들이 번역한 프랑스어 본문을 싣고 하단에는 읽기를 도와 줄 수 있도록 '어휘와 표현'을 실었다. '어휘와 표현'은 한국어와 프랑스어 번역을 넣어서 각 주제에 해

당하는 어휘를 습득하게 하고 표현을 확인할 수 있게 했다. '어휘와 표현'은 문화 어휘장을
이루어 읽기와 말하기에 도움이 될 것이다. 책 끝에는 색인을 넣어 어휘와 표현에 나온 모든
낱말을 찾아 볼 수 있게 했다.

4. 한국 문화 핵심 어휘와 세계화

한국 문화 핵심 어휘는 단순한 언어적 지칭 구실을 넘어 한국 문화 그 자체를 이루고 있는
중요한 요소이다. 한국어로밖에는 표기할 수 없는 이 핵심 어휘들은 이 교재를 쓰게 된 동기
중의 하나이기도 하다. 외국에 알려진 한 나라의 문화 어휘는 타국에서 그 나라의 문화적 영
향과 역량을 보여 준다. 'Samsung', 'LG', 'Kia', 'Hyundai' 등이 한국의 경제적 역량을 전
세계에서 보여 주고 있는 것과 같다.

프랑스에서의 한국어 강의는 1956년 소르본 대학에 처음 개설됐다. 1795년에 외교관과 통
역관을 위해 창설돼 유럽어를 제외한 세계의 모든 언어를 가르치는 파리 동양어 대학
(INALCO)에서는 1959년부터 한국어를 가르치기 시작했다. 한국어 교육이 60년이 되는데,
위의 상업 마크 외에 한국어를 배우지 않는 프랑스 대중들 사이에 알려진 한국어는 얼마나
될까?

가장 알려진 어휘는 아마도 '태권도'일 것이다. '태권도'는 프랑스 전역에 900개 이상의 클
럽이 있어서, 한국어와 한국 문화를 전혀 모르는 프랑스인들에게도 익숙하다. 약 10년 전부
터 한류의 영향으로 '드라마'와 'K-pop'이 프랑스 젊은이들 사이에 인기를 끌며 한국대중문
화를 대표하는 어휘로 알려지기 시작했다. 몇 년 전부터 'Korean barbecue'라는 간판을 붙인
식당을 프랑스에서 어쩌다 보게 되는데 막상 들어가 보면 중국 식당으로 철판 고기 구이를
이렇게 부르고 있다. '김치'와 '비빔밥'도 알려지기 시작했지만 한국 문화에 익숙한 사람이나
한국 식당에 드나드는 극소수의 프랑스 사람들만이 알고 있을 정도다.

반면, 일본어 어휘는 프랑스에 꽤 알려져 있다. 일본어 강의는 동양어 대학에서 1864년에
처음 시작돼 150년이 넘었다. 프랑스에 알려진 일본어 어휘들은 거의 프랑스어가 돼 프랑스
인들 사이에 자연스럽게 통용되고 있다.

불교의 한 종파인 '선'은 일본어인 'zen'으로 불린다. 프랑스 전역에는 백 개가 넘는 'zen'
센터가 있고, 'zen'은 뜻이 확장돼 자기 수양, 초월, 고요한 삶 등 여러 의미를 지니며 광고
문구에도 자주 사용된다. 프랑스 청소년에게 대단한 인기를 모으고 있는 일본 만화는
'manga'로 불린다. 요즘 한국 만화가 알려지면서 한국 만화를 'manga coréen'이라고 부르기

도 한다. 마찬가지로 노래방도 일본어 'karaoké'로 정착이 됐다. 한복도 'kimono coréen'으로 소개되기도 한다. 이 외에 일본의 전통 무예인 'judo', 'karaté', 'aïkido', 'kendo'는 프랑스인들이 즐겨 배우는 무술로 이대로 일본어로 불린다. 'sumo' 역시 잘 알려져 있다. 일본 전통 무예를 배우는 곳은 'dojo'라고 불린다. 음식명은 가장 보편적으로 알려진 일본어라고 할 수 있다. 파리에는 일본 식당 거리들이 있을 정도로 일본 식당이 많은데 'sushi', 'sashimi', 'maki', 'miso' 등은 집으로 주문도 가능하다. 안타깝지만 학생들에게 된장찌개를 설명할 때 일종의 'miso soupe'라고 하면 빨리 이해시킬 수 있다. 음료수로 'saké'도 알려졌다. 종이 접기인 'origami'와 일본 단시인 'haïku'도 일본어 그대로 불리며 이를 즐기는 모임들이 있고 'haïku' 식으로 프랑스어로 시를 써 출판하는 프랑스 시인 협회도 존재한다. 이 외에 'tatami', 'geisha', 'samurai', 'shogun' 등도 이대로 불려 프랑스어로 번역을 할 필요가 없다.

그런데 중국어 어휘는 별로 알려져 있지 않다. 중국어는 일본어보다 약 20년 일찍 1843년부터 동양어 대학에서 가르치기 시작했다. 이것을 볼 때, 한 나라 말의 강의 햇수와 그 나라의 문화 소개와 영향과는 비례하지 않음을 알 수 있다. 프랑스에 알려진 중국어 어휘로는 전통 무술인 'kung-fu'와 'qi-gong'을 들 수 있다. 프랑스에 중국 식당이 아주 많은 반면에, 중국어로 알려진 음식은 거의 없다. 중국 문화 어휘가 프랑스에 안 알려진 이유로 중국 전통문화를 억압 했던 과거 중국 공산주의 문화 정책과도 무관하지 않을 것 같다.

최근 중국은 전통문화 부흥 정책과 더불어 공자학당 등을 통해 중국어 및 전통문화를 알리는데 노력하고 있음을 본다. 풍수지리설을 지칭하는 'feng shui'가 건강과 쾌적한 환경을 꾸미는 집 장식을 뜻하며 프랑스에 알려지기 시작한 것도 한 예가 아닐까? '선'불교도 중국어 발음인 'chan'으로 표기하며 '선' 불교의 기원이 중국임을 강조하는 것을 보게 된다. 중국 전통문화도 중국어 어휘로 많이 전파되지 않을까 예상된다.

'프랑스어권 학습자를 위한 한국 문화 100선'에 선별된 100개의 주제 제목 대부분은 로마자로 표기 됐다. 1장의 '상징물'에서는 'hangeul', 'taegeukgi', 'Arirang', 'kimchi', 'bibimbap', 'taekwondo'를 들 수 있다. 2장 '의식주'에서 'hanbok', 'bulgogi', 'jeotgal', 'darye', 'gimjang', 'jangdokdae', 'hanok', 'ondol', 'madang'이 로마자로 표기 됐다. 3장 '지리와 관광'에서는 지역 명칭이기 때문에 대부분 명칭 그대로 쓰였다. 4장 '사회와 일상생활'에서는 'Seollal', 'Chuseok', 'noraebang', 'jjimjilbang', 5장 '역사와 종교'에서는 인물 이름 외에 'seon', 'jeol', 'seowon', 그리고 6장 '예술과 문화'에서는 'hanji', 'taekkyon', 'jongmyojerye', 'Chunhyang', 'pansori', 'sijo', 'talchum', 'pungsokhwa', 'minhwa', 'hallyu', 'drama', 'K-pop'이 로마자로

표기 됐다.

이 어휘들은 한국 문화 핵심 어휘로서 문화와 더불어 한국어로 알려져야 된다고 생각한다. 대중문화인 '드라마'와 'K-pop'으로 시작한 한류 열풍이 전통문화로까지 확산돼 이들 어휘 외에 더 많은 한국 문화 어휘들이 세계 곳곳에 알려질 날을 기대해 본다.

5. 맺음말

한국 문화 어휘의 세계화는 문화 정책뿐만 아니라 한국어 교육과도 관계가 깊을 것이다. 한국어 교육의 목표를 일상생활에 필요한 담회 습득과 의사소통에만 둔다면, 학습자가 아무리 유창하게 한국어로 말하더라도 한국 문화 어휘는 부족할 수밖에 없다. 실제로 한국어를 2, 3년 배우고 한국에서 1년 동안 살고 온 학생들조차도 한국 문화 어휘는 거의 모르고 있음을 볼 수 있다. 보통 한국에서 출판된 초, 중급 한국어 교재들은 한국 문화를 대화가 아니라 영어로 따로 소개 하고 있다. 고급 교재에서는 가끔 문화를 소재로 한 대화가 있기는 하지만 보통 읽기를 통해 다룬다. 프랑스에서 출판된 교재의 경우에도 문화는 프랑스어로 별도로 소개 하고 있다.

이제는 한국 문화 어휘장을 중심으로 엮어진 초, 중, 고급 회화 교재 개발도 필요하지 않을까? 한국어 학습자들이 한국 문화 어휘와 그 적용 배경이나 경우를 몰라 사용을 못한다면 한국어를 배우지 않는 사람들 사이에 한국의 고유 문화가 알려지고 어휘가 통용 되기를 기대하기는 어려울 것이다. 각 나라의 고유한 문화는 바로 그 나라의 어휘를 통해 알려지기 때문이다.

그리고 현대는 문화 교류, 문화 경쟁의 시대임을 자주 실감하게 된다. 외국 여행을 하지 않아도, 자국에서 타국 문화를 발견하면서 문화적, 정신적으로 풍요로워질 수 있다. 반면 쉬워진 타문화의 만남이 종교적, 문화적 충돌을 빚으면서 세계적 문제로도 제기 되고 있다.

최근 외국어 교육은 단순한 의사소통을 넘어 문화 상호 이해를 목표로 삼는다. 문화 상호 이해의 필요성은 이런 시대적 상황을 반영하고 있는 것이 아닐까? 아울러 한국어 교재도 한국의 고유 문화와 정신을 소제로 한 회화에도 관심을 더 두어야 될 때인 것 같다. 한국의 미를 발견하게 하는 한국어 학습이야말로 평화로운 세계를 건설하는데 기여를 더 할 수 있을 것이다.

한국 문화의 정수를 느끼고 배울 수 있는 다양한 한국어 교재들이 많이 개발되기를 바라며 이 글을 맺는다.

제4장

김 혜 경
프랑스 액스-마르세유 대학교
Aix-Marseille University

신체부위 은유와 한국어 속담 및 관용어 교육을 위하여

1. 들어가면서

끝없는 창조력과 생명력을 지닌 언어는 경우에 따라 한 언어형식을 구성하는 요소들의 본래의 일차적인 뜻을 넘어선 의미를 통해서만이 제대로 이해될 수 있는 경우가 있다. 이는 역사와 문화적 배경을 같이하는 언중들의 일상발화 행위를 통해 이루어지기 때문에, 언어의 일반적인 규칙으로는 이해 및 설명이 불가능한 면을 가지고 있기도 한다. 이에 대한 대표적인 담화유형으로 속담 및 관용어[1]를 들어볼 수 있겠다. 속담 및 관용어 속에는 이를 사용하는 언중들의 사회, 문화, 역사, 철학, 윤리, 정서, 심지어 민족성까지도 미루어 짐작할 수 있는 언어-사회-문화적 요소가 함축되어 있음은 두말할 나위도 없겠다. 또한 외국어 학습시, 그 외국어로 된 속담 및 관용어는 낱말의 사전적인 의미만으로는 그 의미를 제대로 파악하기 쉽지 않은데다가 사용빈도가 높은 관계로, 한국어를 외국어로 배우는 학습자들의 한국어 능력 향

---

1) 본 발표에서는 속담을 관용어의 범주에서 살펴보기로 한다.

상을 위한 중요한 언어자료인 속담 및 관용어에 대한 학습은 필수불가결한 것이다.

한편, 인간의 신체는 시공간을 막론하고 표현하고 표현되는 일종의 담화의 대상으로 간주해 볼 수 있다. 특히 속담이나 관용어와 같은 담화의 유형에서는 모든 언어에서 그 사용이 빈번함을 볼 수 있다. 한국어의 경우도 그 예외가 아닐 것이다. 이는 단순히 신체어휘의 사전적 의미로 사용되는 것이 아니라, 신체부위의 상징 및 표상을 통해 코드화된 이 담화들은 은유를 도구로 그 의미를 나타내는 언어표현이기에 그 상징 및 표상(représentation)에 대한 접근을 한다면 그 이해에 많은 도움이 될 것이다.

본 연구의 목적은, 신체부위 관련 어휘를 이용한 한국어 속담 및 관용어 교육현장에서의 구체적인 방안을 제안하는 데에 있는 것이 아니라, 그 이전에 교수자로서 이와 같은 담화유형을 가르칠 때 효과적인 교수 및 학습을 위해 한번쯤 숙고해 볼 필요가 있는 몇몇 점에 대해 생각해 보는 기회가 되는 것에 있다.

이에 본 논고에서는 신체부위 어휘들을 이용한 한국어 사용자의 인식, 표상과 관련된 언어 외적인 요인들을 내포하고 있는 속담 및 관용어들을 크게 공동체/사회적 차원과 개인차원으로 나누어 살펴보도록 하겠다.

2. 가치체계(système de valeurs)를 바탕으로 한 공통체 및 사회적 차원

역사적 배경을 통해 의미가 형성되어 구전되는 속담 및 관용어는 이를 사용하는 사회구성원들의 지배적인 가치체계를 표상한다고 하겠는데, 다음과 같은 대표적인 한국인들의 가치체계를 중심으로 신체어를 이용한 속담 및 관용어에 대해 살펴보도록 하겠다.

1) 공동체 연대의식; 2) 대인/사회관계 및 그 서열; 3) 체면.

2.1. 공동체 연대의식

다음은 한 공동체 구성원들 간의연대의식을 나타내는 속담 및 관용어의 예이다.

(1) 손이 들이 곱지 내곱나?
(2) 팔이 들이 굽지 내굽나?[2]

---

2) "팔이 안으로 굽지 밖으로 굽나?", "팔은 안으로 굽는다"도 같은 인체부위를 이용; 형식적인 면에서 다소 차이가 있으나 같은 의미이다.

(3) 열 손가락 깨물어 안 아픈 손가락 없다.

(4) 피가 물보다 진하다.

우리의 신체기관 중 자유롭게 움직일 수 있는 '손'은 신체부위를 이용한 속담 및 관용어 중 가장 다양한 형태 - 손가락, 팔, 손 등 - 로 표현되는데, (1), (2)에서는 안으로는 굽지 못하는 '손'의 자연적인 기능면을 바탕으로, 자기가 속한 공동체의 구성원을 우선적으로 생각하여 그들에게 유리하게 함을 의미한다. 이는, 같은 공동체 구성원이 아닌 사람들은 배제(배척)시킨다고도 해석 가능할 것이다. (3)은 자식애를 비유하는 속담으로, 우리의 《손은 다섯 손가락을 매개로 인체의 각 내부기관과 연결되어 있》는데, 《각기 고유한 나름대로의 비밀과 힘을 갖고 있는 다섯 손가락》[3](DESOUZENELLE, A., 1984: 308)은 각기 다른 다섯 가지의 인체내부기관[4]을 동등한 방식으로 대표한다는 인체의 상징체계를 바탕으로, 부모는 자식이 아무리 여럿이 있어도, 아무리 못난 자식도 자식각각을 차등 없이 사랑한다는 것을 은유적으로 표현하고 있다고 이해할 수 있겠다. 점도가 물보다 높은 '피'의 특성을 이용한 (4)는 가족간의 관계가 서로 끈끈하게 결합된 것임을 은유적으로 나타내어 혈연, 혈육관계의 중요성을 의미한다.

2.2. 대인/사회관계 및 그 서열

(5) 발이 넓다

(6) 윗 입술이 이랫 입술에 닿나?

일반적으로 '발'은 동서고금을 통해 성적, 비천함을 상징하는 것으로 알고 있다. 하지만 (5)에서의 '발'은 이러한 통상적인 상징체계와는 달리, 자유롭게 움직여 이곳저곳 돌아다니며 사람들을 만나려면 발이 넓어야 한다는 개념체계가 작동된 것으로, "발이 넓다"는 것은 '아는 사람이 많음'을 의미하게 된다. (6)은 대인 및 사회관계에서 그 서열을 존중해야 함을 강조한다. 이를 의미하기 위해 일종의 나름대로의 서열, 질서를 갖고 있는 신체부분의 기능면이 비유적으로 사용됨을 볼 수 있다. 예를 들어, 먹거나, 말하거나, 웃을 때의 입의 동작을 살펴보

---

3) 《Par ses cinq doigts, la main est reliée à des organes précis du corps. (...) Chaque doigt a son secret et sa puissance.》

4) 각각의 다섯 손가락은 다음과 같은 상징체계와 연결되어 있다 : 《- 엄지 : 머리; - 검지 : 담 ; - 중지 : 비장-췌장; - 약지 : 간 ; - 새끼손가락 : 심장》Ibid.

면, 늘 아랫 입술만이 움직이는데, 해당 동작(먹거나, 말하거나, 웃는 동작)이 수행되기 위해서는 반드시 아랫 입술이 윗 입술에 닿아야 한다. 바로 여기에서 불변의 서열을 찾아볼 수 있겠다[5].

2.3. 체면

한국인들의 '체면'에 관한 사고가 다음의 (7), (8)에 잘 드러난다.

(7) 머리없는 놈 댕기 치레한다.
(8) 김칫국 먹고 수염쓴다.

'체면'은 유교사상의 영향을 받은 한국 전통사회에서 빼놓을 수 없는 개념일 것이다. 체면을 잃지 않고 지키는 것, 체면을 세우는 것, 달리 말하면, 모욕을 당하지 않고 수치심을 느끼지 않도록 하는 것 등에 관한 한국인의 사고가 드러나는 속담들은, (7)과 (8)에서 볼 수 있듯이, 주로 얼굴 부위나 상반신 부위를 통해 비유된다. (7)은 "본바탕에 어울리지 않게 지나치게 겉만 꾸밈을 비유적으로 이르는 말"[6]이며, (8)은 "시시한 일을 해놓고 큰일을 한 것처럼 으스대거나, 하잘것없는 사람이 잘난 체하는 것을 비유적으로 이르는 말"[7]로 한국인들의 체면에 대한 사고를 잘 나타내 주고 있다. 머리가 없어도 양반의 상징 중의 하나인 갓을 쓰기 위해서는 머리 손질을 잘해야 하며, 아무리 먹을 것이 없어 김칫국으로 끼니를 때웠어도, 마치 훌륭한 식사를 한 것처럼 식사 후, 양반의 상징인 수염을 쓸어내리는 행위의 연상을 통해 체면 차림을 하는 것을 비유한 것이라 하겠다.

3. 개인적인 차원

개인적인 차원으로는 : 1) 개인의 이익 혹은 이득을 의미하는 신체어 관련 속담 및 관용어 ; 2) 태도 및 인성을 나타내는 신체어 관련 속담 및 관용어 ; 3) 말조심 경각을 의미하는 신체어 관련 속담 및 관용어로 나누어 살펴보도록 하겠다.

---

5) "아랫턱이 윗 입술에 올라가 붙나?"도 같은 의미의 속담이다.
6) 국립국어원 표준국어대사전의 정의에 따른 것임.
7) Ibid.

3.1. 개인의 이익 혹은 이득

(9) 간에 붙었다 쓸개에 붙었다 한다.

(10) 등치고 간 내어 먹는다.

위의 두 속담의 이해를 위해서 (9), (10)에서 사용된 인체기관의 상징에 대해 간략하게나마 언급해 볼 필요가 있겠다. '위력'을 상징하는 '간'은 기본적으로 힘의 근거지를 표상한다. 달리 말하면, 근육의 힘이나 신체의 힘은 간과 관계가 있다. 정화되고 생성되어 완성된 에너지는 간에 저장된다. (cf. DESOUZENELLE, A., op. pp.250 -254) 도교사상에 근간을 이룬 한의학에서의 간은《피와 기의 재생촉진자, *le régénérateur du sang et du Qi*》(EDDE, G. 1998 : 60)와 같아 '제2의 심장'이라는 별명이 붙을 정도로, '보물과 같은 기관'이다. 이와 같이 간은《방어책략 담당 장군, *le général chargé de la stratégie de défense*》(ibid.)이라고까지 비유되는 기관이기도 하다. 면역체계를 살피며 인체의 체계통제를 관리 담당한다고 할 수 있겠다. 간이 담즙을 생성시켜 일종의 자신의 '작업장'이라 할 수 있는 '쓸개'로 명령하여 그 담즙을 저장케 한다. 쓸개는 소화작용을 용이하게 하기 위해 저장하고 있던 담즙을 내보냄으로써 신체가 필요한 것에 대해 일종의 결정을 내리는 역할을 한다고 볼 수 있다. 이러한 점에서 도교사상관점에서의 '쓸개'는 바로 '결정'과 '판단'을 상징한다. (DESPEUX, C., 1994)

이러한 상징을 염두에 두면 (9)와 (10)의 속담의 의미파악이 보다 수월해 질 수 있을 것이다. 제 이익을 위해서는 여기저기 지조없이 아무에게나 아첨하고 아부함을 은유적으로 나타내는 속담(9)에서, '힘, 권력'이 있는 '간'과 '결단'을 내리는 '쓸개' 사이를 오가며 아첨하는 것이다. 속담(10)에서 '등을 친다'는 것은 친한 척 한다는 것이며, 보물과 같은 '간을 낸다'는 말은 가장 소중한 것을 가져간다는 뜻으로, '겉으로는 이익이 있고 위하는 체하면서 사실은 손해를 준다'는 의미인 것이다.

3.2. 태도 및 인성

(11) 손이 크다

(12) 눈이 높다.

(13) 간도 쓸개도 없다.

(14) 간덩이가 부었다.

(11)에서는 '손'의 기능적인 면이 '씀씀이'나 '한손으로 잡을 만한 분량'이라는 의미로 바뀌면서 '씀씀이가 후하고 크다' 혹은 '수단이 좋고 많다' 것을 의미한다. 신체관련 한국 속담 중 가장 큰 사용빈도를 보이는 신체부위는 '눈'이다.(박은지, 2007) 물체를 보는 기관인 '눈'이 '판단기준'이라는 은유를 통해 (12)는 '선택기준이 높음'을 뜻한다.

속담(13)에서도 위에서 살펴본 '간'의 상징과 '쓸개'의 상징이 짝을 이뤄 형성되어, 힘도 없고 결정도 내리지 못하는 이를 의미하는 것임을 이해할 수 있겠다. '힘, 권력'의 상징인 '간'이 부었으니 -(14)- 간이 부은 이가 얼마나 허세를 부리겠는가는 쉽게 상상할 수 있을 것이다.

3.3. 말조심 경각

(15) 귀는 커야 하고 입은 작아야 한다.

(16) 혀는 몸을 베는 칼이다.

(17) 혀는 칼보다 날카롭다.

위의 세 속담 (15), (16), (17)에 사용된 신체부위인 '귀', '입', '혀'는 생리학적인 기능을 기초로, 보편적으로 '듣고 말하는 것'을 비유로 사용된다. (15)에서는 말하기보다는 남의 말을 경청해야 한다는 교훈을 주고 있다. (16)과 (17)은 한번 뱉은 말은 돌이킬 수 없다는 특성과 언어로 남을 해할 수도 생명을 뺏기까지도 할 수 있다는 특성을 나타낸다. 이러한 말의 '힘'을 늘 의식하면서 말을 할 때는 늘 신중히 해야 한다는 교훈의 성격을 띤 속담들이다.

4. 나가면서

지금까지, 인체에 대한 상징체계, 표상을 통한 은유로 표현된 신체부위를 사용한 헤아릴 수 없이 많은 한국 속담 및 관용어들 중 몇 가지의 예만을 들어 간략히 살펴보았다. 이를 위해 도교사상 혹은 한의학의 관점을 차용해 보기도 하였다. 이러한 표상을 통한 신체언어의 속담 및 관용어로써 한국인들의 사회, 문화적인 규범, 가치체계에 접근할 수 있었다.

우리의 궁극적인 관심사는 한국어 및 한국 문화교육에 있으므로, 교수자들의 속담 및 관용어 교육을 단지 어휘교육으로만 그치지 않기 바란다. 한국어 속담 및 관용어 교수연구 및 여러 교재들을 비롯해 그 활용 교수법이 활발히 이루어지고 있다. (참고 문헌 참조)

그중 속담 및 관용어 교수에 대해 다음과 같이 간단히 정리해 볼 수 있겠다.

- 어떤 특정상황에서 발생한 관용표현이나 속담은 시간이 지나면서 그 발생한 상황은 잊혀지고 의미만 관습으로 굳어진 언어형태이므로, 이를 교수할 때에는 한국문화에 대한 이해가 반드시 수반되어야 할 것이다.
- 한국어와 학습자 모국어간의 대조적 관점에서 관용어 혹은 속담을 비교하여 설명하고, 이에 따른 문화적 차이에 대한 토론의 자료로도 사용할 수 있다(강현화, 2011: 103).
- 일반적으로 관용어나 속담은 중급 이상의 학습자에게 가르치는 것으로 생각할 수 있겠으나, 한국 드라마를 보거나 한국 노래를 들을 때, 혹은 한국인 친구들이 은연중에 사용하는 관용표현들에 노출될 가능성이 높은 오늘날 학습자들이기에, 초급 단계에서도 이에 관한 교육이 이루어지는 것도 바람직하겠다. 초급에서 인체관련 어휘를 배울 때, 이 어휘들이 사용된 언어형식면에서도 간단한 관용어 및 속담 교수가 가능하다 : 예) 눈이 높다 ; 발이 넓다 ; 배가 아프다 등. 또한 이 표현들의 생성배경도 설명하며, 학습자들의 언어(우리의 경우, 프랑스어)에서 같은 형태의 표현이 있는지, 다른 형태의 동일한 표현이 존재하는 지 등의 고려도 필요하겠다.
- 관용어 및 속담 교수할 때, 숙달도 단계별로 학습할 수 있는 관용표현(한재영 외, 2004), 의사소통 기능별 관용표현(강현화, 2011: 106-107)도 참고할 수 있다.

참고 문헌

강현화(2011), "한국어 관용어 및 속담 교육 방안", 『2011년 다문화가족 방문교육사업, 한국어교육지도사 보수교육 교재』, 여성가족부전국다문화가족사업지원단, pp. 99-121.

국립국어원, 표준국어대사전, www.korean.go.kr

김도환(1995), 한국속담활용사전, 한울.

김선정 외(2007), 살아있는 한국어: 관용어, 한글파크.

김선정 외(2007), 살아있는 한국어: 속담, 한글파크.

유선영(2015), "관용어로서의 속담에 관한 인지언어학적 고찰: 은유를 중심으로", 『신영어영문학』 61집, 신영어영문학회, pp.225-246.

한재영 외(2004), 한국어 교수법, 태학사.

MBC아나운서국 우리말팀(2015), 우리말 나들이 (2판), 시대의 창.

DESOUZENELLE, A. (1984), *Le symbolisme du corps humain*, Paris, Le Grand Livre du Mois.

DESPEUX, C. (1994), *Taoïsme et corps humain*, Ed. de la Maisnie.

EDDE, G. (1998), *Tao et santé. Encyclopédie des arts de santé taoïstes*, Ed. Chariot d'or.

MARZANO, M.(ss. Dir.) (2007), *Dictionnaire du corps*, Paris, PUF.

MOESCHLER, J. et alii. (1994), *Langage et pertinence*, Presse universitaire de Nancy.

MONTREYNAUD, F., PIERRON, A., SUZZONI, F. (1989), *Dictionnaire de proverbes et dictons*, Le Robert.

ODOUL, M. (1994, 1996, 2000), *Dis-moi où tu as mal, je te dirai pourquoi…*, Ed. Dervy.

REY ; A. (1989), 《*Préface*》 du Dictionnaire de Proverbe et dictons, Le Robert.

SCHIPPER, K. (1982), *Le corps taoïste*, Paris, Fayard.

VISETTI, Y-M., CADIOT, P. (2006), *Motifs et proverbes Essai de sémantique proverbiale*, Paris, Puf.

제5장

Merve KAHRIMAN
터키 이스탄불 대학교
Istanbul University

터키인 학습자를 위한 속담을 활용한
한국 문화 교육 방안

1. 서론

본고는 터키 학습자를 대상으로 진행하는 한국 문화 교육의 효율성을 높이고자 하는데 그 목적을 둔다. 이를 위해 본고에서는 한국의 속담을 주요 텍스트로 삼고 한국의 속담과 비슷한 터키의 속담을 함께 활용하고자 한다.

터키와 한국은 우랄 알타이 어족이라는 언어적 공통점을 갖고 있고 터키의 조상으로 불리는 '돌궐'(괵튀르크)은 한 때 고구려와 협조하여 동아시아에서 찬란한 문화를 꽃 피우기도 했다.[1] 고구려부터 시작된 양국의 긴밀한 관계는 6.25 전쟁과 2002년 월드컵을 거쳐 지금까지 이어져 오고 있다. 뿐만 아니라 한류의 열풍은 터키에서도 역시 두드러지게 나타난다. 터키에서의 한류 열풍은 한국어 학습에 대한 욕구를 불러일으키는 계기가 되었으며 한국어를 배우고자 하는 학생 수가 나날이 증가하고 있다.

---

[1] 튀르쾨쥬 괵셀. 카흐르만 메르베, "터키에서의 한류 그 배경과 발전방향", 제15회 한국어문학국제학술회의, 2014, 3쪽.

한국어 학습의 궁극적인 목적은 원활한 의사소통에 있다. 이를 위해서는 한국의 문화에 대한 이해가 반드시 필요하다. 이로 인해 한국어 교육에서 문화 교육의 중요성이 두드러지게 나타나고 있다. 한국 문화에 대한 바른 이해를 통하여 한국인들의 사고방식을 이해하기도 하고 터키와 한국 문화의 공통점과 차이점을 인식할 수 있다. 그 중 한국 속담은 한국 민족의 사상, 감정, 지혜 등 문화적 특징을 인식할 수 있는 의사소통의 중요한 수단이다. 터키인 학습자들이 한국 민족의 사고방식이 담겨 있는 한국 속담을 통하여 쉽게 한국 문화를 접할 수 있다.

이에 본고에서는 2장에서 한국어 교육에서의 문화 교육의 필요성을 확인하고 문화 교육을 위한 학습 자료로써 '속담'을 제시하고자 한다. 이를 바탕으로 3장에서는 터키인 학습자가 이해하고 사용하는 데에 어려운 한국 속담이 있고 이에 관한 교육이 필요하다는 것을 인지 할 뿐 아니라 속담의 문화 교육적 특성과 기능을 알아보고 속담이 지니는 문화 교육적 가치를 고찰하고자 한다. 마지막으로 4장에서는 터키인 학습자가 이해하기 쉽고 사용하기 쉬운 속담을 중심으로 한국 문화 교육 방안을 마련하고자 한다.

2. 한국어 교육에서의 문화 교육

문화란 인간이 하나의 생활 공동체를 이루며 살아가는 동안 만들어낸 모든 것으로 오랜 세월 동안 여러 세대의 변화를 거쳐 가면서 형성되어 이 세상에 태어난 어린아이가 언어를 배워 나가듯 언어와 더불어 자연스럽게 후천적으로 학습되고 공유되는 것이다.[2] 문화와 언어는 서로 밀접한 관계를 맺고 있기 때문에 서로 양분 될 수 없다는 점에서 언어를 연구할 때 문화를 함께 연구할 수밖에 없다.

2.1. 한국어 교육에서의 문화 교육의 필요성

속담을 활용한 문화 교육에 관해 설명을 하기 앞서 한국어 교육에서 문화 교육의 갖고 있는 중요성을 논의하고자 한다. 외국어 교육과 문화 교육은 서로 불가분의 관계라고 주장하는 학자들의 견해가 다음과 같다. Byram[3](1999)에 의하면 언어는 그 세계의 지식과 자각, 문화

---

2) 이효정, 「속담을 활용한 한국어 문화 교육 방안」, 한국외국어대학교 외국어로서의 한국어교육 전공 석사 학위 논문, 2007, 10쪽.

3) Byram M., Standarts for foreign language learning and the teaching of culture, Language Learning Journal vol 19, 1999.

의 개념, 문화 학습을 지칭하기 때문에 언어 교육 및 문화를 다루지 않을 수 없다. Kramsch[4] (1993)에 의하면 언어 교수는 곧 문화 교수라고 할 수 있다. 이처럼 Byram과 Kramsch은 언어 교육에 있어서의 문화 교육의 중요성을 주장하였다.

1970년대 의사소통 중심의 교수법이 등장하기 전까지 일반적으로 외국어 교육 현장에서 중시된 것은 언어학적 능력이었다. 그러나 언어의 기능적 측면을 강조하며 의사소통 능력의 개발을 언어 교수의 목표로 설정한 의사소통 능력 중심의 교수법이 등장하면서 문화적 요인에 대한 관심이 커지기 시작하였다.[5] 문화와 언어는 매우 밀접하게 연결된 연속선상위에 함께 존재하는 것이며, 언어와 문화, 사고가 서로 분리될 수 없고, 서로 영향을 주고받는 연속적 흐름이어서 외국어로 정확히 의사소통을 하기 위해서는 그 외국어의 문화를 잘 이해할 필요가 있다. 한국어 교육과 관련한 문화 교육의 중요성에 대하여는 1980년대 말부터 제기되기 시작하여 최근에 한국뿐만 아니라 영국, 일본, 터키 등에서 다양한 논의가 진행되고 있다.

우선 성기철[6](1998)은 외국어로서 한국어 교육의 목표와 그 내용을 제시하며 사회 문화적인 목표로 언어와 관련한 문화적 특성 이해, 사회 및 문화적 배경과 언어 표현의 이해, 언중의 정서와 언어 표현 이해, 사회, 문화, 정서 및 역사의 이해, 모국어와 목표 언어 사회의 사회 및 문화 비교로 논의하고 있다.[7] 그 다음으로 조항록[8](2001)은 "문화적 능력이 의사소통 능력을 향상시키고 학습 과정에서 흥미와 동기를 강화한다는 최근 외국어 교수 이론을 반영해야 한다."고 보고 한국어를 통한 한국 문화의 세계적 보급은 국제화 시대에 한국의 이미지를 높이는 역할을 함으로써 국가 사회에서 크게 기여한다고 하였다.[9] 그 다음으로 알툰다으[10](2017)는 "한국문화 교육의 목표는 외국인 학습자들에게 한국 문화에 대한 흥미를 높이고 이해를 증진시켜 궁극적으로는 문화간 의사소통 능력을 배양하는 데 있다."고 하였다. 마지막으로 보로비악[11](2017)은 "한국어 교육과정에서 문화 교육이 없다면 한국어 교육이 완성되지 못한 교육으로 바뀌어 버릴 것이다. 왜냐하면 한국어를 배우는 외국인은 한국의 문화적 정체성과 개성, 한국 문화의 특징 중의 하나인 유교에서 비롯된 가치관과 집단주의, 가족

---

4) Kramsch C. J., Context and Culture in Language Teaching, Oxford University Press, 1993.

5) 이효정, 위의 논문, 13쪽.

6) 성기철, 『한국어교육의 목표와 내용』, 이중언어학, 1998.

7) 성기철, 앞의 논문, 15쪽.

8) 조항록, 「초급 단계 한국어 학습자를 위한 문화 교수 요목 개발」, 『한국어 교육』, 국제한국어교육학회, 2001.

9) 이효정, 앞의 논문, 15쪽.

10) 프나르 알툰다으, 「광고를 활용한 한국어 문화 교육」, 2017 유럽 한국어교육자 현지워크숍 발표문, 2017.

11) 안나 보로비악, 「외국어로서의 한국어 교육 과정에서 문화교육의 중요성」, 국제한국어교육학회 발표문, 2017.

이나 사회 구성원들 사이의 관계, 사고방식 등을 높임법, 비언어적 의사소통 행위, 특징 어휘의 용법 등을 통해서 배워야 하기 때문이다."라고 한 바 있다.

위에서 언급하듯 한국인의 사고방식, 가치관 및 생활양식을 이해하기, 한국어 교육에서 한국어 교육의 정확성, 올바른 한국어 사용, 유창한 의사소통 그리고 마지막으로 한국 사회의 전문적인 연구를 위해서 문화 교육은 반드시 필요하다. 한국어를 정확하게 배우고 이해하는 것은 한민족의 문화를 이해하며 평가하는 능력이 기저에 있을 때에만 가능하기 때문이다. 다음으로는 한국 문화 교육에서의 속담 교육의 중요성에 관해 논의하고자 한다.

2.2. 한국어 문화 교육에서 속담 교육의 의의

시간이 흐르면서 입에서 입으로 전승되는 전통문화는 나날이 잊혀지기 마련이다. 그러나 전통문화 가운데 별다른 변화가 없이 오늘까지 전해져 내려오는 것 중 하나가 바로 속담이다. 속담이 가지고 있는 구조를 체계적으로 분석하면 그 나라의 민족이 가지고 있는 심층적인 사고체계를 이해하는 데 많은 도움이 될 것이다. 다른 민족의 사고방식, 사상, 일생생활에 대한 중요한 정보를 준 속담은 외국어 교육에서도 많이 사용된다.

외국어를 학습할 때 언어 간의 차이, 언어 표현의 특징을 아는 것은 의사소통에 큰 도움을 준다. 이 때문에 외국어를 학습할 때 언어 학습뿐만 아니라 언어를 통해 그 나라의 문화를 배우는 것이 무엇보다 중요하다.

이효정(2007)은 속담의 교육적 가치를 의사소통적 가치와 문화적 가치로 나누었다. 우선 의사소통적 측면에 관해 "속담은 정확한 의사소통보다는 효율적인 의사소통을 필요로 할 때 더 많이 쓰인다고 보인다. 속담의 이러한 특성은 발신자가 정보를 전달하는 목적으로 언어를 사용하는 경우보다는 수신자를 설득시킬 목적으로 언어를 사용하는 경우에 속담을 훨씬 더 많이 사용할 것이라는 사실을 시사한다."라고 하였다. 그리고 다음으로 문화적 측면에 관해 "속담은 문화적 측면에서 교육적 의의를 지닌다. 속담은 오랜 세월에 걸쳐 민중들의 생활 속에서 형성되어 내려온 것이기에 우리나라 전통문화를 구성하는 일부분에 해당한다"고 하였다.[12] 김현숙[13](2017)은 속담 속에는 그 민족의 역사와 생활습관, 자연환경과 문화, 풍속이 반영되어 있으며 그 속담이 형성된 시대의 생활 철학을 담고 있다고 하였다. 따라서 속담은 인간의 보편성과 문화적 공동체의 고유한 문화적 배경을 가지게 되며 속담 교육은 문화 교육과 불가분의 관계를 갖고 있다고 하였다. 언어와 문화의 소통이 사회문화적인 맥락 속에서

---

12) 이효정, 앞의 논문. 17쪽.

13) 김현숙, 「한국어 문화 교육을 위한 속담의 위계화 방안」, 『국어교육』 157집, 한국어교육학회, 2017.

이루어지므로 언어와 문화 간의 상호 연계성이 강조되며 이와 같이 속담은 오랜 세월에 걸쳐 민중들의 생활 속에서 형성되어 내려온 것이기에 내용상으로는 한국인들의 삶의 지혜와 사고 방식이 담겨있고, 형식상으로는 전통적으로 내려오는 한국 고유의 표현 방식이 나타나 있어 그 교육적 가치가 매우 크다고 하면서 한국 문화 교육에서 속담 교육의 중요성을 제시하였다.

위에서 언급하듯 속담은 문화 교육 자료로서 대부분의 한국어 교육 내용에 포함되어 있다. 그러나 속담 교육 내용을 살펴보면 단어 교육에서 의미만 설명하면서 가르치는 것이기 때문에 문화적 특성을 바탕으로 한 소재가 아주 부족하다. 그래서 속담을 문화 교육 자료로 적극 활용하지 못한다. 때문에 한국어 교사들이 한국 문화 교육 자료로서 속담의 중요성을 잘 인식해야 한다.

3. 터키인 학습자를 위한 속담 교육

한국 속담은 아주 짧은 표현 속에 깊은 뜻을 담고 있기 때문에 터키인 학습자들은 이해하는 것 자체가 너무나도 어렵다. 이에 속담을 사용하는 것은 가히 상상하기 어려운 일이다. 특히나 어떤 상황에서 속담을 사용하는 모국어 화자의 의도를 읽어낼 때 가장 어려워한다. 이러한 어려움을 극복하기 위해서는 속담과 문화 교육을 당시에 하는 것이 중요하다. 한국 문화를 잘 알아야 상황에 맞는 속담을 사용할 수 있기 때문이다.

이러한 어려움을 해결하기 위하여 우선 한국어 학습자들이 사용할 수 있을 법한 속담 목록을 선정할 필요가 있다. 그리고 속담 목록을 선정하기 위한 기준을 좀더 정밀히 살펴볼 필요가 있다. 이에 관해 김나영[14](2008)은 사용빈도가 높은 속담, 한국어 학습용 어휘 등급에 따라 적절히 난이도를 고려하는 속담, 문화 어휘가 적절히 포함된 속담, 의미의 투명성 여부에 따른 학습단계를 고려한 속담, 문화적 배경 지식을 적절하게 드러낸 속담, 교훈성을 가진 속담을 선정 기준으로 삼았다. 더불어 이종철[15](1998)은 사용빈도가 높은 속담, 사용 범위가 넓은 속담, 기본 의미가 본래대로 잘 유지되는 속담, 학습자의 발달 단계에 맞는 속담을 목록 선정의 기준으로 제시하였다. 본고에서는 이상의 기준들을 참고하여 한국 문화 교육을 위한 속담 학습 목록 선정 기준을 제시하였는데 이는 다음과 같다.

---

14) 김나영, 「영어권 학습자를 위한 한국어 속담 교육 연구 -교훈적 속담 교육을 중심으로」, 숙명여자대학교 석사 학위논문, 2008.

15) 이종철, 『속담의 형태적 양상과 지도방법』, 이회문화사, 1998.

1. 학습자의 학습 단계에 맞는 속담

2. 사용 빈도가 높은 속담

3. 문화적 배경 지식을 적절히 드러낸 속담

4. 문화 어휘가 포함된 속담

5. 의미와 표현이 터키어 속담과 유사한 속담

한국 문화 교육을 위한 속담 학습 목록 선정 기준으로 첫째, 터키인 학습자의 학습 단계에 맞는 속담 교육이다. 학습자의 수준과 어휘의 난이도를 고려하여 학습자의 학습 단계에 맞는 어휘와 문법이 포함된 속담을 선정하는 것이다. 둘째, 사용 빈도가 높은 속담이다. 속담을 교육할 때 한국인들이 많이 사용되는 속담을 학습하는 것이 매우 중요하다. 셋째, 문화적 배경 지식을 적절히 드러낸 속담이다. 터키인 학습자들이 이러한 속담을 통해서 한국인의 사상, 생활 태도 등을 접하고 이해할 수 있는 것이다. 넷째, 문화 어휘가 포함된 속담이다. 속담을 선정할 때 한민족의 정서를 잘 보여준 속담을 선정해야 한다. 다섯째, 의미와 표현이 터키어 속담과 유사한 속담이다. 학습자들이 모국어에 의미와 표현이 유사한 한국 속담을 익힐 때 어려워하지 않고 상황에 맞게 사용할 수 있기 때문에 이러한 속담을 선정하는 것이 중요하다. 예를 들어, "불 난 집에 부채질한다. – 한국어", "불 난 곳에 풀무를 가지고 간다. – 터키어"의 경우 터키 학습자들은 한국 속담을 좀 더 잘 이해하고 받아들이며 이후 사용할 수 있을 것이다.

또한 한국 문화 교육에서 속담 목록 선정하는데 있어서 속담 '소재'에 관해서도 함께 살펴볼 필요가 있다. 위의 다섯 가지 선정 기준에 가운데서도 "문화적 배경 지식을 적절히 드러낸 속담"과 "문화 어휘가 포함된 속담"에서는 그 소재가 매우 중요한 역할을 하기 때문이다. 이에 관해 이기문[16](1976)은 속담을 주제별로 분류한 바 있다. 이기문은 주요 주제로는 언어, 인생, 가정, 사회, 지능, 사리, 심성, 행위 등으로 나누었고, 안경화(2001)는 속담에 특별히 자주 등장하는 소재로는 동물(개), 자연(물), 주거(집), 인간, 언어, 신체 등이 있는데 이들 단어들은 한국민의 주된 관심사로 간주된다고 주장하였다. 이상의 논의를 바탕으로 본고에서는 여성, 농업, 종교, 음식, 동물 및 말조심 등 문화 요소를 소재로 담고 있는 한국 속담을 학습 목록 선정 기준으로 제시하고자 한다.

---

16) 이기문, 『국어의 현실과 이상』, 문학과지성사, 1976.

3.1. 여성관련 속담

한국의 속담의 내용 중에서는 유독 여성과 관련된 것이 많다. 이에 관해 박환영(2014)[17]은 피상적으로 보면 여성이 일상적인 언어생활 속에서 속담의 소재가 되면서 여자들을 빗대어서 표현하거나 남성중심의 가부장적인 당시의 시대상이 반영되어 있다. 그러나 좀 더 심층적으로 보면 속담 속에는 여성이 가지고 있는 삶의 애환관 한이 잘 반영되어 있어서 여성들이 일상적인 생활 속에서 쉽게 접할 수 있다는 점에서 속담은 일종의 카타르시스적인 기능을 하였다고 볼 수 있다고 하면서 여성이 소재가 된 속담의 특성을 제시하였다. 터키와 한국 속담을 살펴보면 시집살이를 잘 극복한 며느리상, 갖은 고생과 고난을 이겨낸 근로여성상, 효부효녀 상을 보여준 속담이 있는데 이는 아래와 같다.

-미인은 사흘에 싫증이 나고, 추녀는 사흘에 정이 든다. 한국 (중급)
　얼굴이 예쁜 여자를 사랑할 때 40일이면 충분하지만 심성이 고운 여자를 사랑할 때는 40년도 부족하다. 터키 (Yüzü güzele kırk günde doyarsın, huyu güzele kırk yılda doyamazsın.)
-아내 잘 만나는 것은 복 중에서도 큰 복이다. 한국 (중급)
-귀여워하는 할미보다 미워하는 어미가 낫다. 한국 (중급)
-며느리에게는 흰죽 사발을 씻기고, 딸에게는 팥죽 사발을 씻긴다. 한국 (고급)

3.2. 농업과 관련된 속담

박환영(2014)에 따르면 농업 속담은 농민들의 생활상을 비롯하여 다양한 영농법과 영농기술이 담겨 있어서 농민들의 농업지침서 역할을 한다고 한다. 이때 한국 농업 관련 속담 중에 농업 뿐만 아니라 삼면이 바다로 둘러싸여 있는 한반도의 자연환경에 걸맞게 어업과 관련된 속담도 많은 편이다.

-콩 심은 데 콩 나고 팥 심은 데 팥 난다. 한국 (중급)
　뭘 심으면 그걸 거두어 둔다. 터키 (Ne ekersen onu biçersin.)
-벼는 익을수록 고개를 숙인다. 한국 (중급)
　밀은 익을수록 고개를 숙인다. 터키 (Başak büyüdükçe boynunu eğer.)

---

17) 박환경, 『속담과 수수께끼로 문화 읽기』, 도서출판 새문사, 2014.

3.3. 종교와 관련된 속담

한국에는 특히 불교와 유교에 관한 속담이 많고 터키에는 이슬람에 관한 속담이 많다. 종교가 다를지라도 의미가 유사한 종교적인 속담도 있다.

-중이 제 머리를 못 깎는다. [18) 한국 (중급)

 재봉사는 제 찢어진 옷을 못 꿰맨다. 터키 (Terzi kendi söküğünü dikemez .)

-쇠 귀에 경 읽기다.[19)한국 (고급)

-스승의 그림자는 밟지 않는다. 한국 (중급)

 성인(聖人)은 다리가 되어도 밟지 말아라. 터키 (Ulular köprü olsa, basıp geçme)

-서당 개 삼 년에 풍월한다. 한국 (고급)

3.4. 음식과 관련된 속담

한국 속담 중에 음식에 관한 속담이 무엇보다 더 많다. 터키는 지식이 밀이고 한국은 쌀이다. 그러한 차이가 속담에 그대로 나타나는 경우가 많다. 한국 속담 소재로 많이 나타나는 음식은 밥, 떡, 죽과 국, 반찬, 과일과 채소 등이 있다.

-밥 먹을 때는 개도 안 때린다. 한국 (초급)

 물 마실 때는 뱀도 안 댄다. 터키 (Su içerken yılan bile dokunmaz.) 터키

-싼 것이 비지떡[20)이다. 한국 (중급)

 싼 고기로 만드는 스튜는 맛없다. 터키 (Ucuz etin yahnisi yavan olur.)

-남의 손의 떡은 커 보인다. 한국 (중급)

 이웃의 닭은 남에게 거위로 보인다. 터키 (Komşunun tavuğu komşuya kaz görünür.)

-부뚜막의 소금도 집어넣어야 짜다. 한국 (고급)

-남의 말 하기는 식은 죽 먹기. 한국 (중급)

-호박이 넝쿨째로 굴러 떨어졌다. 한국 (고급)

---

18) 자기가 자신에 관한 일을 좋게 해결하기는 어려운 일이어서 남의 손을 빌려야만 이루기 쉬움을 비유적으로 이르는 말. (불교)

19) 소의 귀에 대고 경을 읽어 봐야 단 한 마디도 알아듣지 못한다는 뜻으로, 아무리 가르치고 일러 주어도 알아듣지 못하거나 효과가 없는 경우를 이르는 말. (유교)

20) 비지에 쌀가루나 밀가루를 넣고 반죽하여 둥글넓적하게 부친 떡. 학습자들에게 자세히 설명할 필요가 있다.

-작은 고추가 더 맵다. 한국 (초급)

-굿이나 보고 떡이나 먹다. 한국 (고급)

3.5. 동물과 관련된 속담

한국의 속담 중에서 동물에 관한 속담이 많은 편이다. 박환영(2014)은 속담 중에서 동물 속담이 많은 것은 동물의 행동이나 속성을 가지고 인간의 행동이나 행위 그리고 습관을 간접적으로 묘사하기 위해서일 것이라고 하면서 한국 속담에 소재로 동물이 나타나는 이유를 제시하였다. 한국인의 생활문화 속에서 중요한 동물은 농경문화와 관련한 대표적인 육축으로 소, 말, 돼지, 양, 닭, 개 등이다.[21]

-말은 달려 봐야 알고 사람은 친해 봐야 안다. 한국 (중급)

-개같이 벌어서 정승같이 쓴다. 한국 (고급)

-소 잃고 외양간 고친다. 한국 (고급)

-닭 소 보듯 소 닭 보듯 한다. 한국 (중급)

-암탉이 울면 집안이 망한다. 한국 (중급)

3.6. 말과 관련된 속담

한국에서는 '말에 힘 있다'고 생각하기 때문에 말에 관한 많은 속담이 있다. 이러한 속담은 특히 말조심 해야 한다는 것을 강조하기 있으며 이를 통해 한국인의 말에 대한 가치관을 알 수 있다.

-가는 말이 고와야 오는 말이 곱다. 한국 (초급)

 고운 말을 해야 고운 말을 듣는다. 터키 (Güzel söz söyle ki güzel söz işitesin.)

-말 한 마디로 천냥 빚도 갚는다. 한국 (중급)

 고운 말은 뱀조차 구멍에서 나오게 만든다. 터키 (Tatlı dil yılanı deliğinden çıkarır.)

-낮말은 새가 듣고 밤말은 쥐가 듣는다. 한국 (중급)

 땅에도 귀가 있다. 터키 (Yerin kulağı vardır.)

-호랑이도 제 말 하면 온다. 한국 (초급)

 좋은 사람이 제 말 하면 온다. 터키 (İyi insan lafının üzerine gelir.)

---

21) 박환경, 위의 책, 120쪽.

4. 속담을 활용한 한국 문화 교육 방안

본 장에서는 앞서 제시한 한국어 속담 학습 목록을 학습 단계, 소재로 제시하고자 한다. 이를 통해 속담을 통한 한국 문화 교육에 가장 알맞은 교육 방안을 마련하고자 한다.

4.1. 초급 단계 속담을 활용한 문화 교육

초급 단계에서 학습자의 학습 단계에 맞고 문화 어휘가 포함되어 있거나 문화적 배경 지식을 적절히 드러낸 속담을 선정하고 교육시켜야 한다. 선정한 속담에 포함되어 있는 어휘 난이도가 높으면 학습자들이 속담 의미를 이해하는 데에 어려워한다. 그래서 초급 담계에서 어휘 난이도가 낮은 속담을 선정하였다. 초급 단계에서 속담을 교육 할 때 제일 먼저 터키어로 같은 속담이 있는지에 대한 살펴봐야 한다. 터키어로 된 같은 속담이 있으면 바로 학습자들에게 알려주기보다는 학습자들로 하여금 추측하게 하는 것이 효과적이다. 속담의 어휘를 정확하게 설명한 다음에 학습자들이 속담에 담긴 함축적 의미를 예상한다. 초급 단계 한국어 속담 교육 현장에서 속담의 의미 설명과 간단한 활용 예문이 포함되면 효과적일 것이다. 속담의 의미를 제시한 다음에 사용 방식과 속담에 나타난 문화적 특성의 이해가 보완되어야 한다. 초급 단계에서 속담을 그림, 사진, 어휘카드, 동작 등의 사각 자료를 사용하면서 설명하는 것이 효과적이다. 초급 수준에서 짧게 제작된 만화 등 청각적인 자료를 통해 효율적으로 속담과 이와 관련된 문화적 특성을 설명할 수 있다.

〈표 1〉 초급 단계 학습 목록

한국어 속담	속담 소재	유사한 터키어 속담
밥 먹을 때는 개도 안 때린다	음식	물 마실 때는 뱀도 안 댄다
작은 고추가 더 맵다	음식	X
가는 말이 고와야 오는 말이 곱다	말조심	고운 말을 해야 고운 말을 듣는다
호랑이도 제 말 하면 온다	말조심	좋은 사람이 제 말 하면 온다

4.2. 중급 단계 속담을 활용한 문화 교육

중급 단계에서는 터키어로 설명이 가능하면서 문화 어휘가 적절히 포함되어 있거나 문화적 배경을 쉽게 설명할 수 있는 속담을 선정하였다. 중급 단계에서 실물 자료 및 그림, 어휘카드 등 시각적 자료를 통해서 속담의 의미와 문화적 배경을 효율적으로 설명할 수 있을 것이다.

TV뉴스, 드라마와 영화는 듣기와 대본을 통한 읽기 자료를 함께 제시한다.

〈표 2〉 중급 단계 학습 목록

한국어 속담	속담 소재	유사한 터키어 속담
미인은 사흘에 싫증이 나고, 추녀는 사흘에 정이 든다	여성	얼굴이 예쁜 여자를 사랑할 때 40일이면 충분하지만 심성이 고운 여자를 사랑할 때는 40년도 부족하다.
아내 잘 만나는 것은 복 중에서도 큰 복이다	여성	X
귀여워하는 할미보다 미워하는 어미가 낫다	여성	X
콩 심은 데 콩 나고 팥 심은 데 팥 난다.	농어	뭘 심으면 그걸 거두어 둔다
벼는 익을수록 고개를 숙인다	농어	밀은 익을수록 고개를 숙인다
중이 제 머리를 못 깎는다	종교	재봉사는 제 찢어진 옷을 못 꿰맨다
스승의 그림자는 밟지 않는다	종교	성인(聖人)은 다리가 되어도 밟지 말아라
싼 것이 비지떡이다	음식	싼 고기로 만드는 스튜는 맛없다
남의 손의 떡은 커 보인다	음식	이웃의 닭은 남에게 거위로 보인다
남의 말 하기는 식은 죽 먹기	음식	X
말은 달려 봐야 알고 사람은 친해 봐야 안다	동물	X
닭 소 보듯 소 닭 보듯 한다.	동물	X
암탉이 울면 집안이 망한다.	동물	X
말 한 마디로 천냥 빚도 갚는다.	말조심	고운 말은 뱀조차 구멍에서 나오게 만든다
낮말은 새가 듣고 밤말은 쥐가 듣는다	말조심	땅에도 귀가 있다

특히 중급단계에서 문화적 요소를 많이 반영하고 있는 속담을 교육할 때, 그 속담에 담긴 문화적 배경과 의미를 명확하게 파악할 수 있도록 하는 것이 효과적이다. 중급 단계에서 한국의 음식 문화를 속담을 통해 다음과 같이 설명할 수 있다.

-남의 손의 **떡**은 커 보인다.
떡 문화:

한국의 전통 음식 중에서 "떡"은 한국문화를 잘 설명해주는 하나의 상징이라고 할 수 있다. 이것은 한국문화가 농경 문화를 바탕으로 하여 "쌀,콩" 등을 이용해 만든 음식인 떡을 이웃 주민들과 함께 나누어 먹으며 정을 나누고, 화합을 이루는 문화라는 것을 보여준다. 태어나서 죽을 때까지 한국인들의 삶 속엔 항상 떡이 있다. 그래서 한국에서는 명절, 돌잔치, 제사 등 행사에 떡이 빠지지 않고 등장한다. 더군다나 최근에는 떡이 적은 양을 섭취해도 쉽게 배가 부르고, 먹기가 간편해 아침식사 대용으로 즐겨 먹고 있다. 또한 아이들이나 젊은이들이 좋아하는 떡 케이크와 같은 퓨전 떡도 출현하고 있다. 프랜차이즈 사업 형태로 떡 카페도 생겨났는데 떡보의 하루, 질시루, 미단, 동병상련, 종로 떡 방 등이 있다.22)

이처럼 문화적인 정보를 통해 학습자에게 한국의 음식문화를 간단하게 소개할 수 있다. 더불어 중급 단계에서 학습자에 '떡' 과 관련된 다른 속담을 제시할 수도 있다.

4.3. 고급 단계 속담을 활용한 문화 교육

고급 단계에서도 속담의 의미를 설명한 다음에 문화적 어휘와 문화적 배경을 잘 파악할 수 있는 속담을 선정하였다. 고급 단계이라서 난이도가 높은 어휘가 포함된 속담을 선정해도 학습자들이 속담 의미를 이해하는 데에 매우 어려워하지 않을 것이다. 고급 단계에서 그림, 사진, 어휘 그림 카드를 통한 속담을 소개하고 짝 활동이나 그룹 활동을 통해 어휘를 추측하게 하는 것이 가능하다. 이러한 활동은 학습자 간에 의사소통 기회를 늘릴 가능성이 있다. 말과 관련된 속담을 이용하여 '어머니께 사과의 편지 쓰기' 활동과 같은 쓰기 활동을 할 수 있다. 드라마, 영화 대본이나 노래의 가사를 들려주고 내용을 확인하면서 주제를 파악하게 하여 상황에 맞는 속담을 이용하는 활동을 할 수 있다. 또한 신문, 소설 등의 읽기 자료를 통해서 속담 교육과 함께 문화 교육을 할 수 있다.

〈표 3〉 고급 단계 학습 목록

한국어 속담	속담 소재	유사한 터키어 속담
며느리에게는 흰죽 사발을 씻기고, 딸에게는 팥죽 사발을 씻긴다	여성	X
쇠 귀에 경 읽기다	종교	X
서당 개 삼년에 풍월한다	종교	X
부뚜막의 소금도 집어넣어야 짜다	음식	X
호박이 넝쿨째로 굴러 떨어졌다	음식	X
굿이나 보고 떡이나 먹다.	음식	X
개같이 벌어서 정승같이 쓴다	동물	X
소 잃고 외양간 고친다	동물	X

지금까지 학습 단계별로 속담을 교육하는데 적합한 교육 방법을 제시하였다. 초급 단계에서 특히 속담의 의미와 문화적 배경을 소개한 그림이나 만화를 이용하여 설명하는 방법으로 학습자의 흥미와 재미를 유발할 수 있다. 중급과 고급 단계에서 동영상, 영화, 드라마와 신문 같은 난이도가 높은 자료를 이용하여 수업에 활용할 수 있다.

---

22) 헤마, 「한국어문화교육을 위한 속담 교육 연구 -인도인 한국어 학습자를 중심으로-」, 고려대학교 석사학위논문, 2009, 89쪽.

5. 결론

한국 속담은 한국 문화를 잘 알게 되는 수단이며 한국 문화는 한국어를 더 잘하는 데에 도움을 준다. 그래서 한국어를 학습할 때 쓰기, 말하기, 읽기, 듣기 등 언어 기능뿐만 아니라 한국문화를 접해야 한다. 한국문화에 대한 지식을 얻을 수 있는 수단 중에 하나는 한국 속담이다. 속담이 가지고 있는 깊은 뜻과 속담의 문화적 배경은 한국 문화에 대한 중요한 정보를 준다. 한국 속담을 통한 한국인의 사고방식, 음식문화, 가치관, 신앙, 생활방식에 관한정보도 얻을 수 있다.

본고에서 먼저 한국어 교육에서의 문화 교육의 필요성 및 문화교육에서 속담의 중요성을 제시하고 속담의 문화 교육적 특성과 기능을 알아보았다. 다음으로 한국 문화 교육을 위한 속담 학습 목록을 제시하였다. 마지막으로 단계별로 속담을 활용한 한국 문화 교육 방안을 마련하였다.

앞으로 터키 학습자를 위한 한국 문화 교육에 대해 더 많은 연구가 활발하게 이루어져, 이론적인 부분들도 더 보완하고 더 효과적인 한국 문화 교육 방안들이 마련되기를 바란다.

참고 문헌

김나영(2008), 「영어권 학습자를 위한 한국어 속담 교육 연구 -교훈적 속담 교육을 중심으로」, 숙명여자대학교 석사학위논문.

김현숙(2016), 「문화교육을 위한 속담의 특징 고찰」, 『語文硏究』 87집, 어문연구학회.

김현숙(2017), 「한국어 문화 교육을 위한 속담의 위계화 방안」, 『국어교육』 157집, 한국어교육학회.

괵셀 튀르쾨쥬, 메르베 카흐르만(2014), 「터키에서의 한류 그 배경과 발전방향」, 제15회 한국어문학국제학술회의.

괵셀 튀르쾨쥬(2003), 「언어-문화적 측면에서 한국어 교육 연구- 터키인을 위한 한국어 교육 중심으로-」, 『국어교육학연구』, 국어교육학회.

박환경(2014), 『속담과 수수께끼로 문화 읽기』, 도서출판 새문사.

성기철(1998), 『한국어 교육의 목표와 내용』, 이중언어학.

안경화(2001), 「속담을 통한 한국 문화의 교육 방안」, 『한국어 교육』 12권 12호, 국제한국어교육학회.

안나 보로비약(2017), 「외국어로서의 한국어 교육 과정에서 문화교육의 중요성」, 국제한국어교육학회 발표문.

이기문(1976), 『국어의 현실과 이상』, 문학과지성사.

이종철(1998), 『속담의 형태적 양상과 지도방법』, 이회문화사.

이효정(2007), 「속담을 활용한 한국어 문화 교육 방안」, 한국외국어대학교 외국어로서의 한국어교육 전공 석사학위 논문.

조항록(2001), 「초급 단계 한국어 학습자를 위한 문화 교수 요목 개발」, 『한국어 교육』, 국제한국어교육학회.

프나르 알툰다으(2017), 「광고를 활용한 한국어 문화 교육」, 2017 유럽 한국어교육자 현지워크숍 발표문.

헤마(2009), 「한국어문화교육을 위한 속담 교육 연구 -인도인 한국어 학습자를 중심으로-」 고려대학교 석사학위논문.

Byram M. (1999), Standarts for foreign language learning and the teaching of culture, Language Learning Journal vol 19.

Kramsch C. J. (1993), Context and Culture in Language Teaching, Oxford University Press.

Part V
기타

제1장

윤 선 영

오스트리아 비엔나 대학교

University of Vienna

초급 학습자들의 질문으로 살펴 본 한국어 문장 부호에 대한 소고(小考)

1. 들어가기

이 글은 비엔나대학교 2017년도 1학년 학생들[1]이 한국어 초급 수업 시간에 문장 부호와 관련하여 질문한 내용을 소개하고 학습자들의 의견과 함께 현재 외국어로서 한국어 교육에서 사용되고 있는 문장 부호들을 살펴보는 데 목적을 둔다.

실제 한국어에 사용되는 부호 가운데 문장과 구체적으로 연결되지 않는 것들이 있으며, 또한 구체적인 부호는 아니지만 실제 글에서 단락을 구분하는 보이지 않는 부호(띄기)도 중요한 역할을 한다.[2] 그리하여 이 글에서는 띄기/띄어쓰기도 문장 부호의 하나로 인정하여 함께 다룬다. 문장 부호는 쓰기, 읽기, 말하기, 듣기 모두와 관련이 있다. 그러므로 외국어로서 한국어 교육에서도 다루어져야 하는 부분이다.

문장 부호가 무엇인지를 간략하게 정의를 밝히고, 학습자들의 질문들을 소개하면서 초급

---

1) 전체 신입생 100여명 중에 글쓴이가 맡은 반의 학생은 1학기에 53명, 2학기에 34명이었음.

2) 이관규, 「문장 부호와 국어 교육」, 『한국어학』 61, 2013, 76쪽.

한국어 교재에 등장하는 문장 부호들을 함께 살펴보고자 한다.

2. 문장 부호

문장 부호는 글에서 문장의 구조를 드러내거나 글쓴이의 의도를 전달하기 위하여 사용하는 부호이다.[3] 국어·한국어 어문규정에서 '문장 부호'는 '한글맞춤법'의 '부록'에 수록되어 있어서, 여타의 규범과는 위상의 차이를 짐작할 수 있게 된다.[4] 이 문장부호에 대한 학습자들의 질문은 소개하면 다음과 같다.

3. 학습자의 질문들[5]

학습자들이 문법과 어휘뿐만 아니라 '문장 부호'에도 관심을 갖고 있다는 것을 질문들을 통해 알게 되었다. 문장 부호와 관련된 첫 번째 질문은 붙임표에 대한 것이었다.

• 붙임표 (-)

한국어의 붙임표는 차례대로 이어지는 내용을 하나로 묶어 열거할 때 각 어구 사이에 쓴다. 그리고 두 개 이상의 어구가 밀접한 관련이 있음을 나타내고자 할 때 쓴다.

초급 학습자 가운데 다음과 같이 읽기 본문에서 '미'와 '셸'이 떨어질 경우에는 '미'와 '셸' 사이에 붙임표를 사용하여 한 단어임을 알려주는 게 맞지 않느냐고 질문[6]하는 학습자가 있었다. 한 단어가 공간 부족으로 나눠졌을 때 *미-셸(mi-chael)*처럼 붙임표를 사용하여 *셸(chael)*이 앞음절에 속한다는 것을 알려 주는 것이 자연스러운 학습자에게 *미 셸(mi chael)*로 나누어진 것이 낯설게 느껴졌던 것이다.

> 이치로 씨는 서점에 갑니다. 한국어 사전을 삽니다. 한국어 사전이 비쌉니다. 미
> 셸 씨는 영화관에 갑니다. 영화를 봅니다. 그리고 친구를 만납니다.

(이화한국어 1-1, Workbook 42쪽)

---

3) 국립국어원 홈페이지, https://www.korean.go.kr/front/page/pageView.do?page_id=P000192&mn_id=30
4) 정희창, 「문장 부호의 띄어쓰기」, 『한국어학』 61, 2013, 107쪽.
5) 이 글에 소개되는 질문들은 이화한국어1-1과 1-2를 사용한 학습자들의 수업에 국한된 것이다. 교재가 다를 경우는 질문이 달라졌을 것이라 미루어 짐작한다.
6) 이 질문이 초급 교재에 나온 문장 부호에 대해 전체적으로 살펴보는 계기를 마련해 주었다.

• 쉼표 (,)

다음으로 살펴볼 문장 부호는 쉼표다. 쉼표는 같은 자격의 어구를 연결할 때 그 사이에 쓴다. 그리고 같은 말이 되풀이되는 것을 피하기 위하여 일정한 부분을 줄여서 열거할 때 쓴다. 쉼표를 쓰는 것이 글을 이해하는 데 방해가 되거나 불편을 준다고 판단될 때에는 적절하게 조절하여 쓰면 된다. 즉, 글을 쓰는 사람이 판단해서 필요하다고 생각될 때 쓰면 되는 것이다.

다음 예문에서 보는 것처럼 나열을 의미하는 '과' 조사의 자리에 조사를 반복하여 사용하지 않고 쉼표의 사용이 가능한가를 묻는 학습자가 있었다.

> 1층에 거실과 부엌과 서재가 있습니다.

(이화한국어 1-1, Textbook 77쪽)

질문한 학습자가 쉼표를 사용하여 만들어 본 문장은 아래와 같이 두 개였다.

→ 1층에 거실, 부엌, 서재가 있습니다.
→ 1층에 거실, 부엌과 서재가 있습니다.

이 두 문장 외에도 쉼표 사용을 글을 쓰는 사람의 판단에 맡긴다는 규정에 따르면 학습자가 시도해 보지는 않았지만 사실은 다음의 문장도 가능하다. 7)

→ 1층에 거실과 부엌, 서재가 있습니다.

또 쉼표는 부르거나 대답하는 말 뒤에 쓰여 문장의 종류를 알려주는 보조 역할을 하기도 한다. 직접 화법의 장치임을 짐작하는 학습자가 그렇지 못한 학습자보다 "-세요"의 의미를 조금 더 빨리 이해했다. 이 부분은 바로 이어지는 느낌표에서 다시 논하기로 한다.

• 느낌표 (!)

느낌표는 감탄문이나 감탄사의 끝에 뿐 아니라, 특별히 강한 느낌을 나타내는 어구, 평서문, 명령문, 청유문에 쓴다. 그러나, 느낌표가 초급 한국어 교재에서는 아래의 예문에서 볼 수

---

7) 학습자의 제안과 다른 형태의 쉼표 사용의 예도 볼 수 있다: 쌩쏨 두 병과 소다수, 콜라를 내려놓았다 (박형서, 나나의 새벽 346쪽).

있듯이 사용되지 않고 있다.

왕카이 씨, 이름을 쓰세요.　　　요코 씨, 크게 말하세요.

(이화 한국어 1-1, 72쪽)

앞에서 얘기한 대로 쉼표의 기능을 아는 학습자는 요구나 요청을 말할 때 사용하는 "-세요"의 의미와 함께 문장의 종류를 명령문으로 빨리 이해를 했으나, 위 예문을 명령문으로 바로 이해를 못한 학습자가 한국어 명령문에는 느낌표를 사용하지 않는지 물었다. 또 느낌표가 있었더라면 바로 명령문으로 이해할 수 있었을거라며 아쉬워했다.

그래서 독일어로 된 한국어 교재를 잠깐 살펴보았다. Schirmer가 쓴 Koreanisch Kannst du auch Band 1[8])에 나오는 예문과 Hoppmann이 쓴 Einführung in die koreanische Sprache[9])에 나오는 예문에는 느낌표가 표기된 예문도 있고 그렇지 않은 예문들도 있었다. 즉, 명령문에 마침표와 느낌표 두 개의 문장 부호가 모두 사용되었음을 알 수 있었다:

Schirmer: 문을 닫으세요. 당기세요! 어서 오십시오!
Hoppmann: 저를 따라오십시오. 저를 따라오십시오!

한국어 청유문과 명령문에 마침표를 사용하고 독일어 번역에 느낌표를 사용해 문장 종류는 같아도 서로 다른 문장 부호를 사용하고 있는 것을 명시해 놓은 교재[10])도 있었다.

• **물음표 (?)**

물음표는 의문문이나 의문을 나타내는 어구의 끝에 쓰인다. 일본어를 배운 경험이 있는 한 학습자가 일본어 의문문에서 물음표를 잘 사용하지 않는데 한국어도 유사한지를 물었다. 또한 인사에 해당되는 '안녕하세요?'에 물음표가 붙는 이유[11])가 궁금하다고 물어왔다.

---

8) Schirmer, Koreanische kannst du auch Band 1, Praesens, 2013, 92쪽.

9) Hoppmann, Einführung in die koreanische Sprache, Helmut Buske Verlag, 2007, 34-39쪽.

10) Hye-Sook Park, Lernen & üben KOREANISCH Der direkte Weg zur Sprache, PONS, 2006. 100-110쪽.

11) 2018년 4월 12-13일 핀란드 헬싱키대학교에서 열린 유럽한국어교육자협회 제 7차 워크숍에서 발표가 끝나고 이어진 토론 시간에 '안녕하세요?'에 물음표가 붙는 것을 어떻게 설명하는 게 좋은지 모르겠다며 문장 부호는 쉽지 않은 부분이라는 지적에 적지 않게 놀랐다. 이 지적은 여러 한국어 교재들을 살펴보고 이 글의 마지막

• 띄기/띄어쓰기

위키백과에서 '문장 부호'의 독일어버전[12]을 보면 띄기/띄어쓰기가 제일 먼저 다루어지고 있다. 즉, 띄어쓰기가 독일어권 화자들이 중요하게 생각하는 문장 부호임을 알 수 있다.

한국어 수업에서 보이지 않는 기호인 띄기/띄어쓰기에 대한 초급 학습자들의 질문은 두 가지로 단위 명사와 보조 용언에 대한 것이었다.

• 단위 명사의 띄어쓰기

한글 맞춤법 제 5장 띄어쓰기, 제 2절 의존 명사, 단위를 나타내는 명사 및 열거하는 말 등, 제 43항에 의하면 단위를 나타내는 명사는 띄어 쓴다. 다만 순서를 나타내는 경우나 숫자와 어울리어 쓰이는 경우에는 붙여 쓸 수 있다. 아라비아 숫자 뒤에 붙는 의존 명사는 모두 붙여 쓸 수 있다. 즉 시간을 쓸 때는 아래 세 가지가 모두 가능하다는 것이다:

두 시 삼십 분 오 초(원칙)
두시 삼십분 오초(허용), 2시 30분 5초(허용)

그리고 날짜에 대한 띄어쓰기도 원칙과 허용을 적용하면 다음과 같이 쓸 수 있다.

삼 월 이십오 일(원칙)
삼월 이십오일(허용), 3월 25일(허용)

그러나, 초급 한국어 교재에서 교재 1-1[13]과 참고서 1-1[14]의 예문처럼 같은 출판부에서 출판된 교재임에도 불구하고 서로 다르게 사용할 경우에는 학습자[15]에게 혼란을 줄 수 있다. 즉, 교재에는 6월 5일을 '유월 오일'로 '오'와 '일'을 붙여 쓰고, 참고서에는 '유월 오 일'로

부분을 쓰게 되는 계기가 되었다.

12) https://de.wikipedia.org/wiki/Satzzeichen
13) 이화한국어 English Version 1-1, 이미혜 외 7인 지음, Epress, 2010, 56쪽.
14) 이화한국어참고서 English Version 1-1, 장세영·장채린·서효원 지음, Epress, 2015, 56쪽.
15) 이 학습자는 이화한국어 뿐 아니라, 'Korean Grammar in Use Beginning(Darakwon, 2010)'까지 가져와 비교하면서 단위성 의존명사의 띄어쓰기에 대한 규칙을 정확히 알고 싶어했다.

'오'와 '일'을 띄어 썼다. 다른 말로 말하면, '경우에 따라서는' 붙여 쓰는 것도 허용하고 있어서 단위성 의존 명사 자체의 처리에도 일관성이 부족[16]함을 한국어 수업에서 인정해야 한다. 보조 용언의 경우에도 초급 학습자에게는 띄어쓰기가 눈에 띄는 부분이었다.

• 보조 용언의 띄어쓰기

한글 맞춤법 제 5장, 제 3절 보조 용언, 제 47항에 따르면 보조 용언은 띄어 씀을 원칙으로 하되, 경우에 따라 붙여 씀도 허용한다. 문법 '아/어 주다'의 띄어쓰기가 질문과 토론의 주제가 되었다. 이화한국어 1-2 Work 63쪽에 '들어주어요'와 '도와주세요'가 나온다. 연습 문제와 상관없이 높임말 연습을 원하는 학습자들을 위해서 '도와주세요'와 다르게 '도와 드려요'는 띄어 써야한다는 것도 설명해야 한다. 이를 위해서 하나의 단어인 '도와주다'와 다르게 '도와 드리다'는 본용언과 보조 용언의 구성이라는 것까지 설명해 주어야 한다. 그러면서 문법 '아/어 주다'에 기본형 칸에 '돕다'와 '들다'가 있어서 띄어쓰기와 관련하여 일관성 있게 동시에 설득력 있게 논리적으로 설명하기가 쉽지 않다. 한국어에서 띄어쓰기의 어려움은 근본적인 문제다[17]는 지적에 전적으로 동의한다.

• 한국어 교재 살펴보기

현재 시중에 나와 있는 한국어 교재 가운데 물음표 문장부호와 함께 '안녕하세요?'를 잠깐 비교해 보았다. 영어로 '안녕하세요?'의 의미를 수록해 놓은 교재들을 살펴보며 다음과 같다:

1) 이화한국어 1-1에는 '안녕하세요?'가 'hello'로 번역되어 있다. 영어 번역에 사용된 문장 부호가 없다.

2) 빠르고 재미있게 배우는 한국어[18] 1권 1과 제목인 '안녕하세요? 만나서 반가워요'는 'Hello! Pleased to meet you.'으로 소개되어 있으며 대화문에 나오는 '안녕하세요?'는 'Hi, how are you?'로 그리고 새 단어에는 '안녕하세요?'가 'How are you?'로 번역되어 있으며 느낌표와 물음표가 사용되었다.

---

16) 채희락, 「접어와 한국어 품사 분류: 품사 재정립 및 띄어쓰기 재고」, 한국언어학회, 32-4, 2007, 803-826쪽.

17) Die koreanische Sprache, von Ik-sop Lee, Sang-oak Lee und Wan Chae übersetzt von Kyung-In Choe und Wilfried Herrmann, Hollym Corp. 2005. 43쪽.

18) Fast & Fun Korean for Short-Term Learners 1, Kang, Seung-hae, Darakwon, 2009.

3) 살아있는 한국어[19] 1권에는 모두 '안녕하세요?'로 되어 있으며, 25쪽 준비 2 '유용한 표현들'에 나온 '안녕하세요?'의 영어 번역은 다음과 같다:

> 안녕하세요? Hello, How are you?

4) 재미있는 한국어[20] 1권에는 예상한 물음표가 없다. 1과 25쪽의 대화문을 소개하면 다음과 같다:

> 사토: 안녕하십니까. 저는 사토 유이치입니다.
> 린다: 안녕하세요. 저는 린타 테일러예요.

'안녕하십니까.'와 '안녕하세요.'에 사용된 문장부호는 모두 마침표이다. 격식체 의문형이라고 가르치는 '-ㅂ니까'에도 물음표를 사용하지 않는다. 같은 페이지 오른쪽에 New vocabulary에 적힌 안녕하십니까./안녕하세요.는 Hello./Hello.로 번역되어 있다. 아래와 같이 영어에도 문장 부호는 마침표로 통일되어 있다:

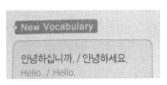

(재미있는 한국어 1, 25쪽)

5) Master Korean[21] 1-1는 '안녕하십니까?'로 자기소개가 시작된다. '안녕하십니까?'는 영어로 'how are you?'로 번역되어 있다.

이상 5종의 한국어 교재에는 문장 부호가 통일되어 사용되지 않으며 영어 번역도 조금씩 다르다. 그리고 '안녕하십니까?/안녕하세요?'에서 '안녕하다' 동사의 의미가 어떤지를 영어로 따로 번역 또는 설명되어 있지 않다.

영어 번역과 다르게 이 글을 쓰면서 살펴본 3종의 독일어 교재에는 모두 '안녕하십니까?/ 안녕하세요?'에 물음표 문장부호를 사용하고 '안녕하다'의 의미를 설명해 놓았다. Hoppmann(2007)은 '안녕하십니까?'의 의미를 'Befinden Sie sich wohl?[22]'로, Schirmer(2013)

---

19) Korean Alive Beginner I 살아있는 한국어 I, 계명대학교 한국어학당, 2008.

20) Fun! Fun! Korean 재미있는 한국어 1, 고려대학교 한국어문화교육센터, 2008.

21) Master Korean 1-1 (English Vers.), Hangrok Cho 외 6인, Darakwon, 2013.

는, Haben Sie Frieden?[23]), Park(2006)에는 'Leben Sie in Frieden?[24]'로 설명하고 있어서 독일어를 사용하는 학습자들에게 '안녕하세요?'에 물음표가 붙는 것이 자연스럽게 보이도록 배려했음이 돋보인다.

그리고 Park(2006)이 쓴 lernen & üben KOREANISCH 100쪽에는 다음과 같이 인사하기에 '안녕하십니까? (격식체)'와 '안녕하세요? (비격식체)'를 함께 소개하면서 잘 아는 사이에서 격의 없이 사용할 수 있는 인사말로 '안녕!'도 같이 배울 수 있게 했다.

Sich begrüßen

Formell: 안녕하십니까? *annyeonghasimnikka*	Guten Morgen. / Guten Tag. / Guten Abend. (wörtl.: Leben Sie in Frieden?)
Informell: 안녕하세요? *annyeonghaseyo*	Guten Morgen. / Guten Tag. / Guten Abend.

Informeller bzw. unter guten Bekannten grüßt man sich mit:
안녕! *annyeong*   Hi! / Hallo!

'안녕하세요'에 '물음표'를 붙이는 것은 격식체 '안녕하십니까?'를 먼저 배우거나 격식체와 같이 배울 때는 문장 부호 물음표의 사용을 자연스럽게 배우게 된다. 그러나 비격식체를 먼저 가르치는 경우에는 물음표가 붙는 이유를 설명해 주어야 할 것이다.

4. 나가기

초급 학습자의 여러 질문을 통해서 학습자들이 한국어 문장 부호에 관심이 많다는 것을 확인하였다. 그리고 한국어 교재에 '안녕하십니까?/안녕하세요?'의 영어 번역과 독일어 번역에 사용되는 문장 부호가 번역만큼이나 다양하다는 것도 확인하게 되었다. 더불어 안부를 전하거나 물을 때 쓰는 인사말 '안녕하십니까?/안녕하세요?'에 물음표가 아닌 마침표를 사용하는 교재가 있다는 것을 알게 되었다. 문장 부호 사용이 통일되지 않고 있다는 현실을 직시하게 되었다.

단위 명사와 보조 용언의 띄어쓰기는 원칙과 함께 허용도 설명해야 하는 것이 초급 학습자

---

22) 번역하면 '평안한 상태에 있어요?'이다.
23) 번역하면 '평안을 가지고 있어요?'이다.
24) 번역하면 '평안하게 살고 있어요?'이다.

들에게 도움이 될 수 있음을 확인했다. 한국어 교재에 띄어쓰기의 원칙과 허용을 따로 설명해 놓지 않았기 때문에 학습자들이 집필자의 실수 또는 오류인지를 확인하고 싶어한다. 한국어의 문장 부호가 학습자의 언어와 쓰임이 다를 경우에 외국어로서 한국어 교육자는 반드시 문장 부호에 대해 설명해야 한다고 생각한다. 특히 띄어쓰기와 더불어 초급 수업에서부터 시작해야 함을 강조하고 싶다. 문장 부호에 대한 교육이 한국에서 초등학교 1~2학년 시기에 이루어지고[25] 있는 것처럼 외국어로서 한국어 교육에서도 초급에서 시작하는 것이 필요하다.

조사와 어미가 발달한 한국어에서 문장 부호의 쓰임이 굴절어보다는 필요정도가 떨어지는 것이 사실이다. 그러나 문장 부호 사용을 중요시하는 언어권 학습자를 대상으로 하는 한국어 수업에서는 문장 부호에 대한 설명을 대조언어학적으로 하는 것이 필요하다. 향후, 교착어인 한국어에서 문장 부호의 효용성에 대한 논의가 또한 필요할 것이다. 특히, 지나친 문장 부호 사용이 가독성이 떨어뜨리는 연구가 있다면 이제는 문장 부호 사용이 적절하지 못해서 가독성이 떨어지는 한국어 수업에 대한 논의의 필요성도 더불어 생각해 보아야 한다. 즉, 한국어 초급 학습자가 글을 이해하는 방법의 하나로, 가독성을 높이기 위한 장치의 하나로, 교재 집필에서부터 수업 현장에 이르기까지 문장 부호 쓰임에 대하여 보다 많은 연구와 관심이 요구된다.

---

25) 이관규, 「문장 부호와 국어 교육」, 『한국어학』 61, 2013, 62쪽.

참고 문헌

이관규(2013), 문장 부호와 국어 교육, 한국어학 61, 49-79.

정희창(2013), 문장 부호의 띄어쓰기, 한국어학 61, 107-122.

채희락(2007), 접어와 한국어 품사 분류: 품사 재정립 및 띄어쓰기 재고, 언어 32(4), 803-826.

Ik-sop Lee, Sang-oak Lee und Wan Chae übersetzt von Kyung-In Choe und Wilfried Herrmann, Die koreanische Sprache, von Hollym Corp. 2005.

한국어 교재

고려대학교 한국어문화교육센터(2008), Fun! Fun! Korean 재미있는 한국어 1, 교보문고.

계명대학교 한국어학당(2008), 살아있는 한국어 1, 계명대학교 출판부.

상명대학교 국제언어문화교육원(2013), Master Korean 1-1, Daeakwon.

이화여자대학교 언어교육원(2010), 이화한국어 1-1, 1-2 English Version, Epress.

이화여자대학교 언어교육원(2011), 이화한국어 workbook 1-1, 1-2 English Vesion, Epress.

Hoppmann, Dorothea (2007), Einführung in die koreanische Sprache, Helmut Buske Verlag.

Kang, Seung-hae(2009), Fast & Fun Korean for Short-Term Learners 1, Darakwon.

Park, Hye-Sook(2006), Lernen & üben KOREANISCH Der direkte Weg zur Sprache, PONS.

Schirmer, Andreas(2013), Koreanische kannst du auch Band 1, Praesens.

제2장

Pınar Altundağ

터키 앙카라 대학교
Ankara University

비한자권 한국어 학습자를 위한 한자 교육 연구
-터키인 학습자들 위한 한자 교육 방안-

1. 서론

터키에서는 한국에 대한 관심이 많아짐에 따라 한국어를 배우려고 하는 학생들이 증가하고 있다. 또한 한국어를 배우고 나서 터키에서 대학원으로 진학을 하거나 한국으로 진학을 하는 학생들도 증가하고 있다. 그런 이유로 특히 한국어 교육을 위한 연구도 많아져야 하고 새로운 교육 방안, 교재 개발도 이루어져야 한다.

앙카라 대학교 학생들이 1학년을 마치고 2학년이 되면 한국어 학습에 대한 걱정이 하나 더 생긴다. 그것은 바로 '한자 수업'이다. 알파벳에 익숙한 터키 학습자들은 한자에 높은 관심을 가지고 흥미를 느끼지만 한자를 이해하는 것 그리고 익히고 활용하는 것도 어려워한다.

외국인 한국어 학습자들에게 있어서 언어 학습의 궁극적 목적은 한국어를 통한 의사소통 능력의 향상이다. 그런데 외국어를 통하여 의사소통하는 능력을 향상시키기 위해서 알아야 할 많은 것들 중에서 특히 어휘력 즉 '얼마나 많은 어휘를 알고 그 어휘들의 형태, 의미, 활용 등과 관련된 다양한 정보를 아는가'하는 것의 중요성이 매우 크다고 할 수 있다.(설계경, 심

혜령, 2009:58)

위의 설명과 함께 한국어 어휘에서 중요한 자리를 차지하고 있는 한자어가 한국어 어휘 교육에서 가장 핵심이 된다고 할 수도 있다. 한자 교육을 통해 한국어 어휘력을 향상시키는 것이 한국어 학습에 도움이 되기 때문이다.

본 연구는 한자 학습보다는 한자어에 대한 학습에 대해서 강조를 하며 터키인 학생들에게 한자를 흥미롭게 가르치고 배울 수 있게 하는 방법을 모색하는 것에 그 목적을 두고 있다. 앙카라 대학교 한국어문학과에서 한자 교육을 했던 경험을 바탕으로 한 사례를 소개하고 학습자들의 생각을 고려하여 바람직한 한자 교육의 방안을 찾아보고자 한다. 또한 한국어를 배우는 터키인 학습자의 한국어 실력 특히 어휘력 향상에 도움을 주기 위하여 국어 어휘에서 가장 큰 비중을 차지하고 있는 한자 그리고 한자어 교육의 필요성을 검토하고 효율적인 교육 방안을 마련하는 데 목적이 있다.

2. 비한자권 학습자들을 위한 한자 교육 방안

비한자권 학습자들의 한자를 배우고 싶은 가장 큰 이유 중에 하나는 한자를 통해서 한자어 어휘력을(한국어 여휘력) 높이는 것이다. 그래서 비한자문화권의 외국인 학습자들에게 한국어를 효율적으로 가르치기 위해서는 어휘력 신장이 필요하고, 이를 위해서는 한자교육을 해야 하는 것이다.

한국어 교육에서 한자교육에 대한 연구는 주로 한자 교육의 필요성을 제기하는 것으로 시작되었다고 할 수 있다. 특히 외국인들에게 한국어를 가르칠 때 더 깊이 가르치기 위해 한자 교육이 필요하다는 점이 강조되기 시작하였다.

외국인을 위한 한자 교육의 필요성에 대해서는 장석진(1974)에서 처음 제기되었으며, 이후 주로 한자 교육의 필요성이나 한자 교육의 문제점 등이 논의되었다.(문금현, 2003:14)

유홍주(2010:185)에 의하면 비한자문화권 학생들을 중심으로 하는 기존의 한자교육에 대한 연구 성과들은 크게 4가지 범주로 분류할 수 있다.

- 한자 교육용 기초 한자 선정하는 연구
- 한자 교재 개발 및 분석 연구
- 한자 교육 방법론에 관한 연구
- 한자 교육 실태에 관한 연구

비한자권 학습자도 한국어 어휘 체계에서의 한자어의 위상, 한자어의 기원과 특징에 대한 교육으로부터 시작한다. 그리고 한자와 한자어 교육의 필요성을 인식시킨다. 한자에 대한 지식이 없음으로 한자의 구조 및 한자어의 형성 원리를 간단히 교육해야 한다. 한자어 교육의 목표는 한자어의 의미 분석과 어휘 형성 원리를 통하여 한자어에 대한 이해와 활용 능력을 높이는 데 있음으로, 한자를 이용한 한자어 확장 교육과 한자어 학습 전략을 키우는 데 집중한다.(이영희, 2016:153)

3. 한자 교육의 필요성

'한국어를 배우는 외국인 학습자는 초급 단계에서 구어나 일상생활 언어에 중점을 두고 학습을 하게 된다. 하지만 한국어 학습 단계가 높아질수록 문어, 전문 용어, 전문 서적 등을 접하게 되는데 이때 한자에 대한 선지식의 부재는 한국어 습득에 있어서 한계를 만들게 된다. 한국어를 배우는 비한자권 외국인들이 초급 단계에서 문형이나 어휘 획득에 큰 어려움이 없었다고 할지라도 중·고급 단계로 나아가면서부터는 한자권 외국인학습자들의 어휘 습득 속도와 상당한 차이를 보이게 된다. 단계가 높아지거나 수준이 높아질수록 소위 중·고급 어휘라고 하는 한국어 어휘에는 한자어가 상당수 포함되어 있기 때문이다.'(이혜영, 2008:1)

본 연구에서는 한국어 학습 특히 한국어 어휘교육의 확장이라는 측면에서 한국어 한자교육의 필요성을 제시하려고 한다. 한국어의 어휘 체계는 고유어, 외래어 그리고 한자어로 구성되어 있는데 그 중에 한자어가 한국어 어휘의 약 70%를 차지하고 있다. 이렇게 크고 중요한 자리를 차지하고 있는 한자어를 배우는 것이 특히 한국어 어휘 교육을 위해서 필수적이다. 한자와 한자어로 구성된 어휘의 의미를 이해하지 못하는 경우에는 한국어를 유창하게 하기 어렵다. 한자 교육을 통해 동일한 한자를 포함하는 많은 한자 어휘의 의미를 이해할 수 있어 한국어 어휘력 향상에 도움이 된다. 또한 한자어의 자원을 알면 새로운 단어를 배우고 단어의 뜻을 기억하는데 큰 도움이 된다. 박덕유(2009)는 한자에 관하여, 한자는 조어력과 축약력이 뛰어나므로 한자 교육은 어휘력을 신장시킬 수 있으므로 한자 교육의 필요성은 당연한 것이라고 표현하여 한자 교육의 중요성을 강조하였다.

조미선(2012)은 비한자권 학습자들에게 한자어의 필요성이 더욱 절실하다고 하며 다음과 같은 의견을 냈다. 고유어의 경우는 한자권 학습자나 비한자권 학습자 모두에게 비슷한 비중으로 어렵고, 외래어의 경우는 비한자권 학습자들이 한자권 학습자들에 비해 쉽게 받아들이는 데 반해, 한국어 어휘의 절반 이상을 차지하며 중급 이상으로 갈수록 출현 빈도가 높은 한자어의 경우 한자권 학습자에 비해 비한자권 학습자들은 학습에 어려움을 겪는 양상을 보이고 있다.(조미선 2012:3)

이영희(2016)는 한자어 교육의 필요성을 다음의 네 가지 측면에서 논의하였다.

첫째, 한자어의 비중은 사용 빈도 및 사전의 구성 그리고 구어 텍스트에서 모두 50% 이상이므로 한국어 어휘력을 높이기 위해서는 한자어 교육이 필요하다.

둘째, 한자어 교육은 한국어 능력 시험의 어휘 평가를 준비하기 위해서 필요하다. 한국어 능력 시험의 결과는 학습자들의 취업 및 진학에 큰 영향을 미치는데, 최소한 4급이 넘어야 함으로, 어휘 영역에서 높은 점수를 얻으려면 한자어 어휘력이 요구된다. 한자어와 관련하여 유의어, 반의어, 한자성어, 동음어, 한자어 접사 등이 다양하게 평가되고 있음으로 체계적인 한자어 교육이 필요하다.

셋째, 학문 목적이나 전문 직업 목적의 최고급 한국어 학습자를 지향하는 경우 섬세한 의미를 가지는 한자어 전문 어휘에 대한 이해가 필요함으로 한자어 교육이 필요하다.

넷째, 한자 교육과 연계한 한자어 교육이 필요하다. 특히 비한자권 학습자들에게 한자어 어휘력을 높이기 위해서 한자를 배우는 것이 한자어의 형성 원리에 따라 한자어의 형태를 분석하고 의미를 인지하는 데 도움이 된다.

4. 터키 대학에서의 한국어 한자교육 현황

터키에서 한국어문학과가 개설된 대학은 앙카라 대학교(Ankara University), 에르지예스 대학교(Erciyes University) 그리고 이스탄불 대학교(İstanbul University) 세 곳이 있다.

앙카라 대학교에서는 한자 과목이 2학년 1학기와 2학기에 필수 과목으로 지정되어 있으며 주당 2시간씩이다. (2010년까지 한자 시수는 일주일에 4시간이었으나, 교육과정의 조정이 요구되던 시점에 원어민 교수의 부재가 겹쳐 2시간으로 축소시켰다.) 교재는 오랫동안 학습자들의 수준에 맞춰 담당 교수가 직접 준비한 것을 사용하고 있었다. 현재는 현지인 교수와 한국어 원어민 교수가 같이 제작한 교재를 (출판준비 중) 사용하고 있다. 본 연구에는 앙카라 대학교 한국어문학과에서 진행하고 있는 한자 교육 과정, 교육내용을 소개할 것이다.

에르지예스 대학교에서는 한자 과목이 3학년 1학기, 2학기에는 주당 4시간씩 그리고 4학년 1학기 2학기에는 주당 2시간씩 필수 과목으로 지정되어 있다.

이스탄불 대학교는 2016년에 처음으로 신입생이 들어왔기 때문에 한자 과목은 개설되어 있지만 아직 수강하는 학생이 없다.

터키에서의 한자 과목 개설은 다음과 같다.

터키에서의 한자 과목 개설

대학교	학년	한자 과목명
앙카라 대학교	2 학년 1 학기	한자 입문 (Hancaya Giriş)
	2 학년 2 학기	한자 (Hanca)
에르지예스 대학교	3 학년 1 학기	어휘와 한자 (Sözcük Bilgisi ve Hanca)
	3 학년 2 학기	어휘와 한자 (Sözcük Bilgisi ve Hanca)
	4 학년 1 학기	한자 (Hanca Metin Çalışması)
	4 학년 2 학기	한자 (Hanca Metin Çalışması)
이스탄불 대학교	3 학년 1 학기 (예정)	어휘와 한자 (Sözcük Bilgisi ve Hanca)
	3 학년 2 학기 (예정)	어휘와 한자 (Sözcük Bilgisi ve Hanca)
	4 학년 1 학기 (예정)	한자 (Hanca Metin Çalışması)
	4 학년 2 학기 (예정)	한자 (Hanca Metin Çalışması)

위에서 언급했듯이 한자를 처음 접하는 터키 학생들이 한자를 어렵다고 생각을 하며 한자 배우는 것을 두려워한다. 학생들이 한국어 학습을 할 때 한자의 중요성을 알고 있음에도 불구하고 한자에 대한 선입견을 가지고 있다. 학생들이 한자 배우는 것을 한국어 학습이 아닌 새로운 언어 학습이라고 생각을 하기 때문이다.

학생들이 한자에 대해서 '한국어 배우는 것도 쉽지 않은데 왜 또 한자를 배워요?'라고 한다. 그래서 한자 교육을 할 때 학생들의 흥미와 동기를 유발시킬 수 있는 방법을 찾아 교육을 시켜야 한다.

그럼 어떻게 하면 재미있고 효율적인 한자 교육을 시킬 수 있을까? 본 연구는 터키인 학습자들에게 어떻게 하면 한자 교육을 재미있고 의미 있게 가르치고 배울 수 있을 지 방법을 모색하는 것에 그 목적이 있다. 그 목적을 위해 우선 터키에서 한자 교육에 관한 연구를 검토해 보고자 한다. 터키에서 한자 교육에 관한 연구는 많지 않은 편이고 한자 교육에 관한 연구는 주로 한국 원어민 교사들이 한 것이다. 터키에서 한자 교육에 관한 연구는 2010년 유홍주, 2014년 조은숙의 연구이다. 유홍주(2010)는 터키 에르지예스 대학교에서의 한자 교육을 소개함으로써 어떻게 가르칠 것인가 하는 교육 방안들을 모색하는 연구이며. 조은숙(2014)은 터키인 한국어 학습자를 중심으로 한자 교육현황, 학습자 요구조사, 기존교재 분석 등 기초 연구를 실시하여 한자교재 개발 방안을 마련하는 것을 목적으로 한 연구이다.

유홍주(2010)는 한자 교육을 하는데 필요한 요소를 다음과 같이 정리하였다.

1. 한자 구성 원리에 대한 이해
2. 부수에 대한 이해
3. 옥편 찾는 방법에 대한 지도
4. 필순에 맞는 한자 쓰기 지도
5. 사자성어 지도
6. 과제 부여와 시험

한편 조은숙(2014)은 한자 교육에 관한 문제점을 제시하며 학습자 요구 조사 그리고 교재 분석을 통하여 한자 교재 개발 방안을 마련하였다. 연구자에 따른 (앙카라 대학교 중심) 한자 교육의 문제점은 다음과 같다.

1. 한자교육에 적합한 교원확보의 문제
2. 한자 교재
3. 한자교육의 시기

위에 제시된 것처럼 터키에서 한자 교육에 관한 연구가 많지 않고 현재까지는 터키인을 위해 개발된 교재가 없었고 교사가 학습자 수준에 맞춰 선택한 교재를 사용하고 있었다. 하지만 주로 영어로 된 교재들을 사용하고 있었는데 이해력이 떨어진다. 또한 국내용 교재를 사용하는 경우에도 교재 안에 들어 있는 설명이 터키인 학습자들에게 너무 어렵다.

한자를 처음 접하는 학습자들에게는 어려운 수준의 교재를 사용해 한국어 능력을 보충하거나 향상하게 하기보다는 한국어에 대한 관심과 흥미를 오히려 떨어뜨릴 위험이 있고 한자에 대한 선입견을 가지게 하기도 한다. 그런 이유로 한자 교육 내용 그리고 한자 교재를 개발할 때 학습자 수준에 맞춰 개발하는 것이 중요하다.

터키 학습자들의 수준 그리고 터키 한국어 교육 상황을 고려하여 원어민 교사 조은숙과 현지인 교사인 필자가 2012년부터 함께 연구를 하면서 터키 학습자들 위한 교재를 개발하였다. 한자 교재는 지금 출판 준비 중인데 개발된[1] 내용을 학생들에게 가르치고 있다.

현재 가르치고 있는 한자 과목의 내용은 다음과 같다.

---

1) 터키인 학습자를 위한 한자 교육 내용을 2012년부터 연구자 조은숙과 필자가 함께 개발하였다. 내용 구성할 때 선행 연구, 터키인 학습자들의 사항 그리고 요구, 교육 환경, 한자 교육 현황과 문제점을 고려하며 조은숙(2014)의 연구를 근거로 해서 개발하였다.

앙카라 대학교는 한 학기에 14주 강의가 있다. 현재 가르치고 있는 교육 내용은 준비 단원, 본 단원, 연습문제로 구성되어 있다. 비한자권 학습자들의 경우에는 한자 자체에 익숙하지 않기 때문에 자형, 필순, 부수, 제자 원리까지 꼼꼼히 지도해야 함으로 준비 과정에 한자의 탄생과 제자원리 등 자세한 설명이 들어가 있다.

한자 개수는 터키 학습자들의 수준에 맞게 총 100개의 한자로 구성되어 있다. 기본적으로 총 획수 7개 이내에서 쓸 수 있는 한자로 선정하였으나, 복잡하지만 빈도수가 높은 10개의 한자도 포함되어 있다.

4.1. 한자 수업 사례

터키 학습자들을 위한 한자 교육의 목적은 한자를 외우게 하는 것이 목적이 아니라, 기본적인 한자를 학습하여 이 한자를 한국어 공부를 하는데 활용할 수 있게 교육을 시키는 것이다.

한자를 처음 접하게 되고 한자에 관한 지식이 전혀 없는 학생들을 위해서 우선 한자의 탄생과 변천과정, 제자의 원리, 음과 훈, 부수, 획수, 총 획수, 획순 등 한자 학습을 위한 기초지식에 대한 자세한 소개를 하는 것이다.

그 다음으로는 한자 학습이 시작되는데 과마다 5개씩 한자를 배우는데 각 한자의 훈과 음, 부수, 획순 그리고 총획수도 가르친다. 그 이외는 과마다 이해 한자도 가르치는데 이해 한자의 훈과 음만 제시하는 식으로 한다.

한자를 배우기 전에 학습할 한자가 포함된 본문을 읽고 새로운 단어를 배우게 한다. 한자를 배우고 나서 그 한자와 관련된 새로운 단어를 학생들 수준에 맞는 예문으로 가르치도록 하는 것이다.

유홍주(2010)에서도 언급했듯이 한자 학습에는 한국어 공부와 마찬가지로 한자도 꾸준히 공부를 해야 학습 효과를 높일 수 있다. 앙카라 대학교에서도 과제 부여와 시험을 통한 학습을 유도하는 방법을 쓰고 있다.

학생들에게 배운 한자를 반복해서 쓰는 과제도 주고 배운 한자 관련 단어를 사용해서 문장을 만들도록 한다. 이런 과제를 통해 좋은 쓰기 연습도 하게 된다.

매주 수업 시작하기 전이나 수업 후 퀴즈를 통해 배운 한자를 복습하도록 한다. 시험은 학생들에게 스트레스를 주는 반면에 좋은 학습이 되기도 하고 한자 쓰기에 자신감을 갖게 하기도 한다.

터키에서 한자 교육은 위에 설명에서도 볼 수 있듯이 한국어 어휘력을 향상시키는 한자어 학습 중심으로 진행되고 있다.

4.2. 설문조사 내용

본고에서는 새로운 교육 방안을 제시하기 위해서 우선 학습자의 특성을 파악하고 한자 수업에 대한 학생들의 의견을 알아보기 위해 앙카라 대학교 한국어문학과 2학년 학생들에게 학습 전-학습 후 두 번 설문조사를 실시하였다. 설문조사를 실시한 시기는 2017-2018년 가을 학기였고 총 25명이다. 설문조사를 통해 학생들의 한자에 관한 관심과 학습 전-후의 인식 변화를 나타낼 것이다. 설문조사들은 총 7개의 문항으로 이루어져 있다.

4.2.1. 설문조사 결과 분석

설문조사 첫 번째 한자의 관한 인식 그리고 관심도를 평가하는 문항이었는데 학습 전-후를 같은 문항으로 실시하였다.

(1)

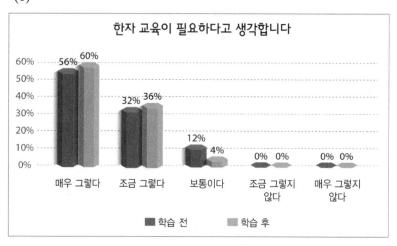

학습 전-후로 조사한 결과를 상기에 볼 수 있듯이 학생들이 학습 전과 후에는 한자 교육이 필요하다고 생각했다는 것을 알 수 있다. 전에도 언급했듯이 학생들은 처음부터 한자 그리고 한자교육의 필요성에 대한 인식을 가지고 있었다. 학습 전에 한자 교육이 필요하다고 생각하는 학생 수는 88%였고, 학습 후에는 조금 증가하면서 96%를 차지했다.

(2)

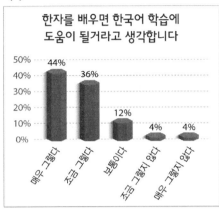

한자를 배우면 한국어 학습에
도움이 될거라고 생각합니다

(3)

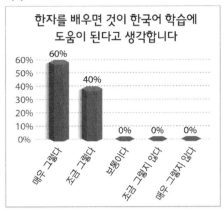

한자를 배우면 것이 한국어 학습에
도움이 된다고 생각합니다

상기는 학생들이 학습 전-후 한자 학습에 대해 어떤 이미지를 갖는지에 대한 인식 조사였다. (2)번과 (3)번)문항에서는 학생들의 80%는 한자 공부가 한국어 학습에 도움이 될 거라고 믿는다는 것과 대부분의 학생들이 한자를 배우는 것에 많은 관심을 가지고 있다는 것을 보여준다.

학생들의 한자 학습 후 한자 공부에 대한 생각은 학습 전과 동일하였다. 모든 학생들이 한자를 배우는 것이 한국어 학습에 도움이 된다고 생각한다.

(4)

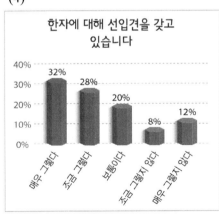

한자에 대해 선입견을 갖고
있습니다

(5)

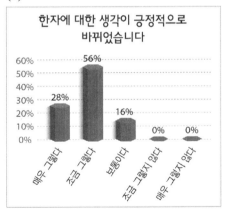

한자에 대한 생각이 긍정적으로
바뀌었습니다

(6)

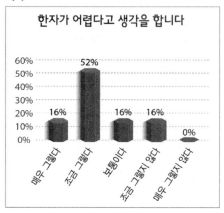

(7)

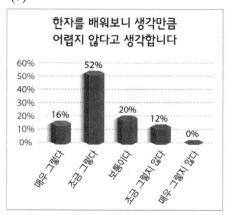

상기에 (4)번과 (5)번 항목은 학생들의 선입견에 관한 조사이고 (7)번과 (8)번은 한자의 어려움과 두려움에 관한 조사였다. 조사 결과를 보면 학습 전 학생들의 60%가 한자에 대해서 선입견을 갖고 있다고 했다. 여기서 선입견의 원인이 학습 전에 한자 공부에 대한 학습자들의 걱정이라고 할 수 있다. 하지만 한자 학습 후에 학생들 생각의 변화를 볼 수 있었다. 84%의 학생은 실제적으로 한자를 배우면서 한자에 대한 생각이 긍정적으로 바뀌는 것을 확인 할 수 있었다.

상기에 (6)번과 (7)번 항목은 (4)번과 (5)번 항목과 비슷하게 한자에 대한 생각 변화를 평가하는 문항이었다. 본 문항에는 학습 전과 학습 후에 결과를 비교해보면 학생들이 한자를 배우면서 한자 공부가 쉬워진다는 것을 확인 할 수 있었다. 학습 전한자가 어렵다고 생각하는 학생 비율이 거의 70%였지만 학습 후에는 한자 공부가 쉬워진다고 대답하는 학생 비율이 70%에 가까워졌다. 이 항목을 통해 학생들의 한자에 공부에 대한 어려움이 다행히 학습 후에 줄어든다는 것을 확인 할 수 있었다.

(8)

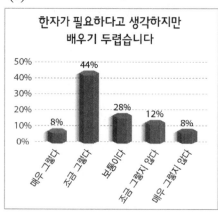

(9)

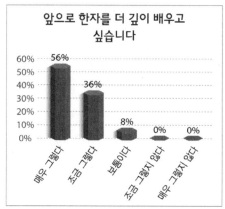

상기에 (7)번과 (8)번 항목은 한자에 대한 인식이 바뀌었다는 것을 잘 드러내는 항목이라고 할 수 있다. 터키 학생들 경우 학생들은 한국어 학습에서 한자 그리고 한자어에 대한 필요성 그리고 중요성을 느끼고 있다. 하지만 새로 배우는 한국어에다가 한자 공부를 추가시킬 경우에는 걱정을 많이 한다. 그런 이유로 한자 수업을 신청하지 않은 학생들도 가끔 수업에 참여하기도 한다.

(7)번 항목을 보면 '한자가 필요하다고 생각하지만 배우기 두렵습니다'라고 생각하는 학생 비율은 52%로 무시할 수 없을 정도로 높았다. 물론 그렇게 생각하지 않는 학생들도 있었다. 조사에 참여한 20% 학생이 한자 배우기가 두렵지 않다고 답을 했다.

(9)번 항목을 보면 이미 한자에 대한 관심을 가진 학생들이 한자를 배우면서 재미있어 하고 앞으로도 한자를 더 깊이 배우고 싶다고 대답을 했는데 그 대답의 비율이 92%였다.

전체적으로 학생들의 의견을 정리해 보면 앙카라 대학교 학생들의 한자에 대한 관심이 많다는 것을 알 수 있고 한자를 배워 가면서 한자 공부에 대한 두려움이 줄어들고 한자공부를 쉽게 생각하게 된다는 것을 확인 할 수 있다.

5. 결론

본 연구에서는 한국어 한자교육에 대한 필요성과 중요성을 강조했고 터키에서의 한자 교육 현황을 살피고 새로운 한자 교육 방안을 소개하며 학습자들의 한자에 대한 인식을 평가했다. 터키에서 한자 교육에 관한 연구가 많지 않아 현재까지 연구된 내용을 근거로 하여 효과적인 한자 교육을 위한 제안을 정리하면 다음과 같다.

첫째, 한자 그리고 한자어 교육에 관한 연구가 앞으로 더 많이 이루어져야 하겠다. 특히 비한자권 학습자들을 위한 한자어를 직접 활용한 다양한 한국어 교육방법에 관한 연구가 더 많이 이루어지는 것이 바람직하다. 한자교육은 한국어 어휘를 잘 이해하고 활용할 수 있게 만들기 때문이다. 그 목적을 위해 우선 새로운 교육 방안을 제시하기 위해서는 우선 학습자의 특성을 파악하고 요구도를 조사하는 것뿐만 아니라 학습자들이 어휘 학습 시 어떤 전략을 사용하는지를 파악하고 이를 교육 방안에 적용하는 것이 필요하다.

둘째, 터키에서 한자 교육을 할 때 한자 그리고 한자어에 관한 터키어 설명이 추가로 들어가야 한다. 터키어 설명이 되어 있으면 학생들이 편하게 느끼게 되고 한자 공부에 대한 동기를 더욱 유발시킬 수 있는 것이다.

셋째는, 한자를 학습하고 한자에 관한 교육을 더 하고 싶은 학생들의 요구도 고려하여 한자 수업 시간을 늘리는 것도 바람직하다.

넷째는, 학습자들의 수준, 현재 교육과정, 학습 현장을 고려해서 한자 교육 시기에 대한 적절한 변화, 재구성이 필요하다.

마지막으로는 본 연구 결과에 따르면 학생들이 이미 한자의 중요성에 대한 인식을 갖고 있기 때문에 한자 교육을 더 재미있게 할 수 있는 교실 내 활동을 많이 개발해야 한다.

참고 문헌

박덕유(2009), 외국인 학습자를 위한 신장 연구: 한국어 한자 및 한자어를 중심으로,《The language and culture》, Vol. 5-1.

문금현(2003), 한국어 어휘를 위한 한자어 학습 방안,《이중언어학》23, 이중언어학회.

유홍주(2010), 외국인을 위한 한국어 한자교육 방안, - 터키 에르지예스대학교를 중심으로,《새국어교육》76, 한국국어교육학회

이영희(2016), 외국인을 위한 한자어 교육연구, 한국어교육 학술총서, 세종도서 학술부문, 소통.

이혜영(2008), 외국인 학습자를 위한 기초 한자 선정과 한자 교재 모형 연구, 고려 대학교 교육대학원 석사학위 논문.

조은숙(2014), 비한자권 한국어 학습자를 위한 한자 교육 연구 -터키의 한국어 학습자를 중심으로-,《CEESOK Journal of Korean Studies》, Vol. 15,

조미선(2012), 비한자권 한국어 학습자를 위한 한자어 교육 방안 연, 영남대학교 대학원, 석사학위 논문

설혜경, 심혜령(2009), 비한자문화권 학습자를 위한 한자어 교육 연구,《Teaching Korean as a Foreign Language》, Vol.34

제3장

남 애 리
네덜란드 레이던 대학교
Leiden University

레이던 대학교 1학기 한국어 수강생들의
한국어 학습 동기

1. 서론

많은 제2언어 습득 연구자들과 언어 교사들이 학습자들의 동기를 성공적인 제2언어 학습의 주요인으로 간주한다. 동기가 무엇인지 한 마디로 정의를 내리는 것은 어려우나 Dörnyei와 Ushioda(2011)에 따르면 왜, 얼마나 오래, 얼마나 열심히 어떤 행동을 하는가가 일반적으로 합의된 동기의 정의라고 한다.

본 논문은 네덜란드 소재 레이던 대학교 한국학과의 1학년 전공 필수 과목인 한국어 1.1 수강 초기, 학생들의 한국어 학습 및 한국학 전공 동기를 "왜"라는 측면에 초점을 두고 분석하고자 한다. 이제 막 한국어를 배우기 시작한 학생들의 초기 학습 동기, 즉 한국어 학습을 시작하는 이유와 목적에 대한 이해는, 추후 학습의 성패를 좌우하는 끈기 및 노력을 설명하는 데에 도움이 될 뿐만 아니라 외국어 교육 현장에서 강조하는 학습자 중심 교육을 위해서도 필수적이다. 본고에서 밝히고자 하는 구체적인 연구 질문은 다음과 같다.

(1) 왜, 어떻게 한국어를 공부하게 혹은 한국학을 전공하게 되었나?

(2) 한국어 학습 혹은 한국학 전공 동기의 두드러진 특징은 무엇인가?

2. 외국어 학습 동기 이론

Gardner(1985, 2010)의 사회교육모형(Socio-Educational Model), Deci와 Ryan(1985)의 자기결정이론(Self-Determination Theory), Dörnyei(2005, 2009)의 제2언어 동기자아체계 (L2 Motivational Self System)는 많은 외국어 학습 동기 연구의 이론적 기반을 제공했다. 본 논문의 결과 해석 역시 이 세 이론에 기반을 두고 있다.

Gardner의 이론 중 가장 큰 관심을 받은 개념은 통합목표지향(integrative orientation)과 도구목표지향(instrumental orientation)이다. 통합목표지향은 학습 대상 언어 공동체에 대한 긍정적 태도에서 기인하는데 학습 대상 언어 화자들과 교류하고 그 공동체에 속하고자 하는 욕구에서 비롯된 언어 학습 동기이다. 도구목표지향은 외국어 능력을 경제적, 직업적 실리를 얻기 위해 활용하고자 하는 데서 비롯된 동기이다.

자기결정이론은 내재적 동기(intrinsic motivation)와 무동기(amotivation)를 연속선상의 양 끝에 놓고, 그 사이에 위치한 외재적 동기(extrinsic motivation)를 자기결정 정도에 따라 유형화하여 설명한다. 내재적 동기는 학습 자체에서 유발되는 흥미, 만족감에서 기인한다. 외재적 동기는 자기결정 정도에 따라 네 단계로 구분되는데[1], 외재적으로 동기화된 행동은 자기결정 정도의 변화에 따라 점차 내재화 과정을 거칠 수 있다. 자율성(autonomy), 유능감 (competence), 관계유지 욕구(relatedness)가 내재화 과정의 필요 요건이다.

제2언어 동기자아체계 이론은 이상적 제2언어자아(ideal L2 self)와 의무적 제2언어자아 (ought-to L2 self), 제2언어 학습경험(L2 learning experience)을 외국어 학습 동기의 중요한 세 축으로 상정한다. 이상적 제2언어자아는 학습자가 유창한 목표어 구사를 미래 이상적 자아상의 일부로 여기는 데서 기인하는 동기인데, 미래 자신의 모습에 대한 생생한 상상력이 동기 부여에 중요한 역할을 한다. 의무적 제2언어자아는 주변의 기대를 충족시키거나 부정적

---

1) 외재적 동기의 네 단계는 외적 조절(external regulation), 부과된 조절(introjected regulation), 확인된 조절 (identified regulation), 통합된 조절(integrated regulation)이다. 외적 조절은 자기 조절 정도가 가장 낮은 외재 적 동기인데 보상을 받거나 나쁜 결과를 피하려는 데서 기인하는 동기이다. 부과된 조절은 타인의 인정을 받거 나 죄책감을 피하기 위한 목적으로 외부의 압력을 자신의 동기로 내재화한 것이다. 확인된 조절은 개인이 가치 있다고 여기는 목표를 향한 자발적 동기 수반한다. 통합된 조절은 높은 내재화 단계에 있는 외재적 동기로 본인 의 자아상에(self-concept) 부합하는 가치에 따른 행동을 유도하는 동기이다.

인 결과를 피하려는 데에서 기인하는 동기이다. 제2언어 학습경험은 학습 경험에서 파생된 정서적 요인이 학습 동기에 미치는 영향을 말한다.

McEown, Noel, & Chaffee(2014)는 동기의 다면적 특징을 더 잘 이해하기 위해서는 다양한 관점을 숙지하고 여러 방향에서 동기 현상을 바라보아야 한다고 하였다. 위의 세 이론 간의 접점과 상이점은 보다 종합적 견지에서 본 논문의 결과를 해석하는 틀을 제공한다.

3. 연구 방법

3.1. 연구 참여자

네덜란드 소재 레이던 대학교 한국학과 1학년 필수 과목인 한국어 1.1의 2017년 가을 학기 수강생 총 51명 중, 44명이 본 연구에 참여하였다. 수강생 전체 대비 연구 참여자의 기본 정보는 다음 표와 같다.

〈표 1〉 연구 참여자 정보

구분	세부 구분	등록생 전체(51명)	연구 참여자 (44명)
성별	여자	41 (80%)	35 (80%)
	남자	10 (20%)	9 (20%)
소속	한국학과 1학년 전공생	46 (90%)	39 (89%)
	타 전공생	2 (4%)	2 (5%)
	아시아학 석사	3 (6%)	3 (7%)

3.2. 자료 수집 방법

2017년 가을 학기 한국어 1.1 수업 첫 두 주 동안 학생들에게 자신의 한국어 학습 동기 혹은 한국학 전공 동기에 대한 에세이를 영문으로 제출하도록 하였다. 학생들의 에세이 작성을 돕기 위해 안내문을 배부했는데 (부록 1), 한국과 한국어에 관심을 갖게 된 시기와 계기, 한국학을 전공으로 선택한 이유, 한국어에 대한 관심의 정도 및 한국어 학습 경험, 한국학의 여러 분야 중 특히 관심 있는 주제, 추후 진로 등의 내용을 자유롭게 서술하도록 하였다.

학생들이 제출한 에세이 중 가장 긴 것은 1468 단어, 가장 짧은 것은 166 단어를 포함하였다.

3.3. 분석 방법

학생들의 에세이를 분석하기 위해 질적 자료 분석 도구인 NVivo를 활용하였다. NVivo에서 학생들의 에세이를 반복해서 읽으며 학습 동기와 관련된 여러 가지 주제를 찾아내고 분류를 하여 코딩을 하였다.

4. 결과 및 고찰[2]

4.1. 왜, 어떻게 한국어를 배우게 혹은 한국학을 전공하게 되었나?

4.1.1. 한국 혹은 한국어에 관심을 갖게 된 계기: 한류의 영향

연구 참여자 44명 중 33명이 K-pop, 드라마, 영화, TV 버라이어티쇼 등 한류 콘텐츠를 통해 한국 혹은 한국어에 처음 관심을 갖게 되었다고 언급하였다. 한국 방문 경험(3명), 한국 친구와의 교류(3명), 미디어를 통해 접한 한국 소식(3명), 한국 관련 전시 관람(2명), 혈연(1명) 등 여타 계기에 비해, 한류를 통해 한국에 대해 알게 되고 관심을 갖게 된 학생이 압도적으로 많았다. 많은 학생들이 유튜브 검색을 통해 우연히, 혹은 친구의 권유로 10대 초중반부터 한류 콘텐츠를 소비해 왔음을 보고했다. 한국학과에 입학하기 (혹은 본격적으로 한국어를 수강하기) 이미 수년 전부터 한류 콘텐츠를 즐겨온 학생들의 경우, 한류 콘텐츠 자체에 대한 관심을 넘어서서 한국어와 한국 문화로 그 관심사를 확장시킨 경우가 대부분이었다. 이렇게 확장된 관심은 한국학을 자신의 대학 전공으로 선택하도록 유도하였다.

(1) 11-12살 때, 우연히 인터넷에서 한국 음악과 드라마를 접하게 됐는데, 진짜 마음에 들었다. 그 때부터 한국에 대해 여러 가지를 읽기 시작했는데(예를 들면, 유명한 역사적 인물과 일화 등), 거기서부터 한국에 대한 관심이 비롯됐다.

(2) 한국에 관심을 가진 지 벌써 9년이 됐다. 우연히 K-pop을 접하고 생긴 관심이 한국이라는 나라 자체, 문화, 정치, 역사로 확장됐다.

(3) 2011/2012년 쯤 K-pop을 알게 됐다. […] 아직도 내가 왜 한국의 대중 음악에 빠지게

---

2) 에세이 분석을 통해 확인한 한국어 학습 및 한국학 전공 동기 및 그 특징을 학생들의 에세이 인용문 국문 번역본과 함께 제시하였다. 인용문의 영문 원문은 부록2에 첨부하였다.

됐는지 잘 모르겠지만, K-pop을 알게 돼서 정말 기쁘다. K-pop이 아니었다면 나는 지금 한국학과 학생이 아닐 테니까. 12살 때쯤 좋아하는 K-pop 그룹이 생기고 나서 그 그룹의 노래 가사를 소리 나는 대로 배웠고, 멤버들에 대해 알아가기 시작했는데 그 때 한국 예능 프로그램이 큰 도움이 됐다. 예능 프로그램을 통해 한국어를 들으면서 한국어에 관심이 생겼다. […] 한국어 말소리가 마음에 들었고 더 배우고 싶어졌다. 한국 음악과 언어에 관심이 생기면서 문화에 대한 관심도 커졌는데, 유튜브에서 한국 음악과 언어뿐만 아니라 문화도 배울 수 있었다. 나는 유튜브에서 한국 문화에 관한 모든 종류의 비디오를 볼 수 있는 섹션을 발견했다. 내가 살고 있는 곳에서 정말 멀리 떨어진 지역에 대해 인터넷을 통해 얼마나 많은 것을 배울 수 있는지 정말 놀랍고, 이런 일이 가능한 시대에 살고 있다는 것이 아주 감사하다.

4.1.2. (동)아시아 지역의 언어와 문화에 대한 관심

연구에 참여한 많은 학생들이 다른 언어와 문화, 특히 동아시아 지역의 언어와 문화에 오랫동안 관심이 있었음을 밝혔다.

(4) 나는 비서양권 사회에 대해 항상 관심을 가지고 있었다.

(5) 13살 때 동아시아의 언어와 문화에 매료되기 시작했다.

동아시아의 언어와 문화에 대한 관심을 묘사하는 데에 자주 언급된 단어가 "different (difference)"이다. 많은 학생들이 자신이 잘 알고 있는 세계와는 다른 (혹은 다를 것이라고 기대되는) 세계를 이해하고자 하는 욕구를 가지고 있었고, 이것이 전공 선택에 영향을 미친 것으로 사료된다.

(6) 사람들은 왜 미국, 아프리카, 혹은 친숙한 유럽 지역이 아니라 아시아인지 궁금해 할지도 모른다. 그것은 한마디로 엄청난 "차이점" 때문이다. 근본적인 일상 언어 사용 양식의 차이, 현재 학계의 역사에 대한 서술 및 관점의 대비, 한국인에게 문화적 계승과 독립적 국가 확립이 갖는 의미에서의 편차 등. 내게 너무나 낯선 장소에 대해 더 알고자 하는 욕구 때문이지만 반면 유사성도 찾게 될 것이다. 이는 다른 지역을 연구한다면 결코 경험할 수 없는 발견의 여정이 될 것이다.

(7) 나는 어릴 때부터 아시아, 특히 동북아시아에 관심이 있었다. 지구 반대편에 위치한, 내가 자란 네덜란드와는 아주 다를 것 같은 지역. 내가 알고 있는 것과는 전혀 다른 문화에, 오래된 멋진 건물들과 흥미로운 의례들. 게다가 문자. 나의 조상들이 직면했던 것과 같은 문제를 - 소리를 문자로 옮기는 것- 다른 방식으로 해결해 낸 곳. 심지어는 로마자보다도 더 복잡하고 예술적이게 말이다.

(8) 삼 년 전, 연예인들이 셰어하우스에서 함께 사는 모습을 보여 주는 룸메이트라는 한국 예능 프로그램을 추천 받았다. 나는 금방 문화 차이를 알아차리게 되었는데, 처음에는 충격적이었다. 하지만 그 쇼를 보면서 한국에 대한 호기심이 자라났는데, 한국의 문화와 언어가 아주 달랐기 때문이다.

일찍감치 동아시아에 관심을 갖게 된 학생들 중 상당수가 네덜란드 사람들에게 좀 더 잘 알려진 일본이나 중국에 대한 관심을 키워나가던 중 한국을 발견하고 관심을 갖게 되었다고 보고했다. 예를 들면, 일본 애니메이션을 즐기다가 K-pop을 접하게 되었다든지, 한자를 포함한 중국어나 일본어에 처음 관심을 갖다가 한글을 접하고 한국어에 매료된 경우 등이다. 실제, 한국학 전공생이 아닌 한국어 수강생 전부가 이미 일본어 또는 중국어 학습 경험이 있었고, 한국학 전공생 중에서도 이전에 일본학이나 중국학을 (혹은 일본어나 중국어를) 공부하였거나 전공 선택 전 한국학, 일본학, 중국학 사이에서 고민한 경우도 있었다.

4.1.3. 한국학 전공 이유

그렇다면 한국학을 전공으로 선택한 39명의 연구 참여자들이 한국학을 최종적으로 전공으로 선택하게 된 이유는 무엇일까? 학생 개개인이 저마다의 이유가 있겠으나 몇몇 학생들의 에세이에 공통적으로 나타난 흥미로운 몇 가지 이유들은 다음과 같다.

한국학을 전공으로 선택한 학생의 반 이상이 북한 혹은 한국의 분단 문제에 대해 관심을 보였다.

(9) […] 중국의 산업/경제 부흥보다 한국의 남북 분단이 나한테 더 흥미로웠다.

(10) 나는 북한, 북한과 남한 간의 마찰, 분단된 한국이 아주 흥미로웠다. 다큐멘터리와 책

을 통해 이 주제에 대해 제법 많이 알게 됐고, 이 부분에 대한 지식을 더 넓힐 수 있게 되어서 기대가 크다.

(11) 북한은 폐쇄적이고 다른 국가들과는 너무 다르기 때문에 북한에 흥미를 느낀다. 나는 북한 사람들의 생활과 정치 체제에 대해 더 알고 싶다.

분단이라는 한국의 현 정치 상황은 그 자체로 학생들의 호기심을 자극하기도 했지만, 의미 있는 삶, 가치 있는 공부를 추구하는 학생들의 관심을 끌기도 했다.

(12) 한국학과 졸업 후 무슨 일을 하고 싶은지 아직 잘 모르겠지만, 한국의 분단과 한국 문화와 관련된 일을 하고 싶다. 북한 이탈 주민이 남한에 적응하도록 돕는 자원봉사에 대해 들었다. 내게 좋은 경험이 될 것 같다.

(13) 나는 오늘날의 당면 과제들과 관련된 것을 공부하고 싶고, 남북 긴장 완화를 돕고 싶고, 남북이 의복과 음식 등 문화적으로 동질적임에도 사회 경제 이념은 왜 이렇게 이질적인지 연구하고 싶다. 세상 많은 사람들이 그렇듯, 나도 이 세상을 더 나은 곳으로 만드는 것이 목표다.

(14) 나는 남북 통일을 돕고 싶어서 한국학을 전공한다. 한국의 긴 역사에 비추어 볼 때 남북 분단 기간은 짧다. […] 나는 다른 사람을 돕기를 원하는데, 이는 북한과 북한 사람들을 해방시키는 것과 밀접하게 관련이 있다.

분단 문제 외에도 학업을 통해 뭔가 의미 있는 일을 추구하기를 바라는 소망을 가진 학생들에게 한국학이 매력적으로 다가선 경우도 있었다. 흥미로운 역사와 문화를 가지고 있음에도 불구하고 네덜란드의 중고등학교에서 한국에 대해 많이 배울 수 없었기에, 혹은 한국에 대해 알고 싶어도 좋은 자료를 찾는 것이 어려웠기에 이런 부분을 개선하기 위해 한국학을 전공으로 선택한 학생들이 있었다.

(15) 사람들이 한국에 대해 생각할 때 K-pop이나 독재자에 대해서만 떠올리지 않을 수 있도록, 나중에 네덜란드 사람들에게 한국에 대해 가르쳐 주고 싶다.

(16) 고등학교 졸업 논문으로 한국과 일본의 문화에 대해 썼을 때, 한국의 전통과 문화에 대한 좋은 정보를 쉽게 찾을 수 없었다. 그래서 한국학에 더 관심을 갖게 됐다.

한국학을 전공으로 선택한 학생들은 모두 기본적으로 한국어 학습에 긍정적인 관심을 가지고 있었는데, 그 중에서도 한국어에 대한 관심이 특히 두드러진 학생들이 있었다. 언어 자체에 관심이 있는 학생의 다수가 한국어의 말소리에 매료되었다고 하였고 (예를 들면, 아름답다 beautiful, 특별하다 special, 본질적으로 듣기 좋다 inherently pleasing, 매력적이다 attractive, 다정하다 sweet, 예쁘다 pretty 등), 배우기 쉽고 독창적인 한글로 인해 (예를 들면, 논리적이다 logical, 예술적이다 artistic, 창의적이다 inventive, 추상적 문자 abstract writing, 창안 방법 design of it, 배우고 기억하기 아주 쉽다 incredibly easy to learn / remember) 한국어에 관심을 갖게 경우도 있었다. 이들 중 일부는 한국어에 대한 언어학적 관심을 보이거나 한국어 습득을 한국학을 전공하는 최우선 이유로 들었다. 그러나 그보다는 한국어를 한국을 이해하는 하나의 도구로써 중요시하는 학생들이 더 많았다.

(17) 한국과 이어지는 도구이기 때문에 한국어 학습은 필수적이다.

(18) 한국 이해의 바탕이기 때문에 한국 언어에 관심이 있다. 한국 문학을 이해하고 한국인과 소통하기 위해 한국어가 필요하다. 한국어를 모르면 한국을 진정으로 공부할 수 없다.

(19) 내가 한국어를 배우는 이유는 한국 역사를 제대로 공부하려면 한국 역사 자료를 읽을 수 있어야 하기 때문이다. 또한 물론 한국에 가서 큰 언어 장벽 없이 한국인과 소통할 수 있기를 바란다.

(20) 언어를 배우는 것이 한 나라의 문화를 제대로 배우는 유일한 방법이라고 믿기 때문에 한국어 학습에 관심이 있다. 언어를 모른다면 이방인의 시각으로만 그 나라를 보게 될 것이다.

한편, 동아시아 지역을 전공으로 선택하려면 언어 습득이 중요함을 인지하고는 있지만 일견 복잡한 한자를 배우기에는 언어 학습자로서의 자신감이 부족하기에 한국학을 선택한 학생들도 있었다.

(21) 나는 고등학교 때 외국어에 소질이 별로 없었기 때문에 처음에는 여러 전공 중 언어를 전공으로 선택하지 않겠다고 생각했었다. […] 한국어가 중국어나 일본어보다는 조금 더 쉽다고 생각한다.

(22) 나는 복잡한 글자를 외우는 데 별로 소질이 없는 편이라서, 한글의 논리적인 면에 특별히 끌렸다. […] 이로 인해 동양 문자에 나의 지대한 관심을 실현 가능한 목표와 (동양 문자 중 하나를 배우는 것) 융합시키는 것이 가능해졌다. 한국어를 공부할 때 한자를 배워야 하는 것은 알고 있지만 중국어를 바로 배우는 것보다는 할 만하다고 생각한다.

거의 모든 학생들이 한국학을 전공으로 선택하는 데에 있어 언어 외에 문화에 대한 관심을 표명했는데, 다소 막연하게 한국의 전통에서부터 음식, 패션, 미디어, 과학기술, 문학, 예술 등 문화를 구성하는 여러 항목들이 언급되었다. 이 외 50% 이상의 학생이 역사를 주된 관심사로 꼽았고, 정치, 경제 등의 분야에 관심이 있다고 서술한 학생이 소수 있었다. 아직 장래에 하고 싶은 일이 무엇인지 정확하게 알지 못하기에 언어를 비롯해 역사, 문화 등 폭넓은 주제를 공부하게 되는 한국학 과정이 마음에 든다는 의견이 제법 있었다.

4.2. 초기 학습 동기의 특징은 무엇인가?

4.2.1. 높은 내재적 동기와 낮은 외재적 동기 및 도구목표지향

많은 학생들의 한국어 학습 혹은 한국학 전공 동기를 한 마디로 표현하면 "그냥 좋아서"라고 할 수 있다. 학습 대상에 대한 딱히 정의하기 힘든 끌림이나 호기심이 초기 동기의 큰 부분을 차지하는 것이다. 이에 반해, 한국어 능력과 한국에 대한 지식을 미래에 어떻게 사용할지에 대해서는 대부분 명확한 생각을 가지고 있지 못했다.

(23) 한국 문화와 언어에 대한 지식을 분명 사용하긴 하겠지만 어디에 사용할지는 잘 모르겠다.

(24) 한국학을 전공해서 뭘 하고 싶은지 잘 모르겠다. 사람들을 돕는 일을 하고 싶은데, 그

게 뭔지는 아직 딱히 모르겠다.

그렇다고 해서 학생들이 별 생각 없이 마냥 좋아서 한국학을 전공으로 선택한 것은 아니었다. 연구 참여자 반 이상의 에세이에 한국학을 전공으로 선택하기까지 고심한 내용이 묘사되어 있었다. 심지어 일부 학생들의 경우, 처음에는 직업적 전망이 밝은 전공을 선택했다가 결국 한두 학기 만에 한국학으로 전공을 바꾸기도 했다. 졸업 후 전망이 뚜렷하지 않음에도 불구하고 자신이 좋아하는 것을 공부하기로 결심한 것이다.

(25) 왜 한국학을 전공하려고 하느냐는 질문을 전부터 많이 받았다. 한국학이 유명하거나 인기 있는 전공도 아니고 직업적 전망도 분명하지 않을 거라는 점을 고려하면 당연한 질문이다. 그럼에도 불구하고 많은 전공 중 나는 한국학을 선택했다.

외재적 동기보다 내재적 동기가 높다는 것은 일단 한국어 학습 과정에 긍정적인 영향을 미칠 것으로 사료된다. 의무감이나 주변의 기대를 충족시키기 위해서가 아니라 스스로의 만족감을 위해 공부를 하게 되기 때문이다. 그러나 Noel et al. (2000)이나 Nam(2017)의 연구는 성공적 언어 학습에 중요한 역할을 하는 끈기(persistence)가 내재적 동기(호기심, 흥미)보다는 개인이 가치 있게 여기는 목표나 이상적 자아상과 더 큰 상관 관계가 있음을 보여준다. 즉, '그냥 재미있어서'를 넘어서는 목표를 갖는 것이 장기적인 학습과 성취에 도움이 되는 것이다. 그런 의미에서 학생들이 이상적 자아상과 결부된 도구목표지향을 자신이 가치 있게 여기는 목표 중 하나로 설정할 수 있게 된다면 한국어 학습에 도움이 될 것으로 사료된다.

4.2.2. 미확립된 이상적 제2언어자아

4.2.1에서 서술한 연구 참여자들의 동기적 특징과 연결지어 생각해 볼 수 있는 것이 아직은 뚜렷하지 않은 이상적 제2언어자아이다. 이제 막 한국어 학습과 한국학 전공을 시작한 학생들이라는 점을 고려하면 당연한 결과지만, 학생들의 성공적인 한국어 학습을 돕기 위해 특히 신경 써야 할 부분이기도 하다.

제2언어 동기자아체계 이론을 기반으로 하는 많은 연구들이 이상적 제2언어자아의 확립이 끈기와 노력을 포함하는 학습 동기 및 성취에 미치는 긍정적 영향을 보고하였다. 본 연구 참여자들 대다수가 K-pop을 비롯한 대중문화와의 접촉을 초기 관심의 이유로 들었는데, 대중문화에 대한 관심 그 자체는 초기 한국어 학습 동기에서 큰 부분을 차지하기는 해도 그 이후 학습을 위한 노력과는 상관관계가 높지 않다는 연구 결과들을 고려하면(Ko & Cho, 2014; Nam, 2017), 이상적 제2언어 자아상의 확립이 본 연구 참여자들에게 긍정적이고 장기적인 학습 동기를 부여하는 데에 중요한 기여를 할 것이라고 예측해 볼 수 있다.

제2언어 동기자아체계 연구자들은 생생하고 실현 가능한 이상적 자아상을 계속적으로 활성화시키는 것이 학습 동기 부여에 미치는 효용을 강조한다(Dörnyei and Kubanyiova, 2014; Dörnyei and Ushioda, 2011; Hessel, 2015). 이 연구들은 아직은 일견 막연한 호기심과 흥미로 한국어 학습과 한국학 전공을 시작한 학생들의 이상적 제2언어자아 확립을 돕는 구체적 방안을 설정하는 데에 참고할 만하다.

4.2.3. 통합목표지향: 긍정적 조짐

높은 수준의 통합목표지향이 언어 학습 과정과 결과에 미치는 긍정적 영향에 대한 연구 결과 보고는 많다. 일단 본 연구에 참여한 모든 학생들은 한국에 대해 호의적인 태도와 관심을 보이고 있기 때문에, 긍정적인 방향의 통합목표지향을 보일 것이라 추정되고 이것이 또한 학습 과정에 긍정적으로 작용할 것으로 기대된다.

그러나 한 가지 염두에 두어야 할 것은, 학생들의 한국에 대한 태도는 한국 여행을 다녀오거나 한국인 친구가 있는 몇몇의 학생들을 제외하고는 한국어 사용 공동체와의 직접적인 접촉이 거의 없이 미디어를 통해 형성되었다는 점이다. 한국인 공동체도 크지 않고 코리아타운과 같이 학생들이 접근 가능한 한국 언어 문화 공동체가 뚜렷하지 않은 네덜란드에서 학생들 스스로 높은 수준의 통합목표지향을 발달시켜 나갈 것이라고 기대하기는 어려운 상황이다. 통합목표지향 발달을 돕는 환경 조성이 필요하다고 하겠다.

5. 결론 및 제언

본 연구는 네덜란드 레이던 대학교 한국학 전공 신입생을 포함한 1학기 한국어 수강생들의 한국어 학습 및 한국학 전공 초기 동기를 조사하였다. 학습 동기에 관한 에세이 분석 결과, 한류와 동아시아 문화에 대한 관심이 초기 학습 동기의 큰 부분을 차지하는 것으로 나타났다. 동아시아 3국 중 한국을 선택하게 된 이유로는 북한 혹은 한국의 분단 상황에 대한 호기심과 한국 언어에 대한 관심이 자주 언급되었다. 또한 수강생들은 다양한 분야의 한국 문화와 사회에 대한 관심도 보였다.

연구 참여자들은 한국학과 한국어 학습에 대한 높은 수준의 내재적 동기, 즉 흥미와 호기심을 보였고, 한국에 대해 호의적인 관심과 태도를 보였다. 그러나 아직 한국학 전공 혹은 한국어 학습이 자신의 진로나 이상적 자아상에 어떤 역할을 할 수 있는지에 대한 기대나 생각은 모호한 편이었고, 미디어 이외의 경로로 한국 혹은 한국인을 접한 경험은 많지 않았다.

동기 부여 측면에서 볼 때, 학생들의 흥미를 유발하고 유지시키는 좋은 수업 외에도, 이상적 제2언어자아의 확립과 높은 수준의 통합목표지향 형성을 돕기 위한 교수진과 학과 차원의 지원이 필요하다고 하겠다. 즉, 한국어와 한국학에 내재적 관심을 가진 학생들이 한국어 학습 및 한국학 전공과 자신이 가치를 두는 목표를 연결시킬 수 있도록 도와야 할 것이다. 또한 좀 더 가까이 한국을 직접 접할 수 있는 기회를 종종 마련하는 것도 중요하다. 현재 레이던 대학교 한국학과에서는 한국에서의 의무 교환 학기 외에도 한국인과의 개인 언어 교환, 주 1회 한국어 회화 동아리, 연례 한국어 말하기 대회 등의 활동을 지난 3년간 지원하고 있는데 학생들로부터 긍정적인 평가를 받고 있다. 또한 교내 및 외부 기관과의 협력을 통해 학생들의 진로 탐색을 위한 워크숍이나 행사 등도 부정기적으로 진행하고 있는데, 한국 관련 기관에서의 인턴십 기회 확대나 사회에 진출한 선배들과의 대화 등 재학생들의 이상적 한국어 자아 확립을 위한 더 많은 기회 마련을 위해 노력 중이다.

본 논문의 서론에서 밝혔듯이, 동기란 "왜" 뿐만 아니라 "끈기(얼마나 오래)"와 "노력(얼마나 열심히)"을 모두 포함한다. 본 논문은 학습 시작 단계 학생들을 대상으로 삼고 있기에 "왜" 부분에만 초점을 두었다. 앞으로 학습 과정 중 보이는 학습자들의 끈기와 노력 및 그에 따른 학습 결과에 초점을 둔 연구 결과가 나온다면, 보다 총체적인 학습 동기를 파악할 수 있을 것이다. 특히 동기의 변화 추이(motivational fluctuation)와 그런 변화를 발생시킨 내적, 외적 요인들에 대해 밝힐 수 있다면, 학습자들에게 최적화된 학습 경험을 제공하는 데에 일조할 것으로 기대된다.

참고 문헌

Deci, E. L., & Ryan, R. M. (1985). *Intrinsic motivation and self-determination in human behavior.* New York: Plenum.

Dörnyei, Z. (2005). *The psychology of the language learner: Individual differences in second language acquisition.* Mahwah, N.J: L. Erlbaum.

Dörnyei, Z. (2009). The L2 motivational self system. In Z. Dörnyei & E. Ushioda (Eds.), *Motivation, language identity and the L2 self* (pp. 9-42). Bristol: Multilingual Matters.

Dörnyei, Z., & Kubanyiova, M. (2014). Motivating learners, motivating teachers: Building vision in language education.

Dörnyei, Z., & Ushioda, E. (2011). Teaching and researching motivation. Harlow: Pearson Education.

Gardner, R. C. (1985). *Social psychology and second language learning: The role of attitudes and motivation.* London: Edward Arnold Publishers.

Gardner, R.C. (2010). *Motivation and Second Language Acquisition: The Socio-educational Model.* New York: Peter Lang.

Hessel, G. (2015). From vision to action: Inquiring into the conditions for the motivational capacity of ideal second language selves. System 52, 103-114.

Ko, K. & Cho, Y. (2014). Hallyu and KFL learner's attitudes in Canadian post-secondary setting. Paper presented at the 19th AATK annual conference, Boston University.

McEown, M. S., Noels, K.A., & Chaffe, K.E. (2014). At the Interface of the Socio-Educational Model, Self-Determination Theory and the L2 Motivational Self System Modes. In K Csizér & M. Magid (Eds.), *The impact of self-concept on language learning* (pp. 7-18). Bristol: Multilingual Matters.

Nam, A.R. (2017). Motivation and Persistence in Learning Korean: Factors Associated with Students' Decisions to Continue or Discontinue FL Study. (Unpublished doctoral dissertation). University of Wisconsin, Madison.

Noels, K. A., Pelletier, L. G., Clément, R., & Vallerand, R. J. (2000). Why are you learning a second language? Motivational orientations and self-determination theory. *Language Learning*, 50 (1), 57-85.

Please write freely about your motivation to learn Korean and/or to major in Korean Studies. This is for the teachers to know you better, to understand your needs better, and to make your learning experiences in Leiden as positive as possible.

You can write as much as you want and there is no format or style requirement, but I wish you could describe your motivation to learn Korean / major in Korean Studies at your best.

Below are some example topics you may want to include in your essay.

How did you first become interested in Korea/Korean language? When (what age? Or How long ago?)?

• Why did you decide to major in Korean Studies? What is your main motivation?

• Korean language learning is a very important part of your education in Korean Studies. Are you interested in learning Korean language? Why? What is your main motivation? I think this question might or might not relate to the previous question.

• Do you already have some experience of learning Korean including self-study? Please explain.

• Do you have any idea (even if it is vague) what you wish to do with the knowledge of Korea/Korean language/Korean culture?

• Where does your major interest (or interests) lie in terms of various foci of Korean Studies? For example, language learning, politics, history, North Korea, business, literature, traditions, popular culture, media, translation, international relations, technology, environment, education, etc. If you have many interests, please list them in the order of importance to you. If possible, please elaborate and explain a bit about your interest.

• And more

(1) When I was around eleven/twelve years old I accidentally found out about Korean music and dramas through the internet and I really liked it. From there I started reading about a lot of things related to Korea, like some of the famous historic figures and their stories, and that's where my interest for Korea began.

(2) I have been interested in Korea for at least 9 years now. It started out with accidently finding out about Kpop and just expanded to becoming interested in the country itself, its culture, politics and history.

(3) It was around 2011/2012 when I discovered K-Pop. […] To this day I don't know what exactly it is about Korean pop music that makes me like it so much, but I certainly am glad I discovered it. If I hadn't, after all, I wouldn't be a Koreastudies student now. Once 12 year old me had established who her favourite K-Pop groups were, she began the process of learning all their songs (and phonetically the lyrics to them) and all about what the members were actually like. A great help in the latter were Korean variety shows. It was through these especially that I truly got introduced to the Korean language, as in them I actually heard people speak Korean with each other. […] I really liked the way Korean sounded and was eager to learn more of it. As I became more and more interested in Korean music and the Korean language, my interest in (South) Korean culture also grew. As with music and language the way I was able to learn more about this was through YouTube. I discovered an entire section of YouTube dedicated to Korean culture, with videos about every subject imaginable, from etiquette to food and from public transport to karaoke. It really is rather astonishing how much you can learn about an area so far away from your own through

the internet and I'm incredibly thankful to be living in a time where such a thing is possible.

(4) I have always been interested in non-western societies.

(5) My fascination with East Asian languages and cultures started out when I was about 13 years old.

(6) One might pose why Asia would be of particular interest, why not America, Africa or even the familiar European region? In essence it comes down to this: the enormous difference. The dissimilarity in mannerisms on the fundamental level of day-to-day speech, the contrast of how history is chronicled and viewed in contemporary academia, the deviation of what cultural heritage and the being of an independent nation means to Korean citizens. It's the desire to learn more about a place that frankly couldn't be more foreign to me, whilst finding similarities between the lines. It's a journey of discovery which I could not have embarked upon in any other region of the world in a similar manner.

(7) Ever since I was young I have had an interest in Asia and North-East Asia in particular. An area at the other side of the earth, where everything must be different from the Netherlands, the country I have grown up in. Cultures so different from the one I knew, all these amazing old buildings and interesting rituals. But also the writing. A different solution to the same problem my ancestors had to face; wanting to find a way to write down the sounds of words. A more complex solution than the roman alphabet, but more artistic too.

(8) Three years ago I was recommended to watch a Korean reality show called Roommate, a show about celebrities living together in a shared house. I soon began to notice cultural differences, which were shocking at first. But as I was watching my curiosity for Korea started to grow, especially because both culture and language are quite different from what I grew up with.

(9) [⋯] the separation between North and South Korea was more interesting to me than

the upcoming industry/ economy in China.

(10) I have come to realize that North Korea and its conflict with South Korea, a divided Korea, are amazingly interesting. By means of documentaries and some books I have learned a fair bit about this subject and I'm excited to further expand my knowledge.

(11) I find North Korea interesting because it is so different from other countries, it is so closed for the rest of the world. I would like to know how the lives of the North Korean people are and how the politics work there.

(12) Though I do not yet know what I want to do after this study, I do hope to do something that involves the separation and the Korean culture. I heard about volunteers in South-Korea helping North-Koreans integrate in the South. This seemed like an amazing experience to me.

(13) It is my motivation to study a major that is relevant to today's problems, to help understand and provide solutions between the tensions of the two countries and research what makes these two countries so alike culturally in terms of traditional clothing and food, but yet complete opposites of each other in terms of socioeconomic ideologies. Making the world a better place is the goal of many people in the world, as it is mine as well.

(14) My main motivation for majoring in Korean is because I'd really like to help NK and SK become united again. They've only been apart for a very short time in comparison to the totality of Korea's very long history. […], which is then followed by my need to help people which I feel is highly related to North Korea and a need for liberation of its people.

(15) Later I would also maybe like to educate other people in the Netherlands about Korea, so that people won't just think of pop music and dictators when they think off the two Koreas.

(16) When I did my endpaper about the Korean culture and Japanese culture, I came to

know that I could not find any good information about the Korean traditions and culture. That made me more interested.

(17) Learning Korean is essential, for it is the instrument which you can use to connect to Korea.

(18) I'm interested in the Korean language because it is the basis of understanding Korea. You need it to understand Korean literature and to communicate with Koreans, without knowing the Korean language you can't truly study Korea.

(19) My motivation for learning the Korean language is largely that I would have to be able to read Korean historical sources if I want to properly study Korean history. Of course, I would also love to go to Korea and be able to communicate with people without there being a large language barrier.

(20) I am interested in learning the Korean language, I believe that learning a language is the only way to really learn about a country's culture. If not, you will only ever look at a country through an outsiders' eyes.

(21) When I was looking at different studies, I first didn't think I would choose a language, because in high school I wasn't particularly good at languages. [⋯] I think that the Korean language is a bit easier to learn than Chinese or Japanese.

(22) What attracts me to Hangeul specifically is its very logical nature, as I'd be the first to admit I'm not the most proficient at memorizing very complex characters. [⋯] This enables me to combine my fascination for the oriental script with a feasible goal; the learning of one of such scripts. I'm aware that we shall also study some Chinese characters used in Korean language under the name Hanja, however this is still a significantly more viable feat than for example learning Chinese straight up.

(23) I am sure that I will use my knowledge of the Korean culture and language but not as for what I will use it for.

(24) I don't really know what I want to do with my major in Korean studies, but I think I want to help people, even though I don't exactly know how yet.

(25) I have been asked plenty of times before why I'm going to study Korean. Quite a logical question, considering the study isn't very well known, nor popular, without a clear job perspective for the future. So many studies available to me, yet I pick this one.

제4장

신 영 주

독일 카를스루에 교육대학교
Karlsruhe University of Education

독일어권 학습자 대상 한국어교육 연구 동향

1. 서론

최근 외국인들의 한국과 한국 문화에 대한 관심은 해외에서 한국학이나 한국어 강좌에 대한 수요 증가로 이어지고 있다. 독일에서도 한국어를 배우고자 하는 학습자들이 꾸준히 증가하고 있다. 독일에서는 2017년 12월 기준 베를린, 보훔, 본, 튀빙겐, 프랑크푸르트, 함부르크 등 여섯 개의 대학에 한국학과가 전공 혹은 부전공으로 설치되었으며[1], 대학 외에도 세종학당이나(베를린, 본, 튀빙겐), 독일 시민대학(vhs: Volkshochschule)[2], 주독한국교육원(프랑크푸르트), 한글학교[3] 그리고 방과 후 수업의 일종인 한국어 AG(Arbeitsgemeinschaft)[4]에서도

---

1) 2016년 튀빙겐대학교(Eberhard-Universität Tübingen)가 한국학진흥사업단의 중핵대학 프로그램에 선정되어 향후 5년간 지원을 받게 되었고, 2017년에는 프랑크푸르트대학교(Goethe Universität Frankfurt am Main)가 씨앗형 프로그램 사업에 선정되어 앞으로 독일 내 한국학의 더욱 안정적인 발전이 기대된다.

2) 독일에는 2017년 12월 현재, 16개 주에 905개의 시민대학이 있으며, 총 3000여개의 지점이 있다. 이 중 한국어 강좌가 있는 곳을 시민대학에 문의하였으나 집계가 되어 있지 않다는 답변을 받았다. 연구자가 거주하고 있는 프랑크푸르트에는 2017년 12월 현재 초급부터 중급까지 11개 반이 운영되고 있다.

3) 2017년 10월을 기준으로 총 33개의 한글학교가 독일에서 운영되고 있는데, 이 중 27개교에 한국어 강좌가 개설되어 있다.

308 Part Ⅴ. 기타

한국어 강좌가 개설되어 있다. 또한 한국학 전공이나 부전공이 설치되어 있지 않은 대학의 교양 강좌나 사설 학원에서도 한국어를 배울 수 있다.

이와 같은 독일 내에서 한국이나 한국어에 대한 관심은 한국으로 어학연수나 유학을 오는 독일 학생들의 증가세로 이어지는데, 2017년 교육부 통계에 따르면 현재 한국에서 유학이나 어학연수를 하고 있는 독일 국적의 학생들은 유럽 지역에서 프랑스, 러시아에 이어 세 번째로 많은 것으로 나타났으며, 2017년 전체 유학생 123,858명 중 독일 국적의 유학생은 877명으로 약 0.71%를 차지하고 있다. 또한 한국으로 유학을 오는 독일 학생들은 2008년에는 217명이었으나 2017년에는 877명으로 10년 동안 약 4배가 증가한 것으로 나타났다[5]. 윤선영(2012)에 따르면 독일 대학에서 한국어를 공부하는 많은 학생들이 한국어 그 자체에 대한 관심으로 한국어를 배우는 것으로 나타났는데 이러한 독일 학습자들의 한국어 학습 동기는 한국어를 가르치는 교사들에게 더 많은 책임감을 느끼게 한다. 이에 독일어권 학습자들에게 맞는 체계적인 한국어 교수를 위해 다양하고 유의미한 한국어교육학 연구의 필요성이 제기된다.

언어교육은 학습자 언어권별로 연구될 때 그 실용성이 커진다.[6] 그러나 지금까지 발표된 학습자 모국어별 연구들은 대부분 중국어권과 영어권 학습자를 대상으로 하고 있고 독일어권 학습자를 대상으로 하는 연구는 많이 이루어지지 않고 있다. 이에 본 연구에서는 독일어권 학습자를 대상으로 한 연구가 처음 나왔던 1988년부터 2017년 12월까지 발표된 학위 논문 및 학술지 연구물을 살피고자 한다. 이렇게 현재까지 발표된 연구물들을 살펴보는 것은 독일어권 학습자 대상 한국어교육학의 현재 위치를 확인할 수 있을 뿐만 아니라 향후 이들을 대상으로 한 바람직한 한국어교육학의 연구 방향 설정에도 도움이 될 것이다.

최근 한국어교육학과 관련된 연구물들이 국·내외에서 증가하고 있지만 2000년대 초만 하더

---

4) 한국어 AG는 주독한국교육원에서 독일 전국 각지에 있는 초·중고등학교를 대상으로 진행하는 한국어 및 한국 문화수업을 말한다. 한국어 AG는 2015년에 14개교에 개설되었고 2017년 12월 기준 약 29개교에서 이루어지고 있다.

5) 아래의 표에서와 같이 2017년에 한국으로 어학연수를 온 독일 국적 학습자들은 66명, 대학에 진학한 학생들은 37명(인문사회 30명, 공학 6명, 예체능 1명), 석사 과정에 진학한 학생은 총 39명(인문사회계열 32명, 공학계열 5명, 예체능 1명, 의학 1명), 박사 과정생은 총 12명(인문사회계열 5명, 공학계열 2명, 자연과학계열 1명, 예체능 4명)으로 2008년에 비해 어학연수생을 제외한 다른 과정의 유학생들이 증가한 것을 볼 수 있다. 그중 기타 연수생들(교육과정공동운영생, 교환연수생, 방문연수생, 기타 연수생)은 약 9배가 증가하여 유학생 증가에 큰 부분을 차지하였다.

	어학연수	학부	석사	박사	기타연수	합계
2008년	71	16	34	7	89	217
2017년	66	37	39	12	723	877

6) 민현식(2015)에서도 언어권별 학습자가 명시적으로 드러나는 논문이 언어권별 적용 가능성이 커서 실용성이 크기 때문에 언어권별 연구가 장려될 필요가 있다고 하였다.

라도 한국어교육학은 국어학 혹은 외국어교육학의 하위 분야 중 하나로도 취급하지 않는 게 일반적이었다. 그러나 한국어교육학은 이러한 학문들과는 연구의 목적이나 대상이 다르기 때문에 특정 학문의 하위 분야가 아닌 한국어교육학 고유의 목적에 맞는 연구가 이루어져야 한다. 이러한 한국어교육학계의 인식은 한국어교육학의 학문적 정체성 정립에 대한 요구로 이어졌고, 2000년대 중반부터 한국어교육학 연구들을 연구사적 관점에서 보는 연구들이 발표되었으며, 이러한 연구들과 더불어 한국어교육학의 연구 분야에 대해서도 다양한 논의가 이루어지기 시작하였다. 강현화(2010)에서는 2000년부터 2009년까지 발표된 주요 학위 논문과 학술지 연구물을 주제에 따라 분류하여 연구의 경향성을 파악하였는데, '문법'이나 '교재'와 같은 내용학 연구가 '듣기'나 '평가'와 같은 교수학 연구에 비해 강세를 보였으며, 2005년을 기점으로 연구물 수가 크게 증가하다가 2009년에 이르러 증가세가 다소 완화되는 것으로 나타났다. 강승혜(2017)는 1960년대 이후부터 2003년 2월까지 한국에서 발표된 학위 논문과 학술지 연구물들의 동향을 분석한 강승혜(2003a, 2003b)의 후속 연구로 2000년 이후에 발표된 한국어교육학 연구물 총 7,681편을 연구 유형별, 연도별, 주제별로 나누어 분석하였다. 분석 결과 한국어교육학 연구가 괄목할 만한 양적 성장을 이루었으며 연구 영역도 다양화 된 것으로 나타났다. 특히 초반 연구와 비교하였을 때 2000년 이후 '대조 분석' 연구가 현저하게 증가하였다. 그러나 한국어교육학과 관련된 연구물이 양적으로는 성장을 이루었지만 전체의 절반에 가까운 연구물이 학위 논문이라는 점에서 연구물의 양적 증가가 과연 학문적 정체성 정립에 도움이 되었는지에 대한 깊이 있는 성찰이 필요하다고 하였다.

본 연구에서는 강승혜(2017)의 분류 기준을 적용하여 독일어권 학습자를 대상으로 한 한국어교육학 연구물을 분석하고자 한다. 독일어권 학습자를 대상으로 한 연구가 많지 않음에도 전체 한국어교육학의 연구 주제별 분류 기준을 본 분석에서 적용한 것은 이를 통하여 앞으로 연구되어야 할 부분을 명시적으로 볼 수 있기 때문이다.

2. 연구 방법

2.1. 연구 절차

본고에서는 독일어권 학습자를 대상으로 한 연구가 시작된 1988년부터 2017년 12월까지 국내에서 발표된 연구들을 연구자별, 연도별, 주제별로 분류하였다. 연구 자료 수집을 위해 학술연구정보서비스(RISS), 한국학술정보(KISS), DBpia(누리미디어), 스콜라(교보문고), 학술교육원, 국립중앙도서관에 '한국어, 독일/도이칠란트/재독'을 순차적으로 입력하여 세 번

이상 검색하였다. 한국어교육학과 관련된 학술지[7]에 게재된 논문이 아니더라도 연구 내용이 독일어권을 대상으로 한 한국어 교육과 관련이 있는 경우 본 연구 자료에 포함하였다.[8] 학위 논문을 학술지에 발표한 경우에는 학술지 연구물로 보았다.

2.2. 연구 자료

독일어권 학습자를 대상으로 하는 한국어교육학 연구는 김종대(1988)의 '도이칠란트에서의 한국어 교육과 연구 현황'을 시초로 하여 2017년 12월까지 석사 학위 논문 12편, 박사 학위 논문 3편, 학술지 연구물 28편 등, 총 43편이 발표되었다. 먼저 학위 논문을 보면, 석사 학위 논문은 12편으로 경상대학교, 경인교육대학교, 경희대학교, 고려대학교(2편), 부산외국어대학교, 서강대학교, 서울대학교, 영남대학교, 이화여자대학교, 조선대학교, 청주대학교 등 다양한 대학에서 연구되었고 박사 학위 논문의 경우 이화여자대학교 2편과 부산대학교 1편 등 총 3편이 발표되었다. 독일어권 학습자를 대상으로 하는 한국어교육학 연구들은 다음의 <표 1>과 같다.

〈표 1〉 유형별 독일어권 학습자 대상 연구

유형		상세 내용		편수
학위 논문		석사 학위 논문		12
		박사 학위 논문		3
소 계				15
학술지	한국어교육학 관련	이중언어학(1)	한국어 교육(4)	6
		한국언어문화학(1)		
	국어학 관련	국어교육연구(2)	문법교육(1)	9
		새국어생활(2)	우리말연구(2)	
		한글(2)		
	독어학 관련	독어학(1)	독어학연구(1)	10
		독일어문학(4)	독학사연구(1)	
		외국어로서의 독일어(2)	헤세연구(1)	
	기타	국제어문(1)	외국어교육(1)	3
		인문과학연구(1)		
소 계				28
총 계				43

---

7) 김용현(2011)에 따르면 한국어교육학과 관련된 학술지는 <한국어 교육>, <이중언어학>, <언어와 문화>, <한국언어문화학>, <외국어로서의 한국어교육> 등이다.

8) 독일인에 의해 발간된 초창기 한국어 교재들을 분석한 원윤희 외(2012), 고예진 외(2014)는 <독일어문학>에 게재되었으나 이 또한 독일어권 학습자를 위한 한국어 교재 연구의 일환으로 볼 수 있으므로 본 연구 자료에 포함하였다.

강승혜(2017)의 연구에서 한국어교육학 연구물의 약 40%가 <한국어교육>과 <이중언어학>에 게재된 것에 비해 독일어권 학습자들을 대상으로 하는 학술지 연구물들은 주로 국어학이나 독어학과 관련된 학술지에서 발표되었다. 이는 1990년대는 한국어교육학 관련 학술지가 잘 알려지지 않았고[9] 또한 한국어교육학보다 역사가 깊은 국어학이나 독어학과 관련된 연구를 하다 추후에 한국어교육학으로 연구의 방향을 돌린 연구자들도 있기 때문일 것이다. 그러나 학술지 연구물과는 달리 발표문의 경우에는 아래의 <표 2>와 같이 <전남대학교 세계한상문화연구단 국제학술대회>에서 발표된 한 편을 제외하고는 <국제한국어교육학회> 6편, <이중언어학회> 2편, <한국언어문화교육학회> 1편 등 모두 한국어교육학과 관련된 학술대회에서 발표된 것으로 나타났다.[10]

〈표 2〉 독일어권 학습자 대상 연구 학술대회 발표문

유형		상세내용		편수
발표문	한국어교육 관련	국제한국어교육(6) 한국언어문화교육(1)	이중언어학(2)	9
	기타	세계한상문화연구단 (1)		1
합 계				10

3. 독일어권 한국어교육 연구 동향

3.1. 연구자별 연구 동향

전체 연구물 중 외국인 학자의 연구물은 브로흘로스(Holmer Brochlos, 1991), 자세(Werner Sasse, 1991), 호이슬러(Sonja Häußler, 1998)의 학술지 연구물 3편과 서울대학교 국어국문학과에서 한국어교육을 전공한 합타이(Timnit Askalemarian Habtay, 2017)의 석사학위 논문 1편 등, 총 4편으로 전체 연구물의 약 10%를 차지하였다. 독일어권 학습자를 대상으로 한 연구가 많지 않은 상황에서 외국인 연구들자의 연구물이 10%나 된다는 것은 한국어를 배웠던 외국인들 또한 한국어교육에 대한 관심이 적지 않음을 보여준다고 할 수 있다. 특히 합타이(2017)의 석사 학위 논문은 한국어교육을 전공한 외국인이 한국어로 쓴 한국어교육학 연구라는 점에서 그 의미가 더 크다고 하겠다.

---

9) 대표적 학술지인 <한국어 교육>의 경우 1989년 <한국말 교육>이라는 이름으로 창간되었고, 1998년에 <한국어 교육>으로 개명하였으며 2005년에 한국학술진흥재단 등재지로 승격되었다.

10) 독일어권을 대상으로 한 한국어교육학 관련 학술대회 발표문은 10편 이상일 것이나 본고에서는 앞에서 언급한 학술사이트에서 검색이 되는 발표문으로만 한정하였음을 밝힌다.

연구자들의 소속 기관을 보면 독일 소재 대학 연구자들의 학술지 연구물은 6편이었다. 국내 소재 대학 연구자들의 소속기관은 독어학과 관련된 학과 소속 연구자가 11명으로 가장 많았고 그 다음으로 국어학 관련 학과 연구자가 3명, 한국어교육학 관련 연구자가 2명이었다. 정확한 학과명을 명시하지 않은 연구자는 6명이었다. 박사 학위 논문은 독문학 전공자가 2명, 한국어교육학 전공자가 1명이었다. 석사 학위 논문은 한국어교육 전공자는 8명, 독어학 관련 전공자는 2명, 국문학과와 언어학과 전공자는 각 1명씩이었다(<표 3> 참고).[11]

<표 3> 전공별 연구

연구유형	전공	한국어교육학 관련	독어학 관련	국어학 관련	언어학 관련	기타	계
학술지	국내	2	11	3		6	22
	국외	6					6
박사 학위		1	2				3
석사 학위		8	2	1	1		12
합계		17	15	4	1	6	43

전체 학위 논문 연구자들의 전공을 보면 아래 <그림 1>에서와 같이 초창기 학위 논문은 독어학 관련 학과나 국어학 관련 학과에서 연구되었는데 2010년 이후로는 2012년에 독어독문학과에서 발표된 한 편을 제외하고는 모두 한국어교육학과(혹은 한국어교육 전공)에서 연구되었다. 석사 학위 논문의 경우 한국어교육 전공자가 다른 연구물에 비해 많았는데 이는 독일인 유학생의 증가와 함께 논문의 발표 시기와 관련이 있는 것으로 보인다. 한국어교육 전공 석사 학위 논문은 모두 2010년 이후에 발표되었는데 이는 강승혜(2017)에서 지적한 바와 같이 2005년 7월 <국어기본법 시행령>에 '한국어 교원에 대한 자격 제도(제13조)'가 발표되면서 한국어 교원 양성에 대한 법적 인정의 기회를 통해 100개가 넘는 대학원 과정이 개설된 것의 영향을 받았을 것이다.

---

11) 독어학이나 국문학 혹은 언어학과 관련된 전공에서도 하위 전공으로 한국어교육을 선택할 수 있을 것이나 본 연구에서는 논문에 명시된 학과나 전공명으로만 분류하였다.

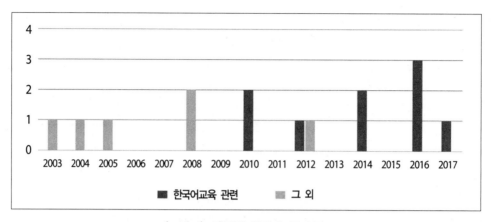

〈그림 1〉 전공별 학위 논문 연구

3.2. 연도별 연구 동향

독일에서 한국학이나 한국어 강의는 1940년대에 시작되었으나[12] 독일인 학습자를 대상으로 한 한국어교육 연구는 1988년에 와서야 처음으로 연구되었다. 이는 독일에서 한국어교육이 한국학에서 꼭 필요한 요소임에도 불구하고 중요하게 다루어지지 않았기 때문일 것이다. 지금까지도 독일이나 혹은 유럽 지역의 한국학 관련 학회에서 한국어교육학이 작은 부분을 차지하고 있는 것도 이를 보여 준다고 할 수 있다.

아래의 <그림 2>에서 알 수 있듯이 독일어권 학습자를 대상으로 하는 연구들은 1990년대 후반부터 꾸준히 발표되고 있다. 초창기에는 학술지 연구물만 발표되었으나 2000년대 중반부터 석·박사 학위 논문들이 발표되면서 점차 독일어권을 대상으로 하는 연구들이 늘고 있음을 볼 수 있다. 이는 독일 내 대학에 전공 혹은 교양 수업으로 개설된 한국어 강좌가 늘었고[13] 이와 함께 한국으로 유학을 오는 독일 유학생의 증가에도 영향을 받은 것으로 보인다. 발표문의 경우에도 2편을 제외하고 대부분의 연구가 2000년대 중반 이후에 이루어졌다.

---

12) 독일에서 한국학 강의는 1948년에 뮌헨 대학에 처음으로 개설되었다. 초대 이미륵을 필두로 하여 이후 에카르트(Andre Eckardt), 후베(Albrecht Huwe), 에거트(Marion Eggert) 등으로 이어져 오게 되는데, 이 중 베네딕트회 신부로 1909년부터 1929년까지 약 20여 년을 한국에 머물렀던 에카르트는 독일인 한국학 학자 중 가장 방대한 연구를 한 학자로『한국의 회화 문법』,『조선어문전: 한국어 문법』등 한국어와 관련된 저서뿐만 아니라 한국의 문학, 종교, 미술, 음악 등 다양한 분야에 관련된 연구물을 남겼다(이은정, 2008).

13) 윤선영(2012)에 따르면 2001년과 비교했을 때 2012년에 한국어 강좌 개설 대학이 두 배 이상 늘어났다고 한다.

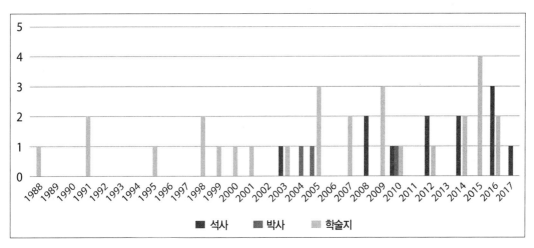

〈그림 2〉 연구 유형별 독일어권 학습자 대상 한국어교육 연구 동향

독일어권 학습자를 대상으로 하는 연구들은 독일에서의 한국어교육 현황 연구나 재독 동포를 위한 이중언어 교육을 다룬 2000년대 이전 연구와 석·박사 학위 논문 발표와 함께 교육현황 연구와 교재, 문법과 같은 교육 자료를 다룬 2000년대 초반 연구, 그리고 석사 학위 논문의 증가와 함께 더욱 다양한 주제가 다루어진 2010년부터 2017년까지의 연구 등, 크게 세 부분으로 나누어 볼 수 있다. <표 4>에서 볼 수 있는 것처럼 시기에 따라 연구 편수가 증가하였으나 다른 주요 언어권을 대상으로 한 연구들과 비교했을 때 연구의 수가 많지 않다.[14] 그러나 1990년대에는 7편의 연구물만이 발표되었는데 2010년부터 2017년까지 8년 동안 이미 20여 편의 연구가 발표된 것은 고무적이다. 특히 석사 학위 논문이 많이 발표되었는데 이러한 학위 논문 편수의 증가는 앞에서 언급한 바와 같이 한국어교육학 전공이 많은 대학원 과정에 개설된 것과 한국으로 오는 독일 학생들의 증가에 영향을 받았을 것이다. 강승혜(2017)에서 지적한 바와 같이 학위 논문의 증가가 연구의 질적 수준 향상으로 이어진다고 단언할 수는 없다. 그러나 독일어권을 대상으로 한 연구가 많지 않은 현 시점에서 이러한 연구물의 양적 증가는 추후 질적 발전을 이끌 수 있다는 점에서 이 또한 의미가 있다고 볼 수 있다.

---

14) 이정희(2014)에 따르면 1990년대부터 2013년까지 주요 언어권별 학습자 대상 연구는 다음과 같다.

언어권	중국어권	일본어권	영어권	러시아어권	베트남어권	태국어권
연구 편수	1,288편	542편	476편	199편	138편	60편

〈표 4〉 기간별 연구 동향

출판 유형 \ 연도	1988~1999	2000~2009	2010~2017	총계
학위 논문	0	5	10	15
학술지	7	11	10	28
합계	7	16	20	43

3.3. 주제별 연구 동향

본 연구에 사용된 분류 기준은 다음의 <표 5>와 같다.

〈표 5〉 한국어교육학 연구 주제별 분류 기준

번호	주제	하위 주제	상세 내용
1	한국어교육 일반	한국어와 한국어교육	외국어로서의 한국어교육에 대한 논의
			국내외 한국어 및 한국학 연구
		한국어교육 현황	국내외 한국어교육기관 현황
			지역별 대상별 한국어 프로그램 소개
		이중언어(교육)	재외동포 이중언어교육
		연구 동향 분석 및 한국어교육 연구	연구방법론 관점의 연구 동향 분석
			한국어교육 연구 하위 주제 연구 동향 분석
2	한국어 교육 내용	문법	한국어 문법 교육
			문법기술 방법
			문법 항목 교수 방안
			문법교재의 내용 분석
		어휘	어휘, 관용표현 교육
		화용(담화)	한국어 화용 및 담화
			화행 실현 양상
			구어, 문어 텍스트 분석
		발음/억양	발음 교육
			음운, 음성 관련 주제
		문학	시, 소설, 수필 등 한국 문학 소재 교육 방안
		한자	한자 교육 방법
			한자 어휘
		문화	문화 교육
			문화 교육 현황
			문화 교육 프로그램(개발)
		대조분석	교육적 활용을 목적으로 한 두 언어 대조
			음운, 어휘, 문법 대조
		번역	(통)번역, 통역 교육

		교육과정 개발	한국어 교육과정(프로그램) 개발 및 교수 설계 교육과정 개발을 위한 요구 분석
3	교수 학습	교수법 일반	개별 교수 방안의 교육적 적용 교수법 모형 개발
		기능별 교수	말하기, 듣기, 쓰기, 읽기 기능별 교수(방안)
		습득 및 학습	언어학습 과정 관련 연구 학습에 영향을 미치는 요인(학습자 요인 제외) 학습자 오류 분석 중간 언어(변이)
		한국어 평가	TOPIK 관련 평가 기준, 범주 설정을 위한 기초 연구 성취도, 숙달도 평가 관련
		한국어 교재	교재 분석 대상별, 단계별, 유형별 교재 분석 및 개발 성취도, 숙달도 평가 관련
		학습자 사전 /말뭉치	학습자 사전개발 현황 및 학습자 말뭉치 구축
		웹기반 /멀티미디어	웹기반 한국어 교육 멀티미디어 활용 방안
		교사 요인 (교사 교육)	교사 대상 연구 교사 교육 관련
		학습자 요인	언어 외적인 학습자 요인과 학습과의 관계

출처: 강승혜(2017, p.129)의 <표 2>

분석 결과 외국어로서의 한국어 교수와 학습 전반에 관련된 <교수·학습>과 관련된 연구가 총 19편으로 가장 많았으며 그 다음으로 한국어 교육 현장에서 다루어지는 <한국어교육 내용> 관련 연구가 13편 그리고 <한국어교육 일반> 연구가 총 11편으로 나타났다. 부분별 하위 연구 주제 중에서는 '한국어 교재' 관련 연구가 11편으로 가장 많이 이루어진 것으로 나타났다. 교재 연구물 중 6편의 연구는 1920년대에 사용된 한국어 문법서를 분석하였다. 김미경(2009)에서는 이미륵이 탈고는 하였지만 출판은 하지 못한 『한국어 문법: 초고(1927) Koreanische Grammatik』를 분석하였다. 조원형(2016)은 일제 강점기에 한국에서 활동했던 가톨릭 사제 안젤름 로머(Anselm Romer)의 『한국어 문법(1927) Koreanische Grammatik』을 분석하고, 이를 로머의 후속 문법서로 볼 수 있는 루치우스 로트(Lucius Roth) 신부의 『한국어의 문법(1936) Grammatik der Koreanischen』과 비교하였다. 원윤희 외(2012)와 원윤희(2015)에서는 에카르트의 『조선어교제문전(1923) Koreanische Konversations-Grammatik mit Lesestückenund Gesprächen(朝鮮語交際文典)』을 고예진 외(2014)에서는 에카르트의 『한국어 연습서(1964) Übungsbuch der koreanischen Sprache』를 『조선어교제문전』과 비교하였다. 박보영(2015)은 독일 선교사들의 한국어 연구 계보를 밝혔다. 박보영(2015)에 따르면 선교사들의 문법서는 크게 두 가지로 나누어 볼 수 있는데, 하나는 카시아누스 니바우어(Cassianus Niebauer) 신부의 『한국어 초급 교본(1912), koreanische Fibel』을 필두로 이후 이를 이어받은 로머(1927)와 로트(1936)로 이어진 문법서들이며 다른 하나는 이들과 달리 보다 학문적 관점으로 접근한 에카르트의 『조선어문전(1913)』과 『조선어교제문전(1923)』이다. 이 중 에카르트(1923)는 조직적인 문법 체계 서술로 학계의 주목을 받았다고 하였다. 선교사들에 의해 쓰여진 문법서들은 독일어의 문법 규칙을 한국어에 적용하여 대조적인 관점에서 차이점을 기술하였는데, 정규 한국어 교육을 받지 못한 독일인의 관점에서 한국어 문법을 설명하였다는 점에서 주목할 만하다. 원윤희(2016)는 에카르트(1923)의 『조선어교제문전』부터 2011년에 독일어권 학습자를 대상으로 한국에서 발간된 교재까지 시기별로 대표적인 교재들을 분석하였는데 시기가 달라도 교재의 외적 구성이 비슷하며 대부분 교재에 충분한 과제 활동이 없고 한국 문화와의 연계성이 부족함을 지적하였다. 현윤호(2004)는 독일에서 발간된 한국어 교재들이 언어 형태 학습을 위한 기계적인 연습을 지향하고 있다고 하면서 의사소통능력 배양을 위한 과제 중심 교재 모형을 제시하였다. 백승주(2003), 강현정(2003), 박혜숙(2008)에서는 한국어 교재와 외국어로서의 독일어 교재를 시각디자인의 측면, 문화적 측면, 어휘적 측면에서 비교하였는데 독일어 교재는 한국어 교재보다 시각, 문화, 어휘적 요소들이 단원 주제와 유기적으로 결합이 되는 반면 한국어 교재는 이러한 요소들이 교재 내용과 통합되지 않고 명시적으로 제시가 되어 있다는 점을 지적하였다. 독일어권 학습자를 대상으로 하는 한국어 교재가 많지 않은 상황에서 이러한 연구들은 향후 이들을 위한 교재 개발에 중요한 밑거름이 될 것으로 보인다.

‘한국어교육 현황’ 관련 연구는 총 9편으로 두 번째로 많이 연구되었다. 현황 연구에는 60년대 말에 보홈대학교에서 한국어를 가르쳤던 김종대(1988)를 시작으로 하여 브로홀로스(1991), 자세(1991), 김영자(1995, 2007), 김기선(1999), 이은정(2008), 이영남(2009), 이은정 외(2009) 등이 있었다. 강승혜(2003)의 연구에서도 1980년대부터 2000년대에 이르기까지 한국어교육학 연구에서 중점적으로 다루어진 분야는 ‘한국어교육의 현황 분석’이었는데[15] 이는 일반적으로 초창기 언어 교육 연구에서 해당 언어 교육의 제반 현상 파악을 주요하게 다루기 때문일 것이다. 현재 독일어권 학습자들을 대상으로 한 연구 중 현황 연구가 많이 이루

---

15) 이와는 달리 2000년 이후 발표된 한국어교육학 연구들을 분석한 강승혜(2017)에서는 한국어 교육 내용인 ‘문법’이 가장 많이 연구된 것으로 나타났다.

어진 것도 아직 초기 단계인 독일어권 한국어교육학 연구의 위치를 잘 보여준다고 할 수 있다. 또한 1990년대에 한국어교육 현황 연구가 많이 나온 것은 강승혜(2003)에서 언급한 바와 같이 이 시기에 세계 각국의 대학 및 교육기관으로 한국어교육이 확산되고 그 지역의 현황을 소개하는 논문들이 많이 발표되었기 때문일 것이다. 현황 연구들 중 많은 연구들이 독일에서 한국학이 더욱 발전하기 위해서는 전문 인력을 양성해야 한다고 제언하고 있다. 그리고 독일 현지 실정에 맞는 한국어 교재가 없으며, 한국어 강사들 간 의사소통을 할 방법이 부재하다는 점을 지적하고 있다. 그러나 대부분의 현황 연구가 독일에서 초창기 한국어교육만을 다루고 있어 최근 현황에 대한 연구의 필요성이 제기된다.[16]

그 다음으로 많이 연구된 '문법' 연구들은 성상환(2005), 최규련(2007), 허남영(2010), 김연주(2012), 송진우(2014), 김진희(2016) 등 총 6편이었다.[17] 문법 연구들은 2005년부터 발표되기 시작했는데 대부분 대조언어학적 관점의 연구로 어미, 조사, 시제 등을 비교 분석 후 교수 방안을 제시하였다. 이 연구들에서는 한국어교육에서 자주 볼 수 있는 형태 중심의 문법 교수를 비판하고 화용의 측면에서 교수를 해야 한다고 하였다. 또한 한국어와 독일어를 비교·대조하는 것은 효과적인 문법 교수를 위해 필요하며, 한국어와 독일어의 모든 문법이 일대일로 대응되는 것이 아니기 때문에 다양한 예문을 통해 학습자들의 이해를 도와야 한다고 하였다. 그러나 이러한 주장을 뒷받침할 수 있는 후속 연구들이 아직 이루어지지 않아 효과적인 문법 교수에 대한 검증 연구가 필요한 것으로 보인다.

'습득 및 학습' 관련 연구는 총 3편으로 학습자의 구어 중간언어를 분석하여 모국어로 인한 간섭이 어느 부분에서 나타나는지 밝히고 있다. 김옥선(2000)에서는 한국어 모어 화자와 독일어 모와 화자 간의 대화를 통해 언어습득이 실제로 어떻게 이루어지는가를 분석하였다. 원윤희(2010)에서는 독일인 학습자의 발음, 문법, 어휘 오류를 분석해 중간 언어의 발생 원인을 분석하고 교육 시 유의점을 제안하였다. 이해욱(2014)에서는 외국어 학습자가 제2언어를 습득할 때 자신의 모국어 속에 내재되어 있는 개념들이 제2언어 습득 및 사용에 영향을 주는 것을 밝혔다. 재외동포를 위한 '이중언어교육'과 관련된 연구는 김영순 외(1998)와 호이슬러(1998) 등 총 2편이었는데 모두 한국인 2세를 위한 현지 실정에 맞는 교재 개발이 필요하다고 하였다. 현지 실정에 맞는 교재의 필요성은 재외동포뿐만 아니라 독일인을 대상으로 한 연구에서도 꾸준히 지적되고 있는 부분이다. <한국어 교육 내용>과 관련된 연구 중 어휘와

---

16) 가장 최근 연구는 <한국언어문화교육학회>에서 발표한 윤선영(2012)이다.

17) 이 연구들 외에 한국의 독어교육학계나 독일에서 유학한 한국인 혹은 한국학을 전공한 외국인들의 연구에서 한국어와 독일어의 문법을 대조분석적 측면에서 다룬 연구들도 있을 것이나 본 연구에서는 한국에서 출판된 연구만을 대상으로 하여 이러한 연구물들은 제외하였다.

발음·억양 연구, 문화 관련 연구는 각 2편씩이었다. '어휘' 연구(이정임, 2010; 전혜경, 2012)에서는 의성어와 의태어가 발달하지 않은 독일어를 사용하는 화자들이 한국어 의성어와 의태어를 이해하는 것은 쉽지 않다고 하며 이들을 위한 의성어와 의태어 교수 방안을 제시하였다. '발음' 연구에서는 실험을 통해 독일 학습자들이 파열음소 습득을 살펴본 성상환(2005)과 난이도에 따른 음소 제시를 제안한 김명광(2015)이 있었다. 이 연구들에서는 효과적인 발음 교육을 위해서는 학습자들의 모국어와 한국어의 음운구조를 비교하여 쉬운 것부터 제시해야 하며 발음 연습 과제도 개발해야 한다고 하였다. '문화' 연구에서는 독일의 DaF 교재와 비교하여 분단과 통일에 관한 교육 방향을 제시한 박혜숙 외(2015)[18]의 연구와 신어를 통한 문화교육을 제안한 합타이(2017)가 있었다. 북한에 대한 외국인들의 관심과 최근 변하고 있는 남·북 관계를 봤을 때 앞으로 분단이나 통일에 대한 교수가 필요할 것으로 보인다. 그러나 신어의 경우 합타이(2017)에서 지적한 바와 같이 신어가 그 수명이 그리 길지 않고 새로운 신어가 빠르게 만들어지고 있기 때문에 교육과정에 넣는 것보다 교수가 필요하다고 판단되는 신어들은 교육 현장에서 교사의 재량에 따라 가르치는 것이 좋을 것이다. 이 외에 한국어와 독일어를 '대조분석' 측면에서 본 박진길(2005)에서는 외국어로서의 한국어는 언어유형학적으로 독일어와 다르므로 효과적인 학습을 위해 이에 맞는 연구와 교수 전략이 필요하다고 하였다.

<교수·학습>과 관련된 연구들을 보면 프로젝트 수업을 통해 학습자들이 자신의 오류를 직접 수정할 수 있는 기회를 제공하여 학습자 개개인에 적합한 맞춤 교육을 제안한(김현진, 2005) '교수법 일반 연구'가 1편이었고 '학습자 사전과 말뭉치' 관련 연구로는 독일 Bonn대학에서 진행한 한독·독한 사전 편찬 연구(이해욱, 2001)가 있었다. 이 외, 한국어 교실 수업과 연계된 추가적 온라인 학습에 관한 사례를 살펴보고 온·오프라인 연계 학습이 학습자에게 다양한 학습 기회를 제공하고 학습자 주도 학습을 이끌며 학습 동기를 촉진시킬 수 있다고 주장한 김민지(2016)의 '웹기반과 멀티미디어' 연구가 1편 있었으며, 한국어 초급 학습자의 경우 효과적인 문법 교수를 위해 상황과 문법 항목에 따라 선별적으로 교사가 학습자의 모국어를 사용해야 한다고 주장한 한수정(2014)의 '교사요인' 연구가 1편, 학습자마다 학습 전략이 다르며 특히 문화·언어적 배경에 따라 사용하는 학습 전략이 다름을 밝힌 황소영(2016)의 '학습자 요인' 연구가 1편으로 나타났다. 독일어권 학습자를 대상으로 하는 연구 주제별 한국어교육 연구 동향은 다음 <그림 3>과 같다.

---

18) 이 연구는 독일 교재 분석을 통해 한국어교육에서의 통일 교육 방안을 제시하였다는 점에서 '한국어 교재' 연구로 볼 수도 있으나 본고에서는 더욱 중점적으로 다루어진 '문화'를 상위 주제로 보았다.

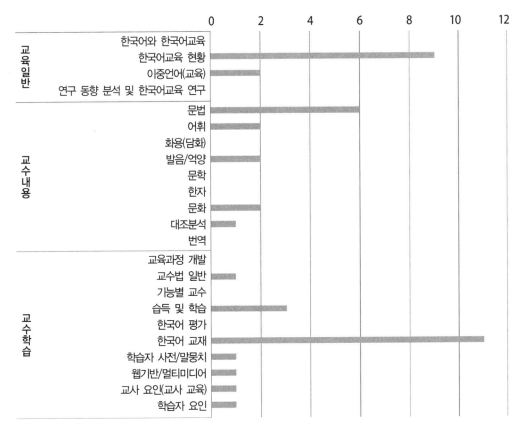

〈그림 3〉 연구 주제별 독일어권 학습자 대상 한국어교육 연구 동향

위의 〈그림 3〉에서도 볼 수 있듯이 독일어권 학습자를 대상으로 한 연구들은 연구 편수가 많지는 않지만 다양한 주제가 다루어졌다. 그러나 한국어교육학에서 많이 다루어진 '기능별 교수'나 '문화', '화용' 등의 주제는 전혀 다루어지지 않아 앞으로 이러한 주제들도 연구되어야 할 것으로 보인다. 발표문들의 연구 주제는 독일에서의 '한국어교육 현황'이 6편으로 가장 많이 다루어졌고 재외동포를 위한 '이중언어(교육)' 연구가 2편, '평가' 연구가 1편, '교사요인'을 다룬 연구가 1편으로 나타났다.

4. 맺음말

본고에서는 독일어권 학습자들을 대상으로 한 한국어교육학의 연구 동향을 살펴보았다. 분석 결과 독일 유학생들의 증가와 함께 이들을 대상으로 하는 연구들도 점차 늘고 있는 것을 볼 수 있었다. 그러나 대부분의 연구가 '교재'와 '한국어교육 현황'에 편중되어 있어 연구 주제의 다각화가 필요한 것으로 보인다. 또한 교재 연구의 대부분이 독일에서 한국어교육 초창기에 사용되던 교재들의 분석이었는데 이 교재들 외에 독일 대학이나 오스트리아 대학 한국학과에서 출판한 교재들에 대한 분석도 필요할 것이다. 그리고 이러한 연구를 바탕으로 현지 실정에 맞는 한국어 교재가 개발되어야 할 것이다.

독일에서 한국어교육이 계속 발전하기 위해서는 독일 학습자의 특성에 맞는 다양한 주제의 연구들이 장려되어야 할 것이다. 이를 위해서는 독어학이나 독일에서 유학한 한국인들 혹은 외국인 학자들에 의해 연구된 한국어와 독일어의 대조 연구를 기초로 삼아 이를 어떻게 한국어교육 현장에 적용시킬 것인가에 대한 논의가 필요하다. 그리고 독일 현지에서 오랫동안 가르친 교사들의 경험을 이론화한다면 더욱 효과적으로 한국어 교수를 할 수 있을 것이다. 많은 연구자들이 지적한 바와 같이 독일에서 한국어교육을 전공한 교육자가 많지 않은 실정이다. 그러므로 앞으로 독일어권 학습자를 대상으로 하는 연구들이 방법론적이나 내용적으로 더욱 다양하게 이루어진다면 현장에 있는 교사들에게 많은 도움이 될 것이고 이를 통해 독일에서 한국어교육학의 위치를 더욱 공고히 다질 수 있을 것이다.

참고 문헌

강승혜(2003a), 한국어교육의 학문적 정체성 정립을 위한 한국어교육 연구 동향분석. 한국어교육, 14(1), 국제한국어교육학회, 1-27.

강승혜(2003b), 한국어 교육학의 학문적 정체성 정립을 위한 연구: 하위 학문 영역 구축을 위한 귀납적 접근, 외국어로서의 한국어교육, 28, 연세대학교 언어연구교육원 한국어학당, 37-60.

강승혜(2017), 한국어교육 연구 동향 분석을 기초로 한 한국어교육학의 연구 영역. 새국어교육, 110, 한국국어교육학회, 121-146.

강현정(2003), 한국어 및 독일어 교재에 나타난 문화 비교 연구 – 초급 교재를 중심으로. 미출간 석사학위 논문, 고려대학교, 서울.

강현화(2010), 한국어교육학 연구의 최신 동향 및 전망. 국어국문학, 155, 국어국문학회, 39-78.

고예진, 원윤희(2014), 20세기 독일어권 한국어 교재『조선어교제문전』과『한국어 연습서』비교 연구. 독일어문학, 66, 한국독일어문학회, 1-24.

김기선(1999), 독일어권 지역에 있어서의 한국학 연구. 인문과학연구, 18, 성신여자대학교 인문과학연구소, 51-78.

김명광(2015), 독일어권 한국어 학습자를 위한 초성 자음 학습 순서에 대한 연구. 국제어문, 67, 국제어문학회, 579-606.

김미경(2009), 이미륵의 독일어로 쓰인『한국어 문법 (초고)』. 헤세연구, 22, 한국헤세학회, 457-476.

김민지(2016), 한국어 교실 수업과 연계된 추가적 온라인 학습에 관한 사례 연구 - 독일 보훔대학교 언어교육원 LSI 학습자들의 만족도에 대한 심층면접 중심으로. 미출간 석사학위 논문, 고대려대학교, 서울.

김연주(2012), 독일어 사용자를 위한 한국어 과거시제 교수학습방안. 미출간 석사학위 논문, 서강대학교, 서울.

김영순, 보덴명래(1998), 독일어권 한국인 2세를 위한 교재개발의 이론과 실제. 한국어교육, 9(2), 국제한국어교육학회, 21-39.

김영자(1995), 독일 사회 안의 한국어 문화교육과 교재 검토. 이중언어학, 12(1), 이중언어학회, 325-346.

김영자(2007), 비한류 지역의 한국어, 한국학, 한국문화 교육 진흥방안 모색 - 서유럽 독일을 위주로. 한국언어문화학, 4(1), 국제한국언어문화학회, 99-128.

김옥선(2000), 제2언어 습득 연구의 관점에서 분석한 한국어 모어 화자 대 독일인 학습자의 대화. 외국어교육, 7(2), 한국외국어교육학회, 435-454.

김용현(2011), 한국어교육학 학술지의 현황과 분석. 한국어교육, 22(3), 국제한국어교육학회, 49-75.

김종대(1988), 도이칠란트에서의 한국어 교육과 연구 현황. 한글, 201,202, 한글학회, 197-208.

김진희(2016), 독일어권 한국어 학습자를 위한 피동표현 연구. 미출간 석사학위 논문, 영남대학교, 경상북도

김현진(2005), 독일어권 중고급학습자를 위한 프로젝트 중심의 학습모형 연구. 미출간 박사학위 논문, 이화여자대학교, 서울.

민현식(2015), 메타분석에 의한 '한국어교육'의 학문 동향과 발전 방향. 한국어 교육, 26(4), 국제한국어교육학회, 339-358.

박보영(2015), 독일 선교사들의 한국어 연구와 한국어 인식. 독학사연구, 47, 한국교회사연구소, 51-90.

박진길(2005), 언어유형학에서 본 외국어로서의 한국어. 외국어로서의 독일어, 17, 한국독일어교육학회, 109-134.

박혜숙, 석주연(2015), 한국어 문화 교육 내용으로서의 '통일'에 관한 연구 - 외국어로서의 독일어(DaF) 교육의 교재 분석을 바탕으로. 국어교육연구, 36, 서울대학교 국어교육연구소, 115-147.

박혜숙(2008), 한국어 교재의 연어 제시 방안 연구, 독일어 교재와의 비교를 바탕으로. 미출간 석사학위 논문, 조선대학교, 광주.

백승주(2003), 언어학습 교재의 시각디자인에 대한 기호학적 분석 - 한국어 교재 '말이 트이는 한국어'와 독일어 교재 'Themen'의 분석을 중심으로. 한국어 교육, 14(1), 국제한국어교육학회, 77-107.

브로흘로스, 홀머(1991), 독일에서의 한국어 교육: 구동독에 중점을 두고. 새국어생활, 1(2), 국립국어연구원, 33-37.

성상환(2005), 독일어화자들의 한국어 습득 시 나타나는 인지상의 전이와 간섭현상 연구 - 한국어와 독일어의 파열음을 중심으로. 한국어 교육 16(3), 국제한국어교육학회, 207-226.

성상환(2005), 한국어 문법 교육의 이론과 실제: 독일어권 한국어 문법 교육의 모습. 국어교육연구, 16, 서울대학교 국어교육연구소, 389-417.

송진우(2014), 한국어 학습자의 연결어미 사용양상 분석 - 독일어권 학습자를 중심으로. 미출간 석사학위 논문, 경인교육대학교, 인천.

원윤희, 고예진(2012), 최초의 독일어권 한국어 학습서『조선어교제문전』연구. 독일어문학, 56, 한국독일어문학회, 247-272.

원윤희(2010), 독일인 초급 한국어 학습자의 중간언어 사례 연구. 미출간 박사학위 논문, 부산대학교, 부산.

원윤희(2015), 독일어 화자를 위한 개화기 한국어 교재『조선어교제문전』의 과제활동 연구. 우리말연구, 41, 우리말학회, 203-225.

원윤희(2016), 독일어권 학습자를 위한 한국어 교재의 통시적 연구. 우리말연구, 45, 우리말학회, 289-313.

윤선영(2012), 독일에서의 한국어 교육학의 현황과 과제. 한국언어문화교육학회 학술대회, 2012(1), 한국언어문화교육학회, 81-87.

이영남(2009), 독일의 한국학 및 한국어 강좌의 현황 및 제반 문제들. 독어학연구, 25, 동아대학교 독어학연구소, 25-48.

이은정(2008), 독일 한국학의 현황과 전망에 관한 연구. 미출간 석사학위 논문, 경상대학교, 경상남도.

이은정, 이영석(2009), 독일 한국학의 성립과 발전. 독일어문학 45, 한국독일어문학회, 273-297.

이정임(2010), 독일인 학습자를 위한 음상어 분석과 교수 방안. 미출간 석사학위 논문, 부산외국어대학교, 부산.

이정희(2014), 중국인 학습자 대상 한국어교육 연구 동향 분석. 국어국문학, 166, 국어국문학회, 165-197.

이해욱(2001), 독일 Bonn 대학교 한국어 번역학과 한독/독한 사전 편찬사업을 중심으로. 독어학 4, 한국독어학회, 395-411.

이해욱(2014), 독일 한국어 학습자의 구어텍스트 산출전략에 관한 연구. 외국어로서의 독일어, 34, 한국독일어교육학회, 99-119.

자세, 베르너(1991), 독일 보훔 대학교에서의 한국어 교육. 새국어생활 1(2), 국립국어연구원, 38-51.

전혜경(2012), 한국어 의성어 의태어 교육 방안 연구: 독일어권 학습자를 중심으로. 미출간 석사학위 논문, 청주대학교, 충청북도.

조원형(2016), 독일인 로머 신부의 『Koreanische Grammatik(한국어 문법)』 제2판(1972) 연구. 한글, 313, 한글학회, 301-328.

최규련(2007), 독일어권 학습자를 위한 한국어 문법 교육 - 대조 현상을 중심으로. 문법교육 6, 한국문법교육학회, 165-186.

한수정(2014), 한국어 교사의 학습자 모국어 사용이 학습자의 문법 능력에 미치는 영향: 독일어권 초급 학습자를 대상으로. 미출간 석사학위 논문, 이화여자대학교, 서울.

합타이, 팀닛(2017), 신어(新語)를 통한 문화 교육 내용 연구: 독일어권 학습자를 중심으로. 미출간 석사학위 논문, 서울대학교, 서울.

허남영(2010), 독일어권 한국어 학습자를 위한 문법 교육 - 한국어 주격조사 '이/가'와 보조사 '은/는'의 독일어 대응을 중심으로. 독일어문학, 49, 한국독일어문학회, 283-304.

현윤호(2004), 독일어권 한국어 학습자를 위한 과제 중심의 교재 구성 연구. 미출간 박사학위 논문, 이화여자대학교, 서울.

호이슬러, 손아(1998), 재독 한글학교의 한국어교육 현황과 문제점: 베를린 한인학교를 중심으로, 한국어 교육, 9(1), 국제한국어교육학회, 135-147.

황소영(2016), 유럽어권 한국어 중고급 학습자의 학습 전략 사용 연구: 스웨덴·독일·프랑스 학습자 중심으로. 미출간 석사학위 논문, 경희대학교, 서울.

제5장

정 회 원
국립국어원

국립국어원의 '국제 통용 한국어 표준 교육과정'과 '한국어 학습자 말뭉치'

국립국어원에서는 『국어기본법』 제19조에 의거하여 한국어를 배우려는 외국인과 재외동포를 위하여 교육과정과 교재를 개발하고 전문가를 양성하는 등 한국어의 보급에 필요한 사업을 시행하고 있다. '교육과정-교재-한국어 교원'은 한국어교육을 하기 위한 기본적인 요소라 할 수 있다. '교육 목표를 달성하기 위하여, 그 내용을 체계적으로 조직한 교육의 전체 계획[1]'이라고 정의되는 교육과정은 한국어 교육의 토대가 되며, 교재는 한국어 학습자들이 배워야 하는 교육의 내용을 구체적으로 담고 있는 중요한 교육의 매체이다. 또한 한국어 교원은 교육과정을 기반으로 교재를 통해 한국어 교육을 직접적으로 실시하는 교육의 실현자이기도 하다. 따라서 한국어 교육의 발전을 위해서는 체계적인 교육과정을 마련하고, 학습자의 수준에 맞는 다양한 교재를 개발하며 한국어 교원의 전문성을 키우는 것이 중요한 일이다. 그리고 이러한 발전을 도모하기 위해서는 체계적이고 과학적인 기초 연구가 선행되어야 할 것이다. 여기에서는 지금까지 국립국어원에서 개발한 기초 연구 중에서 대표적인 '국제 통용 한

---

1) 『표준국어대사전』의 교육 과정(=교과 과정)의 뜻풀이를 인용함

국어 표준 교육과정'과 '한국어 학습자 말뭉치' 구축 내용을 소개하는 것을 목적으로 한다.[2]

1. 국제 통용 한국어 표준 교육과정

1.1. 국제 통용 한국어 표준 교육과정의 의미

교육과정은 교육 목적 및 성취 기준, 교육의 기본 내용을 담고 있는 중요한 기준이다. 그러나 국내외 한국어 교육 현장이 매우 다양해 초, 중등학교 학생들을 대상으로 하는 정규 교육과정처럼 '하나'의 표준 교육과정을 마련하는 것은 불가능한 일이다. 그럼에도 불구하고, 한국어 교수·학습에 공통적으로 적용할 수 있는 참조 기준으로서의 교육과정에 대한 요구는 매우 높았다. 현장에서 다른 등급 체계, 상이한 학습 목표, 그리고 다른 교육 내용으로 교육이 이루어지다 보니 한국어 교육 현장의 유기적인 연관성을 확보하기가 어려웠다. 무엇보다 기관별 상호 교환(학습자, 교수자, 교육과정 설계자, 교재 개발자 등)의 효율성을 제고할 수 있는 기본 원칙으로서의 '한국어 교육의 참조 기준'에 대한 요구가 절실했다.

이러한 배경에서 국립국어원에서는 2010년부터 2년에 걸쳐 다양한 한국어 교육 기관에서 교육과정 수립, 교수-학습 설계, 교수요목 설계 및 교재 개발, 평가 등 교육의 전반에서 참조할 수 있는 기준을 마련하기 위해 『국제 통용 한국어 교육 표준 모형 연구(1-2단계)』를 추진하였다. 이 연구는 '내용의 포괄성, 사용의 편리성, 자료의 유용성, 적용의 융통성'이라는 원리를 기본으로 하여 국내외 한국어교육 전반에 적용할 수 있는 범용의 참조 기준을 처음 마련했다는 점에서 의의를 갖는다. 2단계 연구 이후 시간이 지나면서 한국어 교육의 변화된 환경을 적극적으로 고려할 필요가 있어 2016년에 3단계인 '국제 통용 한국어 표준 교육과정 점검 및 보완 연구', 2017년에 4단계인 '국제 통용 한국어 표준 교육과정 적용 연구'를 시행하였다.

'국제 통용 표준 한국어 교육과정'에서 정의하는 '표준 교육과정'은 획일화된 교육 내용을 뜻하는 것이 아니라, '한국어 교육 전반의 기본 원칙이자 객관적 준거'를 의미한다. 교육 환경이나 교육 대상, 학습자들의 다양한 학습 목적 등에 따라 변형·적용될 수 있는 하나의 참조 기준으로서 교육과정 수립, 교수-학습 설계, 교수요목 설계 및 교재 개발, 평가 등 교육 전반의 기본 원칙과 객관적인 기준이 된다.

---

[2] 국립국어원의 연구 용역으로 진행된 '국제 통용 한국어 표준 교육과정'과 '한국어 학습자 말뭉치 구축' 최종 보고서의 내용을 발췌하여 정리한 것임을 밝힌다.

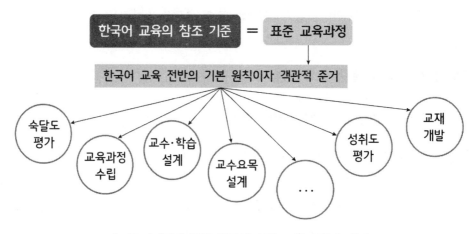

〈그림 1〉 '국제 통용 한국어 표준 교육과정'의 개념

1.2. 국제 통용 한국어 표준 교육과정의 구성

1.2.1. 국제 통용 한국어 표준 교육과정의 등급 체계 및 교육 시간

한국어 교육 현장 상황과 한국어능력시험의 등급 체계 등을 고려하여 6등급 체계로 구성하고 고급 단계 이상에서는 도달 목표를 한정하지 않고 개방형으로 두어 '6+등급'을 설정하였다. 교육 현장이 다양하기 때문에 교육 시간을 정하기에 무리가 있지만, 교육 기관 운영의 귀납적 조사를 통해 각 등급별 교육 시간으로 국내외 기관의 최소 시간인 72시간(12주*6시간)과 국내 정규 기관 및 한국어능력시험이 채택하고 있는 200시간(10주*20시간)을 기반으로 산출하였다. 전체 교육 시간은 다르지만 해당 등급의 언어 지식(어휘, 문법, 발음) 측면에서는 유사하다고 볼 수 있고 언어 기술(듣기, 말하기, 읽기, 쓰기)과 연계된 교육 시간은 교육 기관별 운영 환경에 따라 탄력적으로 운영할 수 있다고 본다.

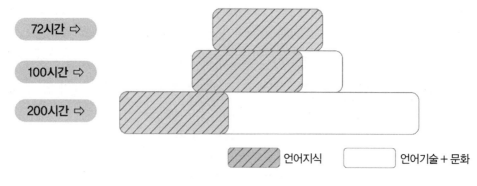

〈그림 2〉 각 시간별 영역 비중

1.2.2. 국제 통용 한국어 표준 교육과정의 내용 및 설계 적용 방법

'국제 통용 한국어 표준 교육과정'에서는 '총괄 목표, 주제, 기능 및 과제, 언어 지식(어휘, 문법, 발음), 언어 기술(듣기, 말하기, 읽기, 쓰기), 텍스트, 문화, 평가'를 순서대로 등급별로 기술하고 있고 유형별 표준 교육과정의 예로 중고등(청소년) 과정과 대학 과정을 담고 있다. 또한 부록에는 1등급부터 6등급으로 구분한 등급별 어휘, 문법 평정 목록을 덧붙여서 사용의 편이성을 도모하고자 했다.

기존의 1단계 연구에서 등급 기술 영역을 '주제, 언어 기술(말하기, 듣기, 읽기, 쓰기, 과제), 언어 지식(어휘, 문법, 발음 텍스트), 문화'로 제시하였고 2단계 연구에서는 '주제, 어휘, 문법, 발음, 텍스트, 기능/과제, 문화'로 설정하여 제시하였다. 3단계에서는 등급별 목표와 내용 기술은 표준 교육과정 1, 2단계 연구의 내용을 전체에서 부분으로 면밀히 검토한 후 각 급과 이웃하는 급과의 연계성을 검토하여 해당 급의 내용 타당도를 높이기 위해 다른 연구에서의 관련 급과 비교 대조하여 검토하였다. 이 과정에서 언어 지식의 하위 범주에 있던 텍스트를 독립하여 별도의 범주로 제시하였다. 4단계 연구에서는 3단계 연구에서 자세히 다루지 않았던 언어 지식 중 '어휘'와 '문법'을 보완하였다.

'국제 통용 한국어 표준 교육과정 적용 연구'를 현장에서 활용하기 위해서는 도식화된 아래 <그림 3>과 같은 일련의 과정을 따를 수 있다. 학습자의 숙달도 등급을 파악한 후 총괄 목표를 확인한다. 그 후에는 등급의 총괄 목표에 맞는 주제 항목을 점검하고 선정한 주제 항목으로 구현 가능한 기능과 과제를 선정한다. 다음으로 의사소통 능력 함양을 목표로 기능과 과제를 구현할 수 있는 언어 기술 항목을 선정하고, 각각의 기술 항목의 내용이 되는 어휘, 문법, 발음의 언어 지식을 선정할 수 있다. 그 과정 가운데 기능과 과제에 적합한 텍스트나 주제와 연계되는 문화 항목까지 배열하면 교육과정의 일부가 완성된다.

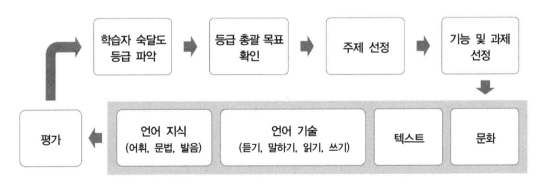

〈그림 3〉 '국제 통용 한국어 표준 교육과정'을 활용한 교육과정 설계 절차

언어 기술과 언어 지식 항목 가운데 어떤 것을 먼저 선정할 것인가는 기능과 과제에 따라 달라질 수 있을 것이며, 두 영역 간의 등급 간 균형성을 고려해야 할 것이다. 텍스트의 경우에는 언어 기술을 정교화하는 과정 가운데 선정 및 배열 작업이 수반될 수 있다. 마지막 작업으로 교사는 평가의 방법과 내용을 결정한다. 평가는 단순히 학습자의 능력을 진단하는 기능에서 나아가 평가의 결과가 다시 교육과정 설계의 시작 부분에 영향을 미치는 순환적인 구조를 가진다.

이러한 과정에 따라 현장의 교사나 연구자들이 교육과정 설계나 교재 개발 등의 작업을 수행할 때 '국제 통용 한국어 표준 교육과정' 연구의 결과물을 활용할 수 있다.

1.3. '국제 통용 한국어 표준 교육과정'의 적용: 유형별 표준 교육과정

1.3.1. 유형별 표준 교육과정의 의미

한국어 교육과정은 현장이 매우 다양하므로 개별 교육 현장의 특성에 맞는 다양한 유형으로 개발되어야 한다. '국제 통용 한국어 표준 교육과정'은 참조 기준으로서의 표준을 지향하고 있기에 교육 현장에서 가공 없이 활용하기에는 어려움이 크다. 교육 현장에서 필요한 형태로 교육과정을 구현하기 위해서는 참조 기준에 바탕을 둔 교육 기관 유형별 교육과정이 필요하다. 이에 4단계 연구('국제 통용 한국어 표준 교육과정 적용 연구', 2017, 국립국어원)에서는 국제 통용 한국어 표준 교육과정의 현장 적용성을 높이기 위해서, 해외 중등학교에서 활용될 수 있는 제2외국어로서 한국어 교육에 대한 교육과정과 해외 대학에서 활용될 수 있는 대학 한국어 교육에 대한 교육과정 개발 방안에 대해 제시하고자 하였다. 이를 위해 '국제 통용 한국어 표준 교육과정'을 참조하여 제2외국어로서 한국어 교육과정과 해외 대학 한국어 교육과정의 목표와 단계 설정 방안, 내용 체계 구성 방안, 내용 상세화 방안 등을 담고 있다. 이러한 구체화된 유형별 교육과정의 개발은 '국제 통용 한국어 표준 교육과정'의 현장 적용성을 제고하는 데에 기여할 것이며, 또한 교육과정 사용자의 문턱을 낮추어 여러 지역에서 실현되는 다양한 유형별 교육과정의 개발에 '국제 통용 한국어 표준 교육과정'이 보다 효율적으로 활용될 수 있게 도움을 줄 것으로 기대한다.

유형별 표준 교육과정을 개발하기 위해, 국내외 주요 교육 기관 및 교육 현장을 대상으로 교육 시간, 교과목, 교과목 내용, 평가, 과제 등 제반 사항에 대한 조사를 실시하고 이를 바탕으로 '국제 통용 한국어 표준 교육과정'의 '유형별' 표준 교육과정을 개발하였다. 먼저, 해외 대학 내에 설립된 한국어학과에 적용할 수 있는 한국어 교육과정을 개발하고 이에 대한 적용

가능성을 점검하였다. 해외 협력진의 협조를 받아 국가별 전공별 특성에 맞는 해외 한국어과 교육과정을 개발한 후 한국국제교류재단에서 파견한 교원이 있는 한국학과를 대상으로 교육과정 적용 가능성에 대한 의견을 수렴하였다. 다음으로 최근 해외 초·중·고등학교에서 제2 외국어로서 한국어가 선택되는 사례가 많은 만큼 해당 교육기관에 대한 조사를 실시하고, 이를 바탕으로 제2 외국어로서 한국어 교육과정을 개발하였다.

1.3.2. 표준 교육과정 적용(1): 제2외국어 채택 중·고등학교(청소년) 과정

국내 제2외국어 교육과정을 참고하면, 제2외국어 교육의 목표가 언어 부분에 있어서는 일상생활에서 필요한 기초적인 외국어 의사소통 능력을 배양함에 있다는 것을 알 수 있다. 이는 해외 외국어 교육과정이나 표준 한국어 교육과정에서의 초급 수준을 넘지 않는다고 할 수 있는데, 다만 제2외국어 교육과정이 선택 과목이라는 특성을 고려하여 중학교와 고등학교에서의 목표가 동일하게 설정되어 있는 것을 볼 수 있다. 반면 해외의 외국어 교육과정을 살펴보면 한국에서의 제2외국어 교육과정에 비해 그 중요성과 비중이 강조되고 있음을 알 수 있다. 또한 교육의 시작 시기도 한국에 비해 상대적으로 빠르다는 것을 확인할 수 있다. 이러한 특성으로 인해 중등학교에서 제2외국어 교육의 최종 목적은 대체로 유럽공통참조기준의 B1 수준으로 설정되어 있다. 유럽공통참조기준의 B1 수준은 단계적인 측면에서만 보더라도 3단계로 '국제 통용 한국어 표준 교육과정' 기준으로 3급에 해당된다고 할 수 있으며, 실제 세부적인 성취 수준을 보면 '국제 통용 한국어 표준 교육과정' 3급에 비해서도 다소 높은 수준을 요구하고 있다는 것을 확인할 수 있다. 한국어의 경우는 국제어로서의 위상 및 한국어 해외 보급률, 계통적 특성 등을 고려할 때 유럽의 외국어 교육에 비해 낮은 수준으로 설정되는 것이 적절하다. 이러한 사항들을 고려하여 해외 중등학교 제2외국어로서 한국어 교육의 목표는 '국제 통용 한국어 표준 교육과정' '2급' 수준으로 설정하였다. '국제 통용 한국어 표준 교육과정'의 2급 수준에서의 핵심은 일상과 관련된 주제로 간단하게 의사소통을 할 수 있다는 것이다. 그리고 이러한 의사소통이 일어나는 상황(장소)도 일상적인 맥락으로 한정하고 있다.

해외 중등학교의 경우 학제가 동일하지 않고 제2외국어 교육을 시작하는 시점 역시도 국가별, 지역별, 기관별로 각기 다르다. 따라서 해외 중등학교용 제2외국어로서 한국어교육에 대한 총괄 목표가 설정되었다면 이를 바탕으로 해당 국가, 지역별, 기관별 특성에 따라 보다 구체적인 형태의 교육과정으로 세분화될 필요가 있다. 해외 중등학교의 외국어 교육과정도 총 운영 학기, 학기당 총 운영 시간, 주당 수업 시간 등이 다양한 형태로 실현될 수 있기에 등급별 소요 시간을 고려하여 시간을 유동적으로 편성할 수 있다.

<table>
<tr><th>목표</th><th>등급별 소요 시간</th><th>학기</th><th>주당 수업 시수</th><th>목표(2급)까지 소요 학기</th></tr>
<tr><td>2급</td><td>72시간(총 144시간)</td><td>18주</td><td>2시간 / 4시간</td><td>4학기(2년) / 2학기(1년)</td></tr>
<tr><td>2급</td><td>144시간(총 288시간)</td><td>18주</td><td>2시간 / 4시간</td><td>8학기(4년) / 4학기(2년)</td></tr>
</table>

〈표 1〉 제2외국어로서 한국어 교육과정의 운영 시간

위 <표 1>은 2급을 목표로, 등급별 소요 시간을 72시간 모형과 144시간 모형으로 학기를 운영할 때 필요한 수업 시간과 최종 등급까지의 필요한 학기를 예로 든 것이다. 해외 중등학교용 제2외국어로서 한국어 교육과정도 학제, 기관, 교육 대상 등에 따라 '국제 통용 한국어 표준 교육과정' 2급을 아래와 같이 다양한 방식으로 상세화 할 수 있을 것이다.

예시1) 등급의 균등적 세분화 단계

예시2) 학습자 연령 및 인지 발달을 고려한 단계

예시3) 중학교 고등학교 연계를 고려한 단계

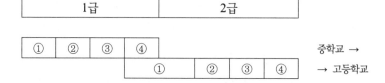

1.3.3. 표준 교육과정 적용(2): 대학 과정

해외 대학에서의 한국어 교육과정을 제안하기 위해서는 해외 대학에서의 한국어 교육 현황과 실태를 정확하게 파악하고 해외 대학에서 요구하는 바를 충분히 검토할 필요가 있다. 먼저 현황 분석을 통해 해외 대학의 한국어 교육과정이 ① 한국어나 한국학 관련 전공으로 개설되어 있는 경우, ② 부전공으로 개설되어 있는 경우, ③ 교양과목으로 개설되어 있는 경우로 크게 구분됨을 알 수 있었다. 본 연구에서는 해외 대학 한국어 교육과정 변이형의 제안 예로서 한국어 과정이 '전공으로 개설되어 운영되는 경우'를 상정하기로 한다. 부전공과 교양 과목으로 운영되는 경우라 하더라도 한국어 전공과정을 경우의 수로 제공함으로써 해당 학습자 집단의 요구와 흥미, 관심에 따라 필요하다고 생각되는 것을 선택적으로 도입하고 활용하는 데에 참고할 만한 큰 틀을 제공해 준다는 효용성이 있기 때문이다. 실태 조사 결과를 종합하면 전공 영역에서 한국어 집중 과정은 대개 2학년까지 운영되며, 전공 영역에서 목표 숙달도는 최저 4급임을 알 수 있다. 전공 학기별 수업 시수의 경우, 한 학기당 최저 90시간 정도임을 감안하여 등급별 90시간 모델을 적용하기로 한다. 곧, 해외 대학 한국어 교육과정 변이형은 아래와 같은 모델을 상정할 수 있을 것이다.

한국어 과정	한국어 전공과정에서의 한국어 집중 과정
대상 학년	1~2학년
도달 목표	4급
수업시수	학기당 90시간 × 4학기, 총 360시간

해외 대학 한국어 교육과정의 변이형은 최종 숙달도 목표를 4급으로 하고 1, 2학년 총 4학기 360시간의 교육시간을 제안하는바, 곧 아래와 같은 설정이 가능하다.

1급	2급	3급	4급
1학기(90시간)	2학기(90시간)	3학기(90시간)	4학기(90시간)

그런데 대학 한국어 교육과정의 경우, 1급부터 1학년을 시작하지 않아도 되는 경우에 대해서도 고려할 필요가 있다. 곧 초수(初修) 한국어가 아닌 제2외국어로서의 한국어가 중·고등학교에 제도적으로 확립되어 있는 국가의 경우, 특히 제2외국어로서의 한국어의 비중이 급격하게 늘어나고 있는 태국과 같은 나라의 경우, 과연 대학 한국어 교육과정의 시작점을 1급부터 둘 필요가 있는가에 대한 의문이 들 수 있다. 이와 관련하여 만일 대학 1학년 학습자들이 초수 한국어 학습자가 아닌 경우에는 세 가지의 가능성이 있을 수 있을 것이다. 중학교에서 한국어를 배웠지만 고등학교에서 배우지 않은 경우, 중학교에서는 한국어를 배우지 않았지만

고등학교에서 배운 경우, 중학교와 고등학교에서 모두 한국어를 배운 경우이다. 이들을 모두 고려하였을 때 대학에서의 한국어 교육과정은 중학교에서 한국어를 배웠으나 고등학교에서 배우지 않은 경우를 최저점으로 삼아 아래와 같은 운영이 가능하다고 본다.

2급	3급	4급	
1학기	2학기	3학기	4학기

2. 한국어 학습자 말뭉치 연구 및 구축

한국어 학습자 말뭉치는 학습 과정에서 학습자에 의해 생산된 음성, 글 등을 체계적으로 수집, 정리, 가공한 언어 자료로 학습자의 불완전환 언어 습득 과정을 포함하고 있어 흔히 '오류 말뭉치'라고 불리기도 한다. 구축된 학습자 말뭉치는 제2언어 학습자들의 어휘 및 문법 항목의 습득 과정 등의 중간 언어를 관찰·분석할 때 기초 자료가 되며, 이를 바탕으로 효과적인 한국어 교수법을 개발하는 데에 활용할 수 있다. 이를 위해 국립국어원은 2015년부터 2020년까지 2개년 3단계 사업으로 한국어 학습자 말뭉치 구축 사업을 추진하고 있다. 이와 관련한 구체적인 내용은 다음과 같다.

〈표 2〉 한국어 학습자 말뭉치 구축 계획

	1단계		2단계		3단계	
	2015년	2016년	2017년	2018년	2019년	2020년
1단계	수집 설계 및 시험 구축	**국내 학습자** (문어 150만/구어 20만) 중점 구축		구축 및 가공 + 추가 수집(균형성)		
2단계		수집 설계 및 시험 구축	**이주민** (문어 90만/구어 15만) 중점 구축		구축 및 가공 + 추가 수집(균형성)	
3단계			수집 설계 및 시험 구축	**국외 학습자** (문어 60만/구어 10만) 중점 구축		구축 및 가공 + 추가 수집(균형성)

현재 2015년부터 2017년까지 약 181만 어절의 학습자 말뭉치가 구축되었고, 2018년부터 2020년까지 약 235만 어절을 더하여 총 416만 어절을 구축할 예정이다. <표 2>에 제시한

당초 구축 예정이었던 345만 어절보다 71만 어절이 추가로 구축되는 셈이다. 이렇게 구축된 한국어 학습자 말뭉치는 전문가 집단과 교수·학습 현장에서 다양하게 활용될 수 있다.

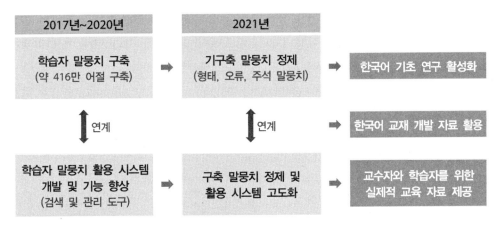

〈그림 4〉 학습자 말뭉치 구축과 활용

연구자 개인이 구축하기 어려운 대량의 실증적 언어 자료인 말뭉치(주로 원시말뭉치)는 대조분석(CA) 및 중간언어 연구 등 전문적인 한국어 교육 관련 연구뿐만 아니라 학습자의 숙달도를 고려한 과학적인 한국어 교육 과정 및 교재 개발을 가능케 한다. 또한 한국어 교사들은 '어휘나 문법 형태의 오류를 검색함으로써 등급이나 언어권에 따른 학습자 언어 사용 양상과 오류 양상을 관찰하고 이를 통해 학습자 오류를 진단하고 오류를 예방할 수 있는 방안을 모색'할 수 있다. 또한 특정 어휘나 문법 형태를 포함한 용례를 검색하여 학습자들이 실제 산출물을 직접 살펴볼 수 있다는 점에서 수업 자료를 준비하거나 수업 내용을 구성할 때 도움을 받을 수 있을 것이다. 또한 성취도 평가, 숙달도 평가 문항을 개발할 때 학습자가 공통적으로 일으키는 오류를 활용하여 문항을 선정하거나 오답지를 개발하는 데에 활용할 수 있다.

국립국어원은 한국어 학습자 말뭉치가 현장에서 잘 활용될 수 있도록 '한국어 학습자 말뭉치 나눔터(https://kcorpus.korean.go.kr)'를 구축하고 2017년 6월부터 시범 운영을 실시하고 있다. 시범 운영 기간 동안에는 2015년부터 구축된 말뭉치의 검색 기능과 통계 정보(유형별 구축 현황, 주석 말뭉치 표지별 통계, 형태소 빈도 현황, 형태 주석 통계, 오류 주석 통계, 검색어 통계)를 제공하며 사용자의 활용도를 높이기 위한 시스템 수정을 지속적으로 진행할 예정이다.

구축된 말뭉치는 나눔터 누리집 첫 페이지에서 제공하는 통합 검색 기능을 통해 쉽게 검색할 수 있다. 뿐만 아니라 원시 말뭉치 검색, 형태 주석 말뭉치 검색, 오류 주석 말뭉치 검색이 별도로 가능하다. 또 각 검색 기능 내에서는 학습자의 변인, 말뭉치 유형 등 상세 조건 별로 말뭉치를 검색할 수 있게 시스템을 구현하였고 검색 정보를 내려받을 수 있는 기능도 제공하고 있다. (단, 다량의 원시 말뭉치 검색 결과는 시스템의 과부하를 막기 위해 이용 약정서를 작성한 후 별도로 제공하고 있음)

아래는 '한국어 학습자 말뭉치 나눔터' 기능 중 한국어 교수·학습 현장에서 활발히 사용될 것으로 기대하는 오류 주석 말뭉치 검색 방법이다. 아래 내용을 간단히 소개하는 것으로 글의 마치고자 한다.

검색어 입력 또는 오류 위치/양상/층위를 선택합니다.

(1) 원 형태 : 학습자가 생성한 그대로의 원문 형태. 오류 형태대로 검색 가능.

(2) 교정 형태 : 학습자가 생성한 오류를 바르게 교정한 형태. 교정된 형태 검색 가능.

(3) 오류 위치 : 학습자가 오류를 일으킨 형태를 보여줌. 일반적인 형태 분석 정보와 동일한 범주이나, 형태 표지가 다름.

(4) 오류 양상 : 학습자가 어떤 방식으로 오류를 일으켰는지 보여줌. 누락, 첨가, 대치, 오형태의 유형이 있음.

(5) 오류 층위 : 학습자가 오류를 일으킨 층위를 언어학적 토대로 구분함.

(6) '또는' 및 '그리고'검색 : '또는'검색은 입력한 원 형태 또는 교정 형태가 하나라도 포함된 문장을 모두 검색. '그리고'검색은 입력한 원 형태와 교정 형태가 모두 포함된 문장을 모두 검색.

(7) 상세 조건 : 학습자의 국적, 모국어, 한국어 등급 등 정보와 말뭉치 유형을 선택할 수 있음.

표본 검색 결과

(1) 검색 조건에 따른 검색 결과 목록 제시

(2) 급수별, 모국어별, 오류 위치/양상/층위별
    등 다양한 정렬 가능

(3) 엑셀 파일로 내려받기 가능

*현재 보고 있는 페이지의 검색 결과만 내려받기 가능

*노출 개수와 쪽 번호를 선택하여 더 많은 파일을 내려받을 수 있음.

복합 주석 '그리고' 검색

(1) 검색 조건

원 형태를 입력한 뒤 '그리고' 검색으로 교정 형태를 입력합니다.

(예: 원 형태 : 학국 '그리고' 교정 형태 : 한국)

(2) 표본 검색 결과

원 형태를 입력된 교정 형태로 교정한 결과 목록만 출력합니다.

(예: '학국'을 '한국'으로 교정한 결과 목록만 출력)

복합 주석 '또는' 검색

(1) 검색 조건

원 형태를 입력한 뒤 '또는' 검색으로 교정 형태를 입력합니다.

(예: 원 형태 : 한국 '또는' 교정 형태 : 한국)

(2) 표본 검색 결과

원 형태와 교정 형태 중 '한국'이 포함된 모든 결과 목록을 출력합니다.